Judith Buber Agassi

Die jüdischen Frauen im Konzentrationslager Ravensbrück – Wer waren sie?

Judith Buber Agassi

Die jüdischen Frauen im Konzentrationslager Ravensbrück – Wer waren sie?

LIT

Das vorliegende Buch wurde aus Mitteln
der Hessischen Staatskanzlei gefördert.

Übersetzung aus dem Englischen von Regina Baumert (Buchtext)
und Anna Nina Widmer (Anhang).
Die englische Originalausgabe erschien unter dem Titel
Jewish Woman Prisoner's of Ravensbrück (2007)
bei Oneworld Publications, Oxford, England
Published by arrangement with Oneworld Publications,
Oxford, England

Die Übersetzung erfolgte mit freundlicher Unterstützung
des Internationalen Freundeskreises (IFK)
für die Mahn- und Gedenkstätte Ravensbrück e. V.

Bibliografische Information der Deutschen Nationalbibliothek
Die Deutsche Nationalbibliothek verzeichnet diese Publikation in der Deutschen Nationalbibliografie; detaillierte bibliografische Daten sind im Internet über http://dnb.d-nb.de abrufbar.

ISBN 978-3-643-10690-2

Verlagskontakt:
Fresnostr. 2 D-48159 Münster
Tel. +49 (0) 2 51-620 320 Fax +49 (0) 2 51-922 60 99
e-Mail: lit@lit-verlag.de http://www.lit-verlag.de

Auslieferung:
Deutschland: LIT Verlag Fresnostr. 2, D-48159 Münster
Tel. +49 (0) 2 51-620 32 22, Fax +49 (0) 2 51-922 60 99, e-Mail: vertrieb@lit-verlag.de
Österreich: Medienlogistik Pichler-ÖBZ, e-Mail: mlo@medien-logistik.at
Schweiz: B + M Buch- und Medienvertrieb, e-Mail: order@buch-medien.ch

„Und wieder werden wir zu namenlosen, gesichtslosen, entmenschlichten Theorien und Statistiken gemacht. Ich wünschte, ich könnte unser aller Gedächtnis bewahren, ob jung oder alt: Nicht eine von uns hielt sich selbst für eine Heldin oder ein Opfer – und doch waren wir beides.“

Halina Nelken, *And Yet I Am Here!*, S. 135.

Inhalt

Dem Buch ist eine CD mit einer Namensliste der 16 365 bekannten jüdischen Gefangenen von Ravensbrück und aller über sie bekannten Daten beigefügt.

Danksagung

zur englischen Erstausgabe 2007

Ich danke der *Deutsch-Israelischen Stiftung für wissenschaftliche Forschung und Entwicklung* (GIF) für die über 6 Jahre andauernde finanzielle Unterstützung eines Teils der Kosten dieser Forschungsarbeit. Ich danke auch Dr. Rena M. Shadmi für ihr großzügiges Geschenk 1999 und Herrn William L. Frost, der *Lucius N. Littauer Foundation* und Dr. Rochelle G. Saidel sowie dem *Remember the Women Institute* für ihre Hilfe während des letzten Stadiums der Vorbereitung des Texts.

Ich danke meinen Assistentinnen und Assistenten: Adi Schilling, die während der frühen Stadien dieser Forschung mir enthusiastisch beistand und mich unterstützte; Tamara Kalechman-Khatav und Nili Alon (inzwischen Nili Alon-Amit), die mich während der mittleren Jahre treu unterstützten; Sefi Rom, Tomer Rajwan und Dr. Chen Yeheskely, die in den letzten Stadien technische Hilfe leisteten; und besonders Dr. Nurit Shmilovitz-Vardi für die Jahre – bis in die Endstadien – ihres engagierten Beitrags – inklusive der Erstellung der Datenbank, der Diagramme und der statistischen Tabellen.

Ich danke den Leitern und den Mitarbeitern der drei Haupt-Archive, die besonders hilfreich waren. Besonderen Dank an Monika Herzog, Cordula Hoffmann, Britta Pawelke und Sabine Röver von der Bibliothek, dem Archiv und der Fotothek der *Mahn- und Gedenkstätte Ravensbrück*, sowohl als an Judith Klaimann vom Archiv *Yad Vashem* in Jerusalem und an Megan Lewis vom *US Holocaust Survivors Registry* in Washington, DC. Mein Dank auch an die Mitarbeiter des italienischen Archivs *Centro di Documentatione Ebraica Contemporanea* in Mailand, Cornelia Rühlig vom Archiv des Museums der Stadt Mörfelden-Walldorf, und die Mitarbeiter der Buchenwald-und Dachau-Archive.

Ich danke meinen Kolleginnen Dr. Irith Dublon-Knebel und Dr. Adriana Kemp in Israel, Dr. Sabine Kittel und Dr. Linde Apel und Prof. Dr. Sigrid Jacobeit und Petra Fank, die damaligen Leiterinnen und Sekretärinnen der Mahn- und Gedenkstätte Ravensbrück, die mit mir großzügig viel wertvolles Material aus Interviews und Dokumenten, das sie gesammelt hatten, teilten.

Prof. Jacobeit hat mir in meinem Projekt von Anfang an großen Beistand geleistet. Auch danke ich Johanna Kootz vom Institut für Frauenforschung an der Freien Universität Berlin für ihre ständige Hilfe und Unterstützung.

Insbesondere danke ich anderen Ravensbrück-Forscherinnen, die mit mir großzügigerweise ihr damals noch unveröffentlichtes Material teilten: Mme. Anise Postel-Vinay, Ravensbrück-Überlebende und Historikerin, für ihre Identifizierung der jüdischen Namen auf den rekonstruierten französischen Transportlisten; Dr. Bärbel Schindler-Saefkow, die Autorin des Ravensbrück Gedenkbuchs, die jahrelang sowohl das Wissen, das sie über das Schicksal von hunderten von jüdischen Opfern gesammelt hatte, als auch die Dokumente, die sie entdeckt hatte und die sich mir als nützlich erwiesen haben (insbesondere die Datenbank der verstorbenen jüdischen Gefangenen), mit mir teilte; Monika Schnell, die wissenschaftliche Assistentin von Dr. Schindler-Saefkow; Dr. Irmgard Seidel, Forscherin und ehemalige Leiterin des Buchenwald-Archivs, die mit mir wertvolle Informationen über das Los jüdischer Ravensbrück-Gefangener, die in die Außenarbeitslager von Buchenwald geschickt worden waren, teilte; Ravensbrück-Forscherin Dr. Simone Erpel, die mir die Texte der Interviews mit jüdischen Ravensbrück-Gefangenen gab, die bald nach dem Krieg vom *Polnischen Quelleninstitut in Lund* durchgeführt worden waren; Ms. Wanda Wassermann, die sich als Freiwillige anbot, diese Interviews aus dem Polnischen ins Englische zu übersetzen; und Herrn Karl Heinz Schütt, der mit mir die Resultate seiner engagierten Forschungsarbeit der Geschichte der Gefangenen des Ravensbrück-Außenlagers Neustadt-Glewe teilte. Mein Dank gilt auch Dr. Brigitte Halbmayr und Dr. Helga Amesberger, die mit mir die Resultate ihrer damals noch laufenden Forschungsarbeiten zu aus Österreich stammenden Ravensbrück-Häftlingen teilten.

Besonderer Dank geht an die vielen Überlebenden von Ravensbrück und an ihre Familien, die mit mir wertvolle schriftliche veröffentlichte oder unveröffentlichte Memoiren teilten, die mir Stunden ihrer Zeit für Interviews (aufgenommen oder niedergeschrieben) widmeten, die Fragebögen ausfüllten, die Namen und Daten per Briefwechsel oder telefonisch bestätigten und die mir großzügigerweise wertvolle Fotos und Erinnerungsstücke zuschickten. Ohne all diese großzügige Hilfe wäre diese Arbeit unmöglich gewesen. Für seine große Hilfe und für das Erstellen der Indizes danke ich insbesondere Joseph Agassi, und für ihr unentwegtes Interesse, ihre Unterstützung und ihren technischen Beistand danke ich meiner Familie und vielen Freunden – alt und jung. Ich möchte mich bei den Opfern, den Überlebenden und ihren Verwandten für mögliche Irrtümer und Auslassungen, die mir in dieser Arbeit trotz aller Bemühungen unterlaufen sind, aufrichtig entschuldigen. Mögen ihr Heldentum und ihr Leiden nie in Vergessenheit geraten!

DANKSAGUNG

ZUR DEUTSCHEN AUSGABE 2010

Ich danke Herrn Karl Netzer, Heppenheim an der Bergstrasse, der sich unermüdlich um die Verwirklichung des Vorhabens einer deutschen Ausgabe dieses Buches bemüht hat.

Mein Dank gilt dem ehemaligen Vorstand des Internationalen Freundeskreises Gedenkstätte Ravensbrück e.V., insbesondere dem Vorsitzenden, Herrn Dr. habil. Otto Nübel, Herrn Peter Hess und Frau Prof. Dr. Sigrid Jacobeit. Sie haben die deutsche Ausgabe initiiert und sich für die Finanzierung der Übersetzung eingesetzt.

Ich danke der Daimler AG für die Deckung der Kosten zur Übersetzung der englischen Ausgabe.

Mein Dank gilt dem Land Hessen, insbesondere Herrn Staatssekretär Dirk Metz, Herrn Dieter Beine, Frau Barbara Bussfeld, Frau Dr. Konstanze Wolf und Herrn Ingo von Gerlach. Durch ihr reges Interesse und die Finanzierung der Lizenz und der Druckkosten konnte dieses Buch auf Deutsch erscheinen.

Mein Dank gilt auch Herrn Gerhard Herbert, Bürgermeister der Kreisstadt Heppenheim, Herrn Hans Adler, Vorsitzender des Vorstandes der Sparkassenstiftung Starkenburg, Heppenheim, Herrn Otto Gebherdt, Vorstandsvorsitzender der Sparkasse Bensheim und Herrn Pfarrer Dick Pruakama, Generalsekretär der ICCJ, Martin Buber Haus, Heppenheim, für ihre freundliche finanzielle Unterstützung der Kosten dieses Vorhabens.

Ich danke Frau Regina Baumert für die erste Version der Übersetzung der 10 Kapitel des Textes dieses Buches. Ich danke Frau Anna Nina Widmer für ihre Übersetzung der 3 Kapitel des Anhangs nebst Diagrammen, Karten und Register und schließlich des Texts der CD mit den Namen und Daten von über 16 300 jüdischen Gefangenen. Ich danke auch Herrn Norbert Günther für die Herstellung 2 neuer Karten der Lager, aus denen die jüdischen Frauen-Gefangenen nach Ravensbrück kamen, und der Lager, in die sie von dort geschickt wurden. Schließlich danke ich Frau Michaela Pezzino für ihre Zusammenarbeit mit mir bei der Eintragung von zahlreichen Korrekturen in den Text, die Tabellen, die Diagramme und die Namensliste. Seit dem Erscheinen der englischen Erstausgabe erhielt ich von Überlebenden oder von ihren Nachkommen – denen ich hier herzlich danken möchte – viele zuzätzliche, wichtige Informationen, die nun im Text der deutschen Ausgabe erscheinen.

Herzliya, April 2010, Judith Buber Agassi

I

Ursprung des Projektes – Mein persönliches Interesse an Ravensbrück

Dieses Buch ist das Ergebnis meines Anteils an der Arbeit einer Gruppe von Soziologinnen und Historikerinnen, die ich initiierte, um die Erinnerung an tausende von jüdischen Frauen, Mädchen und Kindern, die in dem einzigen Konzentrationslager der Nazis, das ausschließlich Frauen vorbehalten war, gefangen gehalten wurden, vor dem Vergessen zu bewahren.

Das Ergebnis der Gruppenarbeit ist in einem Buch niedergelegt, das Beiträge der meisten Mitglieder der ursprünglichen zwei Teams – dem israelischen und dem deutschen – enthält.[1]

Der vorliegende Band ist das Ergebnis meiner eigenen Anstrengungen – meine Antwort auf die Frage: „*Die jüdischen Gefangenen von Ravensbrück: wer waren sie?*"

Lassen Sie mich berichten, wie ich – eine Gender- und Arbeitssoziologin – dazu kam, dieses Projekt zu unternehmen, das zwar mit Frauen und demzufolge mit Genderfragen zu tun hat, aber eher auf der Grenzlinie zwischen Geschichte und Soziologie liegt. Nie zuvor hatte ich Forschungen auf den Gebieten Holocaust oder Antisemitismus durchgeführt und ich hatte mich auch nicht mit den genderspezifischen Aspekten oder den Problemen befasst, die sich aus der Verbindung der Nachweise in den veröffentlichten und unveröffentlichten Erinnerungen einzelner Überlebender mit den dokumentarischen Belegen ergeben oder mit den Problemen, die sich aus der Verbindung der in den ergebnisoffenen Interviews enthaltenen Informationen mit spezifischen Aussagen und Fragebögen, mit polizeilichen Unterlagen, Unterlagen der Lagerverwaltung von Ravensbrück und anderer Konzentrationslager und deren Arbeitsaußenlager, der Arbeitskommandos (AKDOs), der SS-Korrespondenz und den Dokumenten, die Namen der Opfer und Schuldigen betreffen, die nach Kriegsende angefertigt wurden, ergeben.

Es war eine persönliche Verbindung, die mich überhaupt auf Ravensbrück brachte und zu der Erkenntnis, dass es zu den jüdischen Ravensbrück-Häftlingen – den toten und den überlebenden – und ihren Schicksalen noch keine systematischen Aufzeichnungen gab und dass die Gefahr bestand, dass sie unwiderruflich dem Vergessen anheimfallen würden. Die Ironie ist, dass ich durch meine deutsche – nicht-jüdische – Mutter darauf gebracht wurde, die Studie zu diesem Aspekt des Holocaust durchzuführen. Sie selbst war fast fünf Jahre lang in Ravensbrück gefangen gewesen.

Meine Mutter war Margarete Buber-Neumann. Ihre Töchter, d.h. meine Schwester und ich, wussten nichts über ihr Schicksal ab 1938 bis zum Ende des Krieges. Bis dahin hatte sie zwei Jahre in sowjetischen Gefängnissen und Konzentrationslagern und weitere fünf Jahre in einem Nazi-Konzentrationslager überlebt. Obwohl mir diese Tatsachen seit 1945 bekannt waren, prägte sich mir der Name des Nazi-KZs erst zwei Jahre später ein, als sie mir im Frühjahr 1947 bei unserem Wiedersehen in Schweden nach all diesen Jahren von ihren Erinnerungen an Ravensbrück berichtete. Zu dieser Zeit war sie damit beschäftigt, die zweite Hälfte ihres Buches *Als Gefangene bei Stalin und Hitler* zu schreiben. Das Buch wurde sehr bald in 12 Sprachen übersetzt und machte sie international berühmt.

Sehr viel später – fünf Jahre nach ihrem Tod – wurde ich aufgrund dieses von ihr geschriebenen Buches eingeladen, bei der Vorbereitung eines geplanten Treffens Überlebender zum Anlass des 50. Jahrestages des Endes von Ravensbrück – seiner „Befreiung“ – mitzuwirken. So kam ich gegen Ende des Jahres 1994 zum ersten Mal zu dem Ort, wo sich das Lager befand: nördlich von Berlin in einer idyllischen, von Seen und Wäldern geprägten Landschaft. Die Tatsache, dass meine Mutter aufgrund des Kalten Krieges vor ihrem Tod im November 1989 nie nach Ravensbrück zurückkehrte, ist symptomatisch für die politische Situation in Deutschland vor dem Mauerfall: der Ort war für sie unerreichbar – als Antikommunistin war sie natürlich persona non-grata in der Deutschen Demokratischen Republik.

Als sie Deutschland 1932 verließ, war sie Kommunistin. Ich bin eine ihrer zwei Töchter aus erster Ehe. Wir wurden als Jüdinnen erzogen. Mit unseren Großeltern väterlicherseits wanderten wir nach Palästina aus. Ihr zweiter Partner war Heinz Neumann – ebenfalls ein Jude –, der Mitglied des Zentralkomitees der Kommunistischen Partei Deutschlands und Reichstagsabgeordneter war. Er gründete eine linke Gruppierung, deren Motto war: „Schlagt die Faschisten, wo ihr sie trefft.“ Stalins Anweisungen, nicht die Nazis, sondern die Sozialdemokraten zum Hauptfeind der deutschen Kommunisten zu erklären, stellte er sich entgegen. 1931 entfernte ihn die Komintern aus seiner Position und damit aus der gesamten politischen Tätigkeit in Deutschland. 1932 sandte die Komintern ihn und meine Mutter nach Spanien und ein Jahr später wurden sie in der Schweiz sich selbst überlassen. 1935 forderten die Nazis unter Erhebung falscher Anschuldigungen seine Auslieferung. Sie hatten keine andere Wahl als in die Sowjetunion zu fliehen. Dort wurde Neumann 1937 verhaftet und heimlich hingerichtet. Meine Mutter wurde 1938 verhaftet und nach Sibirien verschickt. Später – 1940 – wurde sie zusammen mit etwa eintausend anderen deutschen und österreichischen Flüchtlingen, von denen die meisten Kommunisten und viele Juden waren, zwangsweise an die Nazibehörden übergeben. Diese Übergabe fand an der Grenze statt, die zu dieser Zeit die von Nazideutschland und von der Sowjetunion besetzten Teile Polens trennte.[2] So wurde meine Mutter, die die Wirklichkeit des kommunistischen Regimes der Sowjetunion aus eigener Erfahrung kennen gelernt hatte, fünf weitere Jahre lang in der „Hölle für Frauen" der Nazis – Ravensbrück – eingekerkert; dieses Mal unter dem Verdacht, eine sowjetische Agentin zu sein.

Von der Führung der deutschen kommunistischen Ravensbrück-Häftlinge geächtet, überlebte sie dank der Unterstützung und Freundschaft vieler Mitgefangener – einiger weniger Kommunistinnen, die sich dem Diktat ihrer eigenen Führung nicht unterwarfen und vieler anderer – vor allem tschechischer, französischer und norwegischer Nicht-Kommunistinnen. Diejenigen, die überlebten, blieben ihr Leben lang ihre Freundinnen.

Während dieser fünf Jahre hatte sie über die Vorgänge im Lager und über das Verhalten der SS-Wachen, Überwacher und Kommandanten viel erfahren. Sie kannte hunderte Mithäftlinge unterschiedlicher nationaler Gruppen, Kategorien und Arbeitsstellen. Über ihre enge tschechische Freundin Milena Jesenska[3] erfuhr sie von den Schrecken des Lager-Reviers (die Krankenstation). Sie wusste von der Deportation fast aller jüdischer Frauen nach Bernburg im Jahr 1942 und nach Auschwitz bis Oktober 1944; aber nicht einmal sie hatte direkten Kontakt mit jüdischen Häftlingen, da jegliche Kontakte zwischen nicht-jüdischen und jüdischen Häftlingen streng verboten waren. Juden und Nicht-Juden waren die meiste Zeit unterschiedlichen Arbeitskommandos und Arbeitsplätzen zugeteilt. Deshalb können ihre Berichte nur teilweise als Belege für die hier vorliegende Darstellung der Geschichte der jüdischen Ravensbrück-Häftlinge dienen. Sie liefern jedoch viel Hintergrundmaterial für diese Untersuchung.

Als ich den Ort, an dem sich das Lager befand, im Jahre 1994 besuchte, um an den Vorbereitungen für die Gedenkfeier zum 50. Jahrestag der Befreiung des Lagers teilzunehmen, waren von den Regierungen des Landes Brandenburg und der Bundesrepublik Deutschland schon große Anstrengungen unternommen worden, die Gedenkstätte umzugestalten und sie für Besucher und Forscher aus aller Welt zu öffnen. Als ich jedoch erfuhr, dass die Regierung des Landes Brandenburg und die Bundesregierung beschlossen hatten, gemeinsam die Kosten für die Anreise und Unterbringung aller Überlebenden von Ravensbrück zu tragen, so dass die Überlebenden alle an der Gedenkfeier teilnehmen könnten, und daraufhin die Mitglieder des Vorbereitungskomitees fragte, wie viele Überlebende aus Israel eingeladen würden, war ich erstaunt, als ich erfuhr, dass dies nur eine Einzige wäre. Es stellte sich heraus, dass nur der Name dieser einen Frau, die die Herausgeberin der (sozialdemokratischen) Mapai-Tageszeitung *Davar* war, in den Listen des Internationalen Ravensbrück-Komitees als israelische Überlebende verzeichnet war. Das Komitee verfügte auch nicht über getrennte Listen jüdischer Überlebender von Ravensbrück, die in irgendeinem anderen Land lebten.[4]

Nach meiner Rückkehr nach Israel ging ich zum Archiv von *Yad Vashem* in Jerusalem (die Behörde zum Gedenken an die Märtyrer und Helden des Holocaust) und bat um eine Liste der Überlebenden von Ravensbrück. Damals gab es in Yad Vashem keine separate Liste der jüdischen Ravensbrück-Häftlinge. Eine flüchtige Suche ergab eine kurze Liste mit Namen von Frauen, die den Namen dieses Lagers in ihren Aussagen oder in Interviews über ihre Holocaust-Erfahrung erwähnt hatten. Viele der Adressen und Telefonnummern der Frauen auf dieser Liste waren nicht mehr gültig. (Später leistete *Yad Vashem* große Unterstützung für unsere Forschungsgruppe. Viele weitere Namen von Ravensbrück-Überlebenden wurden in den Archiven der Gedenkstätte gefunden. Auf Mikrofilm archivierte Zugangslisten mit den Namen von Ravensbrück-Häftlingen, die noch nie vorher untersucht worden waren, erwiesen sich bald als sehr wichtig für den Beginn meiner Forschungsarbeit. Viel später fanden wir viele weitere Dokumente zu Ravensbrück in den Archiven von *Yad Vashem.*)

Da ich die Aufgabe übernommen hatte, die Reise der israelischen Ravensbrück-Überlebenden zu der Gedenkveranstaltung zu organisieren, bat ich eine junge Journalistin, die für die Tageszeitung *Yediot* schrieb, zu diesem Thema ein Interview mit mir zu machen. Ich stellte meine Telefonnummer zur Verfügung, und bot an, dass alle Interessierten mich anrufen könnten. In Folge dessen klingelte mein Telefon in den nächsten zwei Wochen unaufhörlich. Mehr als 200 Frauen erklärten sich bereit, nach Ravensbrück zu reisen und ungefähr einhundert weitere Frauen gaben an, ebenfalls Überlebende von Ravensbrück zu sein, waren aber nicht in der Lage, dorthin zu reisen – entweder weil sie selbst oder ein Mitglied ihrer Familie krank waren. Am Ende musste die deutsche Regierung ein Sonderflugzeug bei der EL-AL chartern, damit die Überlebenden Berlin rechtzeitig erreichten.

In Deutschland wurden die Überlebenden bei der Ankunft herzlich willkommen geheißen und eine Gruppe junger Menschen, die alle schon in Israel gewesen waren, waren sehr hilfreiche Fremdenführer. In Ravensbrück selbst waren aber besondere Anstrengungen nötig, um es den Überlebenden zu ermöglichen, als Israelis aufzutreten und zu erreichen, dass eine von ihnen als ihre Vertreterin ihre besondere Botschaft den tausenden anderen Überlebenden, die aus aller Welt anreisten, zu übermitteln. Viele der israelischen Überlebende hatten noch nie über ihre Holocaust-Erfahrungen gesprochen – nicht einmal mit ihren Kindern – und viele von ihnen hatten die Reise nach Deutschland voller Angst angetreten. Überraschenderweise erlebten alle den Besuch an dem Ort ihrer furchtbaren Leiden als etwas Positives und das Aufbrechen der Dämme ihrer Erinnerungen als befreiend.

Bei der Rückkehr nach Israel wurde mir klar, dass mir durch diesen informellen Prozess viele Belege durch mündliches Zeugnis zugänglich geworden waren. Kollegen überredeten mich dann, diese einzigartige Chance für systematische Forschungsarbeit zu nutzen und bei der GIF (*Deutsch-Israelische Stiftung für wissenschaftliche Forschung und Entwicklung*) einen Antrag auf finanzielle Unterstützung zu stellen. Ich wandte mich mit diesem Vorschlag an eine Soziologin (Prof. Hanna Herzog) und an die Historikerinnen Prof. Dina Porat und Dr. Irith Dublon-Knebel – alle von der Universität Tel- Aviv – und sie akzeptierten die Idee und erklärten sich bereit mitzuarbeiten. Die Bestimmungen der GIF fordern die Zusammenarbeit israelischer und deutscher Forscher. Am Ende nahm eine Gruppe von Soziologinnen und Historikerinnen der Universität Tel-Aviv und der Freien Universität Berlin, darunter auch Prof. Sigrid Jacobeit, Direktorin der Mahn- und Gedenkstätte Ravensbrück, die Arbeit an einem auf eine Laufzeit von drei Jahren begrenzten (und später verlängerten) Forschungsprojekt auf. Zuerst sandten wir einen Fragebogen an in Israel wohnende Überlebende und Hunderte antworteten. Für viele, die in Israel gelebt hatten, aber inzwischen verstorben waren, füllten Angehörige nach bestem Wissen die Fragebögen aus. Wir verwendeten auch die Daten, die wir in 200 Aussagen Überlebender in *Yad Vashem* fanden. Damit ergab sich eine Datenbank für mehr als 700 Überlebende von Ravensbrück, die je nach Israel gelangt waren. Mit Hilfe der Daten, die wir 1995 erlangt hatten, organisierten wir ein bewegendes Treffen israelischer Ravensbrück-Überlebender an der Universität Tel-Aviv.

Obwohl beide Gruppen sich an dieser ersten Anstrengung beteiligten, trennten sich unsere Wege bald, da jede Gruppe Interesse an anderen Aspekten der Geschichte hatte. Es wurde mir immer klarer, dass meine Aufgabe (zusätzlich zu meinem Beitrag zu dem kollektiven Band beider Gruppen, den Dr. Irith Dublon-Knebel redigierte) darin bestand, mich auf eine gründliche Untersuchung – sowohl aus historischer, als auch aus soziologischer Sicht – zu konzentrieren und zu versuchen, so gut wie möglich, eine Antwort auf die Frage zu finden: „*Die jüdischen Häftlinge von Ravensbrück: wer waren sie?*" Ich wollte den Beleg für meine Auffassung liefern, dass soziale Untersuchungen die individuellen menschlichen Aspekte der Geschichte nicht notwendigerweise ausschließen.

Inzwischen sind drei sehr willkommene Veröffentlichungen zu dem selben Thema – jedoch von anderen Gesichtspunkten aus – erschienen. Die ersten zwei stammen von Mitgliedern unserer deutschen Gruppe: Dr. Linde Apel, *Jüdische Frauen im Konzentrationslager Ravensbrück 1939–1945*, Metropol, Berlin, 2003;

und Dr. Sabine Kittel, *Places for the Displaced. Biographische Bewältigungsmuster von weiblichen jüdischen Konzentrationslager-Überlebenden in den USA*, Hildesheim, Georg Olms Verlag, Weidmannsche Verlagsbuchhandlung, 2006; und die dritte stammt von Rochelle G. Saidel, *The Jewish Women of Ravensbrück Concentration Camp*, Wisconsin University Press, Madison, WI, 2004, (inzwischen auch auf Hebräisch erschienen) die selbständig an diesem Thema gearbeitet hat. (Leider verboten es die Bedingungen unseres Vertrages mit der GIF, sie in unsere Gruppe aufzunehmen.) Lassen Sie mich auf diese Bücher eingehen.

Keines dieser Bücher versucht, eine möglichst vollständige Antwort auf die Frage, die ich mir selbst gestellt habe – *Die jüdischen Häftlinge von Ravensbrück: wer waren sie?* –, zu geben. Des Weiteren widmet keines dieser Bücher den Unterschieden innerhalb der jüdischen Häftlingsbevölkerung und deren unterschiedlichen Situationen während unterschiedlicher Perioden große Aufmerksamkeit, wie ich es in der hier vorliegenden Studie tue. Apel unternahm große Anstrengungen, um objektiv zu bleiben. Sie beschreibt und analysiert die spezifischen Bedingungen von Arbeit, Leben und Sterben der jüdischen Häftlinge auf der Grundlage umfangreicher Dokumente, Aufzeichnungen und Aussagen jüdischer und nicht-jüdischer Überlebender. Ihr Streben nach Objektivität gegenüber den jüdischen Häftlingen kann die Ursache dafür sein, dass sie sich nicht mit Moralfragen, mit Haltungen und Gefühlen befasst. Sabine Kittel beschreibt das wichtige Problem der psychologischen und gesellschaftlichen Anpassung der jüdischen Ravensbrück-Überlebenden in den Vereinigten Staaten. Im Gegensatz zu Apel achtet Saidel sehr auf die Haltungen und Gefühle der interviewten Überlebenden und auch auf die Probleme, die die Überlebenden nach dem Krieg hatten. Sie hat viele Seiten mit Texten aus Interviews in ihr Buch aufgenommen, das im wahrsten Sinne des Wortes die Frucht eines Liebesdienstes ist.

Kommen wir zurück zu der von mir gewählten Frage: „*Die jüdischen Häftlinge von Ravensbrück: wer waren sie?*“ In den folgenden Kapiteln stelle ich die Ergebnisse meiner Anstrengungen zur Beantwortung dieser Frage dar. Außerdem füge ich eine CD-ROM mit einer Liste von weit über 16 000 Namen jüdischer Ravensbrück-Häftlinge mit vielen detaillierten Informationen über sie bei.

Darüber hinaus habe ich auch den Versuch unternommen, in diesem Buch eine Analyse der sozialen Beziehungen unter den jüdischen Häftlingen und der spezifischen sozialen Bindungen zwischen ihnen darzustellen. Ich habe jedoch nicht versucht, Probleme zu untersuchen, die sich auf physische und psychische Schäden beziehen, die Holocaust-Überlebende erlitten haben und den Grad des Erfolges bei den Versuchen, diese zu überwinden und sie in die Gesellschaft von Ländern zu integrieren, deren Bevölkerung diese furchtbaren Erfahrungen zum größten Teil erspart geblieben waren. Ich habe mich auch nicht mit der schwierigen Frage befasst, ob es ratsam oder nicht ratsam für die Überlebenden war, mit ihren engsten Verwandten über ihre furchtbaren Erlebnisse zu sprechen. Wie schwer war das vom Holocaust verursachte Trauma, und war ein Weiterreichen dieser Last an die nächste Generation unvermeidbar? Zu diesen Fragen liegt eine große Menge an Literatur vor, für deren Untersuchung ich als Soziologin auf der Grundlage der mir zur Verfügung stehenden Daten jedoch nicht ausreichend qualifiziert bin. Als Soziologin fand ich die Unterschiede zwischen den Bedingungen in den USA, in Israel und anderen Ländern stets von Bedeutung. Ich stellte auch fest, dass die Unterschiede im Bildungsgrad und im sozialen Status der Überlebenden sowie ihre Fähigkeit, sich in die Gesellschaften, in denen sie sich ansässig machten, zu integrieren, von Bedeutung sind. Ich habe nicht genügend Daten, um diese Aspekte zu untersuchen. Als Motto dieser Untersuchung habe ich den folgenden Ausspruch von Halina Nelken gewählt: Sie sagte: „Und wieder werden wir zu namenlosen, gesichtslosen, entmenschlichten Theorien und Statistiken gemacht. Ich wünschte, ich könnte unser aller Gedächtnis bewahren, ob jung oder alt: nicht eine von uns hielt sich selbst für eine Heldin oder ein Opfer – und doch waren wir beides.“ Ich hoffe inständig, dass diese Untersuchung – obwohl sie sich mit Theorien und Statistiken befasst – dem Gedächtnis der Opfer gerecht wird: Ich ehre so viele Namen, wie ich finden konnte, beschreibe sie und ihre unterschiedlichen Persönlichkeiten und Schicksale, da sie alle sowohl Opfer als auch Heldinnen waren.

Herzliya J. B. A.
Januar 2006
Januar 2010

Anmerkungen

1 Auf Deutsch: *Schnittpunkt des Holocaust: Jüdische Frauen und Kinder im Konzentrationslager Ravensbrück: Wissenschaftlicher Begleitband zur Ausstellung*, Irith Dublon-Knebel (Hrsg.), Metropol Verlag/BURGIM, 2009.

2 Margarete Buber-Neumann, *Als Gefangene bei Stalin und Hitler*, dtv München, 1962, S. 168- 308; Hans Schafranek, *Zwischen NKWD und Gestapo: Die Auslieferung deutscher und österreichischer Antifaschisten aus der Sowjetunion nach Nazideutschland 1937–1941*, Frankfurt am Main, 1990, S. 110 f.

3 Margarete Buber-Neumann, *Milena – Kafkas Freundin*, Langen-Müller Verlag, München, 1977.

4 Später stellten wir fest, dass in mehreren Ländern Listen von Überlebenden von Ravensbrück existierten. Obwohl die überwiegende Mehrheit dieser Frauen als Jüdinnen verhaftet und entweder direkt oder über Auschwitz nach Ravensbrück geschickt wurden, wurden sie in der Regel als „Antifaschisten" geführt, ohne anzugeben, dass sie Jüdinnen waren. In den USA machten ungefähr 1 200 jüdische Frauen (und einige Männer), die bei der *Washington Holocaust Registry* registriert sind, die Angabe, dass Ravensbrück eines der Lager war, in dem sie gefangen gehalten wurden.

II

Ist eine wahrheitsgetreue historische Rekonstruktion möglich?

Heterogenität

Bevor ich auf das Problem der Rekonstruktion der Erinnerung der jüdischen Häftlinge eingehe, möchte ich das Problem der Rekonstruktion historischer Erinnerungen im Allgemeinen – schriftlicher sowie mündlicher – diskutieren. Jegliche Erinnerung an etwas, das einer großen Anzahl von Menschen widerfahren ist – an einem über mehrere Jahre existierenden Ort oder in einer Institution – muss notwendigerweise heterogen, vielseitig und sogar voller miteinander in Widerspruch stehender Informationen sein – selbst in Fällen, in denen es nicht zu organisierten Anstrengungen zur Unterdrückung oder Verzerrung dieser Erinnerungen kam, oder es am Willen fehlte, diese Erinnerungen mit Achtung zu behandeln und sie als wesentlich für ein kollektives oder nationales Gedächtnis zu betrachten.

Im Fall Ravensbrück haben wir es mit extremer Heterogenität zu tun – Frauen aus mindestens 20 Ländern wurden aus unterschiedlichen formellen Gründen gefangen gehalten; im Laufe von sechs Jahren kam es zu tiefgreifenden Änderungen der Bedingungen und Vorgehensweisen und verschiedene Gruppen wurden zu ein und demselben Zeitpunkt unterschiedlich behandelt.

Lassen Sie mich zuerst diskutieren, welche Erfahrungen für alle Häftlinge während der gesamten Zeit zutrafen. Von Anfang bis Ende war Ravensbrück ein Nazi-Konzentrationslager, ein besonderer Ort für Frauen, die das Regime als Feinde betrachtete – nicht normale Gefangene, sondern eher Unpersonen, die für eine nicht festgelegte Dauer gefangen gehalten wurden und völlig der absoluten Herrschaft der SS und deren Politik der Reglementierung, Terrorisierung, Brutalität und Erniedrigung ausgesetzt waren. Viele Überlebende, die sowohl Ravensbrück als auch andere Lager erlebt hatten, haben ausgesagt, dass in Ravensbrück die Reglementierung besonders umfassend war, und zwar insbesondere in Form endloser Zählappelle, bei denen die Häftlinge bei jedem Wetter zweimal täglich stundenlang in Reihen aufgestellt verharren mussten. Viele von ihnen brachen während dieser Appelle zusammen und starben.

In Ravensbrück wurden neue SS-Wächterinnen für den Dienst in allen Lagern, in denen Frauen gefangen gehalten wurden, ausgebildet. Sie wurden darin ausgebildet, die Häftlinge einem ununterbrochenen Strom von Beschimpfungen und Drohungen, Schlägen ins Gesicht, gegen den Kopf und den Körper – ausgeführt mit Fäusten oder Knüppeln – auszusetzen, sie mit Stiefeln zu treten oder Hunde auf sie zu hetzen, die die Häftlinge in die Beine bissen. Von Anfang an gab es in Ravensbrück auch ein formalisiertes Bestrafungssystem. Zum Gefängnis des Lagers gehörten ein Strafblock und Reihen von Zellen, in denen die Häftlinge in Isolationshaft gehalten wurden – in völliger Dunkelheit und kurz vor dem Verhungern. Schon Anfang 1940 hatte Himmler die Bestrafung weiblicher Häftlinge durch Auspeitschen (einmal, zweimal oder dreimal 25 Hiebe) eingeführt. Diese Strafe fügte den Häftlingen großes Leid zu und viele starben daran.

Trotzdem herrschte aber auch eine extreme Heterogenität bei den Erfahrungen, Bedingungen und dem Schicksal unterschiedlicher Gruppen von Häftlingen unter den mehr als 110 000 Frauen, Mädchen und Kindern, deren Ankunft registriert wurde.[1]

Mitten in Ravensbrück, jedoch völlig isoliert von dem Frauenlager, gab es ein separates, sehr viel kleineres Lager für Männer. Hier lebten (fast während der gesamten Zeit der Existenz des Lagers) KZ-Häftlinge, die nach Ravensbrück gebracht wurden, um Bauarbeiten auszuführen. 20 000 Männer und Jungen durchliefen dieses Lager, davon 2 000 Juden, einige von ihnen Jugendliche über 13 Jahre. Einige von diesen wurden mit Erreichen des 14. Lebensjahres aus dem Frauenlager hierher verlegt. Obwohl die Lager direkt benachbart waren, standen schwere Strafen auf jeden Versuch einer Kontaktaufnahme.[2]

Hindernisse auf dem Weg zur historischen Rekonstruktion

Jeder Versuch, bei der historischen Rekonstruktion (von Ravensbrück oder irgendeinem anderen Ereignis) der Wahrheit so nahe wie möglich zu kommen, muss zwangsläufig auf die unterschiedlichsten Schwierigkeiten stoßen.

Wie in allen Nazi-Konzentrationslagern, versuchten auch in Ravensbrück die Lagerverwaltungen – sowohl SS als auch Gestapo – die Anzahl der Überlebenden systematisch dadurch zu verringern, dass sie den Tod von so vielen Häftlingen wie möglich verursachten oder nicht verhinderten – insbesondere während des letzten halben Jahres der Existenz des Lagers. Häftlinge wurden für die Gaskammer oder andere Formen der organisierten Tötung selektiert, sie waren chronischem Hunger, Erfrierungen aufgrund mangelhafter Bekleidung und fehlenden Schuhen, Decken, Unterkünften und Heizungen ausgesetzt, litten an extremer Überbelegung, Schmutz und Ungeziefer – Bedingungen, die die Ausbreitung von Tuberkulose, Hungerruhr, Furunkulose und sogar Typhusepidemien verursachten. Und sie mussten extrem lange und hart arbeiten: Erde bewegen, Schiffe entladen und Arbeiten in Waffen-, Munitions- und SS-Uniformfabriken ausführen – ganz zu schweigen davon, dass man diejenigen, für die es in den Außenarbeitslagern von Ravensbrück keine Arbeit mehr gab, direkt verhungern ließ. Zwischen Ende Januar und März 1945 wurden viele hunderte von Ravensbrück-Häftlingen nach Bergen-Belsen – ein Lager, das als Todeslager ohne Gaskammer bestimmt war – verlegt.[3]

Während der letzten zwei oder drei Monate des Krieges stellte die SS regelrechte Todeszüge zusammen, die nicht nur tagelang, sondern manchmal wochenlang unterwegs waren. Darin wurden Frauen ohne Nahrung, Wasser oder einfachste sanitäre Einrichtungen in Viehwaggons zusammengedrängt. In diesen Zügen starben die Frauen an Hunger, Dehydrierung, Erstickung, Erschöpfung und sogar an Geistesstörung. Diese Züge sollten das Ziel alliierter Bombardierungen werden. Während der allerletzten Phase organisierte die SS Todesmärsche nach Nordwesten, sowohl aus Ravensbrück als auch aus dessen Außenarbeitslagern und auch aus den Außenlagern Buchenwalds, in die vorher tausende Ravensbrück-Häftlinge gesandt worden waren. Die Wahrscheinlichkeit, zu überleben, wurde noch geringer.

Die SS-Lagerverwaltung versuchte dann auch, so viele Lagerdokumente wie möglich zu zerstören, darunter Zugangslisten, Sterbelisten der Gaskammer und die zentrale Kartei des Lagers. Diese Dokumente hatten tausende von Seiten – viele davon gab es in mehreren Ausfertigungen. Ende April 1945 wurde im Krematorium Papier verbrannt, während sich die unbestatteten Leichen zu riesigen Bergen häuften.

Die SS zerstörte auch die physischen Beweise für ihre Verbrechen, indem sie am 22. oder 23. April 1945 die Gaskammer sprengte.

Während der gesamten Existenz des Lagers hatte die Lagerverwaltung verhindert, dass die Häftlinge ihre Erlebnisse aufzeichneten, indem ihnen nicht gestattet wurde, Papier oder Schreibwerkzeuge zu verwenden, und indem Kontakte nach außen auf einen kurzen und stark zensierten Brief pro Monat beschränkt wurden (sofern es eine solche Erlaubnis überhaupt gab und die Häftlinge jemanden hatten, an den sie schreiben konnten).

Das Erreichen dieser zwei Ziele – die Beseitigung von eventuell Überlebenden und von Beweisen für die Leiden der Häftlinge – wurde bis zu einem gewissen Grad eingeschränkt durch Rettungsaktionen, die in letzter Minute vom schwedischen Roten Kreuz durchgeführt wurden und durch die Tausende nach Schweden evakuiert wurden. Diese Evakuierung und die nachfolgende medizinische Behandlung und großzügige Betreuung bis zur Genesung sicherte nicht nur das Überleben tausender Ravensbrück- Häftlinge, die sonst sicher gestorben wären, sondern sie gestattete auch den organisierten Schmuggel großer Mengen von Dokumenten aus dem Lager, insbesondere von Zugangslisten.[4] So weit mir bekannt ist, wurde durch die Rettungsaktionen des schwedischen Roten Kreuzes ein größerer prozentualer Anteil von Häftlingen aus Ravensbrück gerettet als aus jedem anderen Konzentrationslager.

So weit zu den Schwierigkeiten für die Bewahrung der Erinnerungen, die von der SS hervorgerufen wurden. Die politische Situation und die Konflikte während der Nachkriegsperiode riefen weitere große Schwierigkeiten für die getreue historische Rekonstruktion der Namen der Ravensbrück-Häftlinge hervor. Die Tatsache, dass das Lager in dem bis Anfang 1990 von der Sowjetunion kontrollierten Teil Deutschlands lag, erwies sich als große Hürde für die Entwicklung einer umfassenden und gerechten Erinnerung an die Opfer von Ravensbrück.

Das Gelände von Ravensbrück diente als Lager eines sowjetischen Panzerregiments, und bis auf zwei Gebäude – der Kommandantur und dem Zellenbau – wurden alle Gebäude des ehemaligen Lagers abgerissen. Als die Behörden der Deutschen Demokratischen Republik (DDR) beschlossen, ein Denkmal zu errichten, legten sie einen kleinen Teil des benachbarten Schwedt-Sees trocken, um ein künstliches Gelände herzustellen, auf dem die Skulptur einer Frau, die eine andere trägt, errichtet wurde. Am Ort eines Massengrabs wurde ein Rosengarten gepflanzt, und eine Mauer, deren Abschnitte die Namen all der Länder tragen, aus denen Häftlinge gekommen waren, wurde errichtet. Ein internationales Ravensbrück-Komitee wurde gegründet, das von loyalen Stalinistinnen aus der DDR beherrscht wurde. Es fanden jährliche Treffen von Überlebenden statt und an der Gedenkstättenmauer wurden Blumen niedergelegt. Bei all diesen Aktivitäten wurden aber keine Gedenkstätten für die jüdischen Opfer und die Opfer der Sinti und Roma eingerichtet. Die meisten überlebenden Jüdinnen und Sinti und Roma identifizierten sich offensichtlich mit keinem der auf der Mauer bezeichneten Länder; erst Jahre später wurden kleine Gedenksteine für diese Opfer errichtet.

Ein Exemplar des Buches meiner Mutter wurde in dem kleinen Archiv von Ravensbrück eingeschlossen. Es war ein verbotener Text, der nur mit besonderer Genehmigung gelesen werden durfte. Memoiren und Zeugenaussagen – selbst die von Kommunistinnen gesammelten – galten als verdächtig und wurden nicht für Forschungszwecke genutzt. Die große Sammlung – über 1 000 Stück – von Erika Buchmann wurde weder geordnet noch für Forschungszwecke genutzt. Sie blieb im ostdeutschen Innenministerium und gelangte erst nach dem Fall der Mauer in das Archiv von Ravensbrück.[5]

Die zuständigen Stellen wählten einige Frauen von Ravensbrück als proletarische Heldinnen aus und feierten sie sogar in DDR-Schulbüchern. Dabei ignorierten sie aber die Tatsache, dass vier von ihnen als Jüdinnen in Bernburg umgebracht worden waren.

Niemand im Osten erwähnte die Tatsache, dass die gefangenen Widerstandskämpferinnen aus dem Westen nicht nur kommunistischen Organisationen angehörten, sondern auch sozialistischen und nationalistischen Bewegungen, darunter der Gaullistischen Widerstandsbewegung in Frankreich, und dass die meisten der gefangenen polnischen Widerstandskämpferinnen – die weitaus größte nationale Gruppe – nicht kommunistische oder sozialistische, sondern katholische Untergrundkämpferinnen gewesen waren. Die Gruppen der sogenannten „Asozialen" und „Kriminellen" unter den Häftlingen wurden völlig außer Acht gelassen. Erst in der jüngeren Vergangenheit wurde man sich der Tatsache bewusst, dass zu diesen auch die Frauen gehörten, die des „Verbrechens" der Abtreibung oder lesbisch zu sein angeklagt wurden. Erst Jahre nach dem Fall der Berliner Mauer und dem Zusammenbruch des Sowjetherrschaft begann die Forschung, sich mit dem Schicksal mehrerer Gruppen von Häftlingen – darunter Sinti und Roma, Zeugen Jehovas (*Ernste Bibelforscher*), die die größte religiöse anti-nazistische Gruppierung in Deutschland darstellten, und sogar mit russischen und ukrainischen Häftlingen – zu befassen. Zum Beispiel wurden die Listen ungarischer jüdischer Opfer erst vor kurzem erstellt und die Liste der Überlebenden darunter wurde erst in den letzten Jahren fertiggestellt. Die dafür zuständige Organisation wurde ursprünglich als „Komitee der Opfer des Faschismus" bezeichnet.

Besondere Schwierigkeiten bei der jüdischen Erinnerung

Als ich dieses Forschungsprojekt ins Leben rief, bemerkte ich, dass die Forschungsarbeiten über jüdische Häftlinge in einzelnen Konzentrationslagern recht spät begonnen hatten, dass sich jedoch keine davon mit den Ravensbrück-Häftlingen befasste. Ich fragte mich also, warum dieses Kapitel der Holocaust-Geschichte so besonders vernachlässigt worden war.

Die erste Antwort liegt auf der Hand: das Geschlecht der Ravensbrück-Häftlinge machte sie weniger wichtig für diejenigen, die des Holocaust gedachten, da diese zum größten Teil Männer waren. Vor allem hatten die Frauen selbst – im

Gegensatz zu den israelischen Überlebenden der meisten größeren Ghettos und Konzentrationslager, die alle ihre nationalen und sogar internationalen Verbände gegründet hatten – keine Organisation von Ravensbrück-Überlebenden[6] gegründet.

Das sich allmählich entwickelnde nationale Gedenken an den Holocaust betonte zwei Aspekte: eErstens konzentrierte sich das Gedenken auf die Einzigartigkeit des jüdischen Erlebens und zweitens wurde betont, dass diese Einzigartigkeit sich im Einsperren der Juden in Ghettos und in ihrem Massenmord, besonders in Vernichtungslagern, ausdrückte. Sowohl in der einen als auch in der anderen Hinsicht wirft Ravensbrück Fragen auf, da es ein Ort großer Leiden für Frauen aus ganz Europa war und da die jüdischen Frauen unter ihnen eine Minderheit bildeten.

Außerdem wurde eine falsche Annahme unkritisch bestätigt, nämlich dass Ravensbrück „nur ein Arbeitslager" gewesen wäre. Es war eine Durchgangsstation für jüdische Frauen (und für alle nicht-jüdischen Häftlinge, die alt oder chronisch krank waren und deshalb als arbeitsunfähig galten) – zuerst in die „Euthanasie"-Gaskammern von Bernburg bei Dessau und dann drei Jahre lang in die von Auschwitz. Darüber hinaus wurden zwischen dem 1. Januar und dem 23. April 1945 ungefähr 6 000 Frauen in der Gaskammer von Ravensbrück ermordet und unzählige andere wurden durch Gift und tödliche Injektionen umgebracht. Ravensbrück und seine sogenannten Außenarbeitslager waren Todeslager, in denen bei unterschiedlichen Gruppen unterschiedliche Vernichtungsmethoden angewandt wurden[7].

Zwei weitere Elemente des nationalen Umgangs mit dem Holocaust können ebenfalls zur Vernachlässigung dieser großen Gruppe von Frauen beigetragen haben: die Forderung nach Heldentum und eine verbreitete Verunglimpfung von Überlebenden.

Was die Forderung nach Heldentum angeht, so wurde in Israel sehr viel Wert auf Heldentum gelegt, und zwar im Sinne jeder Form des aktiven Widerstands – und insbesondere des bewaffneten Widerstands – von Juden während des Holocausts. So eine Art Heldentum wurde von dieser ausschließlich aus Frauen bestehenden Gruppe nicht erwartet. (Natürlich ist der Begriff des Heldentums an sich zu hinterfragen. Mut, wie er zum Beispiel bei Versuchen, Kinder zu retten, aufgebracht wurde, war natürlich für Frauen sehr viel charakteristischer als für Männer. Unter diesen schrecklichen Umständen war es sogar schon heldenhaft, auch nur die mindesten Anstrengungen zu unternehmen, sich die eigene Menschlichkeit zu bewahren beziehungsweise, wie es viele in Interviews ausdrückten: das eigene menschliche Antlitz zu bewahren und nicht auf die Stufe eines wilden Tiers herabzusinken).

Im Laufe meiner Untersuchung habe ich sowohl von Überlebenden als auch aus schriftlichen Erinnerungen viel über eine weitere Form des Heldentums gelernt: In unzähligen kleinen Gruppen oder „Lagerfamilien“ haben jüdische Ravensbrück-Häftlinge Formen gegenseitiger Hilfe, Unterstützung und Verantwortung entwickelt, die durchaus als Heldentum betrachtet werden müssen.[8]

Die Verunglimpfung von Überlebenden könnte ein weiterer Grund für die Vernachlässigung und die relativ späte Aufnahme von Forschungsarbeiten zur Geschichte dieser großen Gruppe weiblicher Überlebender des Holocaust gewesen sein. Während der ersten Jahre nach dem Krieg wurden alle Holocaust-Überlebenden, die nach Israel kamen, verdächtigt, möglicherweise Kollaborateure gewesen zu sein. Im Falle der weiblichen Überlebenden war ein äußerst unglücklicher Mythos entstanden: Es wurde zusätzlich behauptet, dass einige jüdische Frauen – insbesondere junge und gut aussehende – überlebt hätten, weil sie sich in den Bordellen der deutschen Kampftruppen prostituiert hätten, und dass sie sogar entsprechende Tätowierungen bekommen hätten. Ich habe nie irgendwelche Dokumente gefunden, die eine solche Behauptung belegt hätten, und trotzdem gelangte diese Behauptung durch israelische Literatur in das Bewusstsein Israels.[9] Da sexuelle Kontakte zwischen „Ariern“ und Juden durch die Nazi-Gesetze verboten waren, ist eine organisierte und dokumentierte sexuelle Ausbeutung jüdischer Frauen durch Nazi-Soldaten äußerst unwahrscheinlich.[10] Sicher gab es sexuelle Beziehungen zwischen einigen deutschen SS-Wachleuten und einigen jüdischen weiblichen Häftlingen in Auschwitz und auch in einigen Arbeitslagern. Durch solche Beziehungen konnte die Lage von Häftlingen – zumindest zeitweilig – verbessert werden. Einige dieser Häftlinge haben in Auschwitz unter Umständen länger als zwei Jahre überlebt und einige wurden zu *Stubenältesten*, *Blockältesten* oder sogar *Lagerältesten* in einigen kleinen Arbeitslagern gemacht. Obwohl die übrigen jüdischen weiblichen Häftlinge ein solches Verhalten nicht billigten, wurde in keiner der Aussagen und keinem der Interviews von Auschwitz- und Ravensbrück-Überlebenden ein Verhalten beschrieben, mit dem diese jungen Frauen anderen jüdischen Häftlingen ernsthaft geschadet hätten.[11]

Im Laufe meiner Forschungen gelangte ich zu der Vermutung, dass ein weiterer Grund dafür vorliegen könnte, dass Ravensbrück in Israel so vernachlässigt worden war. Mir wurde klar, dass während der letzten Tage des Krieges eine relativ große Gruppe jüdischer Ravensbrück-Häftlinge (ca. 2 000 Frauen, Mädchen und Kinder) durch das schwedische Rote Kreuz im Rahmen der sogenannten *Bernadotte-Aktion* gerettet wurden. Mindestens sechs Gruppen jüdischer Ravensbrück-Häftlinge erreichten Schweden; zwei große Gruppen kamen direkt aus dem Lager, die erste davon in den sogenannten „weißen Bussen“, die zweite in einem Sonderzug gemeinsam mit tausenden von polnischen nicht-jüdischen Häftlingen; eine dritte Gruppe kam aus dem Ravensbrücker Arbeitslager Malchow (450 Frauen), während eine vierte Gruppe nach Schweden gelangte, nachdem die Überlebenden eines Todeszuges aus Beendorf und Ravensbrück nach Hamburg umgeleitet worden waren. Eine fünfte – kleinere – Gruppe von etwa 30 belgischen jüdischen Frauen und Kindern mit türkischen Papieren war nach Schweden gebracht worden, nachdem sie schon am 28. Februar 1945 aus Ravensbrück „entlassen“ worden waren. Eine sechste Gruppe jüdischer Mütter und Kinder aus Ravensbrück (Überlebende eines Transports nach Bergen-Belsen am 30. Januar 1945 und eines großen Transports nach Bergen-Belsen irgendwann im März 1945) wurde nach der Befreiung von Bergen-Belsen durch die Westalliierten am 15. April 1945 durch das schwedische Rote Kreuz zur medizinischen Behandlung nach Schweden evakuiert.

Ich nehme an, dass die Erforschung des Schicksals der jüdischen Opfer und Überlebenden von Ravensbrück dadurch erschwert wurde, dass Graf Folke Bernadotte, der Vorsitzende des schwedischen Roten Kreuzes, der Hauptinitiator dieser großen Rettungsaktion war. [12]

Seine Evakuierungsaktionen begannen mit skandinavischen (dänischen und norwegischen) KZ-Häftlingen. Dann erlangte er von Himmler die Genehmigung, KZ-Häftlinge aus westlichen Ländern (Frankreich, Belgien, Niederlande) zu evakuieren, bevor er Himmlers Einverständnis für die Evakuierung von „Häftlingen aller Nationen“ erlangte. [13]

Bernadotte wurde am 17. September 1948 von einem Mitglied der *Stern-Gruppe* ermordet, während er als Vertreter der Vereinten Nationen in Israel tätig war und für die Internationalisierung von Jerusalem eintrat. Alle Ravensbrück-Überlebenden in Israel, die nach Schweden evakuiert worden waren und später von uns interviewt wurden, sagten übereinstimmend aus, dass sie Bernadotte als ihren Retter und Helden betrachteten. Einige von ihnen berichteten, dass sie persönlich mit ihm zusammengetroffen wären. In Israel wurde Bernadotte jedoch erst kürzlich offiziell als „Gerechter der Nationen“ anerkannt. Die Überlebenden erhielten von Norbert Masur, einem Vertreter des *Jüdischen Weltkongresses* in Schweden, verfasste Erinnerungen. Masur war mutig nach Deutschland geflogen, um mit Himmler wegen der Entlassung jüdischer Häftlinge zu verhandeln.[14] Noch 1998 veröffentlichte das israelische Verteidigungsministerium die Biographie von Joshua Cohen [15], dem Attentäter von Bernadotte, der später der Bodyguard und auch Freund des ehemaligen Premierministers Ben-Gurion wurde. Darin wird der große Beitrag Bernadottes zur Rettung jüdischer Leben schlichtweg geleugnet. Erst vor kurzer Zeit wurde einer der „weißen Busse“ der *Bernadotte-Aktion* in die Ausstellung von Yad Vashem aufgenommen.

Zum Abschluss ist zu bemerken, dass die offiziellen Behörden der DDR sowohl anti-jüdische als auch anti-zionistische Gründe dafür hatten, dass das Gedenken an und die Erforschung der jüdischen Ravensbrück-Häftlinge sehr lange vernachlässigt und aufgeschoben wurden. Bei den jüdischen/israelischen Zuständigen war diese Vernachlässigung sowohl auf Betonung der männlichen Überlegenheit und scheinbar auch auf engstirnigen Nationalismus zurückzuführen.

Memoiren und historische Forschung

Trotz aller Hindernisse fanden in den 50 Jahren zwischen 1945 und 1995 viele spontane, nicht offizielle Aktivitäten zum Gedenken an das Schicksal der Frauen, Mädchen und Kinder statt, die in diesem Lager gelebt und gelitten hatten und von denen schätzungsweise mindestens die Hälfte während des Krieges oder unmittelbar danach starben. Allein während der ersten fünf Jahre kamen circa 50 Publikationen ehemaliger Ravensbrück-Häftlinge heraus. Es waren in der Regel Memoiren, aber auch Gedichte und Zeichnungen. Unter all diesen war die umfassendste Beschreibung die meiner Mutter. Obwohl dies ein autobiographisches Werk ist, enthält es Angaben zum Schicksal vieler Mitgefangener verschiedener nationaler Gruppen und Kategorien.

Zwei Studien, die danach streben, eine systematische, genaue und umfassende Darstellung der Lagergeschichte zu bieten, wurden von ehemaligen Häftlingen verfasst – die eine von der polnischen Historikerin Wanda Kiedrzyńska [16] und die andere von der französischen Ethnographin Germaine Tillion[17]. Beide wurden später vollendet und viel später übersetzt. Nach diesen veröffentlichte die polnische Überlebende Ursula Wińska eine Übersicht über die Antworten in einem Fragebogen zu ihren Erfahrungen in Ravensbrück, der vor allem an ihre Kameradinnen aus dem katholischen Widerstand gerichtet war.[18]

So viel zu den von Überlebenden durchgeführten systematischen Untersuchungen. In den folgenden Jahrzehnten wurden viele weitere Memoiren verfasst sowie Aussagen und Interviews Überlebender aufgezeichnet. Veröffentlicht im Jahr 1970, war die Studie des Historikers Ino Arndt[19], der kein Überlebender war, eine Ausnahme.

Trotz dieser bemerkenswerten literarischen, künstlerischen und Forschungsarbeiten einzelner Frauen entwickelte sich kein umfassendes Bild von Ravensbrück, da die meisten veröffentlichten Memoiren nur in der jeweiligen Muttersprache der Überlebenden erschienen. Informationen zu mehreren Kategorien und nationalen Gruppen fehlten entweder oder wurden absichtlich weggelassen. Die Erinnerungen der jüdischen Häftlinge als Gruppe wurden völlig vernachlässigt. Eine bemerkenswerte Ausnahme war die unveröffentlichte Diplomarbeit von Kristina Schläfer und Frank Schröder über die jüdischen Ravensbrück-Häftlinge bis Ende 1942. [20]

Sigrid Jacobeit und Grit Philipp haben seitdem die frühe Historiographie Ravensbrücks verfasst.[21]

Seit 1995 hat sich eine intensive Forschungstätigkeit entwickelt.

Anmerkungen

1 Die höchste Häftlingsnummer, an die sich eine jüdische Überlebende erinnert, die während der dritten Aprilwoche 1945 ankam, ist 109 954. Es sind möglicherweise noch mehr Menschen in das Lager gekommen, denn gelegentlich wurden die Häftlingsnummern Verstorbener erneut vergeben.

2 siehe „Bernhard Strebel, Das Männerlager im KZ Ravensbrück 1941–1945“, in: *Dachauer Hefte 14*, 1998, S. 141–174, sowie vom selben Autor: *Das KZ: Geschichte eines Lagerkomplexes. Mit einem Geleitwort von Germaine Tillon*, Paderborn, 2005.

3 Handschriftliche Anmerkungen auf den Zugangslisten jüdischer Frauen und Kinder, die aus den Niederlanden und Belgien gekommen waren, geben an, dass sie am 30. Januar 1945 „entlassen“ wurden. Überlebende sagten aus, dass sie nach Bergen-Belsen verlegt wurden. Im *Kalendarium* (Gritt Philipp, *Kalendarium der Ereignisse im Frauen-Konzentrationslager Ravensbrück, 1939–1945*, Berlin, 1999) sind für den 3. Februar 1945, den 27. Februar 1945 und den 26. März 1945 Transporte nach Bergen-Belsen aufgeführt. Außerdem ging am 26. Februar 1945 ein großer Transport nach Mauthausen ab.

4 Wanda Kiedrzyńska, *Ravensbrück, kobiecy obóz koncentracyjny*, Warschau, 1961 (Deutsche Übersetzung im Archiv von Ravensbrück), S. 7–9.

5 Loretta Walz, *Erinnern an Ravensbrück*, Stiftung Brandenburgische Gedenkstätten, 1998, Vorwort: Dr. Sigrid Jacobeit, S. 6.

6 Einige der Ravensbrück-Überlebenden hatten sich einer Organisation von Überlebenden eines Ghettos oder eines anderen Lagers oder Arbeitseinsatzbereiches angeschlossen (z.B. der Union-Munitionsfabrik in Auschwitz).

7 Das Schicksal der italienischen und französischen Ravensbrück-Häftlinge wurde gründlich erforscht. Das Schicksal vieler ungarischer und polnischer Gruppen ist bis heute unbekannt. Ich habe die Sterberaten jüdischer und nicht-jüdischer Ravensbrück-Häftlinge italienischer Herkunft miteinander verglichen und festgestellt, dass die Sterberate der jüdischen Häftlinge 60 % betrug, die der nicht-jüdischen 17 %. Ich nehme an, dass in allen nationalen Gruppen die Sterberate der Jüdinnen ebenfalls wesentlich höher war als die der Nicht-Jüdinnen.

8 siehe Kapitel 10, Abschnitte zu „Lagerfamilien“ und „Heldentum.“

9 siehe zum Beispiel: Y. Noded, „My Sister on the Shore“, in: *Sefer Hapalmach*, Z. Gil'ad und M. Meged (Hrsg.), Bd. 1, Hakibbutz Hameuchad, 1956, S. 725; Yoram Kanyuk, *Exodus: Commander's Odyssey*, Hakibbutz Hameuchad, 1999, S. 136 (beide Bücher auf Hebräisch).

10 In Ravensbrück wurden viele Häftlinge für die Bordelle anderer KZ in Deutschland rekrutiert. Die Frauen, die mit falschen Versprechungen einer anschließenden

Entlassung aus dem Lager angeworben wurden, waren ausschließlich nicht-jüdische „Asoziale" – ehemalige Prostituierte. (Margarete Buber-Neumann, *Als Gefangene bei Stalin und Hitler*, München, 1949, S. 228.)

11 In einer nicht dokumentierten mündlichen Mitteilung, in der auch keine Namen genannt werden, berichtete eine israelische Überlebende Folgendes: Schon 1942 kam eine junge jüdische Frau in Auschwitz an und wurde die Gefährtin eines SS-Mannes. Mit seiner Hilfe gelang es ihr, ihre Schwester, die 1944 ankam, vor der Gaskammer zu retten; sie hatte ihn aber zu spät gefunden, um auch die Kinder ihrer Schwester zu retten.

12 Folke Bernadotte, *The Curtain Falls: The Last Days of the Third Reich*, New York, 1945; Folke Bernadotte, *Instead of Arms: Autobiographical Notes*, Stockholm und New York, 1948.

13 siehe nächste Anmerkung; siehe auch Kapitel 8, Anmerkungen 154–157 bezüglich der Rolle, die Vertreter des Jüdischen Weltkongresses in Schweden spielten; bezüglich der Rolle des dänischen Roten Kreuzes siehe das Kapitel zur *Bernadotte-Aktion* von Sabine Kittel in: *Schnittpunkt des Holocaust: Jüdische Frauen und Kinder im Konzentrationslager Ravensbrück*, Irith Dublon-Knebel (Hrsg.) Metropol Verlag/BURGIM, 2009.

14 Norbert Masur, *En Jude talar med Himmler*, Stockholm, 1945 (auch auf Hebräisch veröffentlicht, 1985).

15 Yaïr Sheleg, *Desert Wind* (Biographie von Joshua Cohen), *Verteidigungsministerium* (auf Hebräisch), 1998, S. 87–98.

16 siehe Kiedrzyńska, *Ravensbrück*.

17 Germaine Tillion, *Frauenkonzentrationslager Ravensbrück*, mit einem Anhang „Die Massentötungen durch Gas in Ravensbrück" von Anise Postel-Vinay. Lüneburg, 1998 (veröffentlicht auf Französisch 1973).

18 Urzula Wińska, *Zwyciezyly wartosci: Wspomneinea z Ravensbrück*, Wyd 1., Gdansk, 1985. Im Ravensbrück-Archiv liegt eine deutsche Übersetzung vor mit dem Titel „Die Werte siegten."

19 Ino Arndt, „Das Frauenkonzentrationslager Ravensbrück", *Studien zur Geschichte der Konzentrationslager, Schriftenreihe der Vierteljahreshefte für Zeitgeschichte*, Nr. 21, Stuttgart, 1970, S. 93–120.

20 *Jüdische Häftlinge im Frauenkonzentrationslager Ravensbrück (1937/39–1942)*, Humboldt-Universität, 1987.

21 Sigrid Jacobeit und Grit Philipp (Hrsg.), *Forschungsschwerpunkt Ravensbrück: Beiträge zur Geschichte des Frauenkonzentrationslagers*, Berlin, 1997. Bezüglich der Entwicklung der Forschung seither siehe: Judith Buber Agassi, „Der Beitrag von Sigrid Jacobeit zur Erforschung der Geschichte des Frauen-Konzentrationslagers Ravensbrück", in: *Der Nationalsozialismus im Spiegel des öffentlichen Gedächtnisses*, Petra Fank und Stefan Hördler (Hrsg.), Berlin, 2005.

III

Die jüdischen Häftlinge von Ravensbrück: Wer waren sie?

Sechs Jahre Ravensbrück

Ravensbrück bestand vom Frühjahr 1939 bis Ende April 1945. Die Zusammensetzung der Häftlingsbevölkerung in diesem Lager war sehr heterogen. Zu Beginn waren es genauso viele deutsche „Kriminelle“ und „Asoziale“ wie Frauen, die wegen politischer oder religiöser Opposition gegen das Naziregime oder aufgrund ihrer „Rasse“ dort gefangen gehalten wurden. Diejenigen, die wegen ihrer Rassenzugehörigkeit dort waren, waren ausschließlich Jüdinnen oder Sinti und Roma („Zigeuner“). In der ersten Zeit wurden viele Jüdinnen des Verbrechens der „Rassenschande“ angeklagt, während die Sinti und Roma in der Regel als „asozial“ oder „arbeitsscheu“ eingeordnet wurden.

Während vor September 1939 alle Häftlinge aus Deutschland, Österreich und dem besetzten Teil der Tschechoslowakei kamen, gelangten nach Ausbruch des Krieges und der Eroberung und Unterwerfung eines großen Teils des europäischen Kontinents Frauen aus allen besetzten europäischen Ländern, die in den Widerstandsbewegungen aktiv waren, sowie tausende von Zivilistinnen aus Polen, der Ukraine und Russland und sogar sowjetische Kriegsgefangene nach Ravensbrück. Die meisten von ihnen wurden als *„politische“* Häftlinge klassifiziert. Schon bald wurden fast alle der jüdischen Häftlinge[1] automatisch als „politische“ Häftlinge eingeordnet. Deutsche, österreichische und „volksdeutsche“ Häftlinge wurden weiterhin entweder als „politische“ Häftlinge, als Zeugen Jehovas, als Asoziale oder Kriminelle eingeordnet. Dann trat ein neuer Haftgrund in Erscheinung: „Kontakt oder Beziehungen zu Ausländern“ für Deutsche und „Kontakt zu Ariern“ für andere.

WER WAR EINE GEFANGENE VON RAVENSBRÜCK?

Wie viele jüdische Häftlinge gab es im Lager? Mir wurde bald klar, dass schon die Definition „jüdische Häftlinge von Ravensbrück" Probleme aufwirft. Es gab kaum eine jüdische Frau oder ein jüdisches Mädchen, für die Ravensbrück der einzige Ort der Gefangenschaft war. Viele waren sehr viel länger in Internierungslagern, geschlossenen Ghettos, anderen Konzentrationslagern oder Arbeitslagern gefangen gehalten worden als im SS-Frauenkonzentrationslager Ravensbrück. Von den jüdischen Häftlingen, die zu Beginn nach Ravensbrück kamen, wurden viele ein bis zwei oder einige sogar drei Jahre lang gefangen gehalten, bevor sie starben oder ermordet wurden. Die meisten derjenigen jedoch, die 1942 dort ankamen, blieben nur wenige Monate und manche nur wenige Wochen oder sogar Tage lang in Ravensbrück, bevor sie nach Auschwitz in den Tod geschickt wurden. Die meisten der Häftlinge, die 1943 und während der ersten sieben Monate des Jahres 1944 dort ankamen, blieben zwischen einem Jahr und eineinhalb Jahren in Ravensbrück. Die meisten der vielen tausend Häftlinge, die ab August 1944 ankamen, wurden nach relativ kurzer Zeit in ein Außenlager von Buchenwald, Sachsenhausen oder Ravensbrück geschickt. Die meisten der Tausende, die 1945 insbesondere mit dem *Auschwitz-Todesmarsch* (AT) ankamen, blieben nicht einmal einen Monat lang in Ravensbrück, bevor sie in eines der zwei größeren Außenlager von Ravensbrück – Malchow und Neustadt-Glewe – weitergeschickt wurden. Trotzdem hatten alle der Überlebenden, die wir befragten, Erinnerungen an Ravensbrück – in der Regel extrem negative. Mehrmals hörten wir die überraschende Aussage: „Ravensbrück war das schlimmste Lager von allen – es war sogar schlimmer als Auschwitz." Ich habe beschlossen, in der vorliegenden Studie all diejenigen zu berücksichtigen, die in Ravensbrück gefangen gehalten wurden, auch wenn nur für sehr kurze Zeit.

WER IST ALS „JÜDISCH" ZU BETRACHTEN?

Die Definition der Nazis für Juden beruhte ausschließlich auf der „Rasse"[2], ungeachtet dessen, wie eine Person ihre Identität – aus religiöser, kultureller, sozialer oder nationaler Sicht – selbst definierte[3].

Formell wurden Juden in den Gesetzen, die die jüdische Bevölkerung Nazideutschlands und die von den Nazis beherrschten Gebiete betrafen, als „Voll-Juden", „Halb-Juden" oder „Juden ersten Grades", „Juden zweiten Grades" oder einfach als „Juden-Mischlinge" definiert. Die Gestapo, die Juden aus Deutschland und Österreich in die Konzentrationslager schickte, machte noch Aufzeichnungen, aus denen diese Unterschiede hervorgingen. Bei den tausenden von jüdischen Frauen, Mädchen und Kindern aus Ungarn, der Slowakei und Polen, die während des letzten Jahres des Bestehens des Lagers nach Ravensbrück geschickt wurden, wurden diese Unterschiede immer weniger deutlich gemacht. Offensichtlich verfügten die Nazibehörden in diesen Ländern nicht über dieselben detaillierten bürokratischen Informationen, wie sie in Deutschland, Österreich und sogar in den Niederlanden genutzt werden konnten.[4] Ich habe beschlossen, in unserer Studie zu den jüdischen Häftlingen von Ravensbrück all diejenigen zu berücksichtigen, die auf den Zugangslisten als jüdisch oder zum Teil jüdisch bezeichnet wurden. Ich weise hier nochmals darauf hin, dass leider ungefähr die Hälfte der Zugangs-listen von Ravensbrück verloren ging. Ich nehme an, dass überall dort, wo in Unterlagen der SS oder der Gestapo die Bezeichnung „jüdisch" oder „teilweise jüdisch" in irgendeiner Form auftauchte, diese Einordnung eine Rolle dabei spielte, wie hoch die Wahrscheinlichkeit war, dass diese Person verhaftet und in Ravensbrück gefangen gehalten wurde. Auch hatte diese Einordnung höchstwahrscheinlich Einfluss auf die Haftbedingungen, auf die Selektion für ein Arbeitslager oder die Gaskammer – und damit auf das Schicksal der Person insgesamt.

Im Folgenden werde ich andere Arten von Lagerdokumenten noch genauer beschreiben. Verschiedene andere Lagerdokumente – die Überstellungslisten von Ravensbrück in Außenlager, die ärztlichen Untersuchungskarten und Teile der vier unterschiedlichen Sterbelisten, die erhalten geblieben sind – sie alle enthalten die Kategorie „Rasse". Mit ihrer Hilfe können wir hunderte jüdischer Häftlinge, deren Namen auf verloren gegangenen Zugangslisten standen, identifizieren. Eine weitere wichtige Quelle für die Identifikation jüdischer Ravensbrück-Häftlinge ist das *Registry of Jewish Holocaust Survivors* im *Holocaust Memorial Museum* der Vereinigten Staaten in Washington D.C., in dem sich – soweit ich informiert bin – ausschließlich Personen, die sich als Juden betrachten, eingetragen haben. Nur sehr wenige Nicht-Juden sind dort registriert und eine ganze Reihe jüdischer Holocaust-Überlebender, die in den USA leben, haben sich nicht eingetragen. Über Freunde und Verwandte habe ich Informationen über viele von ihnen erhalten. Die Verwaltung des Registers hat uns freundlicherweise die Namen von ca. 1 200 Personen in den USA und Kanada zukommen lassen, die berichteten, dass sie in Ravensbrück gefangen gehalten wurden. Wie ich schon in Verbindung mit unseren Anstrengungen, Ravensbrück-Überlebende in Israel zu finden, erwähnte, stießen wir auf etwa 700 Personen, die sich zumindest einmal in Israel aufgehalten hatten und sich offensichtlich als Juden bezeichneten. Eine geringere Anzahl Ravensbrück-Überlebender wurde auch in Europa, Australien und Südafrika gefunden. Bei den Überlebenden, von denen die meisten sich nicht an ihre Ravensbrück-Häftlingsnummer oder das genaue Datum ihrer Ankunft dort erinnern, versuchte ich zuerst, die Namen, die sie während der Krieges getragen hatten, in vorhandenen Unterlagen zu finden; wenn mir dies gelang, trug ich anschließend die Tatsache ein, dass sie überlebt hatten und wohin sie nach ihrer Befreiung gingen. Falls die Namen, die sie während des Krieges getragen hatten, auf keinem existierenden Dokument gefunden wurden, trug ich sie mit allen relevanten Daten und dem wahrscheinlichsten Ankunftsdatum in Ravensbrück in die allgemeine Namensliste ein.

Mehrere nationale Gruppen Überlebender von Ravensbrück unternahmen Anstrengungen, die Listen der aus ihren Heimatländern nach Ravensbrück deportierten Frauen zu rekonstruieren oder zumindest eine Liste derer zu erstellen, die starben und nach dem Krieg nicht wieder in ihre Herkunftsländer zurückkehrten.

Die meisten der französischen Zugangslisten von April 1943 bis Januar 1945 sind verloren gegangen. Vor kurzem stellte das französische Ravensbrück-Komitee eine gewissenhafte Rekonstruktion dieser fehlenden Listen fertig und fügte damit den Informationen zu den einzelnen Schicksalen der Gefangenen viele Details hinzu. Diese Transporte bestanden hauptsächlich aus politischen Gefangen – Mitgliedern der Widerstandsbewegungen. Die französischen Forscher beschlossen, die Klassifikationen der Nazis nicht zu verwenden – weder die offiziellen Gründe für die Verhaftung noch die Angaben zur Rasse. Sie gaben die Nationalität an (französisch, sonstige oder unbekannt) sowie die aus ihrer Sicht positive und sogar ehrenhafte Bezeichnung „NN“. Sie stand für die besondere Gruppe der „Nacht-und-Nebel-Widerstandskämpfer“ unter den Deportierten, die von den Nazibehörden in deutsche Konzentrationslager geschickt wurden, ohne dass ihre Familien über ihr Schicksal informiert wurden. Die meisten der Juden Frankreichs wurden direkt in polnische Konzentrationslager deportiert – vor allem nach Auschwitz. Auf den meisten dieser Listen der 53 französischen Transporte nach Ravensbrück, die zwischen dem 29. April 1943 und dem 24. Januar 1945 stattfanden, erscheinen einige Namen, die offensichtlich jüdisch sind. Aufgrund der großzügigen Unterstützung durch Anise Postel-Vinay konnte ich meiner Liste jüdischer Ravensbrück-Häftlinge die Namen von 145 Häftlingen aus Frankreich hinzufügen. In einem weiteren – teilweise verbrannten – Dokument, das Serge Klarsfeld zufällig in New York fand, fand sich der Nachweis eines großen Transports französischer jüdischer Familien aus Toulouse[5]. Laut Berichten von Anise Postel-Vinay kamen sie am 6. August 1944 in Ravensbrück an.

Vor kurzem unternahm das *Komitee der Überlebenden* in Ungarn einen Versuch, eine vollständige Liste aller ungarischen Ravensbrück-Häftlinge, die starben, zu erstellen, ohne Angaben dazu, ob es sich bei den Personen um Jüdinnen handelte oder nicht. Von allen noch vorhandenen Zugangslisten aus Ungarn sind nur auf einer nicht-jüdische Frauen aufgeführt. Von den 1 035 Häftlingen, die zwischen dem 18. und 20. November 1944 aus Gomarom (Komarom) und Budapest ankamen, waren 28,1 % „ungarische Zigeuner“, 6,38 % waren „Ungarinnen“ und der gesamte Rest von 65,41 % wurde als „ungarische Jüdinnen“ bezeichnet. Wir wissen, dass zumindest die Liste eines großen Transports, der am oder um den 1. Dezember 1944 aus Budapest ankam, und die eines weiteren Transports, der am 11. Dezember 1944 ankam, verloren gingen.[6] Wir können davon ausgehen, dass die überwiegende Mehrheit der aus Ungarn entweder direkt oder auf dem Umweg über Auschwitz nach Ravensbrück gelangten Frauen und Mädchen Jüdinnen waren. Während der fast 40 Jahre der kommunistischen Herrschaft in Ungarn wurden die Opfer und Überlebenden aller Konzentrationslager Nazi-Deutschlands als „Antifaschisten“ oder „Opfer des Faschismus“ bezeichnet. Dass sie als Juden verfolgt wurden, wurde nicht erwähnt. Offensichtlich gab es diese Denkweise auch später noch. Erst kürzlich wurden Listen ungarischer Ravensbrück-Opfer sowie Teillisten jüdischer Ravensbrück-Überlebender, die nach dem Krieg nach Ungarn zurück kehrten, zugänglich.[7]

Während des Jahres 1944 und im Januar 1945 kamen mehrere Familien-Transporte jüdischer Frauen und Kinder aus den slowakischen Lagern Sered und Prešov in Ravensbrück an. Die Listen von mindestens vier dieser Transporte gingen verloren und mussten aus den Sterbelisten und den Aussagen Überlebender rekonstruiert werden. Wie es scheint, waren alle diese Menschen (oder fast alle) jüdisch. (Eine Ausnahme war eine „christliche“ Frau, die mit einem Juden verheiratet war und mit ihren Kindern nach Ravensbrück geschickt worden war).

In Italien begann die Deportation von Juden im Dezember 1943. Viele der Zugangslisten mit den Namen der aus Italien nach Ravensbrück gekommenen Häftlinge sind verloren gegangen. Giovanna Massariello Merzagora, die Präsidentin des italienischen Ravensbrück-Komitees, erstellte vor kurzem eine Liste aller Personen, von denen ihr bekannt ist, dass sie aus Italien nach Ravensbrück deportiert wurden.[8] Auch das italienische Komitee – so wie das französische und das ungarische – machte keine Angaben zur Rassenzugehörigkeit. Durch den Vergleich zwischen dieser Liste mit den Namen aller nach Ravensbrück deportierten Italienerinnen und der ganz besonders genauen von Liliana Picciotto erstellten Liste aller von 1943 bis 1945 in Nazi-Konzentrationslager deportierten italienischen Juden konnten weit über 100 Namen jüdischer Frauen und Kinder (sowie einiger jüdischer Männer aus Italien, die scheinbar nicht in das kleine Männerlager geschickt wurden) der uns bis dahin aus vorliegenden Lagerdokumenten, von denen einige jüngst entdeckt wurden, bekannten kleinen Gruppe hinzugefügt werden.[9]

Etwas weniger als die Hälfte der jüdischen Häftlinge kam über Auschwitz nach Ravensbrück. Einige der Zugangslisten der Transporte aus Auschwitz sind verloren gegangen, so dass wir nicht sicher sein können, wie viele dieser Ankömmlinge Jüdinnen waren und woher sie ursprünglich gekommen waren. Obwohl seit September 1943 die meisten der ankommenden Jüdinnen – einschließlich derer aus Auschwitz – mit ausschließlich aus Jüdinnen bestehenden Transporten gekommen waren, kam Mitte Dezember 1944 ein großer multinationaler Transport an, und obwohl die Zugangsliste dieses Transports verloren ging, befanden sich in ihm anscheinend sowohl Jüdinnen als auch Nicht-Jüdinnen. Dasselbe gilt für die vielen Tausende, die mit dem *Auschwitz-Todesmarsch* ankamen. Ungefähr 60 % der in der einzigen erhalten gebliebenen Zugangsliste dieses *Todesmarschs* aufgeführten Frauen waren Jüdinnen. Wir können deshalb keine genauen Angaben zur Anzahl der jüdischen Frauen, Mädchen und Kinder machen, die mit diesem *Todesmarsch* ankamen, und noch viel weniger zur genauen Anzahl derer, die je in Ravensbrück angekommen sind; selbst unsere Schätzungen sind fraglich: Wir haben eine Liste mit 16 300 Namen. Da aber unsere Informationen so lückenhaft sind, können es sehr gut auch 20 000 gewesen sein.

Gender-Fragen

Als Gender-Historikerin und -Soziologin interessiere ich mich besonders für die Erforschung der sozialen Aspekte des Lebens der Frauen während des Holocaust und der sozialen Strukturen und Netzwerke unter den weiblichen jüdischen Häftlingen: Verwandtschaft, Freundschaft und „Lagerfamilien"-Beziehungen, sowie Beziehungen zwischen jüdischen Gruppen unterschiedlicher Herkunftsländer, und die jüdischer Häftlinge mit verschiedenen Gruppen nicht-jüdischer weiblicher Häftlinge.

Ich bin mir zwar der Tatsache bewusst, dass es mir nicht möglich ist, die Bedingungen und Reaktionen der jüdischen männlichen und der weiblichen Opfer und Überlebenden genau miteinander zu vergleichen, aber ich werde versuchen, die folgenden Fragen zu beantworten: Hatten weibliche Häftlinge – insbesondere die Jüdinnen unter ihnen und die Jüdinnen in Ravensbrück – andere Probleme als männliche Häftlinge? Gibt es besondere weibliche Formen des Widerstands gegen die Unterdrückung, Erniedrigung, den Hunger und die ständigen Todesdrohungen im Konzentrationslager? Wie war die Lage der Jüdinnen im Vergleich zu anderen Häftlingen? Gab es signifikante Unterschiede darin, wie die jüdischen Ravensbrück-Häftlinge im Vergleich zu den anderen behandelt wurden und wie hat sich dies im Laufe der sechs Jahre geändert? Ist es richtig, von einer Hierarchie zu sprechen, bei der die jüdischen Frauen die unterste Ebene bildeten?[10]

Gelang es vielen dieser Frauen, ihr „menschliches Antlitz" nicht zu verlieren? War ihnen diese Gefahr bewusst? Nach welchen Kriterien wählten die Überlebenden die Orte aus, an denen sie sich ansässig machten und wie erfolgreich gelang ihnen die Aufnahme und Wiedereingliederung in die normale Gesellschaft?

Mit all diesen Antworten müsste es möglich sein, signifikante Unterschiede und Gemeinsamkeiten zwischen den jüdischen Frauen und Männern bezüglich ihrer Lage – der Überlebenschancen, ihrer Überlebensstrategien und ihres Widerstandes, der Auswirkungen des Traumas des Holocaust auf die Überlebenden und ihre Strategien für die Neugestaltung ihres Lebens – festzustellen.

Eine Voraussetzung für die Beantwortung dieser Fragen liegt darin, soviel wie möglich über die Identität der wahrscheinlich bis zu 20 000 jüdischen Frauen, Mädchen, und Kinder, die je in Ravensbrück waren, herauszufinden. Wie hießen sie, wie alt waren sie und was war ihr Familienstand? Woher kamen sie? Wann kamen sie in Ravensbrück an und mit wem? Was geschah dort mit ihnen? Wurden sie je in ein anderes Lager verschickt oder in ein AKDO (Arbeitskommando; oft Außenlager) und was geschah dort mit ihnen? Haben sie überlebt oder sind sie gestorben? Wann, wo und wie starben die Opfer? Wo und wie wurden die Überlebenden befreit, wohin gingen sie nach der Befreiung und wo haben sie sich später niedergelassen?

Der prozentuale Anteil der jüdischen Häftlinge

Schon bei Beginn unserer Forschungstätigkeit war uns bewusst, dass die jüdischen Frauen, Mädchen und Kinder unter der allgemeinen Häftlingsbevölkerung in Ravensbrück eine Minderheit darstellten.

Während der ersten Periode – bis Frühjahr 1942 – führte die SS täglich aktualisierte Stärkemeldungen oder Stärkelisten aller anwesenden Häftlinge – unterteilt in unterschiedliche Kategorien, davon fünf Kategorien jüdischer Frauen. 78 Stärkemeldungen für den Zeitraum vom 17. April 1939 bis zum 8. Januar 1942 sind erhalten geblieben.[11]

Die wenigen Aufzeichnungen aus dem Frühjahr 1942 sind unklar und widersprüchlich – wahrscheinlich, weil die Registratoren der SS nicht wussten, wie sie die Massenmorde von Bernburg registrieren sollten. Ausgehend von diesen Stärkemeldungen ist es möglich, den prozentualen Anteil der jüdischen Frauen an der Häftlingsbevölkerung zu unterschiedlichen Zeitpunkten während der ersten Periode zu bestimmen. Aus diesen Dokumenten geht jedoch nicht hervor, wie viele Häftlinge entlassen, wie viele zu Verhören in Polizeigefängnisse überstellt wurden, wie viele von diesen zurückkehrten und wie viele während dieser Periode starben. Diesen Aufzeichnungen zufolge betrug am 17. 4. 1939 der Anteil der jüdischen Häftlinge 14,21 % und bis zum 8. 1. 1942 sank er auf 9,5 %, obwohl sich die absolute Zahl vervierfachte.

Von diesem Zeitpunkt an wird es unmöglich, den Anteil der jüdischen Häftlinge als Prozentsatz der gesamten Häftlingsbevölkerung im Lager für wesentliche Intervalle während der verbleibenden drei Jahre und vier Monate der Existenz des Lagers mit einiger Genauigkeit zu berechnen. Die einzige vernünftige Berechnung des prozentualen Anteils der jüdischen Häftlinge beruht auf der Feststellung der jüdischen Zugänge unter den Gesamtzugängen, die während eines bestimmten Zeitraumes eine Häftlingsnummer erhielten. Dies führt offensichtlich zu einer Unterschätzung der Anzahl der jüdischen Zugänge, da viele ihrer Namen auf Zugangslisten standen, die verloren gingen, und nicht mit Hilfe anderer Dokumente oder durch die Registrierung von Überlebenden festgestellt werden konnten. Jüngere und noch laufende Forschungen haben dazu geführt, dass die Anzahl der identifizierten Ravensbrück-Häftlinge für viele verschiedene Gruppen heraufgesetzt werden musste. Uns liegt jedoch noch keine Gesamtzahl aller identifizierten nicht-jüdischen Häftlinge vor.[12]

Tabelle 3.1 zeigt die absolute Zahl und die prozentualen Anteile der festgestellten jüdischen Zugänge unter der gesamten Bevölkerung der während der fünf Perioden zugewiesenen Häftlingsnummern.

Tabelle 3.1

Zugangsperiode	Zugewiesene Häftlingsnummern	Festgestellte jüdische Zugänge	Jüdische Zugänge als ungefährer Prozentsatz an zugewiesenen Häftlingsnummern
I	9 000	713	7,90
II	7 519	553	7,35
III	30 398	655	2,15
IV	48 644	10 626	21,80
V	14 000	3 520	25,10
Zugangsperiode unbekannt		300	
Gesamt	110 000	16 367	14,88

Es wurden also große Unterschiede zwischen den prozentualen Anteilen der jüdischen Zugänge an den Gesamtzahlen der ankommenden Häftlinge für die einzelnen Perioden festgestellt.

Während der zweiten und dritten Periode, zwischen März 1943 und Ende Juli 1944, kamen, nachdem alle verbleibenden jüdischen Häftlinge nach Auschwitz geschickt worden waren, während der ersten sechs Monate (von März bis September 1943) kaum neue Häftlinge an. Ausnahmen waren einige jüdische Frauen, die mit einem Transport von Gefangenen der Roten Armee ankamen und ihre Identität als Jüdinnen versteckten, sowie ungefähr drei jüdische Frauen, die mit einem Transport französischer Gefangener der *Résistance* ankamen.[13] Demzufolge wissen wir während der dritten Periode nur von 660 jüdischen Zugängen, und fast alle von ihnen gehörten speziellen Gruppen an. Diejenigen, die zwischen September 1943 und Ende Juli 1944 ankamen, machten nur ungefähr 2,17 % der 30 398 Häftlingsnummern aus, die während dieser Zeit zugewiesen wurden.

Im Gegensatz dazu stieg der prozentuale Anteil der jüdischen Häftlinge unter den Zugängen zu Beginn der vierten Periode stark an. Für August 1944 – den ersten Monat der vierten Periode und eine Zeit, für die Zugangslisten mit hunderten jüdischer Namen verloren gingen – fand ich trotzdem die große Anzahl von 1 644 Namen jüdischer Zugänge. Sie machten einen Anteil von 12,9 % aller in diesem Monat zugewiesenen Nummern aus. Im September und Oktober 1944 war der Anteil der jüdischen Zugänge geringer. Für November 1944 fand ich jedoch die Namen von 6 009 jüdischen Zugängen, die unter den in diesem Monat zugewiesenen Nummern einen Anteil von 65,3 % ausmachten!

Ab Anfang Dezember 1944 werden die Lücken zwischen den erhalten gebliebenen Zugangslisten immer größer und wir sind vor allem auf Überstellungslisten und andere Dokumente sowie auf Berichte von Überlebenden angewiesen. Von ca. Mitte Januar bis März 1945 kamen etwa 9 000 Überlebende des *Auschwitz-Todesmarsches* in Ravensbrück an. Es blieb nur die Liste eines Transportes erhalten.[14] Aus dieser Liste, einer großen Überstellungsliste[15] und den Aussagen von hunderten Überlebenden geht hervor, dass ca. 60 % der Überlebenden des *Auschwitz-Todesmarsches*, die Ravensbrück erreichten, jüdische Frauen und Mädchen waren. Die 3 520 identifizierten jüdischen Zugänge der fünften Periode machen 25,10 % der ca. 14 000 zugewiesenen Nummern aus.

Es wird klar, dass eines der wichtigsten Merkmale der Geschichte der jüdischen Ravensbrück-Häftlinge die großen Unterschiede zwischen den verschiedenen Perioden waren.

Die Quellen

Ich möchte hier die wesentlichen Dokumente und anderen Informationsquellen, die für die Beantwortung der grundlegenden Fragen bezüglich der Identität und der Ankunftsdaten verwendet wurden, beschreiben. Ich werde sie in Dokumente aus der Zeit des Krieges, aus der Nachkriegszeit und nicht-dokumentarische Quellen unterteilen.

In diesem Zusammenhang sind die wichtigsten Dokumente aus der Zeit des Krieges die Zugangslisten (manchmal auch als Überstellungslisten oder Transportlisten bezeichnet). Die SS versuchte zwar, im April 1945 alle Dokumente der Lagerverwaltung zu verbrennen, aber einer Gruppe polnischer politischer Häftlinge gelang es, viele der Zugangslisten aus der *Massar-Nähstube*[16] zu stehlen, sie in 70 kleine Pakete zu teilen und 70 verlässliche Frauen auszuwählen, die sie unter ihrer Kleidung versteckten und mit aus dem Lager nahmen, als sie zum Evakuierungszug nach Schweden gingen. Den meisten Frauen gelang es und bei der Ankunft in Schweden übergaben sie die Dokumente dem *Polish Institute of Sources* (Polnisches Quelleninstitut) in der südschwedischen Universitätsstadt Lund. Einige der ausgewählten Frauen wurden nicht mit dem Zug evakuiert, sondern wurden zwei Tage später zur Teilnahme an dem grausamen Evakuierungsmarsch von Ravensbrück gezwungen. Einige derer, die überlebten, übergaben ihre Pakete später dem Nationalarchiv in Warschau. Als Ergebnis dieser Aktionen blieb damals ungefähr die Hälfte der Zugangslisten erhalten.[17]

Eine kleinere Anzahl von Listen und Teile von Zugangslisten wurden später gefunden – einige davon unter den Überresten des Lagers –, darunter die von 759 weiteren jüdischen Zugängen aus Auschwitz am 3. November 1944 und von einem jüdischen Transport aus der Slowakei sechs Tage später. Fast alle davon sind jetzt im *Ravensbrück-Kalendarium* aufgeführt und stehen im Archiv von Ravensbrück zur Verfügung.[18] Von den 1 486 Zugangslisten im *Ravensbrück-Kalendarium* enthalten 306 mindestens einen jüdischen Namen. Allerdings sind einige Zugangslisten, die jüdische Namen enthalten, überhaupt nicht im *Kalendarium* aufgeführt, oder die Tatsache, dass sie jüdische Namen enthalten, wird nicht erwähnt. Es sind 26 Zugangslisten bekannt, die nur oder vor allem jüdische Namen enthalten. Eine unvollständige Transportliste, datiert auf den 7. August 1944, für einen Transport von Toulouse nach Ravensbrück, die die Namen von 78 jüdischen Frauen und Kindern enthält, wurde zufällig in den USA entdeckt.[19]

Sämtliche Zugangslisten enthalten das Datum der Ankunft des Transports in Ravensbrück, die Familiennamen der ankommenden Häftlinge, die „Mädchennamen“ tausender verheirateter Frauen, ihren Vornamen bzw. ihre Vornamen, falls sie mehrere hatten, die Geburtsdaten, die Ravensbrück-Häftlingsnummer, die formellen Gründe für ihre Verhaftung, die Staatsangehörigkeit/Nationalität und Rassenzugehörigkeit – d.h. Jüdin oder „Zigeunerin“ (Sinti oder Roma) – und ab 1943 wird auch der Herkunftsort angegeben.

Eine zweite wichtige Quelle sind die Überstellungslisten. Die meisten davon, die Überstellungen aus Ravensbrück in Außenlager von Buchenwald und Flossenbürg (jedoch nicht Sachsenhausen) dokumentieren, wurden nach dem Krieg gefunden. Wie es scheint, wurden für jede solche Überstellung zwei oder drei Listen erstellt. Die erste enthielt sowohl die Ravensbrück-Häftlingsnummer als auch die in dem neuen Lager zugewiesene Häftlingsnummer. So war es möglich, sowohl die Namen als auch das ungefähre Ankunftsdatum von Frauen, deren Zugangslisten verloren gegangen waren, festzustellen. Auf Überstellungslisten aus Ravensbrück, die einige Zeit nach der Ankunft in dem jeweiligen Arbeitslager durch die zentralen Verwaltungen von Buchenwald oder Flossenbürg erstellt wurden, wurden die Ravensbrück-Nummern jedoch in der Regel nicht mehr aufgeführt. Falls also die Namen auch in vorhandenen Zugangslisten auftauchten, konnten wir der Tatsache, dass die Frau in ein Arbeitslager überstellt wurde, das ungefähre Datum der Überstellung hinzufügen. Falls der Name jedoch neu war, konnten wir dieser Art der Überstellungsliste weder das genaue Ankunftsdatum in Ravensbrück noch die Dauer des Aufenthaltes dort entnehmen.

Es wurden zehn Überstellungslisten (davon zwei kleine) bezüglich Verlegungen *aus* Ravensbrück in ein Außenlager gefunden, die neue Namen enthielten. Wir wissen auch von zwei umfangreichen Listen bezüglich Überstellungen *von* einem Arbeitslager *nach* Ravensbrück. Mit Hilfe der ersten wichtigen Liste – der aus Frankfurt/Walldorf – ist es möglich, die zweitgrößte Zahl von Namen jüdischer Häftlinge auf einer einzigen Transportliste zuzuordnen.[20] Die zweite Liste – mit den Namen von 66 polnischen Frauen aus Gundelsdorf – ist auf den 6. Februar 1945 datiert.[21]

Ein weiteres wichtiges Dokument, aus dem die Namen von 82 jüdischen Zugängen während der ersten Monate der Existenz des Lagers hervorgehen, die auf keiner erhalten gebliebenen Zugangsliste stehen, ist die *Kennkartenliste.* Am 13. Juli 1939 mussten alle jüdischen Häftlinge im Lager ohne spezielle jüdische Kennkarte eine solche kaufen.

Weniger als ein Drittel der Seiten der offiziellen Ravensbrücker Zugangsliste für den Transport von Frankfurt/Walldorf wurde gefunden. Die Seiten enthalten 552 Namen. Da sie den handschriftlichen Vermerk „Auschwitz" tragen, wurde diese große Gruppe, die im August 1944 von Auschwitz nach Frankfurt/Walldorf überstellt worden war, nicht als Auflistung einiger der 1 660 jüdischen Zugänge aus einem kleinen, rauhen, vergessenen Arbeitslager im Stadtwald von Frankfurt/Main in der Nähe eines Militärflughafens in Betracht gezogen.

Eine andere Art von Lagerdokumenten waren die *Revierkarten* (Karten mit Aufzeichnungen über ärztliche Untersuchungen).[22] Viele dieser Karteikarten für jüdische Zugänge vom Sommer 1944 sind erhalten geblieben. Obwohl aus ihnen kaum etwas über den Gesundheitszustand der Häftlinge zu erfahren ist, stellen sie wichtige Eintragungen über angekommene Häftlinge dar, da sie nicht nur die Namen, sondern auch die Daten ärztlicher Untersuchungen und – was besonders wichtig ist – die zugewiesenen Ravensbrück-Häftlingsnummern enthalten. Damit haben wir die genauen Ankunftsdaten von Häftlingen, deren Namen nur auf Überstellungslisten stehen und auch die Namen von Zugängen, die in keinen anderen Dokumenten erscheinen.

Andere besonders informative Quellen aus der Zeit des Krieges sind die Eintragungen von Todesfällen bei den Standesämtern von Ravensbrück und der nahegelegenen Kleinstadt Fürstenberg, wo Todesfälle unter den Ravensbrück-Häftlingen bis Mitte 1942 registriert wurden.[23] Dort fanden wir hunderte von Namen jüdischer weiblicher Häftlinge, deren Zugangslisten von 1940, 1941 und Januar 1942 verloren gingen. Eine weitere sehr informative Quelle aus der Zeit des Krieges, die erst 50 Jahre nach Kriegsende zugänglich wurde, sind die beiden *Auschwitz-Sterbebücher*, die die Namen von 338 jüdischen Ravensbrück-Häftlingen enthalten, die vor Ende Juni 1943 in Auschwitz starben.[24]

Achtzehn von ihnen sind neue Namen von Zugängen vor Februar 1942; für die übrigen 320 Frauen enthielten die *Sterbebücher* die Angabe, dass sie nach Auschwitz verschickt wurden, sowie die Daten ihres Todes dort. Es gibt vier Ravensbrücker Sterbelisten, die als sehr informative Quelle dienen.[25] Drei von ihnen – die Listen Uckermark A und B und die Mittwerda-Liste – sind sehr fragmentarische Eintragungen zu Ravensbrück- Häftlingen, die während der letzten Monate der Existenz des Lagers in dessen Gaskammer ermordet wurden. Die vierte – die tschechoslowakische Sterbeliste – wurde von Häftlingen während des Krieges begonnen und danach fertiggestellt. Diese vier Listen enthalten 440 jüdische Namen, von denen 251 in keiner der erhalten gebliebenen Zugangslisten auftauchen.

Einundzwanzig Namen jüdischer Mütter – fünf von ihnen neu – sowie die Namen ihrer in Ravensbrück geborenen Kinder, wurden im *Geburtenbuch* gefunden. Dort ist auch der Tod von elf der Babys vermerkt. Auch andere Dokumente aus der Zeit des Krieges sind von Bedeutung, obwohl sie nicht zur Feststellung von Namen führten. Sie enthalten viele Informationen über die Verhaftung und Verfolgung jüdischer Frauen, die während des ersten Jahres der Existenz des Lagers nach Ravensbrück kamen. Es handelt sich hierbei um deutsche Polizeidokumente zu fünf Häftlingen[26] und zwei Sammlungen von Dokumenten, die von Verwandten nach dem Krieg veröffentlicht wurden.[27]

Ein wichtiges Dokument der SS aus der Zeit des Krieges ist der sogenannte *Korherr-Bericht* vom 23. März 1943.[28] Obwohl der britische Geheimdienst diesen statistischen Bericht über den Zwischenstand bei der Realisierung der „Endlösung" zum Zeitpunkt seiner Übergabe an Himmler abgefangen hatte und er als eines der Dokumente bei den Nürnberger Prozessen verwendet wurde, begann seine Diskussion in der Forschung erst Jahrzehnte später. In diesem Bericht führt der Nazi-Statistiker Richard Korherr die Nummern aller jüdischen Zugänge in 16 Konzentrationslagern, darunter auch Ravensbrück, auf. Der Bericht macht auch Angaben zu den „Entlassenen", den Verstorbenen und zu denen, die am 31. Dezember 1942 noch im Lager waren.

Zu den wichtigen Dokumenten aus der Nachkriegszeit gehören 29 rekonstruierte Transportlisten aus Frankreich[29], sechs aus Italien und fünf aus der Slowakei – alle Transporte gingen nach Ravensbrück. Sie wurden von Ravensbrück-Überlebenden in den drei Ländern erstellt und wir fanden darin 366 neue jüdische Namen, die ungefähren Ankunftsdaten und – bei den meisten – auch Angaben zu ihrem Schicksal.

Weitere Quellen aus der Nachkriegszeit sind unter anderem die Ergebnisse der vom Internationalen Roten Kreuz in Arolsen organisierten Suche nach Verwandten, Ergebnisse der Forschung mehrerer jüdischer Gemeinden nach dem Schicksal ihrer Mitglieder, die Forschung nach dem Schicksal örtlicher Bürger durch Archive wie das Staatsarchiv Berlin und das von Nürnberg, das Archiv des Jüdischen Museums Prag, sowie die von der *Jewish Agency* und von *Yad Vashem* erstellten Listen.[30]

Ein wichtiger Beitrag bei der Suche nach den Namen und Schicksalen hunderter jüdischer Häftlinge des zu Ravensbrück gehörenden Außenlagers Neustadt-Glewe wurde von dem dort ansässigen Forscher Karl Heinz Schütt geleistet.[31] In ähnlicher Weise wurden Ravensbrück-Überlebende aufgefunden und ihre Erinnerungen durch dort ansässige Forscher aufgezeichnet – im Arbeitslager Wittenberg[32] und in Frankfurt/Walldorf (einem Außenlager von Natzweiler[33]).

Jetzt zu Informationen, die nach dem Krieg von Überlebenden zur Verfügung gestellt wurden. Es gibt drei Zeugenaussagen von Überlebenden (jüdischen und nicht-jüdischen), die im Zusammenhang mit den Prozessen gegen SS-Kommandanten, Wachen und Ärzte von Ravensbrück aufgenommen wurden. Obwohl die Hauptverfahren gegen SS-Personal von Ravensbrück in den Jahren 1946–48 in Hamburg und Rastatt stattfanden, wurden noch bis in die 1970er Jahre von der Polizei Ermittlungen zu Lagerpersonal geführt. In den Archiven mit Polizei-Dokumenten in Yad Vashem liegen fast 100 Zeugenaussagen jüdischer Ravensbrück-Überlebender. Ungefähr die Hälfte dieser Namen erscheint in keinerlei Dokumenten aus der Zeit des Krieges.

Was die Registrierung ganzer Gruppen Überlebender angeht, so ist eine wichtige Liste die der jüdischen Überlebenden des Lagers, die 1945 nach Schweden kamen. Diese Liste wurde von der jüdischen Gemeinde Stockholms erstellt und veröffentlicht.[34] Dieses wichtige Verzeichnis enthält Geburtsdaten und -orte, leider aber keine Angaben zu den Lagern, aus denen die Überlebenden jeweils evakuiert wurden. Allerdings werden diese Lager in der während der ersten Nachkriegsjahre geführten umfangreichen Korrespondenz vieler Überlebender mit Abteilungen der jüdischen Gemeinde in Stockholm[35] erwähnt. So konnte eine große Zahl neuer Namen und Daten hinzugefügt werden.

Die wichtigste systematische Erfassung der Holocaust-Überlebenden wurde in den USA erst in den 1980er Jahren begonnen. Da diese Überlebenden gebeten wurden, alle Lager, in denen sie gefangen gehalten wurden, anzugeben, liefert dieses Verzeichnis – das *Registry of Jewish Holocaust Survivors* in Washington, D.C. – die wichtigen Informationen, dass diese Menschen überlebt haben und wo sie sich niedergelassen haben, sowie die Namen von hunderten ehemaliger Ravensbrück-Häftlinge, die in keinen anderen Dokumenten enthalten waren.

Jetzt zu Fragebögen und Interviews. Zwei wichtige Gruppen früher Interviews mit ehemaligen Ravensbrück-Häftlingen sind die vom *Polish Institute of Sources* in Lund[36] im Jahr 1945 und Anfang 1946[37] sowie die im Jahr 1956 in Belgien[38] geführten Interviews. Während der letzten Jahre des zwanzigsten Jahrhunderts begann die israelische Forschungsgruppe mit der systematischen Verteilung von Fragebögen und Interviews jüdischer Ravensbrück-Überlebender.[39] Die meisten Interviews wurden mit israelischen Überlebenden geführt, es wurden aber auch – vor allem durch die deutsche Forschungsgruppe – Interviews in Deutschland, der Tschechei, Österreich, Ungarn, Schweden und den Vereinigten Staaten geführt. Da mit Unterstützung des Registers in Washington Fragebögen an viele Überlebende in den USA verteilt wurden und anschließend mit vielen von ihnen eine Korrespondenz zustande kam, haben 30 Überlebende (oder deren Verwandte) freundlicherweise meine Fragen bezüglich der Zeit ihrer eigenen Gefangenschaft in Ravensbrück und anschließend in Arbeitslagern und auch meine Fragen zum Schicksal von Mitgefangenen beantwortet. Für die Zwecke der Klärung von Daten und Umständen bestimmter Ereignisse führte ich Dutzende von Telefoninterviews und korrespondierte insbesondere mit israelischen Überlebenden, die vorher unseren Fragebogen ausgefüllt hatten, aber auch mit Überlebenden in den USA, Kanada, Australien und Ungarn.

Die 29 in voller Länge und die 101 in gekürzter Form veröffentlichten Memoiren jüdischer Ravensbrück-Überlebender sind besonders wertvolle Informationsquellen. Außerdem gibt es sieben ungekürzte und mehrere kurze Memoiren nicht-jüdischer Ravensbrück-Überlebender, in denen ich wichtige Informationen zu den Namen, Nummern und zum Schicksal jüdischer Häftlinge gefunden habe. Schließlich liegen elf bedeutende Studien zu den jüdischen Ravensbrück-Häftlingen vor.

Mit Hilfe all dieser Quellen konnten die Namen von 16 332 jüdischen Frauen, Mädchen und Kindern (und einigen Männern), die irgendwann im Frauenkonzentrationslager Ravensbrück gefangen gehalten wurden, erfasst werden. Bei den meisten konnten auch Angaben zur Staatsangehörigkeit/ Nationalität, das Geburtsdatum und der offizielle Grund für ihre Verhaftung hinzugefügt werden. Für eine beträchtliche Anzahl wurden auch Familienstand, Beruf und der Reiseweg vor und nach Ravensbrück angegeben. Bei 42,8 % war es möglich festzustellen, ob sie überlebten oder während des Krieges oder kurz nach der Befreiung starben. In den Fällen, in denen bestätigt wurde, dass die betreffende Person verstorben war, versuchte ich auch Datum, Ort und Umstände des Todes anzugeben. Falls bestätigt wurde, dass jemand überlebt hatte, versuchte ich, Informationen zu den Umständen der Befreiung und zum Land der Niederlassung der betreffenden Person aufzunehmen. [40]

Einteilung in Perioden

Wir haben gerade gesehen, dass der Anteil der jüdischen Häftlinge an den gesamten Neuzugängen während der sechs Jahre der Existenz des Lagers großen Schwankungen unterworfen war. Es gab auch kaum eine Kontinuität zwischen der jüdischen Häftlingsbevölkerung von 1939 bis Februar 1942 und der des restlichen Jahres 1942. Desgleichen gab es keine Kontinuität bei den jüdischen Häftlingen der Jahre 1942 und 1943. Nach einer Unterbrechung von fünf Monaten formte sich Ende September 1943 eine neue jüdische Häftlingsbevölkerung.

Ich beschloss, ausgehend von diesen extremen Unterschieden, die gesamten sechs Jahre in fünf Hauptperioden zu unterteilen. Diese Perioden sind folgende: Periode I – von der Gründung des Lagers bis Ende Januar 1942; Periode II – von Februar 1942 bis Ende März 1943; Periode III – von Ende März 1943 bis Ende Juli 1944; Periode IV – von August 1944 bis Ende 1944; Periode V – die ersten vier Monate des Jahres 1945. Ich habe August 1944 als den Beginn der vierten Periode gewählt, da zu dieser Zeit Ravensbrück anfing, zum zentralen Konzentrationslager für jüdische Frauen zu werden. Im Jahre 1945 – während der letzten Phase der Existenz des Lagers – kamen tausende von jüdischen Frauen aus Auschwitz und anderen aufgelösten Lagern.

Es ist gut möglich, dass für die Beschreibung der Geschichte anderer Häftlingsgruppen eine andere Einteilung in Perioden sinnvoll wäre.[41]

Nun möchte ich also kurz die Einteilung in Perioden, die ich für die am besten geeignete und nützlichste für das Schreiben der Geschichte der jüdischen Ravensbrück-Häftlinge halte, beschreiben:

Periode I

Während dieser Periode lebten die meisten jüdischen Häftlinge zusammen in einem großen Block. Einige von ihnen verbrachten fast drei Jahre in Ravensbrück.

Wir können die Identität von 304 der fehlenden Namen jüdischer Frauen, die während dieser mehr als 12 Monate (1940, 1941 und Januar 1942), aus denen kaum Zugangslisten erhalten geblieben sind, rekonstruieren. Diese Rekonstruktion ist möglich durch die Eintragung ihres Todes auf den Standesämtern von Ravensbrück bzw. Fürstenberg, auf jüdischen Friedhöfen in Deutschland und Österreich und in den *Auschwitz-Sterbebüchern* für 1942 und 1943[42] sowie in mehreren Archiven[43]. Bei den Häftlingen, von deren Existenz wir nur durch die Eintragung ihres Todes wissen, kennen wir die genauen Daten ihrer Ankunft in Ravensbrück nicht. Aus all diesen Quellen sind uns die Namen von 713 weiblichen jüdischen Häftlingen der ersten Periode bekannt, obwohl es Hinweise darauf gibt, dass es eigentlich viel mehr waren.[44]

Periode II

Von Februar 1942 bis März 1943 sind alle (oder fast alle) Zugangslisten mit 554 jüdischen Namen erhalten geblieben.

Während dieser Periode gab es noch einen Judenblock. Diese Periode wurde charakterisiert durch den Massenmord, der hauptsächlich – jedoch nicht nur – an Juden begangen wurde. Der Zweck der Tötung chronisch kranker KZ-Häftlinge bestand darin, die starke Überfüllung der Lager zu verringern. Gleichzeitig diente die Tötung jüdischer KZ-Häftlinge als eine Art Versuchsdurchlauf für den Massenmord an den europäischen Juden durch Giftgas. Zuerst wurde im Februar und März des Jahres 1942 fast die gesamte jüdische Bevölkerung der ersten Periode in der „Euthanasie"-Gaskammer der *Heil- und Pflegeanstalt Bernburg* (nahe Dessau) in Ostdeutschland ermordet.[45] Daraufhin – am 5. Oktober 1942 – wurden 522 jüdische Häftlinge in das damals noch neue Vernichtungslager Auschwitz geschickt. Am 30. Januar 1943 wurden 12 der 16 jüdischen Frauen, die seit Oktober 1942 angekommen waren, ebenfalls nach Auschwitz deportiert. Die Namen von zehn dieser Frauen erscheinen im *Sterbebuch* von 1943.

Nur von neun der Frauen, die während der ersten Periode in Ravensbrück waren, ist bekannt, dass sie den Krieg überlebten, während es aus der zweiten Periode nur vier sind.[46] Eintragungen zum Tod von zwischen 392 und 437 weiblichen (und vielen männlichen) jüdischen Ravensbrück-Häftlingen geben Hinweis darauf, dass sie in Bernburg ermordet wurden.[47] Zu Zugängen während der ersten Periode finden sich im *Auschwitz-Sterbebuch* 22 Eintragungen. Für die Zugänge während der zweiten Periode finden sich 365 solcher Einträge. Dies ergibt eine Gesamtzahl von 387 Eintragungen zum Tod von jüdischen Ravensbrück-Häftlingen in Auschwitz zwischen Oktober 1942 und Juni 1943. Vor Februar 1943 finden sich in Ravensbrück selbst 43 Registrierungen von Todesfällen. Es gibt inoffizielle Eintragungen zum Tod von 56 Ravensbrücker Jüdinnen ohne Angabe, wo sie gestorben sind. Für die uns bekannten 1 225 Namen der ersten zwei Perioden liegen uns also insgesamt 997 Eintragungen von Todesfällen vor. Da uns von nur 13 Frauen bekannt ist, dass sie überlebten, und von nur zwei Frauen, dass sie eventuell überlebten, ist das Schicksal von 255 jüdischen Häftlingen der ersten und zweiten Periode unbekannt.

Da wir Beweise dafür haben, dass 522 Frauen am 5. Oktober 1942[48] nach Auschwitz deportiert wurden, gefolgt von weiteren zwölf im Februar 1943, und da uns von nur vier dieser Frauen bekannt ist, dass sie Auschwitz überlebten, können wir davon ausgehen, dass die übrigen 143 Ravensbrücker Jüdinnen, von denen bekannt ist, dass sie während dieser Periode nach Auschwitz geschickt wurden, und von denen weder ein Vermerk zu ihrem Tod noch ein Beweis ihres Überlebens vorliegt, auch starben – höchstwahrscheinlich in Auschwitz selbst.

Demzufolge gibt es nur 112 jüdische Frauen und Mädchen – von denen man weiß, dass sie zwischen der Eröffnung des Lagers und März 1943 in Ravensbrück ankamen –, deren Schicksal noch völlig ungeklärt ist.

Es gibt jedoch überzeugende Argumente dafür, dass während dieser ersten Periode mehrere hundert weiterer jüdischer Häftlinge angekommen sein müssen, über die wir nicht das Geringste wissen. Wie ich oben erwähnte, konnten für den Zeitraum von 12 Monaten (für den fast keine Zugangslisten erhalten geblieben sind[49]) nur 304 Namen aus Sterberegistern, Friedhofsunterlagen und Archivmaterial rekonstruiert werden. Es ist somit wahrscheinlich, dass eine beträchtliche Anzahl weiterer jüdischer Häftlinge während dieser 12 Monate in das Lager kam.

Hier sind diese Argumente: Laut Zeugenaussage der deutschen nichtjüdischen politischen Gefangenen Maria Storch[50], die im August 1942 Stubenälteste des Judenblocks 7 war, wurden die 465 Jüdinnen aus diesem Block am 18. August 1942 nach Majdanek (Lublin) geschickt.

Darüber hinaus wurden – laut der von Anise Postel-Vinay vorgelegten Ergänzung zu dem Buch über Ravensbrück von Germaine Tillion – schon im Sommer 1942 mehrere kleinere Transporte weiblicher jüdischer Häftlinge nach Auschwitz geschickt, also mehrere Monate vor dem Transport von 522 jüdischen Häftlingen vom 5. Oktober desselben Jahres.[51]

In Ergänzung Nr. 2 zu dem Buch von G. Tillion – einer Chronologie des Lagers – wird auch ein Transport nach Majdanek (Lublin) erwähnt, bestehend vor allem aus jüdischen Häftlingen, der Ende März von Ravensbrück abging.[52] Wenn man davon ausgeht, dass die Angaben von Maria Storch und Anise Postel-Vinay zutreffen, muss daraus folgen, dass während der ersten beiden Perioden wesentlich mehr als die von mir identifizierten 1 264 jüdischen Häftlinge in Ravensbrück waren, da in meinen Listen vor dem 5. Oktober 1942 keine Berichte über Deportationen nach Majdanek oder Auschwitz enthalten sind. Den Angaben des *Korherr-Berichts* vom 23. März 1943 zufolge waren 1 321 Jüdinnen bis Ende 1942 in Ravensbrück angekommen.[53] Falls diese Zahl richtig ist – und man kann davon ausgehen, dass Korherr wusste, wie viele Jüdinnen angekommen waren – fehlen von den uns bekannten Jüdinnen aus den ersten zwei Perioden nur 57. Es scheint also unwahrscheinlich, dass ein Transport von 465 Jüdinnen nach Majdanek gegangen sein soll; jedoch können kleinere Transporte nach Majdanek oder Auschwitz – alle vor dem 5. Oktober 1942 – stattgefunden haben.

Wir wissen, dass Heinrich Himmler das Lager am 19. März 1943[54] inspizierte. Wir können annehmen, dass er prüfen wollte, ob seine Anweisungen vom 29. September und 2. Oktober 1942, alle Konzentrationslager im Deutschen Reich und auch Ravensbrück *judenfrei* zu machen und alle verbliebenen jüdischen Häftlinge nach Auschwitz oder Majdanek zu deportieren, umgesetzt worden waren.[55]

Laut Rolf Kralovitz traf derselbe Befehl auch auf Sachsenhausen, Dachau, Buchenwald und Ravensbrück zu.[56] In Buchenwald wurden jedoch ca. 300 jüdische Häftlinge als „Baufacharbeiter“ zurückbehalten.

Periode III

Es ist zu bedenken, dass die meisten Listen über Zugänge zwischen dem 25. Februar und dem 30. August 1943 verloren gingen. Es gibt keine auf offiziellen Zugangslisten beruhenden Beweise dafür, dass zwischen dem 17. Februar und dem 3. September 1943 überhaupt Jüdinnen ankamen. Laut rekonstruierter französischer Transportlisten wurden drei französische Jüdinnen, die während dieser Periode ankamen, gefunden. Im Februar oder März 1943 kamen auch mehrere Frauen aus Polen und aus der Sowjetunion an, deren versteckte jüdische Identität erst vor kurzem dokumentiert wurde und von denen wir neun identifizieren konnten. Mit Ausnahme dieser Frauen und weniger Frauen aus Deutschland und Frankreich, beginnen unsere Nachweise für Periode III im September 1943 und reichen bis Ende Juli 1944. Diese Periode zeichnet sich durch die Ankunft von Jüdinnen aus, die speziellen Kategorien angehörten und die damals in Konzentrationslager innerhalb des Deutschen Reiches, jedoch nicht nach Auschwitz, geschickt wurden.

Die größten Gruppen in den erhalten gebliebenen Zugangslisten waren jüdische Frauen und Kinder mit rumänischer, ungarischer[57], türkischer oder spanischer Staatsangehörigkeit, die in Deutschland, Belgien, den Niederlanden oder der Tschechoslowakei verhaftet worden waren. Einer weiteren speziellen Gruppe gehörten 92 Jüdinnen an, die aus Frankreich mit dem Transport französischer Mitglieder der *Résistance* ankamen (diese französischen Transporte setzten sich bis Januar 1945 fort).

Ab dem 16. September 1943 kam auch eine weitere spezielle Gruppe an – Frauen und Mädchen mit teilweise jüdischer Abstammung, sogenannte „Mischlinge“ oder „Jüdinnen ersten Grades“. Während der vorherigen Monate waren Mischlinge aus Deutschland nach Auschwitz geschickt worden. Mitte 1943 wurde dieser Befehl aber offensichtlich geändert. Aus den Aussagen mehrerer dieser

Frauen ist uns bekannt, dass im September 1943 Frauen und Mädchen mit teilweiser jüdischer Abstammung in Auschwitz gesammelt[58] wurden, zwei von ihnen sogar aus dem Gebäude, in dem sie – nach der „Selektion“ – warten mussten, um am nächsten Morgen vergast zu werden[59].

Am 16. September 1943 kam ein großer Transport mit 84 Mischlingen aus Auschwitz in Ravensbrück an. Weitere 56 Mischlinge kamen zwischen September 1943 und Ende Juli 1944 in Ravensbrück an. Insgesamt sind uns aus Periode III ca. 657 jüdische Namen bekannt. Mit Ausnahme der drei jungen Frauen, die während Periode II in Ravensbrück waren – zwei von ihnen nur für wenige Tage – und mit dem Mischlingstransport aus Auschwitz zurückkehrten, gab es keine Kontinuität bei den jüdischen Häftlingsbevölkerungen der Perioden II und III.

Einige der in Periode III in Ravensbrück angekommenen Frauen blieben ein Jahr oder sogar eineinhalb Jahre lang dort – bis weit in Periode IV oder sogar Periode V. Besonders unter den jüdischen Häftlingen aus den Niederlanden und Belgien mit rumänischer, ungarischer oder türkischer Staatsangehörigkeit überlebten beträchtlich mehr als die Hälfte der 64 Kinder und mehr als zehn berichteten über ihr Leben im Lager bis Anfang 1945. Am 30. Januar 1945 wurden die meisten der Mütter und Kinder mit ungarischer oder rumänischer Staatsangehörigkeit nach Bergen-Belsen geschickt. Einen Monat später wurden die Mütter und Kinder mit türkischen Papieren auf Verlangen der türkischen Regierung nach Schweden geschickt und von dort per Schiff in die Türkei gebracht. Die türkischen Einreisebehörden erkannten sie nicht als türkische Staatsbürger an und die meisten von ihnen entschieden sich dafür, nach Belgien zurückzukehren.

In diesen Gruppen mit zeitweilig geschützter Staatsangehörigkeit befanden sich 95 Frauen, die älter als 55 Jahre waren. Aus mehreren Zugangslisten der Periode III mit handschriftlichen Bleistiftvermerken, die im Archiv von Ravensbrück gefunden wurden, erfuhren wir, dass viele von ihnen entweder einem „natürlichen“ Tod erlagen oder – bis Oktober 1944 – nach Auschwitz geschickt wurden.

Die Namen von sechs jüdischen Häftlingen der dritten Periode erscheinen auf den Sterbelisten *Mittwerda* und *Uckermark*. Aus den Zeugenaussagen von Überlebenden wissen wir jedoch, dass andere auch im Januar 1945 ermordet wurden.[60]

Trotz der Bedeutung der Zeugenaussagen Überlebender der dritten Periode, beschränken sich diese Aussagen im Wesentlichen auf Geschehnisse innerhalb der Gruppen, denen diese Augenzeugen angehörten. Wie es scheint, gab es nur sehr eingeschränkte Kontakte zwischen den verschiedenen Gruppen jüdischer Frauen und Kinder, die während der dritten Periode in Ravensbrück waren, und sogar noch weniger Kontakte mit den tausenden jüdischen Häftlingen der vierten Periode.

PERIODE IV

Am 2. August 1944 kam der erste Direkt-Transport mit 18 Jüdinnen aus Italien[61] und am 7. August 1944 kam aus Toulouse[62] ein großer Transport mit jüdischen Familien, zusammen (jedoch in getrennten Waggons) mit politischen Häftlingen der französischen *Résistance*[63], an.

Bis Ende 1944 und sogar noch im Januar und Februar 1945 kamen weiter jüdische Frauen und Mädchen und auch einige Männer aus Italien und mit den Transporten französischer politischer Häftlinge. Das Hauptmerkmal der vierten Periode von August 1944 bis Ende 1944 ist jedoch die Flut ungarischer, polnischer und slowakischer jüdischer Frauen, Mädchen und einiger Kinder, die entweder über Auschwitz oder aus einem Arbeitslager, in das sie nach Auschwitz gekommen waren, oder direkt aus Budapest, aus Sered und Prešov in der Slowakei oder aus drei polnischen Ghettos oder dem polnischen Arbeitslager Częstochowa kamen. Während dieser Periode verschlechterten sich die Bedingungen in Ravensbrück schnell aufgrund katastrophaler Überfüllung. Die Mehrheit der jüdischen Zugänge der Periode IV wurde bald in Außenlager von Buchenwald, Sachsenhausen oder Ravensbrück verlegt.

Während dieser Periode wurde Ravensbrück ein regelrechter Sklavenmarkt. Fast täglich kamen in Ravensbrück Bestellungen über hunderte Häftlinge an und wurden ausgeführt. Eine beträchtliche Anzahl solcher Bestellungen sind erhalten geblieben auf Ravensbrücker Überstellungslisten und auf Listen zur Bestätigung der Ankunft in Außenlagern.[64] Aus diesen Listen ist uns das anschließende Schicksal von hunderten jüdischer Ravensbrück-Häftlinge dieser Periode bekannt. Aus den Überstellungslisten mit Daten aus dem Jahr 1944 erfuhren wir auch die Namen von hunderten jüdischer Häftlinge der vierten Periode, deren Ravensbrücker Zugangslisten verloren gingen. Aus Überstellungslisten mit Daten aus dem Jahr 1945, aus vorhandenen Sterbelisten und aus den Aussagen Überlebender ergibt sich, dass die Zugangslisten mehrerer großer jüdischer Transporte aus Auschwitz, Budapest, Sered, Prešov und Częstochowa, die zwischen August 1944 und Ende Dezember 1944 ankamen, verloren gegangen sind. Für die fünf Monate der vierten Periode konnten wir aus allen Quellen die Namen von 10 585 jüdischen Zugängen – fast zwei Dritteln der für die sechs Jahre festgestellten gesamten jüdischen Häftlingsbevölkerung – erschließen.

PERIODE V

Der 1. Januar 1945 kann als Beginn der letzten Phase betrachtet werden: Die Gaskammer von Ravensbrück wurde in Betrieb genommen. Vor Ende 1944 wurde der Massenmord durch Gas in Auschwitz eingestellt und ein Team kam von dort nach

Ravensbrück und richtete eine Gaskammer ein. Sie war vom 1. Januar bis zum 22. oder 23. April 1945 in Betrieb und in ihr wurden bis zu 6 000 Häftlinge ermordet. Aus den nur sehr fragmentarisch erhalten gebliebenen Sterbelisten kann geschlossen werden, dass mindestens 21,6 % der Opfer jüdisch waren.[65]

Aus den Zugangslisten, die kürzlich im Warschauer Nationalarchiv entdeckt wurden, aus rekonstruierten französischen Transportlisten und aus den Registern von Überlebenden in verschiedenen Archiven[66] wissen wir, dass im Laufe des Monats Januar 1945 täglich Jüdinnen aus anderen Lagern ankamen, aber auch aus der Slowakei, Italien, Ungarn und sogar mit einem französischen Transport, der sehr lange unterwegs gewesen war. Das größte Ereignis im Januar war jedoch der Beginn der Ankunft von mindestens 6 000 Überlebenden der Evakuierung von Auschwitz – des sogenannten *Auschwitz-Todesmarsches* –, von denen mindestens 60 % Juden waren. Am 15. Januar war zwar schon ein Zug mit offenen Waggons aus Auschwitz angekommen, diejenigen aber, die an dem furchtbaren Fußmarsch beteiligt waren, können frühestens am 21. Januar in Ravensbrück angekommen sein. Bis weit in den Februar kamen weitere Überlebende dieses Marsches an. Die meisten von ihnen wurden in die beiden großen Außenlager von Ravensbrück – Malchow[67] und Neustadt- Glewe[68] – verlegt. Sogar noch am 2. April 1945 wurden 751 jüdische Häftlinge aus Malchow in die Außenlager von Buchenwald bei Leipzig verlegt[69].

Über das Schicksal vieler jüdischer Häftlinge, die während der vierten Periode angekommen waren und nicht in ein Arbeitslager verlegt wurden, ist uns bekannt, dass im Laufe des Monats Januar 1945 einige nach Meuselwitz, 700 nach Penig und im Februar ca. 500 nach Burgau verlegt wurden.[70] Im März wurden viele der Überlebenden der vierten Periode und Neuzugänge nach Bergen-Belsen und Mauthausen geschickt. Von diesen Transporten wissen wir nur aus den Aussagen Überlebender.

Wie schon gesagt wissen wir nicht, ob – und falls ja, ab wann genau – die neu angekommenen Häftlinge nicht mehr registriert wurden. Aus den Monaten März und April blieb nicht ein einziges Dokument über Zugänge erhalten. Von Überlebenden wissen wir, dass während des gesamten Monats April viele jüdische Häftlinge nach Ravensbrück verlegt wurden, besonders aus den Arbeitslagern, die – aufgrund der vorrückenden sowjetischen Truppen oder der Zerstörung der Industrieanlagen durch alliierte Bombardierungen – evakuiert wurden[71].

Während der letzten zehn Tage des Monats April – den letzten Tagen der Existenz des Lagers – gab es mehr als 1 300 in Ravensbrück gefangen gehaltene Jüdinnen, deren Namen festgestellt wurden und die nach Schweden evakuiert wurden – entweder direkt aus Ravensbrück oder Malchow, oder aus einem Todeszug (der in Beendorf abfuhr und in der Nähe von Hamburg endete, von wo die Überlebenden nach Dänemark evakuiert wurden). All dies war Teil der *Bernadotte-Aktion*. Am

28. April – zwei Tage nachdem der letzte Evakuierungssonderzug nach Dänemark (am 26. April 1945) gefahren war – begann der erzwungene Massenevakuierungsmarsch der Ravensbrück-Häftlinge in Richtung Nordwesten.[72]

Als eine Einheit der Sowjetarmee am 10. Mai in Ravensbrück ankam, fanden sie nur eine relativ kleine Zahl kranker, sowie als Ärztinnen und Schwestern fungierende Häftlinge im Revier vor, darunter einige jüdische Ärztinnen mit falschen nicht-jüdischen Identitäten und mehrere jüdische Patientinnen.[73]

Die meisten der jüdischen Ravensbrück-Häftlinge, die an den Evakuierungsmärschen aus dem Stammlager, aus Malchow, Spandau, Oranienburg/Sachsenhausen und aus dem Lager Hasag-Leipzig teilgenommen hatten, sowie diejenigen, die in den Zellenblocks von Neustadt-Glewe und Wittenberg eingeschlossen waren, trafen auf sowjetische Truppen.[74]

Einige der Überlebenden der Evakuierungsmärsche aus Ravensbrück bzw. Malchow, beziehungsweise der aus dem Lager Hasag-Leipzig Evakuierten, erreichten irgendwie die Elbe und überquerten sie, um in die westlichen Besatzungszonen zu gelangen. Diejenigen, die aus dem zu Buchenwald gehörenden Arbeitslager Altenburg evakuiert worden waren, sowie die Überlebenden des Burgau-Transports und die vorher nach Bergen-Belsen verlegten Häftlinge trafen auf Truppen der Westalliierten – vor allem auf Nordamerikaner.

Dies ist also meine Einteilung der Geschichte der jüdischen Häftlinge von Ravensbrück in Perioden. Sie entspricht den wesentlichen Veränderungen, beziehungsweise dem völligen Fehlen von Kontinuität. In den folgenden Kapiteln werde ich die Bedingungen des Lebens und Sterbens und die wesentlichen Merkmale der verschiedenen jüdischen Häftlingsbevölkerungen in jeder dieser fünf Perioden beschreiben.

Anmerkungen

1 Ausnahmen waren einige jüdische Frauen aus dem Deutschen Reich, bei denen sogar nach Februar 1942 als Grund für die Gefangennahme immer noch „Rassenschande" angegeben wurde.

2 Trotzdem fanden wir auch Frauen, die wegen ihrer Ehe mit Juden gefangen gehalten wurden. Lili de Rothschild, geb. Chambur, war die erste und wurde als „arische" Französin eingeordnet, doch wegen des Namens ihres Ehemannes wurde sie besonders gequält. Cäcilie Dangaard war die zweite und wurde in Ravensbrück als „arische" Dänin unter der Nummer 97501 und überraschenderweise als „jüdisch durch Heirat" geführt. Aus den kurzen Memoiren von Lotte Silbermann wissen wir, dass sie und ihre Kameradin Margarete Mader beide Deutsche waren und dass ihre jüdischen Ehemänner in Konzentrationslagern starben. Lotte und Margarete waren in

Ravensbrück gefangen und Margarete starb dort (siehe Kap. 9, Abs. „Nicht-jüdische, mit Juden verheiratete Häftlinge").

3 Obwohl die Nazi-Behörden offiziell Taufen von Personen jüdischer Herkunft ignorierten, wurde während eines begrenzten Zeitraums ein Unterschied zwischen getauften und nichtgetauften Personen gemacht, von deren Eltern nur ein Teil jüdisch war oder die in einer Mischehe lebten.

4 Elisabeth Markowitz (Ravensbrück-Häftlingsnummer 85784 und Nummer 216 auf der Liste des Transports 21.-22. November 1944 aus Budapest) wurde als „ungarische Jüdin" geführt. Wir wissen allerdings aus den Memoiren ihrer Freundin Sara (Seren) Tuvel Bernstein, dass sie das Kind einer Mischehe war. *The Seamstress – a Memoir of Survival*, Berkley, NY, 1999, S. 228, siehe Kapitel 10, Anm. 8.

5 Serge Klarsfeld, *Memorial to the Jews Deported from France*, N.Y., 1983, S. 601–602. Auf der teilweise verbrannten Liste erscheinen 76 Namen. Die Namen von zwei Mädchen wurden von ihrem Onkel hinzugefügt, der angab, sie wären zusammen mit ihrer Mutter auf diesem Transport gewesen. Anise Postel-Vinay gab uns die Namen von weiteren 28 Juden, die ihren Angaben zufolge zur selben Zeit aus Toulouse ankamen.

6 Zeugenaussagen für den Transport um den 1. Dezember stammen von Eva Dános (Ravensbrück-Häftlingsnummer 92944) und von Nora Stark (Interview durch J.B.A., Budapest, 27. Juli 1999); die Zeugenaussage, die den großen Transport betrifft, der am 11. Dezember 1944 ankam, stammt von Katherine S. (Katalin Bein), die am 15. Januar 1945 nach Venusberg verlegt wurde.

7 Die als *Multinationale Tabelle* bezeichnete Opferliste wurde von der Ravensbrück-Überlebenden Kató (Katalin) Gyulai und ihren Mitarbeiterinnen erstellt. Eine Liste der Überlebenden, die nach Ungarn zurückgekehrt waren und sich dort niedergelassen hatten, wurde sogar noch später von Forschern des *Jüdischen Museums und Archivs*, Budapest, erstellt.

8 Giovanna Massariello Merzagora and Paolo Massarriello, „La Lista delle donne di Ravensbrück: 600 nomi per ricordare", *Bolletino della Societa Letteraria*, 9bis, Verona, Dezember 1945, S. 31–54.

9 Liliana Picciotto, *Il libro della memoria gli Ebrei deportati dall'Italia (1943–1945)*, Mailand, 2002.

10 Bernard Strebel, „Die Lagergesellschaft. Aspekte der Häftlingshierarchie und Gruppenbildung in Ravensbrück" in: *Frauen in Konzentrationslagern Bergen-Belsen, Ravensbrück*, Claus Füllberg-Stolberg et al. (Hrsg.), Bremen, 1994, S. 81–83.

11 In der Diplomarbeit von Kristine Schlaefer und Frank Schröder von 1987 für die Humboldt-Universität Berlin ist in „Anlage V" eine Zusammenfassung aller vorhandenen Stärkemeldungen (von 17. April 1939 bis 8. Januar 1942) enthalten.

12 Da nur ungefähr die Hälfte der Zugangslisten erhalten geblieben sind, gelangten frühe Forscherinnen wie Wanda Kiedrzyńska zu der Auffassung, dass nicht mehr als die Hälfte der nach Ravensbrück Gekommenen identifiziert werden könnte. Im Jahr 1961 waren ihr tatsächlich nur 25 028 Namen aus erhalten gebliebenen Zugangslisten bekannt. Unter diesen identifizierte sie 15,1 % jüdische Namen. Wanda Kiedrzytiska, *Ravensbrück, kobiecy obóz koncentracyjny*, Warschau, 1961 (auf Deutsch im Ravensbrück-Archiv), Teil I, S. 67.

13 Laut Aussage von Galina Matusova (Interview in Safed, Israel, im Jahr 2000 durch Judith Buber Agassi und Bärbel Schindler-Saefkow) befanden sich unter den gefangenen Rotarmistinnen, die im Februar bzw. März in Ravensbrück ankamen, neun jüdische Ärztinnen oder Sanitäterinnen. Wir haben die Angaben zu allen von ihnen festgestellt.

14 Ankunft am 23. Januar 1945, *Überstellung Nr. 42 von Auschwitz*, 356 jüdische Namen von 721 Namen, d.h. 49,3 %.

15 Die Malchow-Hasag-Leipzig-Überstellungsliste vom 2. April 1945.

16 In dieser Werkstatt wurden die Stoffwinkel und Häftlingsnummern für die neu registrierten Häftlinge hergestellt.

17 Kiedrzyńska, *Ravensbrück*, S. 7–9; Ursula Winska, *Zwiciezyly wartosci: Wspomneinea z Ravensbrück*: Wyd 1, Gdansk, 1985; eine deutsche Übersetzung mit dem Titel *Die Werte siegten* befindet sich im Archiv von Ravensbrück, S. 526–528.

18 Grit Philipp, *Kalendarium der Ereignisse im Frauen-Konzentrationslager Ravensbrück, 1939–1945*, Berlin, 1999, S. 237–331.

19 Serge Klarsfeld, *Memorial to the Jews Deported from France*, N.Y., 1983, S. 601–602.

20 *Wiener Library*, Tel Aviv University WARC 0510 Systemnummer 01552126.

21 United States National Archives, Washington: Record Group 338 Army Commands, stack area 290, row 13, compartment 22, shelf 3, box 536 oversize (volume 126 = book No. 7, volume 127 = book No. 8) (location 000–50–46).

22 Arolsen Archiv und Yad Vashem, Jerusalem.

23 MGR-Forschungsprojekt, Bärbel Schindler-Saefkow, Totendatenbank-Projekt, *Gedenkbuch Ravensbrück*, Forschungsabschnitt Dezember 2000.

24 Staatliches Museum Auschwitz-Birkenau (Hrsg.), *Auschwitz-Sterbebücher*, München, 1995.

25 Die erste Liste ist die sogenannte *Mittwerda-Liste* vom 6. April 1945. Sie ist die einzige offizielle Lagerliste von Häftlingen, die ins Gas geschickt wurden. Diese Liste der zwischen dem 5. März 1945 und dem 28. März 1945 nach Uckermark verlegten Häftlinge wurde von einem in der Schreibstube arbeitenden Häftling entwendet. Die zweite und die dritte Liste sind die sogenannten Uckermark-Listen, dic aus zwei Teilen bestehen: Teil (A): Gruppen von Häftlingen, die am 28. Januar, 29. Januar. 9. Februar, 24. Februar, 25. Februar, 4. März, 23. März, 31. März und 23. April 1945 in die Gaskammer geschickt wurden; Teil (B): Gruppen von Häftlingen, die am 8. Februar und am 20. Februar 1945 in die Gaskammer geschickt wurden. Wie es scheint, wurden diese Listen von Dr. Le Porz (Häftling und Ärztin) zusammengestellt. In der vierten Liste stellten Überlebende aus der Tschechoslowakei die Angaben zu den Opfern aus ihrem Land zusammen. Sie wurde nach der Befreiung fertig gestellt. Sie beginnt mit dem 1. Januar 1945 und endet mit dem 15. Februar 1945. Anscheinend sind diese vier Listen alle unvollständig. Sie enthalten 1 415 Namen getöteter Häftlinge; 306 von ihnen sind als jüdisch markiert sowie andere, die offensichtlich jüdisch sind, zu denen jedoch keine Angaben zur Nationalität/Rasse gemacht werden.

26 Polizeiliche Dokumente bezüglich der Verhaftung der folgenden fünf Jüdinnen und ihrer Einkerkerung in Ravensbrück finden sich in den Archiven von Arolsen und Yad

Vashem: Jochevet (Jechet) Feinkuchen, Lea Rechtschaffen, geb. Wirth, Herta Cohen, Selma (Nora Sara) Grünewald, Julie Sara Herz.

27 Reinhard Schramm, *Ich will leben*, Weißenfels, 1990, über seine Großmutter Emma Murr, geb. Engel, und seine Großtante Selma Fiedler, geb. Engel. Irene Eckler, *Die Vormundschaftsakte 1935–1958*, Schwetzingen, 1996, über ihre Mutter Irma Eckler.

28 Nürnberger Dokument NO-5194, in: *The Holocaust: Selected Documents in Eighteen Volumes*, John Mendelson (Hrsg.), New York, 1982.

29 Da vom französischen Ravensbrück-Komitee keine Angaben dazu gemacht wurden, ob eine gefangene Frau Jüdin war, bat ich die Historikerin und Ravensbrück-Überlebende Anise Postel-Vinay, nach bestem Wissen und so gut sie sich erinnern könne, die aus Frankreich gekommenen Jüdinnen zu identifizieren.

30 *Jewish Agency* MAA-HDK und Einzeldokumente in *Yad Vashem*.

31 Karl Heinz Schütt (Hrsg.), *Ein vergessenes Lager? Über das Außenlager Neustadt-Glewe des Frauen-KZ Ravensbrück*, Schkeuditz, 1997; *Ein vergessenes Lager?*, II, Schkeuditz, 1998; *Ein vergessenes Lager?*, III, Schkeuditz, 2001; *Gedenkbuch der Opfer des Nationalsozialismus im Außenlager Neustadt-Glewe des Frauen-KZ Ravensbrück*, Neustadt-Glewe, 1998.

32 Renate Gruber-Lieblich, *„... und morgen war Krieg!“ – Arado Flugzeugwerke GmbH Wittenberg 1936–1945 – ein KZ-Lager entsteht*, Wittenberg, 1995.

33 *Nichts und niemand wird vergessen* – zur Geschichte des KZ-Außenlagers Natzweiler-Struthof in Walldorf, herausgegeben vom Magistrat der Stadt Mörfelden-Walldorf, 1996; *Das Geheimnis der Erlösung heißt Erinnerung*; ein Begleitheft zum historischen Lehrpfad am ehemaligen KZ-Außenlager Walldorf, 2000.

34 *Liberated Jews Arrived in Sweden in 1945* (Liste Nr. 1), und *About Jews Liberated from German Concentration Camps Arrived in Sweden in 1945–46* (Liste Nr. 2), Mosaiska Församlingen, Wahrendorffsgatan 3, Stockholm, Malmö, 1946.

35 1G36:42, Frageformulär; 1G36:44 IRO Claims; 1G38:31, Ansökn.; E12:1–4, 1020, SUP; PCIRO, 1G35:62; Tegen-Befragung; Uro-Bestand, 1G40:53; Utrest 1947–1960, 1G35:12.

36 *Polski Instytut Żròdłowy w Lund.*

37 Fünfhundert Interviews mit polnischen Überlebenden, geführt in Schweden nach dem Krieg durch das *Polish Institute of Sources* (Lund); einundzwanzig der befragten Personen waren jüdische Ravensbrück-Überlebende. Die polnischen Texte wurden J.B.A. von der Forscherin Simone Erpel übergeben und 1998–99 von der Freiwilligen der *Wiener Library* Ms. Wanda Wasserman ins Englische übersetzt.

38 Sechs Interviews mit jüdischen Ravensbrück-Überlebenden, aus dem Französischen übersetzt von J.B.A.

39 siehe Kapitel 1.

40 Liste der Namen und Daten auf der diesem Buch beigefügten CD-ROM.

41 So unterteilt Kiedrzyńska in *Ravensbrück*, S. 18, die Geschichte von Ravensbrück aus der Sicht der polnischen Häftlinge in vier Perioden: die erste Periode bis zum Ausbruch des Krieges (keine polnischen Häftlinge), die zweite von September 1939 bis August 1944 (Ankunft großer Zahlen polnischer Häftlinge); die dritte von September 1944 bis zum Ende (extrem große Transporte aus Polen; die polnischen Häft-

linge stellen die größte Gruppe von Häftlingen einer Nation dar); die letzte Periode: Evakuierung und Auflösung des Lagers.

42 siehe Anmerkung 24 oben in Bezug auf das *Gedenkbuch*.

43 Archiv Jüdisches Museum Prag, ODF Berlin, Ludwigsburg, Museum Schloss Lichtenburg, Archiv.

44 Laut einem Bericht der gefangenen deutschen Kommunistin Maria Wiedmaier (*Buchmann-Bestand*, Bd. 26, Bericht 401, S. 3) befanden sich Anfang 1942 über eintausend jüdische Frauen und Mädchen in Block 11. Herta Soswinski (während des Krieges unter dem Namen „Mehl"), die im Januar 1942 ankam, berichtet (in: *Auschwitz: The Nazi Civilization, Studies in the Shoah Series*, Lore Shelley (Hrsg.), Lanham, MD, Bd. 1, S. 128, 131), dass am Ende der ersten Periode zwei Blöcke vollständig mit Jüdinnen belegt waren (Blöcke 9 u. 11), während es nach der Deportation nach Bernburg kaum noch ein halber Block war.

45 Am 24. August 1941 hatte Hitler den Befehl gegeben, die „Euthanasie", d.h. den Massenmord durch Gas an deutschen Geisteskranken und an geistig zurückgebliebenen Kindern, einzustellen. Gegen diese Massenmorde hatte es beträchtliche Widerstände gegeben. Die in mehreren Nervenkliniken übrig gebliebenen Giftgasbestände wurden dann verwendet, um chronisch oder geistig kranke Häftlinge, sowie die jüdischen Häftlinge in den Konzentrationslagern auf deutschem Boden, zu ermorden. In: Philipp, *Kalendarium*, S. 62, auf der Grundlage von: Ernst Klee, *Euthanasie im NS-Staat: Die Vernichtung lebensunwerten Lebens*, Frankfurt am Main, 1985, S. 345.

46 Estera Markiewicz (Salejdek), Ravensbrück-Häftlingsnummer 10197, die am 10. April 1942 ankam, scheint am 5. Oktober 1942 nach Auschwitz geschickt worden zu sein. Später wurde sie nach Bergen-Belsen verlegt und überlebte dort bis zu ihrer Evakuierung nach Schweden. Zwei Mischlinge, Rudolfine Burghardt und Hermine Hocke, die am 17. Februar 1943 aus dem *Jugendschutzlager* Uckermark (1 km vom Stammlager Ravensbrück entfernt) nach Ravensbrück verlegt wurden, wurden kurz danach nach Auschwitz deportiert und kehrten mit dem *Mischlings-Transport* vom 16. September 1943 nach Ravensbrück zurück. Sie haben den Krieg möglicherweise überlebt. Außerdem gab es drei jüdische Überlebende mit falscher nicht-jüdischer Identität: Georgia Peet-Taneva (Nadja Smirnowa), Wanda Vatneipka (Maria Schneidmesser) und Elise Hoblik.

47 Dr. Bärbel Schindler-Saefkow ist der Auffassung, dass alle Ravensbrück-Häftlinge, die zwischen Februar und Juli 1942 in den Sterberegistern des Standesamts II erfasst wurden, in Bernburg ermordet wurden (eine geringe Zahl polnischer politischer Häftlinge, die während dieses Zeitraumes durch Erschießen hingerichtet wurden, ist die Ausnahme). Ein weiteres Dokument für die Identifikation der in Bernburg Vergasten ist die handschriftliche Anmerkung „Sondertransport" in fünf kürzlich entdeckten Zugangslisten aus den Jahren 1940 und 1941; alle Namen mit dem Zusatz „Sondertransport" wurden im Standesamt II als zwischen Februar und Juli 1942 verstorben registriert. Es gibt natürlich auch die Augenzeugenberichte überlebender nicht-jüdischer Häftlinge, die sahen, wie die Jüdinnen aus dem Lager abtransportiert wurden.

48 An diesem Tag wurden 622 Frauen nach Auschwitz abtransportiert und dort am nächsten Tag registriert; 522 von ihnen waren Jüdinnen, 90 waren *Bibelforscherin-*

nen; 18 der Frauen waren in Geflügelzucht ausgebildet. Danuta Czech, *Kalendarium der Ereignisse im Konzentrationslager Auschwitz-Birkenau*, Reinbek, 1989, S. 315.

49 Vor kurzem wurden vier weitere Zugangslisten mit Daten innerhalb dieses Zeitraumes von 15 Monaten entdeckt – in äußerst schlechtem Zustand, jedoch mit handschriftlichen Anmerkungen. Sie enthalten acht Namen mit den Vermerken „Halb-Jüdin" oder „Voll-Jüdin".

50 *Sammlungen MGR/SBG, RA Bd. 26, Bericht 428.* Leider wurde das an einer Stelle in Maria Storchs Zeugenaussage falsch geschriebene Datum im *Ravensbrück Kalendarium*, S. 122, falsch als 18. März 1943 wiedergegeben und die Bezeichnung der Aussage ist mit 628 ebenfalls falsch.

51 Germaine Tillion, *Frauenkonzentrationslager Ravensbrück, mit einem Anhang „Die Massentötungen durch Gas in Ravensbrück"* von Anise Postel-Vinay, Lüneburg, 1998 (erschienen auf französisch, 1973), S. 364. Margarete Buber-Neumann (*Als Gefangene bei Stalin und Hitler*, München, 1949, S. 297) erwähnte auch, dass bis zum Sommer 1942 mehrere Vernichtungstransporte jüdischer Häftlinge aus Block 9 nach Auschwitz geschickt worden waren.

52 Tillion, *Frauenkonzentrationslager Ravensbrück*, S. 398.

53 Der *Korherr-Report* von März 1943, „Die Endlösung der Judenfrage", BArch NS 19/1570, besagt, (S. 24) dass 1 321 Jüdinnen bis Ende 1942 in Ravensbrück gefangen gehalten wurden.

54 Sammlungen MGR/SBG, RA Bd. 21, Bericht-Nr. 198 (*Kalendarium*, S. 122).

55 Schreiben des Reichssicherheitshauptamts IV C 2 Allg. Nr. 42415, Berlin, 2. 10. 1942, Fernschreiben: „an alle Stapo(leit)stellen, Kommandeure, Befehlshaber und Beauftragte des Chefs der SichPoludSD. Betrifft: Einweisung von weiblichen jüdischen Häftlingen in das KL Ravensbrück. Der BFuChdDtPol. hat am 29. 9. 42 befohlen, dass die im Frauenkonzentrationslager Ravensbrück einsitzenden jüdischen Häftlinge in das Konzentrationslager Auschwitz, Frauenabteilung, zu überführen sind, damit das FKL Ravensbrück judenfrei wird ..." (Unterschrift) RSHA. IV C 2 Allg. Nr. 42415, I.A. gez. Dr. Berndorff, i-O'Stubsf.

56 Rolf Kralovitz, *„Zehn Null Neunzig" in Buchenwald*, Köln, 1996, S. 36.

57 Der partielle Schutz ungarischer Juden endete Ende März 1944, als Ungarn unter unmittelbare deutsche Herrschaft kam.

58 Es gab sogar Fälle, in denen Häftlinge freiwillig angaben, dass sie Mischlinge waren und so sicherten, dass sie in den Transport nach Ravensbrück kamen.

59 Interview mit Erna Korn, jetzt Erna de Vries, durch J.B.A., 18. Mai 1999.

60 Laut Aussage von Rolf Kralovitz gehörte seine Mutter dem *Strickkommando* an, dessen Mitglieder alle im Januar 1945 in die Gaskammer geschickt wurden. Die „Verlegung" des *Strickkommandos* wird von Judith H. Sherman beschrieben in: *Say the Name*, Albuquerque, 2005, S. 96. Rolf Kralowitz Schwester Annemarie starb ebenfalls im Januar 1945 (Sherman, *Say the Name*, S. 62–63).

61 siehe Anm. 9 oben; „Convoglio 16, Verona to Ravensbrück, 2. August 1944", in: Picciotto, *Il libro della memoria*, S. 60.

62 siehe Anm. 5 oben, Convoy 81 (Toulouse); Klarsfeld, *Memorial to the Jews Deported from France*, S. 601–602; sowie Informationen von Anise Postel-Vinay.

63 Diese Aussage stammt von Mme. P. Dachs, in: Klarsfeld, *Memorial to the Jews Deported from France*, S. 601.

64 Beispiele sind Überstellungslisten von 500 jüdischen Häftlingen ins AKDO Altenburg am 11. September 1944, von 400 jüdischen Häftlingen ins AKDO Neustadt bei Coburg am 26. September 1944 und von 249 ungarischen jüdischen Häftlingen ins AKDO Lippstadt am 20. November 1944. Sämtliche Buchenwald-Dokumente: BWA HKW Mikrofilme 1, 10, 13, u. 15. Bezüglich des Schicksals der jüdischen weiblichen Häftlinge in den Außenlagern von Buchenwald siehe auch Renate Ragwitz, „Frauen-Außenkommandos des KZ Buchenwald", *Buchenwaldheft 15*, Buchenwald, 1982; und Irmgard Seidel, „Jüdinnen in den Außenkommandos des Konzentrationslagers Buchenwald", unveröffentlichter Beitrag zur internationalen Konferenz *Genocide and Gender*, Freie Universtät Berlin, Oktober 2003.

65 Die Listen Mittwerda und Uckermark A und B; siehe Anm. 54 oben.

66 *Jewish Agency* MAA-HDK.

67 siehe die Untersuchung zum Lager Malchow von Irith Dublon-Knebel in: *Schnittpunkt des Holocaust: Jüdische Frauen und Kinder im Konzentrationslager Ravensbrück*, Irith Dublon- Knebel (Hrsg.), Metropol Berlin, 2009, S. 137–174.

68 siehe Schütt, *Ein vergessenes Lager?*; *Ein vergessenes Lager?* II; *Gedenkbuch der Opfer*; siehe ebenfalls die von ihm rekonstruierte Liste von 875 jüdischen Häftlingen von Neustadt-Glewe in: *Namen des Erinnern*, 2002; von uns wurden 94 Namen hinzugefügt.

69 KZ-Buchenwald, Arbeitskommando Hasag-Leipzig; Leipzig, 8. April 1945; Transportliste, Malchow, 2. April 1945. Einige dieser Häftlinge wurden nicht in das Arbeitslager Hasag-Leipzig, sondern in das Lager Taucha überstellt.

70 Es sind Überstellungslisten nach Meuselwitz (mit Ravensbrück-Häftlingsnummern) und nach Penig (ohne diese Nummern) erhalten geblieben. Eine Liste von 480 jüdischen weiblichen Häftlingen (ohne Ravensbrück-Häftlingsnummern) wurde erst kürzlich als die eines Todeszuges in das bayerische Lager Burgau, der später nach Allach (Dachau) weiter geleitet wurde, identifiziert.

71 Die Beweise stammen vor allem von den Frauen, die Mitte April aus dem kleinen Arbeitslager Krupp-Neukölln in Berlin ankamen und als geschlossene Gruppe nach Schweden evakuiert wurden.

72 siehe Simone Erpel, „Ravensbrücker Todesmärsche 1945", in: *Bulletin für Faschismus und Weltkriegsforschung*, Werner Röhr und Brigitte Berlekamp (Hrsg.), Beiheft 1, Berlin, 2001, S. 147–165 und Telefoninterview Juli 2005.

73 Die belgische Überlebende Berta Landskroner (verh. Reig), deren erfrorene Zehen amputiert worden waren, ist eine von nur zwei jüdischen Häftlingen, die unseres Wissens als Patientinnen im Revier von Ravensbrück bis zur Ankunft der Sowjetarmee am 10. Mai 1945 überlebten. Die zweite war die slowakische Überlebende Emma Neuwirth, später Emma Panovova, die an Furunkulose erkrankt war.

74 In Neustadt-Glewe blieben die Häftlinge bis zur Ankunft der amerikanischen, dann der sowjetischen Streitkräfte eingeschlossen und in Wittenberg blieben sie bis zur Ankunft der Sowjetarmee gefangen. Die Häftlinge der anderen drei Lager wurden vor der Ankunft der sowjetischen Streitkräfte evakuiert.

IV

Die erste Periode

Am 9. und 10. November 1938 fand in Deutschland ein landesweiter Pogrom statt (der November-Pogrom, leider oft noch mit seiner Nazi-Bezeichnung „Kristallnacht“ benannt). Er wurde von massenhaften Festnahmen jüdischer Männer, darunter vieler Jugendlicher, begleitet. Einige Autoren geben an, dass die Eröffnung eines Konzentrationslagers für Frauen in Ravensbrück mit diesem Ereignis verbunden war. Die Errichtung dieses Lagers, das offiziell am 15. Mai 1939 eröffnet wurde, war jedoch schon lange vor diesem Pogrom geplant und begonnen worden. Der große Anteil jüdischer Frauen (mindestens 111) unter den ersten 800 Zugängen aus dem kleinen Frauenkonzentrationslager Lichtenburg weist darauf hin, dass sogar schon vor der gewaltsamen Verfolgung der deutschen Juden im November 1938 Jüdinnen Ziel von Verhaftungen waren. Vor dem Lager Lichtenburg hatte es schon das Lager Moringen gegeben, dass im März 1938 – also lange vor dem November-Pogrom – geschlossen wurde. In diesem Lager war eine beträchtliche Zahl Jüdinnen gefangen. Obwohl einige von ihnen von ihren Familien durch die rechtzeitige Beschaffung eines Visums gerettet werden konnten, wissen wir von mindestens 22 Jüdinnen, die von Moringen nach Lichtenburg und von dort nach Ravensbrück verlegt wurden.

Es war ohne Zweifel einfallslos und nachlässig von den jüdischen Organisationen, insbesondere den zionistischen Organisationen, dass so wenig getan wurde, um diese Frauen und Mädchen zu retten, solange dies noch möglich war. Bis Ende 1938 verhafteten die Nazi-Behörden mehr jüdische Männer als Frauen und steckten sie in Konzentrationslager, besonders während der Verfolgungswelle im Zuge des November-Pogroms. Trotzdem war der Anteil jüdischer Frauen und Mädchen unter denen, die während der mehr als sechs Jahre dauernden schwierigen jüdischen Emigration Deutschland verließen, wesentlich geringer als der Anteil jüdischer Männer und Jungen, so dass bei der Volkszählung vom 17. Mai 1939 der Anteil der als jüdisch registrierten Frauen an der Bevölkerung des Deutschen Reichs doppelt so hoch wie der Anteil der Männer war. Demzufolge waren in Deutschland von der systematischen Deportation in Konzentrationslager und in

Gefängnisse, sowie von dem Massenmord, wesentlich mehr jüdische Frauen und Mädchen als Männer und Jungen betroffen.

KEINE JÜDISCHEN „ALTEN RAVENSBRÜCKERINNEN“

Die politischen Ravensbrück-Häftlinge verwendeten eine ehrende Bezeichnung: „Alte Ravensbrückerin.“ Sie wurde besonders denen zuteil, deren Häftlingsnummer kleiner als 1000 war. Wir wissen von 125 jüdischen Häftlingen aus der ersten Periode, deren Nummern unter 1000 waren. Nur eine von ihnen – Ilse Gostynski – wurde entlassen und überlebte deshalb. Die übrigen wurden ermordet.

Der Grund, aus dem ich den Zeitpunkt Ende Januar 1942 als das Ende der ersten Periode festgelegt habe, ist, dass dies der Zeitpunkt war, zu dem die Deportation und Ermordung der gesamten jüdischen Gefangenenbevölkerung des Lagers begann. Während der Jahre 1939, 1940 und 1941 befanden sich die jüdischen Gefangenen auf der untersten Stufe der Hierarchie der Häftlingsbevölkerung. Im Winter 1941 – nach der schnellen Invasion der Nazis in die Sowjetunion und genau zu dem Zeitpunkt, als die Naziführung die „Endlösung“ beschloss – kamen sie in eine völlig andere Kategorie: Sie waren jetzt alle – ob alt oder jung, krank oder gesund – zur Deportation zu nur einem einzigen Zweck verurteilt: getötet zu werden. Von nur einer – Lola Richter, geb. Seeliger, die im Februar 1941 angekommen war – wissen wir, dass sie die erste und zweite Periode überlebte und im März 1943 in Ravensbrück starb.

Unter all den hunderten jüdischer Frauen, die bis zum Ende der ersten Periode nach Ravensbrück kamen, sind nur neun bekannt, die das Lager und den Krieg überlebten. Fünf von ihnen hinterließen Aussagen zu ihrem Aufenthalt in Ravensbrück. Vier von diesen neun[1] jüdischen Überlebenden der ersten Periode wurden aus dem Lager entlassen, um zu emigrieren, da ihre Familien Visa für sie beschafft hatten. Drei der Entlassenen waren nur sehr kurze Zeit in Ravensbrück gewesen. Deshalb sind die einzigen Berichte, die von einigem Wert sind, diejenigen von Ida Hirschkron und Herta S., die fast zwei Jahre, beziehungsweise fast neun Monate, in Ravensbrück waren.[2]

Else Sinasohn war die Einzige, die sowohl während der ersten als auch während der zweiten Periode längere Zeit in Ravensbrück verbrachte. Nachdem sie fast ein Jahr in Auschwitz überlebt hatte, kam sie am 16. September 1943 mit dem „Mischlings-Transport“ nach Ravensbrück zurück. Nach Aussage von Erna Korn (Ravensbrück-Häftlingsnummer 23176), später Erna de Vries[3], arbeiteten sie zusammen im Siemenswerk und überlebten den Krieg. Else Sinasohn erlebte also auch die dritte, vierte und fünfte Periode in Ravensbrück. Leider hat sie meines Wissens nach ihre Geschichte nie erzählt.

Es gab auch zwei junge halb-jüdische Mädchen – Hermine Hocke und Rudolfine Burghardt – Gefangene im Jugendschutzlager Uckermark bei Ravensbrück, die am 17. Februar 1943 nach Ravensbrück verlegt wurden, nach Auschwitz deportiert wurden und ebenfalls am 16. September 1943 mit dem Mischlings-Transport zurückkehrten. Sollten sie den Krieg überlebt haben, hätten sie uns einiges über das Los der halb-jüdischen Mädchen in dem Lager Uckermark berichten können, aber kaum etwas über Ravensbrück während der zweiten Periode.

Kurz gesagt: Für die Rekonstruktion der Geschichte der jüdischen Gefangenen während der ersten und zweiten Periode stehen uns nur wenige persönliche Aussagen aus Zeugnissen, Interviews und einem Brief fünf jüdischer Überlebender sowie dem *Wachstein-Brief* zur Verfügung. Marianne Wachstein gelang es, einen Brief abzuschicken, als sie wegen eines Nervenzusammenbruchs zeitweilig nicht im Lager war. Am 13. April 1940 schrieb sie dem Arzt Dr. Wilhelm im Krankenhaus II in Wien einen langen Brief, der zum Internationalen Roten Kreuz in Genf gelangte und in dem sie die furchtbaren Bedingungen, unter denen die jüdischen Gefangenen zu dieser Zeit lebten – einschließlich der sadistischen Strafen im Bunker –, beschrieb.

Ilse Gostynski, später Rolfe, gab in ihrer Aussage für die *Wiener Library* in London in den 1950er Jahren an: „Es war die Summe der scheinbar unbedeutenden Aspekte der Schikanierung, die das Leben in Ravensbrück unerträglich machte."

In ihrer Aussage in dem britischen Ravensbrück-Prozess in Hamburg im November 1947 bezeichnete Ida Hirschkron die Behandlung der jüdischen Gefangenen, insbesondere während der Einsperrung im November 1939, als antisemitisch motiviert und definitiv schlechter als die aller anderen Häftlinge. Aus den Aussagen von Ida Hirschkron erfahren wir auch, dass schon im November 1939 Olga Benario als Blockälteste im Judenblock eingesetzt war und schwer bestraft wurde, weil sie versuchte, die Lage der jüdischen Gefangenen während der unten beschriebenen Einsperrung zu erleichtern.[4]

Wir erfahren, dass sogar während dieser furchtbaren Zeit im Winter 1939 eine erstaunliche kulturelle Tätigkeit in Block 11, dem Judenblock, stattfand. Zwei jüdische Gefangene – Käthe Leichter, die Wiener politische Schriftstellerin und Soziologin, und Herta Breuer, eine Wiener Anwältin – schrieben ein Theaterstück mit dem Titel „Schumm-Schumm" – eine ironische Fantasie, die von den Häftlingen aufgeführt wurde. Clara Rupp – eine nicht-jüdische Gefangene – hat dieses Stück genau beschrieben: „Einmal gab es sogar eine richtige Theateraufführung mit Kostümen, Programm, Text, der aber verfälscht war – für den Lagerkommandanten geschrieben. Nur der echte Text wurde bei der Aufführung gesprochen."[5]

Olga Benario-Prestes, geb. 12. Februar 1908 in München; gest. 1942 in Bernburg. Biographie: *Olga von Fernando Morais*, übersetzt von Ellen Watson.

Marianne-Katharina (Käthe) Leichter, geb. Pick, geboren 20. August 1895 in Wien; gestorben 1942 in Bernburg. *Käthe Leichter: Leben, Werk und Sterben einer österreichischen Sozialdemokratin*, von Käthe Leichter, Herbert Steiner (Hrsg.), Ibera Verlag, 1997.

Emilie Norbert, die in diesem Winter sechs Wochen lang in Ravensbrück war, beschreibt jedoch in ihrem Bericht, den sie im Juni 1945 in den USA vorlegte, dass sie sich deutlich an die alles beherrschende Atmosphäre des Schreckens, der Angst und der Passivität erinnert.

In ihrem Interview durch Sabine Kittel gibt Herta S.[6] an, dass die jüdischen Frauen für die besonders schmutzigen, anstrengenden und gefährlichen Arbeiten, wie zum Beispiel die Reinigung der Abwasserkanäle, herangezogen wurden. Herta S. war im Januar 1942, am Ende der ersten Periode, kurz vor der Massendeportation nach Bernburg, nach Ravensbrück gekommen und blieb dort während der acht Monate der zweiten Periode. „Trotz der Misshandlungen, denen sie schon ausgesetzt gewesen war (im Prager Gestapo-Gefängnis), bevor sie nach Ravensbrück kam, war Herta S. doch nicht auf die Erfahrung vorbereitet, die in diesem Konzentrationslager auf sie wartete und (wurde) durch die Bedingungen in diesem Lager beinahe physisch und moralisch gebrochen.“ Aufgrund der Hilfe und Unterstützung nicht-jüdischer tschechischer politischer Gefangener „gelang es ihr (später), der erschöpfenden Arbeit bei Kälte im Freien zu entgehen ... und eine Arbeit in den Werkstätten zugewiesen zu bekommen.“

Weitere Belege für die besonders schlechte Behandlung der jüdischen Häftlinge sind in dem schon erwähnten erstaunlichen, unzensierten Brief von Marianne Wachstein vom 12. April 1940 sowie den stark zensierten Lagerpostkarten und Briefen, die während der ersten Periode von mehreren jüdischen Gefangenen abgeschickt wurden, enthalten. Alle von ihnen wurden später in Bernburg ermordet.[7] Die österreichische politische Gefangene Helene Potetz beschreibt die Bedingungen im Sommer 1940. Sie gibt an, dass die Häftlinge des Strafblocks und die jüdischen Häftlinge besonders schwer arbeiten mussten, zum Beispiel im Steinbruch und beim Entladen von Baumaterial von den Schiffen.[8]

Die einzige Aussage, der zufolge die Jüdinnen während der ersten Periode nicht anders als die Nicht-Jüdinnen behandelt wurden, findet sich in Rosa Kligers Brief vom Juli 1941 an Otto Leichter, den Ehemann von Käthe Leichter, dem es gelungen war, mit ihren Kindern in die USA zu gelangen.[9] Es scheint mir sehr wahrscheinlich, dass dieser Brief einen verzweifelten Versuch darstellte, den Ehemann, dem es nicht gelungen war, seine Frau zu retten, zu beruhigen.

Die meisten der jüdischen Gefangenen lebten – getrennt von den nichtjüdischen Gefangenen – in einem Judenblock. Dies war zuerst Block 11, dann Block 9 und im Sommer 1942 lebten hunderte jüdischer Frauen in Block 7.[10] Anscheinend waren die meisten auch getrennten Arbeitskommandos zugeteilt. Es gab damals außer Olga Benario-Prestes keine jüdischen Gefangenen in Positionen, die es ihnen gestattet hätten, sich frei auf dem Lagergelände zu bewegen. Demzufolge gab es auch nur sehr wenig Gelegenheit für nichtjüdische Gefangene, Kontakt mit ihnen aufzunehmen. Es gab einige Ausnahmen: Einige wenige jüdische Gefangene, insbesondere kommunistische oder links-sozialistische Aktivistinnen aus Deutschland oder Österreich, hatten im „Politischen Block“ in engem Kontakt mit ihren nicht-jüdischen Kameradinnen gelebt. Dieser Kontakt setzte sich im Falle von Olga Benario-Prestes fort, nachdem sie in den Judenblock verlegt wurde – zuerst als Stubenälteste, dann als Blockälteste. Dies ist der einzige Fall, in dem eine jüdische Gefangene im Stammlager Ravensbrück eine solche Position innehatte.

Demzufolge stehen uns einige Aussagen aus zweiter Hand über das Leben im Judenblock und die kulturell-politischen Aktivitäten zur Verfügung, die dort von Olga Benario-Prestes und der österreichischen jüdischen Schriftstellerin und Soziologin Käthe (Marianne) Leichter vor dem Ende der ersten Periode organisiert wurden. Wir haben schon gehört von der ungewöhnlichen kulturellen Aktivität – dem Schauspiel, das im Judenblock aufgeführt wurde. Darüber hinaus gibt es Berichte über Lernen im Judenblock und ein Teil des Lehrmaterials für einen Geografiekurs, der von Olga Benario-Prestes abgehalten wurde, ist erhalten geblieben. [11] Einem Bericht von Maria Wiedmaier zufolge gab es Vorträge zu Literatur, Philosophie und Politik. Sie berichtet auch von einer besonderen „Solidarität“ zwischen den Häftlingen in Block 1 – den deutschen politischen Häftlingen – und den vor allem deutsch-jüdischen Gefangenen in Block 11, die in einer Art „Patenschaft“ und praktischer Hilfe in Form von geschenkten Nahrungsmitteln, Kleidung und Medikamenten ihren Ausdruck fand.

Es ist schwer, diese Geschichten auf Genauigkeit zu prüfen. Den deutschen politischen Gefangenen war jedoch offensichtlich klar, dass die jüdischen Häftlinge wesentlich schlechter behandelt wurden: Sie mussten an Sonntagen arbeiten, erhielten weniger Nahrung, für Kranke gab es keine Krankenkost und sie wurden gewöhnlich nicht ins Revier aufgenommen. Laut Aussage (im Oktober 1958 in Prag) von Ilse Dolanski, einer anderen deutschen politischen Gefangenen, wurde im Herbst 1940 der gesamte Judenblock durch mehrtägigen völligen Nahrungsentzug dafür bestraft, dass dort an einem Abend eine Unterhaltungsveranstaltung organisiert worden war. Während dieser Tage gaben die deutschen politischen Häftlinge ihren jüdischen Genossinnen jeden zweiten Tag ihre Brotrationen.[12] An einem Sonntag im Januar 1941 – einem Ruhetag für die übrigen Häftlinge – waren die Häftlinge aus dem Judenblock zur Arbeit im Freien eingesetzt. Die Temperatur betrug -20 °C. Abends erhielten die Frauen zur Strafe keine Nahrung und mussten stundenlang Appell stehen. Die politische Gefangene Paula Lohagen sah ihre Not und „organisierte“ (entwendete) Brot und bat Häftlinge aus ihrem eigenen Block, sie zu unterstützen, die erschöpftesten Frauen ins Revier zu bringen.[13]

Es wird angenommen, dass nicht-jüdischen Häftlingen von der SS schwere Strafen angedroht wurden für den Fall, dass sie mit jüdischen Häftlingen in Verbindung traten, doch soweit mir bekannt ist, gibt es keine Berichte von solchen spezifischen Bestrafungen aus Ravensbrück.

Alle erhalten gebliebenen Berichte nicht-jüdischer Überlebender hinterlassen in erster Linie den Eindruck, dass es erhebliche Unterschiede – sogar während dieser ersten Periode – zwischen den deutschen politischen Häftlingen und den jüdischen Häftlingen gab, was den Grad des Leidens, die Lebensbedingungen im Lager, die Ernährung, Kleidung, Belegungsdichte, Zugang zu medizinischer Behandlung, relative Schwere der zugewiesenen Arbeiten[14], Schwere und Häufigkeit der Misshandlungen und Strafen – sowohl Einzel- als auch Kollektivstrafen – und vor allem den Zugang zu Positionen im Lager bzw. Arbeitsplätzen, die das „Organisieren“ (Entwenden) von überlebensnotwendigen oder zum Tausch geeigneten Dingen ermöglichten, sowie das Gewähren minimaler Bewegungsfreiheit innerhalb des Lagers anging.

Im Frühjahr 1942 wurde es den deutschen politischen Häftlingen endlich klar, dass die Lastwagen mit den nicht-jüdischen älteren, behinderten und chronisch kranken Frauen und fast allen jüdischen Häftlingen, die vor November 1941 ins Lager gekommen waren, nicht wie von der SS angegeben in ein Schonlager transportiert, sondern dass diese Frauen sofort nach ihrer Ankunft in Bernburg ermordet wurden. Es ist nicht klar, ob ihnen zu diesem Zeitpunkt bewusst war, dass es einen großen Unterschied gab zwischen der Schwere dieser einige Nicht-Juden betreffenden Todesdrohung und der alle Juden als Gruppe betreffenden Ermordung, und ob sie jemals die Möglichkeit in Betracht zogen, Juden vor der „Selektion“ für die Gaskammern zu retten. Wir wissen, dass es später – 1944 – der polnischen Häftlingsführung gelang, ihre „Kaninchen“ (menschliche Versuchskaninchen für medizinische Versuche) zu verstecken, und dass die französische Häftlingsführung versuchte, ihre Häftlinge aus der „Nacht- und Nebel-Aktion“ (diejenigen, die ohne Benachrichtigung ihrer Angehörigen wegen Betätigung im Widerstand verhaftet wurden) zu verstecken, nachdem Gerüchte über drohende „Selektionen“ zu ihnen gedrungen waren. Es wurde sogar berichtet, dass sich Anfang April 1945 die französischen Häftlinge weigerten, ohne ihre Kameradinnen, die in einem Kilometer Entfernung im Lager Uckermark den Tod erwarteten, vom schwedischen Roten Kreuz evakuiert zu werden.

Die Lebensgeschichten einiger politischer jüdischer Häftlinge aus der ersten Periode sind berichtet und veröffentlicht worden: Olga Benario-Prestes,[15] Käthe (Marianne) Leichter,[16] Rosa (Hiende Reise) Menzer[17] und Ruth Grünspan.[18] Alle vier waren aktive Mitglieder linker politischer Organisationen.

Olga Benario war vor 1933 eine bekannte kommunistische Heldin gewesen[19], hatte aber nach 1933 nie am antifaschistischen Widerstand in Deutschland teilgenommen, da sie seit 1933 nicht mehr in Deutschland lebte. Sie war von der Komintern nach Brasilien geschickt worden und von den brasilianischen Behörden nach der Niederschlagung eines kommunistischen Aufstandes dort an die Nazi-Behörden ausgeliefert worden. Sie kam zuerst in deutsche Gefängnisse (wo sie eine Tochter des brasilianischen kommunistischen Generals Luís Carlos Prestes gebar, dessen Familie erfolgreich Anspruch auf das Baby erhob), dann in das kleine Frauenlager Lichtenburg und dann mit den ersten ca. 800 Häftlingen nach Ravensbrück. Es gibt Belege dafür, dass sie am 20. Juli 1939 von Ravensbrück zur Vernehmung nach Berlin transportiert wurde und am 16. September 1939 zurückkehrte. Gemäß der Überlieferung der deutschen kommunistischen Führung war ihr nach ihrem Dienst als Blockälteste freigestellt worden, in Block 1 – den Block

Rosa (Reise Hienda) Menzer, geb. Januar 1886 in Plunge, Litauen, gest. 1942 in Bernburg. Biographie von Sigrid Jacobeit, *Kreuzweg Ravensbrück*, Leipzig, Verlag für die Frau, 1987, S. 125–137.

der deutschen politischen Häftlinge – zurückzukehren, dass sie jedoch mutig beschloss, weiter im jüdischen Block zu bleiben. Dies ist zu bezweifeln, da sie nicht als deutsche politische Gefangene, sondern als Jüdin nach Bernburg geschickt worden war, so wie all die anderen Jüdinnen. Derselben Überlieferung zufolge war sie auch die mutige und erfinderische Frau, die die Nachricht über Bernburg in einem im Saum ihres Häftlingskleides versteckten Kassiber überbrachte. (Margarete Buber-Neumann, die von der Gefasstheit und Würde Olgas beeindruckt war, berichtet ebenfalls die Geschichte von dieser Nachricht. Ihrer Version zufolge war es jedoch eine andere Frau – eine jüdische Ärztin –, die die Nachricht in ihrem Kleid versteckte.) Es gab unter den nach Bernburg geschickten Frauen zwei jüdische Ärztinnen: Dr. med. Irene Langer (Ravensbrück-Häftlingsnummer 1005) und Dr. med. Bertel Jacoby (Ravensbrück-Häftlingsnummer c. 4200).

Offizielle Gründe für die Verhaftung: Polizeiliche Unterlagen und die Wirklichkeit

Bis Februar 1942 wurde eine Reihe von offiziellen Gründen für die Verhaftung und Einkerkerung jüdischer Frauen angegeben. (Diese Gründe werden hier in der Reihenfolge ihrer Häufigkeit aufgezählt; niemand weiß, was diese Angaben genau bedeuten – möglicherweise haben die Gestapo und die SS diese Begriffe willkürlich erfunden): „*politisch*“, *Rassenschande*, *asozial*, *B.V.* (Befristete Vorbeugungshaft),[20] *Ausweisung*, *Abschiebung*, *Emigrant* (illegaler Grenzübertritt) und *Schulung*.

Während der ersten Periode schwankte die Verteilung der angegebenen offiziellen Haftgründe erheblich. Während bis Ende 1939 „politisch" 54-mal auftrat, Rassenschande 65-mal, asozial 19-mal, Abschiebung 10-mal[21] sowie Schulung 3-mal, war von 1940 bis Ende Januar 1942 der Anteil der „Politischen" größer als der wegen Rassenschande Verhafteten und die „Asozialen" verschwanden fast völlig: 81-mal „politisch", 70-mal Rassenschande; 16-mal asozial, 8-mal Abschiebung und 5-mal B.V.[22]

Während der ersten Periode gab es unter den als „politisch" klassifizierten jüdischen Häftlingen mehrere Frauen, die in kommunistischen (z.B. Olga Benario-Prestes, Rosa Menzer und Herta Mehl) oder links-sozialistischen Organisationen (Dr. Käthe Leichter) tätig gewesen waren. Anscheinend gab es selbst während der ersten Periode etliche unter den deutschen oder österreichischen Jüdinnen, die offiziell der Häftlingskategorie „politisch" zugeteilt waren, deren Vorgeschichte jedoch keinerlei politische Tätigkeit oder Mitgliedschaft in einer politischen Anti-Nazi-Organisation aufwies. Dies ergibt sich aus den abstoßenden Briefen, die der Nazi Dr. Friedrich Mennecke an seine Ehefrau schrieb.[23] Er war für die Selektion von über tausend Opfern – Frauen und Männern – für die Gaskammer in Bernburg zuständig. Er berichtet, dass eine Jüdin, die getauft worden war und ein Kruzifix an einer Kette um den Hals trug, des Versuches beschuldigt wurde, die Behörden irrezuführen, und deshalb als „politisch" eingeordnet wurde. Aus erhalten gebliebenen Polizeiunterlagen erfahren wir, dass Margot H., die 1940 wegen Prostitution und Hotelbetrugs verhaftet worden war (wofür keine Beweise gefunden wurden), als „politisch" klassifiziert und nach Ravensbrück geschickt wurde.[24] Später wurde „politisch" zu dem beinahe universellen Haftgrund für die Einkerkerung von Juden und Jüdinnen in Nazi-Konzentrationslagern.

Die Klassifikation „Rassenschande," die während der ersten Periode fast so häufig auftrat wie „politisch", wurde ebenfalls oft ohne jeglichen Beweis verwendet – selbst unter Anwendung der Rassengesetze der Nazis. Aus polizeilichen Unterlagen geht hervor, dass Selma G.[25], eine Jüdin, nach einem Essen mit einem älteren jüdischen Freund ihrer Eltern in einem für Juden nicht verbotenen Restaurant unter dem Verdacht der Rassenschande verhaftet wurde.

Es wurden einige Belege für das Leben und Sterben einiger nicht-politischer jüdischer Häftlinge der frühen Periode gesammelt – vor allem dank der Anstrengungen überlebender Angehöriger. Darunter ist die Veröffentlichung von Prof. Reinhard Schramm *Ich will leben*[26] über seine Großmutter Emma (Sara) Murr, geborene Engel, und seine Großtante Selma (Sara) Fiedler, geborene Engel, die beide aus der kleinen Stadt Weißenfels und beide wegen „Rassenschande" bzw. „Beihilfe zur Rassenschande" nach Ravensbrück geschickt wurden. Er

Emma Murr, geb. Engel, geb. 3. August 1885 in Česka Lipa; gest. 1942 in Bernburg. Biographie in Reinhard Schramm, *Ich will leben*, Bölau, Weimar, 2001.

berichtet Folgendes: Die Schwestern Emma Murr und Selma Fiedler waren zuerst der „Verbrechen“ angeklagt worden, eine besondere Judensteuer nicht bezahlt und ihr Silberbesteck nicht abgeliefert zu haben. Erst nachdem keine Beweise für diese „Verbrechen“ gefunden wurden, tauchte die Anklage der Rassenschande auf. Er kann belegen, dass das wahre Motiv für die Verfolgung dieser beiden Frauen (und auch von Emma Murrs Sohn) und ihre spätere Ermordung in der Absicht bestand, sich der kleinen Schuhfabrik der Familie zu bemächtigen. Beide Schwestern wurden in Bernburg vergast.

Wir erfahren von einer echten Beziehung zwischen einer Jüdin und einem deutschen „arischen“ Mann nach der Inkraftsetzung der Nürnberger Rassengesetze aus der von der Tochter einer Gefangenen der ersten Periode rekonstruierten Geschichte.[27] Ihre Eltern waren verlobt und wollten unmittelbar vor der Inkraftsetzung der Gesetze heiraten, trotzdem wurde der Vater verhaftet und zehn Monate lang eingesperrt. Es wurde eine Tochter geboren und der Vater kehrte trotz des Verbotes zu der Mutter zurück, die danach eine zweite Tochter gebar. Im Juli 1938 wurde der Vater erneut ins Gefängnis geworfen – dieses Mal für zwei Jahre. Kurz danach wurde die Mutter – Irma Eckler – verhaftet und kam im Frühjahr 1939 nach Ravensbrück, wo sie die Häftlingsnummer 928/574 erhielt. Nach drei Jahren in Ravensbrück wurde sie in Bernburg ermordet (laut Benachrichtigung aus Ravensbrück war sie in Ravensbrück am 28. April 1942 verstorben). Die beiden kleinen Mädchen, die bald getrennt wurden und getrennt aufgezogen wurden – die eine bei der Großmutter, die andere als Pflegekind –, wussten viele Jahre lang nichts von der Existenz der jeweils anderen, ihrer Herkunft und dem Schicksal ihrer Mutter.[28]

Irma Eckler, geb. 12. Juni 1913 in Hamburg; gest. 1942 in Bernburg; Biographie Irene Eckler, *Die Vormundschaftsakte*, 1935–1958, Horneburg Verlag, Schwetzingen, 1996.

Ein weiterer Haftgrund während der ersten Periode war „illegaler Grenzübertritt." Rosa Kliger aus Wien war von der niederländischen Polizei über die Grenze nach Deutschland geschafft worden und landete in Ravensbrück. Im Rot-Kreuz-Archiv in Arolsen befindet sich die Polizeiakte von Lea Rechtschaffen, geborene Wirth.[29] Sie hatte seit 1919 in Deutschland gelebt, wo sie einen Mann aus ihrer polnischen Heimatstadt geheiratet hatte. Sie hatten zwei Söhne (12 und 13 Jahre alt) und es war ihnen gelungen, diese Söhne in einer jüdischen Schule in den Niederlanden unterzubringen. Nachdem sie im Oktober 1939 keine Möglichkeit mehr hatten, ihren Lebensunterhalt zu verdienen, versuchten sie zusammen mit zwei anderen Juden, die Grenze zu den Niederlanden zu überschreiten. Sie verliefen sich und wurden von der deutschen Polizei verhaftet. Der Ehemann wurde nach Sachsenhausen geschickt, die Frau nach Ravensbrück, wo sie am 21. Dezember 1939 die Häftlingsnummer 2541 erhielt. Am 15. Februar 1940 wurde ihr mitgeteilt, dass ihr Ehemann Schulim Rechtschaffen in Sachsenhausen an „Schwäche" gestorben war. Aus einem polizeilichen Dokument vom 20. August 1940, in dem das Palästinaamt in Berlin erwähnt wird, erfahren wir, dass jemand versucht hatte, ihr zur Emigration zu verhelfen, dass aber das Gestapo-Zentralamt die Genehmigung verweigerte. Lea Rechtschaffen wurde in Bernburg ermordet.

Margarete Buber-Neumann erzählt die Geschichte einer weiteren Frau: Ella Kroch aus Leipzig. Beide kamen Anfang August 1940 aus dem Gestapo-Gefängnis in Berlin nach Ravensbrück. Der Ehemann Ella Krochs und ihre vier Kinder hatten die Grenze zu den Niederlanden erfolgreich überschritten. Sie hatte versucht, die Abreise ihrer Familie zu verbergen, indem sie noch einige Zeit in der Wohnung zurückgeblieben war, bevor sie selbst versuchte, über die Grenze zu gehen, und bei diesem Versuch gefangen genommen wurde. Margarete Buber-Neumann sah sie in Ravensbrück mit kahl rasiertem Kopf barfuß marschierend. Sie starb in Bernburg.[30] Nachdem sie das Buch von Margarete Buber-Neumann gelesen hatten, sandten ihr Ella Krochs Verwandte ein kleines Foto von ihr.

Da wir bei 304 Zugängen aus der ersten Periode die formellen Gründe für ihre Verhaftung nicht kennen, ist der Wert der Daten (siehe Tabelle 4.1) für die gesamte erste Periode begrenzt.

Tabelle 4.1

Haftgrund	Anzahl	%
„Politisch“	142	19,9
Rassenschande	142	19,9
Asozial	37	5,2
Schutzhaft	35	4,9
B.V.	27	3,8
Ausweisung	10	1,4
Abschiebung	9	1,3
Schulung	3	0,4
Emigrant	2	0,3
Unbekannt	306	42,9
Gesamt	713	100,0

Dokumentarische Grundlage für statistische Schätzungen: Das Füllen von Lücken

Die wichtigsten Dokumente sind die Zugangslisten, da sie für die Häftlinge die Ankunftsdaten und in manchen Fällen auch die Herkunft der Transporte, Familiennamen, Mädchennamen und Vornamen, Geburtsdaten, offizielle Gründe für die Verhaftung, die Ravensbrück-Häftlingsnummern, die Herkunftsländer und die „Rassenkategorien“ enthalten. Für ungefähr die Hälfte der nach Ravensbrück gelangten Häftlinge sind solche Zugangslisten erhalten geblieben.[31]

Bis März 1940 sind diese Zugangslisten fast vollständig; die für die anschließenden fünf Monate fehlen jedoch und die für neuneinhalb Monate des Jahres 1941 fehlen ebenfalls.[32] Da die Ravensbrück-Häftlingsnummern in numerischer

Reihenfolge vergeben wurden, kennen wir die Nummern sämtlicher Zugänge während dieser Zeit, jedoch wissen wir sonst nichts über sie.

Obwohl das Lager offiziell im Mai 1939 eröffnet wurde, trägt die erste Zugangsliste das Datum des 11. November 1938 und beginnt mit der Häftlingsnummer 1101. Es gibt keine Zugangslisten, in denen niedrigere Häftlingsnummern erscheinen, trotzdem gab es eine ganze Reihe von Häftlingen mit niedrigeren Nummern – es ist nicht klar, wie viele. Einige deutsche „Politische" und einige Zeugen Jehovas (IBV – *Internationale Bibelforscher-Vereinigung*), alte Ravensbrückerinnen, mit niedrigeren Nummern (von denen die meisten, wenn nicht sogar alle, aus dem Lager Lichtenburg gekommen waren), überlebten die sechs Jahre Gefangenschaft im Lager. Nur von einer jüdischen Gefangenen mit so einer niedrigen Nummer – Ilse Gostynski – ist bekannt, dass sie überlebte, da sie kurz nach ihrer Ankunft in Ravensbrück entlassen wurde. Nur drei der jüdischen Häftlinge, die sich am Ende der ersten Periode im Lager befanden, haben überlebt.[33] Schätzungen zufolge sind bei der Eröffnung des Lagers nur 600 bis 800 der 1 101 Frauen in Ravensbrück angekommen, obwohl sie als in Lichtenburg zwischen November 1938 und Mai 1939 angekommen registriert waren.

In einem weiteren erhalten gebliebenen Dokument – der *Kennkartenliste* vom 13. Juli 1939, auf der alle 114 jüdischen Häftlinge registriert waren, die dem Befehl der Nazis, für eine Kennkarte zu bezahlen, noch nicht nachgekommen waren – sind uns die Namen von 82 jüdischen Häftlingen mit Nummern unter 1101 überliefert worden. Diese Frauen bezahlten jeweils drei Mark, um diesen speziellen jüdischen Ausweis zu bekommen. Wir wissen nicht, warum ihre Ravensbrück-Häftlingsnummern niedriger sind als die der Frauen, die als erste auf einer Zugangsliste eingetragen wurden. Auf der Kennkartenliste wird auch erwähnt, dass acht Frauen nicht bezahlen konnten.

Aus den ersten Zugangslisten vom 11. November 1938 bis zum 28. April 1939 wissen wir, dass 62 neue jüdische Häftlinge ankamen. Die Namen von sechs weiteren Frauen (ohne Angabe der Häftlingsnummern) erscheinen in den Anmerkungen am Ende einiger der Zugangslisten. Darüber hinaus ist es durchaus möglich, dass es Jüdinnen mit Häftlingsnummern unter 1101 gab, die nicht auf der Kennkartenliste stehen, da sie die obligatorische Kennkarte schon besaßen.

Die *Stärkemeldungen* (Listen der Anwesenden) müssten eine wichtige Grundlage für unsere Schätzung des prozentualen Anteils jüdischer Frauen an der gesamten Häftlingsbevölkerung darstellen. Dies gilt jedoch nur für einen begrenzten Zeitraum. Obwohl sie offensichtlich jeden Tag ausgefüllt wurden (zumindest bis April 1942), sind nur sechs von ihnen erhalten geblieben. Drei stammen aus dem Jahr 1939 – noch auf Kopfbögen aus Lichtenburg – und drei aus dem Jahr 1942. In den Stärkemeldungen sind sieben Kategorien nichtjüdischer Frauen separat und fünf Kategorien jüdischer Frauen aufgeführt.

Auf der ersten erhalten gebliebenen Stärkeliste – der vom 23. April 1939 – erscheinen unter insgesamt 832 Häftlingen 153 Jüdinnen; auf der Stärkeliste des 24. Mai sind es 134 Jüdinnen von insgesamt 970 Häftlingen, auf der vom 24. Juni sind es 127 von 1 048 und auf der vom 5. Juli sind es 124 von 1 485. Demzufolge wuchs die allgemeine Bevölkerung um 653 innerhalb von nur zweieinhalb Monaten, während die Anzahl der jüdischen Häftlinge um 29 abnahm. Damit sank der Anteil der Jüdinnen von 18,5 % auf 8,7 %.

Vergleichen wir die Anzahl der Jüdinnen mit den Zugangslisten dieser Periode: Da in diesen zehn Wochen elf Frauen neu ankamen, zwei zurückkehrten und nur eine auf Transport (zum Verhör) gegangen war, hätte ihre Zahl um zwölf zunehmen müssen, statt um 29 abzunehmen. Wie es scheint, war sogar im Juli 1939 die tägliche Registrierung der jüdischen Häftlinge ungenau.

Wodurch hatte die nicht-jüdische Bevölkerung während dieser Zeit so stark zugenommen? Auf der Zugangsliste vom 29. Juni 1939 finden wir die Antwort: Es waren 440 „arbeitsscheue Zigeunerinnen“ angekommen. Dem Stärkemeldungsformular war handschriftlich eine neue Kategorie von Häftlingen hinzugefügt worden. (Auf den Kopfbögen von Ravensbrück war dies schon als „arbeitsscheu/DR“ – „arbeitsscheue Zigeuner aus dem Deutschen Reich“ – vorgegeben). Die Deportation von Vertreterinnen der nach den Juden am zweitstärksten verachteten Rassengruppe – der „Zigeunerinnen“ (Sinti und Roma) – nach Ravensbrück hatte begonnen.

Zwischen dem 6. Juli und Ende 1939 kamen 79 Jüdinnen an. Für die folgenden zwei Jahre, für ungefähr drei Monate des Jahres 1940 und neuneinhalb Monate des Jahres 1941 sind keine Zugangslisten erhalten geblieben.[34]

Diese ernsthafte Lücke in den Informationen zu den jüdischen Häftlingen, die im Laufe der Jahre 1940, 1941 und im Januar 1942 ankamen, kann weitgehend durch Informationen, die von Bärbel Schindler-Saefkow im Rahmen ihrer Forschungsarbeit für das Ravensbrück-*Gedenkbuch* gewonnen wurden, geschlossen werden.[35] Aufgrund ihrer Anstrengungen, sowie mit Hilfe von Informationen aus verschiedenen Archiven, kennen wir die Namen weiterer 304 jüdischer Häftlinge, die offensichtlich während der nicht-abgedeckten mehr als zwölf Monate der Jahre 1940, 1941 und bis Februar 1942 ankamen und für die keine Zugangslisten erhalten geblieben sind. Die meisten dieser weiteren Namen, Daten und Sterbeorte wurden auf Standesämtern von Ravensbrück und Fürstenberg, in den *Auschwitz-Sterbebüchern* und in den Gedenkbüchern und Friedhofsunterlagen mehrerer deutscher und österreichischer jüdischer Gemeinden gefunden. Von 177 dieser 304 Frauen ist bekannt, dass sie in Bernburg vergast wurden, während 35 in Ravensbrück und 17 in Auschwitz starben. Für alle übrigen konnten weder Datum noch Ort ihres Todes festgestellt werden. Ich nehme an, dass keine dieser

304 Frauen nach dem Januar 1942 in Ravensbrück ankam, da von Februar bis Anfang Oktober 1942 die Zugangslisten vollständig sind.

Was die Genauigkeit der Informationen bezüglich der Zahlen und der Sterbedaten von hunderten jüdischer Ravensbrück-Häftlinge, die in Bernburg starben, angeht, wissen wir, dass die offiziellen Angaben gefälscht sind: Es heißt, sie wären alle in Ravensbrück gestorben. Laut einer großen Zahl von Zeugenaussagen wurden sie alle im Februar und März 1942 deportiert und in Bernburg vergast. In den Unterlagen des Standesamtes von Fürstenberg wird jedoch angegeben, dass sie zwischen Februar und Juli 1942 starben. Diese völlig erfundenen Orte und Daten ihres Todes, sowie erfundene Todesursachen, wurden dort eingetragen und in den Benachrichtigungen an die Angehörigen angegeben. Eine Reihe von Angehörigen und jüdischen Friedhöfen in den Heimatorten der Toten erhielten sogar Urnen mit Asche. Die Schwierigkeiten bei der Beschaffung zutreffender Informationen beruhen also darauf, dass die SS-Behörden versuchten, ihre Massenmorde – insbesondere auf deutschem Boden – zu verheimlichen. Sie ermordeten fast alle jüdischen Häftlinge der ersten Periode in Bernburg bei Dessau (Bernburg/Saale) in der Gaskammer der *Heil- und Pflegeanstalt*, in der zuvor – im Zuge der sogenannten „Euthanasie" – deutsche Geisteskranke und zurückgebliebene Kinder getötet worden waren.[36] Die SS verheimlichte auch die Tatsache, dass sie dort eine Reihe geistig oder körperlich kranker nicht-jüdischer Ravensbrück-Häftlinge sowie einige Sinti und Roma, 13 Zeugen Jehovas und mehrere als „Asoziale" oder „Kriminelle" verhaftete Frauen ermordete. Zu der letztgenannten Kategorie gehörte eine nicht-jüdische „sadistische Prostituierte" – Else Krug –, die sich heldenhaft geweigert hatte, Häftlinge auszupeitschen, und zur Strafe nach Bernburg geschickt wurde, um dort ermordet zu werden.[37]

Soweit wir wissen, wurden ab dem 3. Februar 1942 ca. 1 600 gefangene Frauen in ungefähr zehn Transporten (Lastwagen oder Bussen mit jeweils 160 Personen) von Ravensbrück nach Bernburg geschickt. In einer jüngeren umfassenden Untersuchung *Das KZ Ravensbrück* zieht Bernhard Strebel die Schlussfolgerung, dass die Hälfte (700 bis 800) dieser 1 600 Frauen Jüdinnen waren. Natürlich waren auch jüdische Männer darunter. Er schätzt ihren Anteil auf ca. 139 von 298.[38]

Unter den jüdischen Häftlingen der ersten Periode und unter denen auf der hinzugefügten Liste derer, die offensichtlich während der nicht abgedeckten Zeit vor Ende Februar 1942 ankamen, wissen wir nur von zwanzig, dass sie später in Auschwitz starben. Einigen Frauen gelang es, die fast vollständige Auslöschung der jüdischen Häftlingsbevölkerung im Februar und März 1942 zu überleben – möglicherweise, weil sie nach dem ersten Besuch von Dr. Mennecke am 19. November 1941, bei dem ihm die Häftlingslisten übergeben wurden, ankamen, oder weil sie damals zeitweilig nicht in Ravensbrück waren, an einem als wichtig geltenden Arbeitsplatz tätig waren oder nicht im Judenblock lebten.[39]

NATIONALITÄT, ALTERSGRUPPEN, FAMILIENSTAND UND BERUFE DER HÄFTLINGE DER ERSTEN PERIODE

NATIONALITÄT

Die Nazi-Behörden hatten die deutschen Juden und Jüdinnen ihrer deutschen Staatsangehörigkeit beraubt. Demzufolge wurde für jüdische Häftlinge die Tatsache, dass sie aus Deutschland kamen, oft nicht eingetragen. Der für die Angabe der Nationalität/Staatsangehörigkeit vorgesehene Platz blieb demzufolge leer. Dies traf auch für die aus dem besetzten Österreich und dem besetzten Teil der Tschechoslowakei stammenden Jüdinnen zu. Obwohl für die meisten der deutsch-jüdischen Zugänge „Sara" zusätzlich als Mittelname angegeben wurde, war dies nicht immer der Fall.

Ich nehme an, dass die meisten, bei denen keine Nationalität angegeben wurde, aus dem Deutschen Reich stammten. Dass einige Häftlinge aus der Tschechei, der Tschechoslowakei oder der Slowakei kamen, haben wir aus anderen Dokumenten, insbesondere aus den Sterbemeldungen, erfahren, da hier die Heimatorte der Verstorbenen angegeben wurden. In einer jüngeren österreichischen Forschungsarbeit wurden weitere 24 Österreicherinnen identifiziert.

Von den 711 Häftlingen der ersten Periode (siehe Tabelle 4.2) kam die überwiegende Mehrheit (550) aus dem Deutschen Reich. 56 gaben an, dass sie aus der Tschechoslowakei oder der Tschechei stammten und für 63 wurde festgestellt, dass sie aus Österreich kamen (siehe auch Diagramm 1, S. 277).

Tabelle 4.2

Herkunftsland	Anzahl	%
Deutsches Reich	550	77,1
Österreich	63	8,8
Tschechei, Tschechoslowakei oder Slowakei	56	7,9
Polen	32	4,5
Ungarn	3	0,4
Litauen	2	0,3
Niederlande	2	0,3
Großbritannien	1	0,1
Rumänien	1	0,1
Staatenlos	3	0,4
Gesamt	713	100,0

ALTERSGRUPPEN

Die Altersverteilung der weiblichen jüdischen Häftlinge von 1939 bis Februar 1942 ist in Tabelle 4.3 dargestellt (siehe auch Diagramm 2, S. 277).

Tabelle 4.3

Altersgruppe [41]	Anzahl	%
Mädchen bis 18	5	0,7
19–25	71	10,0
26–35	135	19,0
36–45	155	21,7
46–55	138	19,4
56–65	79	11,1
66 und älter	16	2,2
Unbekannt	114	15,9
Gesamt	713	100,0

Obwohl die Tatsache, dass bei 16 % der Frauen das Geburtsdatum unbekannt ist, zu Einschränkungen führt, erhalten wir doch einigen Einblick in die Altersstruktur der weiblichen jüdischen Häftlinge der ersten Periode: Über 60 % waren zwischen 26 und 55 Jahre alt und es gab keine Kinder. Es waren nur fünf Mädchen [42] dabei und nur eine kleine Gruppe war älter als 65 Jahre.

FAMILIENSTAND [43]

Trotz der Abwesenheit von Kindern und Mädchen überwog die Zahl unverheirateter Frauen (417) im Vergleich zu verheirateten (274), sechs geschiedenen und einer verwitweten. Dies kann durchaus ein Hinweis darauf sein, dass die Lage unverheirateter, insbesondere älterer, jüdischer Frauen während der Nazi-Herrschaft in Deutschland unsicherer war; da Männer zwar auch schlechte, aber im Vergleich zu Frauen viel bessere Möglichkeiten hatten, aufgrund von Stellenangeboten aus dem Ausland Visa zu bekommen, hatten sie geringere Chancen zu emigrieren als die Frauen, die mit Männern verheiratet waren, die über berufliche Fähigkeiten verfügten. Insbesondere für unverheiratete, geschiedene oder verwitwete Frauen war es schwierig, nach Palästina zu emigrieren, da man dafür entweder einen beträchtlichen Geldbetrag besitzen oder als „Arbeiter“ klassifiziert werden musste. Aus unseren Daten geht nicht in zureichendem Maße hervor, wie hoch die Zahl verwitweter oder verlassener Frauen unter diesen Häftlingen war.

Berufe

Um etwas über die soziale Zusammensetzung dieser Gruppe weiblicher jüdischer Häftlinge zu erfahren, ist es sinnvoll, die Angaben zu ihren Berufen zu betrachten, wenn auch für nur wenige von ihnen diese Angabe gemacht wurde. Diese Daten liegen nur für 45 von den 711 Frauen vor. Darunter sind elf Frauen mit Hochschulbildung (drei Ärztinnen, zwei Anwältinnen, eine Architektin, eine Ingenieurin, eine Journalistin, eine Geschäftsfrau, eine Akademikerin (Dr. phil.) und sogar eine Kantorin (obwohl bei Juden dieser Beruf in der Regel Männern vorbehalten ist); elf waren handwerklich ausgebildet und 23 waren Arbeiterinnen – die meisten Haushalts- oder Büroangestellte. Selbst diese eingeschränkten Informationen zeigen, dass der Gruppe sowohl ungewöhnlich gut gebildete Frauen als auch einige der wehrlosesten Vertreterinnen ihres Geschlechts angehörten.

Anmerkungen

1 Es gab eine Überlebende – Dr. Doris Maase, geborene Franck, deren Mutter Jüdin war –, die offensichtlich nicht als „Mischling," sondern wegen politischer Aktivitäten nach Ravensbrück geschickt worden war. Sie befand sich für kurze Zeit im Judenblock 11 (in: Runge, Erika, „Statt eines Nachworts. Gespräch mit Doris Maase", in: Elling, Hanna, *Frauen im deutschen Widerstand 1933–45*, Köln 1981, S. 212–216), arbeitete im Revier und wurde im Mai 1941 entlassen (*Ravensbrückerinnen*, Schriftenreihe der Stiftung Brandenburgische Gedenkstätten, Nr. 4, Berlin, 1995, S. 46–49).

2 Ilse Gostynski, Ankunft Mai 1939, Ravensbrück-Nr.: 471, entlassen 26. 05. 1939; Ida Hirschkron, Ankunft 05. 10. 1939, Ravensbrück-Häftlingsnummer 2223, entlassen 22. 09. 1941; Emilie Norbert, Ankunft November 1939, Ravensbrück-Häftlingsnummer 2392, entlassen nach sechs Wochen; Rosa Kliger, Ankunft 06. 04. 1940, Ravensbrück-Häftlingsnummer 3035, entlassen nach vier Monaten; Herta S., Ankunft 14. 01. 1942, in Ravensbrück bis 05. 10. 1942, überlebte zwei Jahre und drei Monate in Auschwitz; Else Sinasohn, Ankunft ca. Juni 1941, Ravensbrück-Häftlingsnummer 6927, in Ravensbrück bis 05. 10. 1942, am 16. 09. 1943 Rückkehr nach Ravensbrück aus Auschwitz.

3 Interview mit Erna Korn, später Erna de Vries, durch J.B.A., 18. 05. 1999.

4 PRO, WO 309/1153, Eidliche Zeugenaussage von Ida Hirschkron (3. Nov. 1947), S. 74.

5 Sammlungen MGR/SBG, RA Band 25, Bericht 361.

6 Interview mit Herta Soswinski (Name während des Krieges: Herta Mehl), geführt von Sabine Kittel am 15. April 1997 in Wien.

7 z. B. die Briefe von Emma Murr in: Reinhard Schramm, *Ich will leben*, Weißenfels, 1990.

8 Helene Potetz, „Die Haft von Stefanie Kunke," in: *Frauen-KZ Ravensbrück – … und dennoch blühten Blumen – Dokumente, Berichte, Gedichte und Zeichnungen vom Lageralltag 1939–1945*, Helga Schwarz und Gerda Szepansky (Hrsg.), Potsdam, 2000, S. 59.

9 Dieser Brief wird zitiert und diskutiert in dem Kapitel von Linde Apel, „Fehlende Stimmen: Jüdische Häftlinge im Konzentrationslager Ravensbrück 1939–1942", in: *Schnittpunkt des Holocaust: Jüdische Frauen und Kinder im Konzentrationslager Ravensbrück*, Irith Dublon-Knebel (Hrsg.), Metropol, Berlin, 2009.

10 siehe Nachweise von Maria Storch, Sammlungen MGR/SBG, RA Bd. 26, Bericht-Nr. 428.

11 Buchmann-Bestand Bd. 26 Bericht 401, S. 3.

12 Buchmann-Bestand Bd. 29 Bericht 501, S. 2.

13 Helga Kohne, „In Herford geboren – in Auschwitz ermordet: Eine Frau im Widerstand gegen den Nationalsozialismus," in: *Der Minden-Ravensberger*, 2005, *Das Jahrbuch in Ostwestfalen*, Bielefeld, 2004, S. 66–69.

14 Helene Potetz schreibt ca. im Jahre 1940, dass die normalen jüdischen Häftlinge so schwere Arbeiten wie die Strafblock-Häftlinge ausführen mussten, z. B. Steine klopfen und Schiffe entladen („Die Haft von Stefanie Kunke", in: Schwarz und Szepansky, *Frauen-KZ Ravensbrück*, S. 99).

15 *Frauen aus Ravensbrück*, Januar 1995, Edition Hentrich, 1994. Ruth Werner, *Olga* Benario; englische Übersetzung, Fernando Mores, *Olga*, Grove Press, 1990.

16 Herbert Steiner (Hrsg.), *Käthe Leichter: Leben und Werk*, Wien, 1973.

17 Sigrid Jacobeit, „Die rote Rosa von Striesen", in: Sigrid Jacobeit und Lieselotte Thoms-Heirich, *Kreuzweg Ravensbrück*, Leipzig, 1987, S. 125–137.

18 Ebenda, S. 126 und 136.

19 Margarete Buber-Neumann, *Von Potsdam nach Moskau*, 1957, München; S. 226–2288 u. 401–402, Ausgabe des Jahres 1981.

20 Frühe Forscher hatten angenommen, dass B.V. für „Berufsverbrecher" stünde. Bärbel Schindler-Saefkow fand jedoch ausreichende Beweise für den hier unterbreiteten Vorschlag, dass es als „Befristete Vorbeugungshaft" ausgelegt werden sollte, so absurd dies in diesem Zusammenhang scheinen mag.

21 Für fast alle Namen auf der Kennkartenliste von Juli 1939 ist der Haftgrund unbekannt.

22 Für die Frauen auf der „hinzugefügten Liste", von denen wir annehmen (auf Grundlage der Daten in ihren Sterbemeldungen oder ihren Ravensbrück-Häftlingsnummern), dass sie im Laufe der Monate der Jahre 1940, 1941, des Monats Januar 1942 ankamen, und für die keine Zugangslisten erhalten geblieben sind, liegen uns keine Informationen zu den offiziellen Haftgründen vor.

23 Zentrale Stelle der Landesjustizverwaltungen Ludwigsburg, Ordner 549(I); sowie Friedrich Mennecke, *Innenansichten eines medizinischen Täters im Nationalsozialismus: Eine Edition seiner Briefe 1935–1947*, bearbeitet von Peter Chroust, 2 Bde., Hamburg, 1987, Bd. 1.

24 Arolsen Dokument AL-12–102, S. 4–7.

25 Arolsen Dokument AL-12–102, S. 147–154.

26 Schramm, *Ich will leben*, Anm. 77.

27 Irene Eckler, *Die Vormundschaftsakte 1935–1958: Verfolgung einer Familie wegen „Rassenschande": Dokumente und Berichte aus Hamburg*, Schwetzingen, 1996.

28 Ebenda.

29 Arolsen Dokument AL-7–66, S. 254–310.

30 Margarete Buber-Neumann, *Als Gefangene bei Stalin und Hitler*, München, 1949, S. 210.

31 Wie oben erwähnt (und was sehr erstaunlich ist), gelang die Bewahrung dieser Dokumente, die die SS versuchte zu vernichten, dank der engagierten Anstrengungen polnischer (nicht-jüdischer) Frauen, die vom 26. bis 28. April 1945 vom schwedischen Roten Kreuz nach Schweden evakuiert wurden. Siehe: Wanda Kiedrzyńska, *Ravensbrück, Frauenkonzentrationslager*, Warschau, 1961, Deutsche Übersetzung, S. 7 und 8.

32 siehe Kapitel 3, Anm. 42.

33 Eine von ihnen war Herta Mehl, die tschechisch/österreichische Überlebende Herta Soswinski, die am 14. Januar 1942 in Ravensbrück angekommen war; die zweite war Else Sinasohn (Ravensbrück-Häftlingsnummer 6927), die früher angekommen war – sie schien während der Zeit der „Selektionen" für Bernburg „auf Transport" gewesen zu sein; die dritte – Irmgard Glimt (Glint) (Ravensbrück-Häftlingsnummer 5695) – hat möglicherweise bis zum Schluss in Ravensbrück überlebt.

34 Auf den zwei Listen für Juni 1940 erscheinen acht jüdische Namen. Bis zum 3. Mai 1941 – dem letzten Datum des Jahres 1941, für das wir eine Zugangsliste haben – liegen uns 403 jüdische Namen vor. Laut der Stärkemeldung vom 12. Juli 1941 befanden sich jedoch 440 jüdische Häftlinge im Lager.

35 Bärbel Schindler-Saefkow, *Gedenkbuch für die Opfer des Konzentrationslagers Ravensbrück 1939–1945. Vorläufiger Zwischenbericht*, Berlin-Fürstenberg/Havel, Dezember 2000, Berlin, 2005. Die Autorin gestattete mir freundlicherweise die Nutzung ihrer Datenbank, die Informationen über alle jüdischen Häftlinge enthält, von denen bekannt ist, dass sie vor Ende 1945 starben. Leider enthält das *Gedenkbuch* keine Angaben dazu, ob die Opfer Jüdinnen waren oder nicht, sondern nur zu ihren Herkunftsländern.

36 Ravensbrück spielt in der Geschichte des Holocaust eine wichtige Rolle: Es war das erste Lager, dessen Kommandanten die Versuche zum Massenmord an den Juden durch Gas begannen.

37 Margarete Buber-Neumann, *Als Gefangene bei Stalin und Hitler*, S. 237.

38 Bernhard Strebel, *Das KZ Ravensbrück, Geschichte eines Lagerkomplexes*. Paderborn, 2005, S. 329–336. Strebel nutzt die folgenden Quellen: Bärbel Schindler-Saefkows Notizen für ihr *Gedenkbuch*; die Diplomarbeit von Schlaefer und Schröder (siehe Kapitel 3, Anm. 12); Anise Postel-Vinay: *Massentötungen* (s. Kapitel 2, Anm. 17), S. 36 ff.; Buber-Neumann: *Als Gefangene bei Stalin und Hitler*, S. 238; sowie die Zeugenaussage von Rosa Jochmann vom 18. Juni 1946 in DOW, Ravensbrück, Akt 111.

39 Herta Mehl (die tschechisch/österreichische Überlebende Soswinski) berichtet, dass mit dem Transport Häftlinge aus den zwei Judenblocks nach Bernburg geschickt wurden, die vor Dezember 1941 in Ravensbrück angekommen waren; in: *Auschwitz:*

The Nazi Civilization, Studies in the Shoah Series, Vol. 1, Lore Shelley (Hrsg.), Lanham, MD, S. 125–144.

40 Es gilt das Alter bei der Ankunft in Ravensbrück.

41 Bis zum Ausbruch des Krieges waren dank der Anstrengungen jüdischer und zionistischer Organisationen viele tausend jüdische Jugendliche und Kinder aus Deutschland und Österreich evakuiert worden.

42 Auf den meisten Zugangslisten erscheinen verheiratete Frauen unter dem Familiennamen ihres Mannes, gefolgt von ihrem Mädchennamen. Auf einigen späteren Listen von Transporten in Arbeitslager aus der vierten und der fünften Periode ist der Familienstand explizit aufgeführt – ledig, verheiratet, geschieden oder verwitwet.

V

Die zweite Periode – Von Bernburg bis Auschwitz

Zwischen Februar 1942 und dem 17. Februar 1943 kamen 553 neue jüdische Häftlinge in Ravensbrück an. Diese einjährige Periode begann mit der Deportation und Ermordung der großen Mehrheit der jüdischen Ravensbrück-Häftlinge der ersten Periode in der „Euthanasie"-Gaskammer in Bernburg. Es ist uns nicht möglich genau festzustellen, wie viele der jüdischen Häftlinge der ersten Periode nach dem Ende dieses Massenmords noch am Leben waren. Die neu ankommenden jüdischen Häftlinge müssen von dieser Katastrophe, die innerhalb der zwei Monate Februar und März 1942 den Judenblock fast vollständig leerte, gewusst haben.

Nur acht Monate nach Beginn der Deportation nach Bernburg – am 5. Oktober – wurden 522 jüdische Häftlinge nach Auschwitz deportiert[1] und die wenigen späteren Neuzugänge wurden entweder am 30. Januar 1943 oder vor Ende Februar deportiert[2]. Während des Jahres von Ende Januar 1942 bis Ende Februar 1943[3] wurde die Nazi-Politik der „Endlösung" in Ravensbrück voll verwirklicht.

Da uns nur eine Überlebende von Auschwitz – Estera Markiewicz (Salajek) – von denen, die zwischen Februar 1942 und Februar 1943 in Ravensbrück ankamen, bekannt ist, wissen wir sehr wenig über die jüdischen Häftlinge dieser zweiten Periode. Es gab drei mit gefälschter nicht-jüdischer Identität – zwei Polinnen und eine Tschechin. Sie lebten nicht im Judenblock, überlebten Ravensbrück und wurden erst nach der Befreiung als Jüdinnen identifiziert. Rosa (Rosette Susanna) Manus, eine sehr bekannte Frau, die lange Zeit die niederländische Frauenbewegung führte, wurde als politische Gefangene in den von Deutschland besetzten Niederlanden verhaftet und nach drei Monaten Gefängnis im Oktober 1941 – also noch während der ersten Periode – nach Ravensbrück geschickt. Sie war 60 Jahre alt und überlebte in Ravensbrück bis zu ihrem Tod am 28. April 1943. Ihr blieb das Schicksal in Bernburg oder Auschwitz erspart – wahrscheinlich war sie durch ihre Unterbringung zusammen mit den niederländischen nicht-jüdischen Häftlingen, statt im Judenblock, etwas geschützt.

Rosette Susanna (Rosa) Manus, geb. 20. August 1881 in Amsterdam; gest. 28. April 1943 in Ravensbrück. Niederländische Feministin und Mitbegründerin des Internationalen Archivs für die Frauenbewegung. C. M. Meijers, *Een moderne vrouw van formaat. Leven en werken van Rosa Manus,* Leiden, 1946.

Tabelle 5.1 enthält die Daten zu den Herkunftsländern.

Tabelle 5.1

Herkunftsland	Anzahl	%
Deutsches Reich	190	34,4
Polen	110	19,8
Tschechei/Slowakei/Tschechoslowakei	101	18,2
Niederlande	84	15,1
Österreich	29	5,2
Staatenlos	15	2,7
Sowjetunion/Ukraine	6	1,1
Frankreich	5	0,9
Belgien	4	0,7
Serbien/Slowenien	4	0,7
Ungarn	3	0,5
Unbekannt	2	0,4
Gesamt	553	100,0

Herkunftsländer

(siehe auch Diagramm 3, S. 279)

Die Auswirkungen des Krieges und der deutschen Besatzung sind an den Herkunftsländern der jüdischen Häftlinge zu erkennen. Von den 553 Zugängen stammen weniger als die Hälfte (190) aus dem Deutschen Reich, 15 wurden als staatenlos bezeichnet und wir wissen von 29, die aus Österreich gekommen waren. Im Laufe dieses Jahres kamen auch die ersten drei großen Gruppen aus besetzten Ländern: 110 aus Polen, 101 aus der Tschechoslowakei/Tschechei/Slowakei und 84 aus den Niederlanden; sechs kamen aus der Sowjetunion und aus der Ukraine, fünf aus Frankreich, vier aus Belgien, vier aus Slowenien und Serbien sowie drei aus Ungarn. Bei zweien ist das Herkunftsland unbekannt.

Offizielle Gründe für die Verhaftung

Auch hier sind die Auswirkungen des Krieges erkennbar. Bei der überwiegenden Mehrheit (485; 87,5 %) wird jetzt als offizieller Haftgrund „politisch“[4] angegeben, da das gesamte jüdische Volk zum Feind Deutschlands erklärt worden war. Von den übrigen, für die die oben beschriebenen anderen Haftgründe angegeben wurden, wurde für 31 „Rassenschande“ angegeben, für 20 „asozial“, für drei „B.V,“ für eine „Abschiebung“ und bei 14 ist der Haftgrund unbekannt.

Altersgruppen

Während dieser Periode ist die Altersgruppe „36–45 Jahre“ die größte, aber es gab schon eine recht große Gruppe von Mädchen und eine sogar noch größere mit Frauen, die älter als 66 Jahre waren. Während dieser Periode wird deutlich, dass Jüdinnen aller Altersgruppen unterschiedslos verhaftet und eingekerkert wurden (siehe Tabelle 5.2 und Diagramm 4, S. 280).

Familienstand

Während der zweiten Periode waren weniger ledige (231) als verheiratete (294) Frauen im Lager. Es darf nicht vergessen werden, dass während dieser zweiten

Tabelle 5.2

Altersgruppe	Anzahl	%
bis 18 Jahre	12	2,2
19–25	95	17,1
26–35	97	17,5
36–45	135	24,4
46–55	103	18,6
56–65	78	14,1
66 und älter	32	5,8
Unbekannt	1	0,4
Gesamt	553	100,0

Periode große Gruppen aus Polen, den Niederlanden und der Tschechoslowakei kamen, wo die jüdische Bevölkerung kaum eine Möglichkeit hatte, sich durch Emigration vor der Invasion der Nazis zu retten.

Lebensbedingungen

Es ist erschreckend festzustellen, wie wenig wir über das Leben dieser 553 jüdischen Frauen und Mädchen und ihr Leben in Ravensbrück während der acht Monate bis zum 5. Oktober wissen. Es gibt eine Beschreibung ihrer Arbeitsbedingungen und der furchtbaren Vernachlässigung ihrer medizinischen Bedürfnisse. Margarete Buber-Neumann beschreibt das Schicksal von ca. 30 älteren Jüdinnen mitten im Sommer 1942.[5] Sie waren erst kurze Zeit vorher im Lager angekommen und waren gezwungen worden, ohne Arbeitshandschuhe Ziegelsteine aus einem Schiff zu entladen und einander zuzuwerfen. Ihre Hände, Arme und nackten Füße waren vom Sonnenbrand rot und geschwollen und ihre Hände bluteten von den scharfkantigen Ziegeln. Ihre Blockälteste brachte sie zur Behandlung ins Revier, jedoch Schiedlausky, der SS-Arzt, schrie: „Judenweiber raus!“, und sie wurden prompt aus dem Revier gejagt. Am nächsten Tag war ihre sonnenverbrannte Haut von Blasen überzogen. Dieses Mal hatten sie Glück und Häftlings-Sanitäterinnen legten ihnen Papierbandagen an. Zwei Tage später wollte die Blockälteste die Verbände wechseln lassen, traf aber wieder auf Schiedlausky. Als die Frauen hohes Fieber bekamen und kaum noch aufrecht stehen konnten, brachte die Blockälteste ihre Patientinnen wieder ins Revier und dieses Mal wurden sie eingelassen und die Papierbandagen wurden abgeschnitten. Der Boden des Behandlungsraumes war mit Maden bedeckt. Mehrere der Frauen wurden im Revier behalten und starben an den Folgen des Sonnenbrandes.[6]

Auch Herta S. beschrieb die Arbeiten, die die jüdischen Häftlinge im Freien verrichten mussten, als lebensbedrohend. Sie erzählte, dass sie selbst nur dank der Hilfe tschechischer Kameradinnen, die ihr Arbeit unter Dach verschafften, überlebte.

Im Gegensatz zur ersten Periode gibt es aus dieser zweiten Periode keine Berichte über ein soziales oder kulturelles Leben der jüdischen Häftlinge.

Die grosse Deportation nach Auschwitz

Nicht alle der Transporte von Ravensbrück-Häftlingen nach Auschwitz waren für die Gaskammer bestimmt. Eine Reihe nicht-jüdischer politischer Häftlinge wurde nach Auschwitz geschickt, um dort in der neu eingerichteten Frauenabteilung als Stubenälteste, Blockälteste oder Lagerläuferin eingesetzt zu werden. Wir wissen auch von einer Gruppe radikaler Zeugen Jehovas, die zur Strafe dorthin geschickt wurden, jedoch nicht, um dort vergast zu werden. Einige nicht-jüdische Häftlinge wurden nach Auschwitz geschickt, um dort spezielle Arbeiten auszuführen.

Transporte mit jüdischen Häftlingen nach Auschwitz fanden am 2., 5. und 6. Oktober 1942, am 24. und 28. November 1942 und am 30. Januar 1943 statt. Am 2. Oktober 1942 wurden einige gefangene Jüdinnen nach Auschwitz geschickt. Aus erhalten gebliebenen Dokumenten aus Auschwitz wissen wir auch, dass 522 weibliche jüdische Häftlinge am 5. Oktober 1942 aus Ravensbrück dort ankamen.[7] Weitere Transporte fanden am 6. Oktober sowie am 24. und 28. November 1942 statt. Ein Ravensbrücker Dokument gibt detailliert an, dass am 30. Januar 1943 weitere 12 gefangene Jüdinnen, die seit dem Transport vom Oktober angekommen waren, nach Auschwitz geschickt wurden.[8] Die übrigen vier, die am 17. Februar 1943 aus dem Jugendschutzlager Uckermark gekommen waren, müssen kurz danach dorthin abtransportiert worden sein.

Diese Deportationen nach Auschwitz fanden auf ausdrücklichen Befehl des SS-Oberhaupts Himmler statt, erlassen am 2. Oktober 1942, dem zufolge sämtliche Konzentrationslager auf dem Territorium des Deutschen Reiches judenfrei gemacht werden sollten.[9]

Uns ist nicht die Identität all dieser über 550 deportierten weiblichen jüdischen Häftlinge bekannt. Wir kennen die Namen von 20 weiblichen jüdischen Häftlingen, die während der ersten Periode angekommen waren und von denen bekannt ist, dass sie in Auschwitz starben; wir kennen auch die Namen von 391 weiblichen jüdischen Häftlingen der zweiten Periode, von denen bekannt ist, dass sie in Auschwitz starben, und außerdem kennen wir die Sterbedaten von 385 von ihnen – alle zwischen Oktober 1942 und Ende Mai 1943. Die Quelle der Informationen über die Sterbedaten sind die Auschwitz-Sterbebücher für die Jahre 1942 und 1943. Für die Zeit nach 1943 blieben keine detaillierten Eintragungen über die einzelnen in Auschwitz ermordeten Häftlinge erhalten. Es wird allgemein angenommen, dass die in diesen beiden Auschwitz-Sterbebüchern eingetragenen Daten exakt – oder zumindest fast exakt – sind. Diesen Akten zufolge war die größte Gruppe (310) der von Ravensbrück nach Auschwitz Deportierten schon vor Ende Oktober tot; 39 starben im November, 14 im Dezember, je neun im Januar und Februar 1943 und je eine im März, April und Mai.

Im Auschwitz-Sterbebuch für 1943 werden keine Namen jüdischer Ravensbrück-Häftlinge als nach dem Juni gestorben aufgeführt.

Diese Daten weisen darauf hin, dass die SS die Absicht hatte, diese Häftlinge zu ermorden, nicht sie als Arbeitskräfte einzusetzen. Trotzdem gelang es einigen von ihnen – vielleicht den jüngsten und gesündesten oder denen, die über besondere Fähigkeiten für bestimmte Arbeiten oder besondere Beziehungen verfügten – zeitweilig zu überleben. So gelang es zwei der jungen Frauen aus dem Lager Uckermark, sowie Else Sinasohn, mindestens acht Monate lang in Auschwitz zu überleben und mit dem Mischlings-Transport vom September 1943 nach Ravensbrück zurückzukehren.

Die einzige mit dem Transport vom 5. Oktober 1942 von Ravensbrück nach Auschwitz Deportierte, von der bekannt ist, dass sie bis zur Evakuierung von Auschwitz am 18. Januar 1945 dort überlebte und auch den Todesmarsch überstand, war die schon erwähnte Herta S. aus Prag, die ganz am Ende der ersten Periode in Ravensbrück angekommen war.[10]

Anmerkungen

1 Siehe Kapitel 3, Anm. 45.

2 Sammlungen MGR/SBG, RA-Nr. XXXIII; siehe auch Grit Philipp, *Kalendarium der Ereignisse im Frauen-Konzentrationslager Ravensbrück, 1939–1945*, Berlin, 1999, S. 119.

3 Herta S., die Auschwitz überlebte, war im Januar 1942 schon dort angekommen. Rudolfine Burghardt und Hermine Hocke kamen erst am 17. Februar 1943 aus dem Lager Uckermark, wurden sofort danach nach Auschwitz transportiert und kehrten am 16. September 1943 zurück.

4 Die überwiegende Mehrheit nicht-jüdischer Häftlinge, die nicht aus dem Deutschen Reich stammten, wurde ebenfalls automatisch als „politisch" eingeordnet.

5 M. Buber-Neumann, *Als Gefangene bei Stalin und Hitler*, München, 1949, S. 287–288.

6 Fünf jüdische Häftlinge der zweiten Periode wurden als zwischen dem 7. Sept. und dem 9. Oktober 1942 in Ravensbrück gestorben registriert.

7 Siehe Kapitel 3, Anm. 45.

8 Sammlungen MGR/SBG, RA-Nr. XXXIII; siehe auch: Philipp, *Kalendarium*, S. 119.

9 Siehe Kapitel 3, Anm. 56, bezüglich des Dokumentes, in dem die Deportation aller jüdischen Ravensbrück-Häftlinge nach Auschwitz befohlen wird und verboten wird, neue jüdische Häftlinge nach Ravensbrück zu senden.

10 Herta S. berichtete von der entscheidenden Hilfe, die sie von nicht-jüdischen kommunistischen tschechischen Häftlingen in Auschwitz erhalten hatte, um einen besseren Arbeitsplatz zu bekommen (Interview durch Sabine Kittel).

VI

Die dritte Periode – Die besonderen Gruppen

Zum Zeitpunkt der Inspektion durch Himmler am 19. März 1943 sollten sich keine als Jüdinnen bekannten Häftlinge mehr im Lager befinden. Es gab keinen Judenblock mehr. Rosa (Rosette Susanna) Manus, die bekannte langjährige Führerin der niederländischen Frauenbewegung, die während der ersten Periode angekommen war, starb am 28. April 1943 im Lager.

Zwischen März und August kamen 14 Jüdinnen an. Eine von ihnen wurde bald danach nach Auschwitz geschickt und starb dort. Eine Österreicherin, Irene Rumler (Ravensbrück-Häftlingsnummer 19542), aus Klagenfurt und eine Deutsche, Ilse Heinemann (Ravensbrück-Häftlingsnummer 21816), aus Braunschweig waren – so ist aus ihren Häftlingsnummern zu schließen – im April oder Mai 1943 angekommen und lebten in Block 1, dem Block der deutschen „politischen" Häftlinge. Beide arbeiteten im Lager in Büros, was für jüdische Häftlinge ungewöhnlich war.

Vor dem 16. September kamen weitere sechzehn Jüdinnen an – fast alle aus dem Deutschen Reich. Wir wissen nicht, warum sie trotz des Himmlerschen Befehls nach Ravensbrück geschickt wurden.

Häftlinge mit versteckter jüdischer Identität

Im März 1943 kam mit einem Transport Kriegsgefangener der Roten Armee eine Gruppe Frauen ins Lager, die ihre jüdische Identität versteckten. Mindestens zehn russische oder ukrainische Ärztinnen, Medizin-Studentinnen, Sanitäterinnen bzw. Büro-Angestellte gehörten dieser Gruppe an. Sie lebten alle in Block 32 und waren als Ärztinnen, Schwestern und Sanitäterinnen im Revier tätig. Alle zehn Frauen überlebten den Krieg und konnten identifiziert werden.[1]

Jewgenia Lazarewna Klemm, geb. 1898 in Odessa; gest. 1947. Sprecherin der gefangenen Rotarmistinnen in Ravensbrück. Professorin der Literatur an der Universität Odessa; beging Selbstmord 1947.

Vor kurzem berichteten zwei von ihnen ihre Geschichte in allen Einzelheiten, einschließlich ihrer jüdischen Herkunft und der Umstände, unter denen sie nicht-jüdische Identitäten angenommen hatten. Es waren Galina Matusova (selbst keine Ärztin, sondern eine Verwaltungsangestellte der Roten Armee), die 1992 nach Israel emigrierte und Dr. Musja Klugmann, die in Moskau lebt. Dr. Klugmann war bis März 1944 in Ravensbrück im Revier tätig. Zu diesem Zeitpunkt wurden sie und andere sowjetische Häftlingsärztinnen als Reinigungskräfte in die Munitionsfabrik des Außenlagers Barth strafversetzt. Eine dritte, Lidia Leschinska, die sie alle kannte und jetzt in Bremen lebt, berichtete vor kurzem von ihrer jüdischen Herkunft und erzählte einiges von der Geschichte der sieben anderen Frauen. Einige von ihnen hatten in den 1960er bzw. 1970er Jahren von ihren Lagererfahrungen berichtet, jedoch ohne ihre jüdische Herkunft zu erwähnen. Erst 1995 wurde im *Kalender* der Mahn- und Gedenkstätte Ravensbrück eine Kurzbiographie und ein Foto von Jewgenia Lazarewna Klemm veröffentlicht – immer noch ohne den Hinweis, dass sie Jüdin war. Sie war Professorin der Literatur an der Universität Odessa und hatte sich freiwillig als Sanitäterin für die Rote Armee gemeldet. Sie war Sprecherin der gefangenen Rotarmistinnen und wurde gemocht und respektiert. Im Jahr 1947 beging sie Selbstmord.[2]

Wie es scheint, verbrachten einige dieser jüdischen Ärztinnen und Sanitäterinnen, die Ravensbrück überlebt hatten, nach dem Krieg mehrere Jahre in Lagern des Gulags – Musja Klugmann von 1948 bis 1956. Nach der Befreiung durch die sowjetischen Streitkräfte im Mai 1945 verbrachte ihre nicht-jüdische Freundin Dr. Nikifora auf Grund falscher Anschuldigungen mehrere Monate im Lagergefängnis von Ravensbrück.[3] Die tragische Geschichte der KZ-Häftlinge aus der Sowjetunion, die überlebt hatten und direkt in Lager des Gulags geschickt wurden, wurde jüngst von Prof. Jakow Samoilowitsch Drabkin, dem hochdekorierten sowjetischen Offizier, der im April 1945 zur Befreiung von Ravensbrück gesandt wurde, bestätigt.[4]

Wir wissen auch von einer polnischen politischen Gefangenen mit versteckter jüdischer Identität – Kasimira Pawovska, später Kazimira Bergmann, geborene Kagan – die im Juli 1943 in Ravensbrück ankam und mit den polnischen politischen Häftlingen untergebracht war. Sie emigrierte später nach Israel.[5]

Die französischen Transporte

Eine weitere Gruppe von Zugängen während der dritten Periode waren Frauen, die mit den Transporten gefangener Angehöriger der französischen *Résistance* ankamen. Drei französische Jüdinnen waren schon im April 1943 in Ravensbrück angekommen und mit den 24 französischen Transporten vor dem Ende der dritten Periode kamen weitere 94 an. (Diese Transporte gab es auch noch während der vierten und sogar zu Beginn der fünften Periode.)

Da die meisten der französischen Zugangslisten verloren gingen, wissen wir nicht, wer von den Nazi-Behörden als jüdisch eingeordnet wurde. Wir müssen uns auf die von den Mitgliedern des französischen Ravensbrück-Komitees (*Amicale*) rekonstruierten Transport-Listen verlassen. Diese französischen Ravensbrück-Überlebenden hielten es für falsch, den Begriff „jüdisch" zu verwenden, da er von den Nazis missbraucht worden war. Nachdem ich ihnen den Zweck meiner Untersuchung erläutert hatte, war die Historikerin und Ravensbrück-Überlebende Anise Postel-Vinay so freundlich, aus ihrer Erinnerung die ihr als jüdisch bekannten Frauen zu identifizieren. Dank der Recherchen des französischen Ravensbrück-Komitees ist das Schicksal der meisten Frauen dieser Gruppe bekannt: Fast die Hälfte (47) überlebten und gingen zurück nach Frankreich; von zwölf ist bekannt, dass sie starben. Das Schicksal der übrigen 38 ist unbekannt.

Die besonderen Kategorien

Fast alle anderen jüdischen Häftlinge der dritten Periode gehörten speziellen Kategorien an, die damals von der SS Konzentrationslagern innerhalb des Deutschen

Reichs, nicht Auschwitz oder anderen polnischen Vernichtungslagern, zugeordnet wurden.

Mischlinge

Die erste dieser Kategorien war die der „Mischlinge“ – Frauen und Mädchen mit teilweise jüdischer Abstammung. Während der vorherigen Monate waren zwar Frauen, die dieser Kategorie angehörten, aus Deutschland nach Auschwitz transportiert worden, in der zweiten Hälfte des Jahres 1943 wurde dieser Befehl aber scheinbar geändert. Am 3. September 1943 kam ein großer Transport mit 84 Mischlingen aus Auschwitz in Ravensbrück an. Weitere 56 Mischlinge kamen zwischen September 1943 und Ende Juli 1944 in Ravensbrück an. In ihren Memoiren berichtet die israelische Überlebende Shoshana Heymann (Name während des Krieges: Susanna Rosenthal), dass sogar noch am 29. Februar 1944 Adolf Eichmann sie während seines Besuches in Auschwitz in der Kommandantur bemerkte. Da sie nicht jüdisch aussah, versuchte Eichmann sie davon zu überzeugen, dass jemand in ihrer Familie arisch sein müsse und bat sie, ihn dies wissen zu lassen. Er versprach ihr, dass er sich persönlich um ihre Verlegung nach Ravensbrück kümmern würde.[6]

Die große Mehrheit dieses Mischlings-Transports aus Auschwitz bestand aus jungen Frauen, die während einer Zeit ständiger Selektionen mehrere Monate in Auschwitz überlebt hatten. Die meisten von ihnen waren aus Deutschland (53) oder staatenlos (13) und sprachen Deutsch. Die Überlebenden erinnern sich daran, dass es in Auschwitz einen Aufruf gab, dass Juden gemischter Abstammung sich bei der Lagerleitung melden sollten. Eine Überlebende berichtet, dass sie sich meldete, da sie eine nicht-jüdische Großmutter hatte.[7] Eine weitere Überlebende berichtet, dass sie und ein weiteres Mädchen aus dem Block abgeholt wurden, in dem sie auf ihren Gastod am nächsten Morgen warteten.[8] Obwohl sie jung und gesund war, hatte sie sich bei der Schilfernte an einem Seeufer eine Infektion an ihren Beinen zugezogen. Die meisten der 84 Frauen dieser Gruppe blieben in Ravensbrück bis zur Schließung des Lagers und dem Evakuierungsmarsch am 28. April 1945. Von dreien ist bekannt, dass sie starben; von 24 wissen wir, dass sie überlebten und das Schicksal von 57 ist unbekannt. Von den 24 bekannten Überlebenden haben nur fünf ihre Geschichte erzählt.

Diese Frauen waren möglicherweise in einer etwas besseren Lage in Ravensbrück als die übrigen jüdischen Häftlinge dieser Periode. Obwohl sie als Jüdin/Mischling klassifiziert waren, scheint es einigen gelungen zu sein, den gelben Winkel von ihrem Ärmel zu entfernen. Nach Aussage von Erna de Vries (damals Erna Korn) wurden sie gezwungen, den gelben Winkel zu entfernen. Als sie im

September 1998 ihre Häftlingskleidung an das Museum von Ravensbrück sandte, schrieb sie: „Es scheint fast, als hätte ich mich nicht als Jüdin zu erkennen geben wollen ... Ich bestehe darauf, dass der richtige Winkel, also der rot-gelbe Winkel, angebracht wird.“[9] Wir wissen, dass die meisten von ihnen die Geschicklichkeitsprüfung für das Siemens-Werk bestanden und dort unter Bedingungen tätig waren, die nur geringfügig weniger grausam waren als an den meisten anderen Arbeitsstellen, die jüdischen Häftlingen zugewiesen wurden. Aus den Berichten von mindestens zwei Überlebenden von Siemens[10] ergibt sich für uns der Eindruck, dass sich aufgrund der Tatsache, dass es den Siemensarbeiterinnen nach einer Anfangsphase gestattet war, gemeinsam in Baracken außerhalb des Stammlagers zu wohnen, zwischen ihnen engere Freundschaften entwickelten und sie in der Lage waren, sich gegenseitig zu helfen. Später hatten einige die Möglichkeit, nach Schweden evakuiert zu werden, als eine Gruppe von Siemens-Arbeitern zum Haupttor des Lagers getrieben wurde, wo die Wagen des schwedischen Roten Kreuzes warteten.[11]

Es überrascht, dass überhaupt nur fünf Überlebende dieses Mischlings-Transports ihre Geschichte erzählten, denn ich nehme an, dass die meisten Mitglieder dieser Gruppe, deren Schicksal unbekannt ist, ebenfalls überlebten. Es überrascht auch, dass sie sich nicht als Überlebende des Holocaust meldeten. Der Grund dafür liegt möglicherweise in den größeren Schwierigkeiten bei der Integration in die Nachkriegsgesellschaft, wie sie viele Mischlinge aufgrund ihrer großen Identitätsprobleme hatten. Das Schicksal der fünf Ausnahmen bestätigt diese Annahme. Von den fünf Frauen, die ihre Geschichte erzählten, lebten drei jahrelang in Israel, so dass sie sich zumindest eine Zeit lang als Jüdinnen betrachteten. Die vierte wurde als Kommunistin im Ravensbrück-Komitee der DDR aktiv.[12] Die fünfte – eine Überlebende in den USA –, die Schauspielerin und Sängerin Silvia Grohs-Martin, schrieb und veröffentlichte ihre Autobiographie erst nach 55 Jahren des Schweigens.[13]

Geschützte Staatsangehörigkeit

Die größte spezielle Kategorie der dritten Periode ist die von 312 jüdischen Häftlingen mit einer Staatsangehörigkeit, die ihnen – zumindest zeitweilig – einen begrenzten Schutz gewährte. Von diesen hatten 139 die ungarische Staatsbürgerschaft, 87 die rumänische[14], 69 die türkische, neun die italienische und acht die spanische. Alle von ihnen hatten außerhalb des Landes, dessen Staatsangehörigkeit in ihren Papieren eingetragen war, gelebt und waren von den Nazi-Behörden in Deutschland – insbesondere in Berlin und Leipzig, in den Niederlanden oder Belgien – festgenommen worden oder sie wurden aus Theresienstadt (Terezin)

Silvia Grohs-Martin, geb. 1918 in Wien; Autobiographie: *Silvie*, New York, Welcome Rain Publishers, 2000.

nach Ravensbrück gebracht. Die meisten Erwachsenen mit ungarischen oder rumänischen Papieren wurden in den Niederlanden oder Belgien festgenommen, hatten einige Zeit dort gelebt und ihre Kinder waren dort zur Welt gekommen. Da niederländische und belgische Juden und Jüdinnen damals automatisch nach Auschwitz deportiert wurden, waren einige derjenigen, die angaben, die ungarische, rumänische oder türkische Nationalität zu besitzen, wohl in den Niederlanden oder Belgien schon naturalisiert gewesen, hatten dann aber wieder die Staatsbürgerschaft des Landes angenommen, aus dem ein oder mehrere Angehörige stammten, um teilweisen oder zeitweiligen Schutz zu genießen.

Diese Häftlingsgruppen unterschieden sich in einigen Punkten von der übrigen jüdischen Häftlingsbevölkerung in Ravensbrück. Sie waren als Familienverbände festgenommen worden. Die meisten der in den Niederlanden Verhafteten verbrachten mehrere Monate im Internierungslager Westerbork und die in Belgien Verhafteten waren im Internierungslager Malines (Mechelen). Dann wurden die Männer nach Buchenwald deportiert und die Frauen und Kinder nach Ravensbrück. Zum ersten Mal in der Geschichte des Lagers kamen jüdische Kinder und auch eine beträchtliche Zahl junger Mädchen als Häftlinge nach Ravensbrück: 64 Kinder unter 13 und 24 Mädchen unter 18 Jahre,[15] also insgesamt 88; davon 32 aus Westerbork, 19 aus Belgien, drei aus Dänemark, sieben aus Berlin bzw. Leipzig und der Rest aus anderen Orten. Während ihres Aufenthaltes in Ravensbrück wurden mindestens zwei der Jungen, darunter Menachem (damals Otto) Kallus, dreizehn Jahre alt und wurden ins Männerlager verlegt. Es ist sehr überraschend,

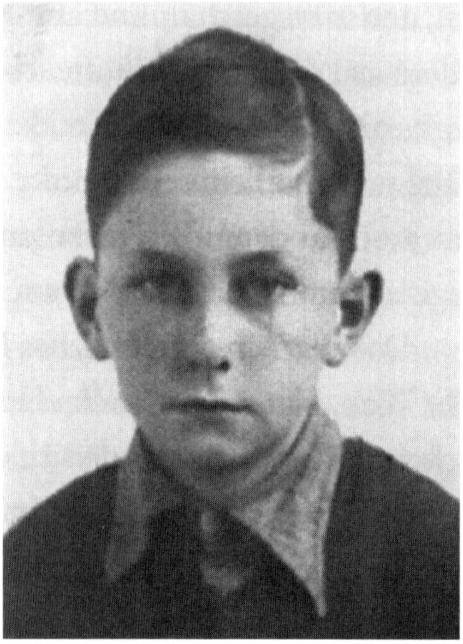

Menachem Kallus, geb. 11. Juni 1932, Den Haag, Autobiographie, *Als Junge im KZ Ravensbrück*, Berlin, Metropol, 2005.

dass scheinbar nur vier dieser Kinder und zwei dieser Mädchen in Ravensbrück oder Bergen-Belsen starben, obwohl sich damals die Bedingungen der Unterkunft, Hygiene und Ernährung dramatisch verschlechterten.

Da uns die Zeugenaussagen so vieler Personen vorliegen, die das Lager im Alter zwischen ungefähr 8 und 14 Jahren, in dem man sehr leicht zu beeindrucken ist, erlebten, und da so viele von ihnen in Israel leben, haben wir mehr als üblich über das Leben dieser Gruppe in Ravensbrück während des Jahres 1944 erfahren, sowie über das Leben einer großen Gruppe, die 1945 nach Bergen-Belsen verlegt wurde.

Die wichtige Information ist, dass diese Gruppe von Familien, insbesondere die aus den Niederlanden, etwas getrennt von den übrigen Häftlingen untergebracht war. Mütter durften mit den Kindern in benachbarten Betten schlafen. Wie es scheint, wurden Mütter mit Säuglingen und Kleinkindern nicht zur Arbeit eingeteilt. Im Falle einer Familie, deren Baby unaufhörlich weinte, organisierten die polnischen Häftlinge die Unterbringung der Familie im Block der „Kaninchen“ (polnische Häftlinge, an denen zu Experimentierzwecken Knochenoperationen durchgeführt worden waren), wo die Bedingungen weniger schlecht waren.[16]

Lilli Gottfried, die damals sieben Jahre alte „türkische“ Rebecca Misrahi aus Belgien, berichtet, dass sie und ihr Bruder völlig sich selbst überlassen waren und zwischen den Abwassergräben spielten. Sie berichtet auch, dass ihre Mutter im Straßenbau hart arbeiten musste und dass sie einmal einer SS-Aufseherin, die ihre Mutter prügelte, die Füße küsste und sie anflehte, damit aufzuhören.[17]

Einigen der Familiengruppen, zumindest denen aus Westerbork, gelang es, eine Art gesellschaftlicher Organisation zu bilden – möglicherweise, weil sie während des mehrmonatigen Aufenthaltes in Westerbork stabile soziale Beziehungen entwickelt hatten. Die Überlebenden erinnern sich daran, dass zumindest eine Zeit lang eine Schulklasse existierte und eine Frau auf Deutsch unterrichtete.[18] Den aus Belgien gekommenen Familien war es scheinbar nicht gelungen, Unterricht für ihre Kinder zu organisieren. Für Vorschulkinder gab es möglicherweise eine Kindergartengruppe. Martha Kralovitz – eine „Ungarin" aus Leipzig – berichtete in ihrem Brief an ihren Sohn in Buchenwald, dass ihre Tochter Annemarie in Ravensbrück in ihrem Beruf als Kindergärtnerin tätig war.[19] Eveline Schwartz, die einzige Überlebende dieses Transports aus Leipzig – damals drei Jahre alt – berichtet, dass Annemarie schon im Leipziger Judenhaus ihre Kindergärtnerin gewesen war.[20]

Ein älterer Junge – Arthur (Abraham) Stahl aus Westerbork – erinnert sich daran, dass er Schreibhefte und Bleistifte hatte. Er schrieb eine Reihe von Geschichten auf und war sehr stolz auf diese Tätigkeit. Eine seiner traurigsten Erinnerungen ist der Verlust dieser Schreibhefte auf dem Zwangsmarsch – dem letzten Teil des Transports von Müttern und Kindern nach Bergen-Belsen am 30. Januar 1945.[21] Die Jungen berichten auch, dass sie manchmal im Freien spielten.[22] Zwei Mädchen, die „beste Freundinnen" waren, erzählen die phantastische Geschichte, eine ganze Zeit lang unter dem Schutz eines älteren SS-Mannes gestanden zu haben, der den weiblichen Häftlingen, die in der SS-Wäscherei tätig waren, jeden Tag befahl, die Mädchen zu waschen, und der ihnen etwas Essen für sie selbst und ihre Familien gab.[23]

Die Überlebenden berichten von sich stetig verschlechternder Nahrungsmittelversorgung, von Hunger und einer wagemutigen Mutter, die nachts aus dem Fenster der Baracke kletterte, um in den Abfalltonnen der SS-Küche nach Nahrungsmittelresten zu suchen, während ihr Sohn nach sich nähernden Wachleuten Ausschau hielt. Die Verantwortung füreinander trug sicher viel zu den Überlebenschancen von Müttern und Kindern bei. Zumindest zeitweilig korrespondierten die Frauen mit den Ehemännern und erwachsenen Söhnen in Buchenwald mittels stark zensierter Briefe. Einige dieser bewegenden Dokumente sind erhalten geblieben.[24]

Da es sich um Großfamilien handelte, gehörten ihnen auch viele ältere Frauen an. Siebenundfünfzig Frauen waren zwischen 56 und 65 Jahre alt, 43 waren 66 oder älter. Ende März 1944 verloren die Juden und Jüdinnen mit ungarischer Staatsbürgerschaft den Schutz vor der Verschickung nach Auschwitz. Aus handschriftlichen Anmerkungen in einigen kürzlich entdeckten Zugangslisten[25] erfahren wir, dass zwischen August und Oktober 1944 sieben Frauen – die meisten mit ungarischer Staatsangehörigkeit – nach Auschwitz geschickt wurden. Später wurden mehrere „selektiert“ für die Tötung im Lager Uckermark – dem früheren *Jugendschutzlager* – in der Nähe von Ravensbrück, das in ein Todeslager umgewandelt worden war.

Die dritte große Gruppe, die 69 Frauen und Kinder mit türkischer Staatsbürgerschaft, kam am 5. November bzw. 16. Dezember 1943 zum größten Teil aus Belgien, aber auch aus Berlin. Der türkischen Gruppe gehörten acht Kinder und eine besonders große Gruppe von 25 älteren Frauen an, von denen viele im Lager starben oder die in das Ravensbrücker Todeslager Uckermark geschickt wurden.[26]

Die Mehrheit der Häftlinge mit (echter bzw. vorgeblicher) türkischer Staatsbürgerschaft waren sephardischer Herkunft. Unter denen mit spanischer beziehungsweise italienischer Staatsbürgerschaft gab es ebenfalls einige mit sephardischen Namen. Es wird oft angenommen, dass sephardische Juden nicht vom Holocaust betroffen gewesen wären. Diese Gruppe von Familien, von denen die meisten die türkische Staatsbürgerschaft besaßen und in Belgien gelebt hatten, ist ein Beispiel für das Gegenteil. (Eine weitere Gruppe vor allem junger Frauen sephardischer Herkunft, die später in Ravensbrück ankam – zum großen Teil aus Auschwitz – kam ursprünglich aus Griechenland – fast alle aus Thessaloniki).

Die „türkischen“ Häftlinge, die bis Ende Februar 1945 überlebt hatten, wurden am 28. Februar 1945[27] „entlassen“, um nach Schweden zu reisen.[28] Dies war das Ergebnis der Tatsache, dass die türkische Regierung gefordert hatte, dass alle ihre Staatsbürger in die Türkei zurück transportiert werden sollten.[29] Mit Hilfe des schwedischen Roten Kreuzes erreichten sie Schweden und wurden unmittelbar nach Kriegsende in Europa per Schiff nach Istanbul gebracht. Die türkischen Behörden weigerten sich jedoch, sie als türkische Staatsbürger anzuerkennen. Sie mussten wochenlang in einem Internierungslager bei Istanbul warten, und dann durften sie entscheiden, in welches Land sie „repatriiert“ werden wollten. Anscheinend wählten die meisten Belgien – das Land, aus dem sie ursprünglich gekommen waren.[30]

Viele der Überlebenden des Transports von Müttern und Kindern aus Ravensbrück in die Schrecken von Bergen-Belsen wurden von den Westalliierten befreit und zur Erholung nach Schweden geschickt. Nach einer relativ kurzen Zeit dort wurden sie in die Niederlande bzw. Belgien repatriiert. Viele der Kinder aus diesen speziellen Gruppen hatten ihre Väter und einige ihre Mütter verloren. Besonders in den Niederlanden wurden sie schon nach kurzer Zeit in jüdischen und zionistischen Schulen und Jugendorganisationen gut betreut. Einige von ihnen verließen die Niederlande und Belgien und erreichten Eretz Israel sogar schon vor der Unabhängigkeit Israels im Mai 1948.

Eine seltsame Geschichte handelt von Stella Kugelmann, einem vierjährigen Mädchen mit spanischer Staatsbürgerschaft, das mit seiner Mutter am 16. Dezember 1943 aus Brüssel ankam. Die Mutter, eine Pianistin, brach bald

Stella Nikiforova, geborene Kugelmann, geb. 29. Juli 1939, Antwerpen. Kurzbiographie: *Frauenkonzentrationslager Ravensbrück*, Kalender 2000, Berlin, 1999.

nach der Ankunft zusammen und starb an Tuberkulose im Juli 1944 im Tuberkulose-Block des Reviers. Wie es scheint, hatte Stella in der Gruppe aus Belgien keine weiteren Angehörigen. Laut den Memoiren von Charlotte Müller kümmerte sich die nicht-jüdische belgische Gefangene Claire van den Boom im Tuberkulose-Block einige Monate lang um Stella, nachdem ihre Mutter gestorben war. Einige Zeit danach wurde Claire van den Boom in ein Außenlager zur Arbeit in einem Salzbergwerk strafversetzt.[31] Später wurde Stella von einer Gruppe weiblicher sowjetischer Häftlinge „adoptiert", lebte in ihrem Block und wurde dann von ihnen in die Sowjetunion mitgenommen. Erst als sie 19 Jahre alt war, entdeckte sie ihre Identität und besuchte später ihren Vater – er hatte in Buchenwald überlebt, eine andere Ravensbrück-Überlebende geheiratet und war nach Brasilien emigriert. Stella, die schmerzliche Jahre in einem sowjetischen Waisenhaus verbrachte, hatte gute Erinnerungen an ihr Leben mit den sowjetischen Frauen in Ravensbrück, als sie – wie sie selbst sagte – viele Mütter hatte. Erst in jüngerer Zeit wurde diese seltsame Geschichte verständlicher, als wir erfuhren, dass einige der Frauen, die Stella, die kleine jüdische Waise, „adoptiert" hatten, eine versteckte jüdische Identität hatten und Ärztinnen oder Sanitäterinnen der sowjetischen Armee waren.[32] Zu Stellas Unglück wurden ihre spezielle „Mutter" Dr. Musja Klugmann und Dr. Klugmanns nicht-jüdische Freundin Dr. Nikifora (deren adoptierten Sohn Stella später heiratete) nach dem Krieg von den sowjetischen Behörden verhaftet.

Eine beträchtliche Anzahl der Häftlinge der dritten Periode überlebte bis Ende 1944, während der gesamten vierten Periode des Lagers, obwohl nur wenige bis zur Befreiung dort blieben. Besonders die Großfamilien aus Belgien, den Niederlanden und Deutschland mit zeitweilig geschützter Staatsangehörigkeit scheinen jedoch nur wenig Kontakt mit den jüdischen Neuzugängen der vierten und fünften

Periode – und sogar untereinander – gehabt zu haben. Von diesen fünf Perioden wies die dritte den höchsten Anteil Frauen und Mädchen auf, die nur teilweise jüdischer Abstammung (Mischlinge, Halb-Jüdin, Jüdin 1. Grades oder Jüdin 2. Grades) waren: 21 %. Obwohl nur von 14 dieser Gruppe von 140 Häftlingen bekannt ist, dass sie starben, ist nur von 32 von ihnen bekannt, dass sie überlebten. Der hohe Anteil – 67 % (94 Frauen) – derjenigen, über deren Schicksal wir keine Informationen haben, ist überraschend und erklärungsbedürftig.

Zu den Großfamilien gehörten 85 Kinder und Mädchen und mindestens 100 Frauen im Alter von 56 Jahren und älter. Von diesen älteren Frauen starben 39,6 % in Ravensbrück, wurden nach Auschwitz verschickt oder im Frühjahr 1945 in Ravensbrück vergast. Trotz der sich stetig verschlechternden Bedingungen und der Verschickung vieler der Kinder nach Bergen-Belsen am 30. Januar 1945 ist überraschenderweise nur von vier Kindern und zwei Mädchen (der 85 Kinder und Mädchen) bekannt, dass sie in Ravensbrück oder Bergen-Belsen gestorben sind. Von 40 von ihnen ist bekannt, dass sie überlebt haben. Insgesamt ist von 233 (35,5 %) der jüdischen Neuzugänge der dritten Periode bekannt, dass sie überlebten. Das schwedische und das dänische Rote Kreuz spielten eine wesentliche Rolle für das Überleben von 106 von ihnen, die evakuiert wurden: in Bussen, umgebauten LKWs oder Zügen aus Ravensbrück während der letzten Tage vor der Befreiung; innerhalb der Gruppen französischer oder niederländischer (nicht-jüdischer) Häftlinge; in einer Gruppe von Siemens; nach Schweden nach der Befreiung von Bergen-Belsen am 15. April oder aus Terezin zusammen mit den dortigen dänischen jüdischen Häftlingen. Die meisten derjenigen, die ursprünglich aus den Niederlanden nach Ravensbrück deportiert worden waren, wurden aus Schweden dorthin repatriiert. Das schwedische Rote Kreuz trug auch zum Überleben der „türkischen"/belgischen Frauen und Kinder bei, indem es sie schon am 28. Februar 1945 aus Ravensbrück nach Schweden evakuierte und nach einem kurzen Aufenthalt per Schiff über Istanbul nach Belgien brachte.

Statistische Zusammenfassung der dritten Periode

Familienstand

Von den 517 Frauen der dritten Periode, die über 18 Jahre alt waren, waren 194 (37,6 %) einmal verheiratet.

ALTERSGRUPPEN

Tabelle 6.1

Alter	Anzahl	%
Kinder bis 13 Jahre	64	9,7
Mädchen bis 18 Jahre	24	3,7
19–25	116	17,7
26–35	118	18,0
36–45	119	18,1
46–55	87	13,2
56–65	57	8,8
66 und älter	43	6,5
unbekannt	27	4,4
Gesamt	655	100,0

Siehe auch Diagramm 5, S. 281.

SCHICKSAL

Tabelle 6.2

Schicksal	Anzahl	%
Tod vor oder kurz nach Kriegsende	140	21,5
Überleben bekannt	235	35,9
Keine Informationen	280	42,7
Gesamt	655	100,0

Siehe auch Diagramm 7, S. 283.

Bei denen, die in der dritten Periode (zwischen März 1943 und Ende Juli 1944, da nur wenige vor September 1943 ankamen), war der Anteil der Überlebenden wesentlich höher als bei denen der ersten und zweiten Periode, die fast alle ermordet wurden. Trotzdem erreichte sogar diese zumindest zeitweilig und teilweise geschützte Gruppe nicht die Überlebensrate der gesamten Lagerbevölkerung – 50 % –, da die bekannte Überlebensrate dieser Gruppe nicht höher als 35,9 % war. Das schwedische Rote Kreuz spielte eine wesentliche Rolle beim Überleben von 106 der 235 Überlebenden.

Es ist relativ viel bekannt über das Schicksal von Mitgliedern dieser Gruppe, die sich Anfang 1945 im Lager befand – besonders über die Niederländerinnen und Belgierinnen kurz nach ihrer Befreiung –, über das Schicksal der Mischlinge ist jedoch zu wenig bekannt. Bis zu 83 der Überlebenden haben sich registriert. Zweiundsiebzig von ihnen füllten Fragebögen aus, lieferten Informationen oder wurden interviewt. Sechs von anderen herausgegebene Kurzbiographien oder Memoiren über sie wurden veröffentlicht und zwei von ihnen haben ausführliche Memoiren ihrer schrecklichen Erlebnisse selbst geschrieben und veröffentlicht.

FORMELLE UND TATSÄCHLICHE STAATSBÜRGERSCHAFT

Tabelle 6.3

Staatsbürgerschaft	Formell		Tatsächlich	
	Anzahl	%	Anzahl	%
Deutsches Reich	119	18,2	121	18,5
Ungarn	139	21,2	49	7,5
Rumänien	87	13,2	43	6,5
Frankreich	84	12,8	86	13,1
Türkei	69	10,5	20	3,0
Polen	30	4,6	30	4,6
Tschechoslowakei	19	2,9	20	2,9
Österreich	14	2,1	14	2,1
Dänemark	10	1,5	10	1,5
Sowjetunion	9	1,4	7	1,1
Spanien	8	1,2	1	0,1
Belgien	5	0,8	84	12,8
Niederlande	5	0,8	117	17,8
Ukraine	3	0,5	4	0,6
Portugal	2	0,3	0	0,0
China	1	0,2	1	0,2
Kroatien	1	0,2	1	0,2
Lettland	1	0,2	1	0,2
Luxemburg	1	0,2	1	0,2
Norwegen	1	0,2	1	0,2
Staatenlos	23	3,5	21	3,2
Unbekannt	9	1,7	9	1,7
Gesamt	655	100,0	655	100,0

Siehe auch Diagramm 6, S. 282.

Anmerkungen

1 (1) Die erste von ihnen kam am 17. Februar 1943 an. Es handelte sich um Galina Matusova, geb. Bazuk, Ravensbrück-Häftlingsnummer 17537 (falsche nicht-jüdische ukrainische Identität), israelische Überlebende, interviewt durch J.B.A. und Bärbel Schindler-Saefkow; siehe auch ihre Zeugenaussage in Kiew, 16. Juli 1976, in Bärbel Schindler-Saefkow, „Dokumentation", *Bulletin für Faschismus- und Weltkriegsforschung*, S. 211–215, Quelle: BStU, RHE-West 70 1/4. (2) Musja Nisowna Klugmann (falsche nicht-jüdische ukrainische Identität), Überlebende, Zeugenaussage 4. – 5. August 1964 in Moskau, ebenda, S. 206–209. Quelle: BStU, ZUV 1, Akte 13, U-Vorgang Göritz, Band V. (3) Maria Artemowna Balaska (falsche nicht-jüdische sowjetische Identität, echter Name Skotland), Zeugenaussage 27. Juli 1976, Kiew, ebenda, S. 225–227. Quelle: BStU, RHEWest 70 1/4. (4) Eleonora Idsikowskaja. (5) Jewgenia Lazarewna Klemm, Professorin für Geschichte an der Universität Odessa, Fakultät für Bildungswesen, Sanitäterin der Roten Armee, verstorben 1947 (Selbstmord); Quelle: *Ravensbrück Kalendarium 1997* und Telefoninterview durch Bärbel Schindler-Saefkow mit Lidia Leschinska im Jahr 2004. (6) Lidia Leschinska, jetziger Name Olympiada Wassiliewa; sie lebt in Bremen, Deutschland; Telefoninterview durch Bärbel Schindler- Saefkow, 2004. (7) Ljuba Konnikova war Medizinstudentin, war als Ärztin tätig; Quelle: Bärbel Schindler-Saefkow. (8) Ludmila Maximowa, jetziger Name Woloschina; von Ravensbrück nach Neubrandenburg verlegt; Telefoninterview durch Bärbel Schindler-Saefkow mit Lidia Leschinska, 2004. (9) Maria Kaplan, Ärztin, die im Revier als solche tätig war; nach dem Krieg lebte sie in Kiew und arbeitete weiter als Ärztin; Telefoninterview durch Bärbel Schindler-Saefkow mit Lidia Leschinska, 2004. (10) Klara Schidlowskaja; nach dem Krieg lebte sie in Nikolajew, wanderte nach Israel aus und starb vor kurzem; Telefoninterview durch Bärbel Schindler-Saefkow mit Lidia Leschinska, 2004.

2 Laut Charlotte Müller war Jewgenia Klemm die politische Führerin im Block der gefangenen Rotarmistinnen und wurde von allen geschätzt; Charlotte Müller, *Die Klempnerkolonne in Ravensbrück: Erinnerungen des Häftlings Nr. 1078*, Berlin, 1987, S. 103.

3 Dies wurde Bärbel Schindler-Saefkow von Dr. Nikifora mitgeteilt.

4 Prof. Jakow Samoilowitsch Drabkin am 17. April 2005 in seiner (unveröffentlichten) Rede in Ravensbrück zum Anlass der Feier zum 60. Jahrestag der Befreiung des Frauen-Konzentrationslagers Ravensbrück.

5 Kazimira Bergmann berichtete in zwei Interviews mit Adriana Kemp (8. Dezember 1997 und 19. Februar 1998) von ihren Erfahrungen als politische Aktivistin und späterer Ravensbrück-Häftling mit versteckter jüdischer Identität. Sie hatte keinen Kontakt mit den jüdischen Häftlingen.

6 In: Lore Shelley (Hrsg.), *Auschwitz: The Nazi Civilization*, Bd. 1, Lanham, MD, 1992, S. 9.

7 Esther Bejerano, geb. Loewy, in: *Frauenkonzentrationslager Ravensbrück*, Kalender 2000, Januar, biographische Angaben gemäss Loretta Walz. Auch in ihrem autobiographischem Buch: *Man nannte mich Krümel*, Hamburg 1991.

8 Interview mit Erna Korn, später Erna de Vries, durch J.B.A., 18.05. 1999.

9 Geschenk an die MGR, 1998, Sign. V2105 B2.

10 Judith Taube (Name während des Krieges: Jolanta Arato (Aufrichtig); Interview durch J.B.A. am 10. Juli 1997; ebenso Zeugenaussage von Edith Pe'er, geb. Gombus, jetzt in Australien.

11 Auf der Liste *Liberated Jews Arrived in Sweden in 1945* stehen die Namen von sieben Frauen, zwei von diesen – Silvia Grohs-Martin, geb. Grohs, und ihrer Freundin Eva, die mehrere Wochen im „Bunker" verbracht hatten – gelang es jedoch, sich einer Gruppe niederländischer nicht-jüdischer Häftlinge anzuschließen; in: Silvia Grohs-Martin, *Silvie*, New York, 2000, S. 298, 332–333.

12 Irmgard Konrad, geb. Adam, Interview, in: *Frauen-KZ Ravensbrück*, Kalender 2000, Februar.

13 Silvia Grohs-Martin, veröffentlichte Autobiographie: *Silvie*.

14 Die israelische Überlebende Zehava Ge'alel (Name während des Krieges: Charlotte Stahl) erwähnte eine Liste niederländischer Juden mit fiktiver Staatsangehörigkeit: die „Weinreb-Liste".

15 Unter dem Alter von 13 Jahren kamen Kinder beiden Geschlechtes nach Ravensbrück. Ab dem vierzehnten Lebensjahr wurden Jungen in das Männerlager geschickt, also waren in der Altersgruppe 14 bis 18 im Frauenlager ausschließlich Mädchen.

16 Zali (Sara) Kallus, geb. Eliovits, Interview durch A.K. (Adriana Kemp) am 17. Juli 1997.

17 Zusätzliches Interview mit Lilly Gottfried und Joseph Misrahi durch J.B.A., 2005.

18 Irene Kraus aus der Tschechoslowakei – laut Aussage der israelischen Überlebenden Judith Harris (Name während des Krieges: Judith Hirsch); Interview vom 26. August 1997 durch A.K., sowie nach Aussage der israelischen Überlebenden Zehava Ge'alel (Name während des Krieges: Charlotte Stahl); Telefoninterview durch J.B.A. vom 20. Juli 2005.

19 Interpretation von Rolf Kralovitz, *„Zehn Null Neunzig" in Buchenwald*, Köln, 1996, S. 52.

20 Die australische Überlebende Evelyn Thassim, geb. Evelyn Schwartz, gibt an, dass sie diese Information von Rolf Kralovitz erhielt; Telefoninterview durch J.B.A., 17. Juli 2005.

21 Der verstorbene Professor Abraham Stahl, Interview durch J.B.A., 16. März 1998.

22 Z. B. Memoiren von Menachem Kallus, *Als Junge im KZ Ravensbrück*, Berlin, 2005, S. 65.

23 Noemi Moscowits, jetzt Friedman, Interview durch I.D.K. (Irith Dublon-Knebel) und A.K. am 23. Juni 1997.

24 Rebecca Misrahi, jetzt Lilly Gottfried (Ravensbrück-Häftlingsnummer 25584), Interview durch J.B.A. und A.K. am 21. September 1997; zweites Interview durch J.B.A im März 2005.

25 Die Zugangslisten vom 16. Dezember 1943 bis zum 7. Februar 1944 sind erhalten mit handschriftlichen Bemerkungen. Auf Grund dieser Bemerkungen wissen wir viel über das Schicksal dieser jüdischen Ankömmlinge aus Berlin, Brüssel und Westerbork.

26 Acht türkische Frauen starben in Ravensbrück; von drei Frauen wird angenommen, dass sie starben; zwei wurden ins Lager Uckermark und zwei nach Auschwitz geschickt (eine von diesen starb, eine überlebte). Insgesamt ist bekannt, dass 14 türkische Frauen starben.

27 Aus den handschriftlichen Anmerkungen wissen wir, dass 25 „entlassen“ wurden, es können jedoch noch beträchtlich mehr gewesen sein.

28 Erna de Vries (Name während des Krieges: Erna Korn) sagte aus, dass sie gesehen hatte, wie die Gruppe der türkischen Frauen und Kinder von Rot-Kreuz-Fahrzeugen eingesammelt wurde.

29 Im März 1945 wurden auch mehr als 100 jüdische Häftlinge mit türkischer Staatsangehörigkeit im Aufenthaltslager Bergen-Belsen nach Schweden gesandt. Claus Füllberg-Stolberg et al. (Hrsg.), *Frauen in Konzentrationslagern: Bergen-Belsen, Ravensbrück*, Bremen, 1994, S. 150.

30 Siehe Anmerkung 23 oben.

31 Müller, *Die Klempnerkolonne in Ravensbrück,* S. 111–113.

32 Siehe Stella Nikiforova, geb. Kugelmann, in: *Frauenkonzentrationslager Ravensbrück*, Kalender 2000, August/September.

VII

Die vierte Periode – August 1944 bis Ende 1944: Der Damm bricht

Bevor ich die radikale Veränderung, die am 16. August 1944 stattfand, diskutiere, möchte ich erwähnen, dass zwischen dem 2. und dem 14. August 18 gefangene Jüdinnen mit einem Transport aus Verona, Italien, ankamen. Da es während der vierten Periode drei Direkt-Transporte aus Italien gab und zwei weitere während der fünften Periode, werden diese später behandelt. Zwischen dem 6. und dem 14. August kamen 110 jüdische Häftlinge – Frauen, Mädchen und Kinder – unmittelbar aus Frankreich. Die meisten von ihnen kamen mit dem einzigen großen Transport jüdischer Familien aus Frankreich (Toulouse). Die Ankunft gefangener jüdischer Frauen in kleinerer Zahl in mindestens sieben Transporten französischer politischer Häftlinge der *Résistance*-Bewegungen, die im April 1943 begonnen hatten, setzte sich während der gesamten vierten Periode fort und ein weiterer Transport kam während der fünften Periode an – am 24. Januar 1945.[1] Die besonderen Merkmale dieser Häftlinge werden ebenfalls später behandelt.

August 1944: Die Ankunft ungarischer und polnischer jüdischer Frauen und Mädchen aus Auschwitz

Mitte August 1944 kam es zu einer radikalen Veränderung der Bedeutung des Konzentrationslagers Ravensbrück für jüdische Häftlinge – Frauen und Mädchen. Während der größte Teil der jüdischen Bevölkerung Deutschlands, Österreichs, der Tschechoslowakei, der Niederlande, Belgiens und Frankreichs seit 1942 deportiert worden war – vor allem nach Auschwitz und Theresienstadt – und die jüdische Bevölkerung Polens jahrelang in Ghettos und Arbeitslagern gefangen gehalten und dann in Vernichtungslager innerhalb Polens verschickt worden war, begann die Deportation der Juden Ungarns nach Auschwitz erst Ende April 1944.[2] Bis August waren viele tausende dort angekommen und die meisten der Kinder, Mütter mit Kleinkindern und älteren Personen waren sofort nach der Ankunft ermordet worden.

Gleichzeitig hatte sich der Nachschub von Arbeitskräften aus Westeuropa für die deutsche Kriegsindustrie dramatisch verringert. Mit der Landung der Alliierten in der Normandie im Juni 1944 konnten weniger Arbeiter aus Frankreich, Belgien und den Niederlanden nach Deutschland gebracht werden. Demzufolge wurden in großer Zahl Arbeitssklaven aus Polen, der Ukraine und Weißrussland nach Deutschland gebracht. Von Seiten der Kriegsindustrie und der Militärflugplätze kam die Forderung, kräftige KZ-Häftlinge aus Auschwitz zu bringen, um die Lücken zu füllen. Unter ihnen befanden sich jüdische Häftlinge, und zwar sowohl Männer als auch Frauen.

Im August 1944 wurden in Auschwitz große Transporte gefangener ungarischer sowie polnischer jüdischer Frauen und Mädchen zusammengestellt und nach Deutschland transportiert. Wir wissen von einem Transport von 1 700 – alle von der SS als ungarische Jüdinnen klassifiziert, obwohl sich herausstellte, dass etliche von ihnen aus der Tschechoslowakei oder Rumänien stammten –, die von Auschwitz zur Arbeit auf den Militärflugplatz bei Frankfurt/Walldorf gebracht worden waren.[3] Diese Gruppe (ca. 30 von ihnen waren während des Aufenthalts von weniger als drei Monaten in Frankfurt/ Walldorf gestorben) wurde dann zwischen dem 23. und 25. November 1944 nach Ravensbrück überstellt.

Ungefähr zur selben Zeit wurde ein Transport mit 500 zum größten Teil jüdischen Häftlingen – jungen Frauen und Mädchen, die alle aus dem Ghetto Łódź nach Auschwitz deportiert worden waren – zu den Krupp-Werken in Berlin-Neukölln geschickt und kam später, erst Mitte April 1945, in Ravensbrück an.

Ungefähr ab dem 11. August 1944 kamen in Ravensbrück mehrere große Transporte aus Auschwitz an, mit insgesamt mehr als 1 000 Personen – alle ungarische jüdische Frauen und Mädchen. Die Zugangslisten dieser Transporte sind verloren gegangen. Wir können jedoch einen großen Teil der Daten aus Aufzeichnungen ihrer ärztlichen Untersuchungen (*Revierkarten*), den Angaben Überlebender eines Transports in das Sachsenhausener Außenlager Schönholz und aus zwei Überstellungslisten in die Buchenwald-Außenlager Altenburg (Thüringen) und Neustadt (bei Coburg) rekonstruieren.

Einige Listen der folgenden Selektion derjenigen, die nicht mehr zur Arbeit in der Kriegsindustrie einsetzbar waren, und ihrer endgültigen Deportation zurück nach Auschwitz sind im Buchenwald-Archiv erhalten geblieben.

Die meisten dieser mehr als 1 000 Zugänge aus Auschwitz blieben nur ungefähr zwei Wochen bis einen Monat lang in Ravensbrück und wurden dann zu hunderten zur Arbeit in die folgenden Außenlager geschickt: Schönholz (100 – 200 Personen[4]), Altenburg (503 Personen[5]) und Neustadt (400 Personen[6] sowie mindestens zwölf weitere, die nicht auf den erhalten gebliebenen Überstellungslisten erscheinen).

Wie es scheint, war kein Platz für Neuzugänge, als in der Augusthitze der erste Transport mit 100–200 (es können sogar bis zu 800 gewesen sein) ungarischer und tschechoslowakischer junger gefangener Jüdinnen aus Auschwitz ankam, und sie mussten eine ganze Woche lang auf dem von Kohlenstaub bedeckten Boden zwischen zwei Baracken schlafen.[7] Aggressive antisemitische ukrainische Häftlinge stahlen ihr Essen. Erst nach einer Woche durften sie duschen.[8]

Im Folgenden sind kurze Berichte von Überlebenden darüber aufgeführt, was den Häftlingen in den drei Außenlagern widerfuhr, in die sie aus Ravensbrück geschickt wurden.

Schönholz

Einige der jüdischen Häftlinge, die im August 1944 ankamen, wurden ungefähr einen Monat nach ihrer Ankunft nach Schönholz, ein kleines Arbeitslager des Konzentrationslagers Sachsenhausen-Oranienburg verschickt. Sie arbeiteten bis Mitte April 1945 in den Argus-Werken, wo sie Flugzeugteile herstellten. Die SS bewachte sie jeden Tag, bis sie die Fabrik betreten hatten, in der Fabrik selbst trafen sie auf weniger feindlich eingestellte zivile Arbeiter, die vor allem ältere Deutsche waren.

Doch wie in anderen Arbeitslagern wurden am 25. Januar 1945 drei von ihnen, die offensichtlich nicht mehr für arbeitsfähig gehalten wurden, über Sachsenhausen zurück nach Ravensbrück geschickt, erhielten neue Häftlingsnummern und wurden in Ravensbrück in der Gaskammer ermordet.[9]

Im April 1945, als sich die sowjetischen Truppen näherten, mussten die jüdischen Häftlinge Gräben ausheben. Sie wurden dann aus dem Lager Sachsenhausen getrieben und marschierten von dort in Richtung Freistein. Am 8. Mai trafen sie schließlich auf die sowjetischen Truppen. Sie brauchten bis Oktober, um Ungarn mit dem Zug zu erreichen.

Altenburg

Die ungarischen jüdischen Frauen und Mädchen der zweiten Gruppe, die nach Altenburg geschickt wurde, waren besonders jung: Die meisten von ihnen waren zwischen 19 und 35 und die übrigen zwischen 36 und 45 Jahre alt. Unter den 500 Frauen auf der Überstellungsliste und den weiteren drei Personen, von denen bekannt ist, dass sie ebenfalls nach Altenburg geschickt wurden, befanden sich 41 Mädchen, keine Kinder und nur zwei Frauen über 45 Jahre. Sie waren offensichtlich – zuerst in Auschwitz, dann in Ravensbrück – für Schwerarbeit in der Industrie ausgewählt worden. Dennoch wurde bestätigt, dass 127 von ihnen vor Ende des Krieges starben – 26 % von den ursprünglich nach Altenburg geschickten 503 Personen. Von ihnen wurden 123 von Altenburg nach Auschwitz geschickt, um dort vergast zu werden.[10] Die Namen von nur 27 Überlebenden wurden gefunden: dreizehn in den USA, fünf in Israel, drei in Schweden, eine in Ungarn und fünf, von denen nicht bekannt ist, wo sie sich niedergelassen haben – insgesamt weniger als 6 %. Über das Schicksal von 348 Personen (69 %) dieser Gruppe liegen uns keinerlei Informationen vor.

Von den Überlebenden erfuhren wir, dass sie in Altenburg in einem Werk arbeiteten, in dem Metallplatten für Panzer verzinkt wurden, und dass nur diejenigen, denen die schwersten Arbeiten zugewiesen worden waren, eine richtige Mahlzeit pro Tag und warmes Wasser zum Waschen erhielten. Keine der Überlebenden scheint sich des Schicksals der großen nach Auschwitz geschickten Gruppe bewußt gewesen zu sein. Zu Kriegsende ließ man die Überlebenden von Altenburg aus dem Lager marschieren. Zum Glück flohen ihre Bewacher am dritten Tag, als sie sich den amerikanischen Truppen bei Waldenburg näherten.[11]

Neustadt bei Coburg

Über den Transport nach Neustadt – 400 Häftlinge, bezeichnet als ungarische Jüdinnen (plus 11, die nicht auf dieser Überstellungsliste nach Neustadt erscheinen)[12] – liegen uns nur wenige Informationen vor, da wir nur die Namen von 13 Überlebenden auf der Überstellungsliste gefunden haben und die von 12 Überlebenden, die nicht auf dieser Liste erscheinen. Dies sind insgesamt 25 Überlebende (20 in den USA, eine in Kanada und bei vieren ist das Land unbekannt). Von vieren wissen wir, dass sie während des Krieges starben und über die große Zahl von 383 (96 %) liegen uns keine Informationen vor. Nach Aussage von Adele T. waren alle nach Neustadt Geschickten zu Kriegsende am Leben.[13] Sie berichtet, dass die Häftlinge nur kurz in Ravensbrück geblieben waren.[14] Trotzdem hielt Adele T. Ravensbrück für schlimmer als Auschwitz-Birkenau, besonders wegen der Leichenberge, die sie sah. Im Vergleich zu den anderen beiden Lagern war Neustadt das „humanste". Es war ein relativ kleines Arbeitslager mit langen Arbeitstagen in einem Werk für Telefonkabel von Siemens. Der Ort war sauber und es gab gerade genug zu essen, um zu überleben. Soweit sie sich erinnern kann, starb dort niemand und niemand wurde zurück nach Ravensbrück, Auschwitz oder nach Bergen-Belsen geschickt. Als die amerikanischen Truppen sich näherten, waren die Häftlinge im Lager sich selbst überlassen worden und sie marschierten als geschlossene Gruppe in Richtung Tschechoslowakei, wo die Menschen freundlich und hilfsbereit waren. Den Angaben der kanadischen Überlebenden Clara Rosenbaum (Name während des Krieges: Klara Szabo) zufolge wurden sie nicht im Lager sich selbst überlassen, sondern von den SS-Truppen, die zu diesem Zeitpunkt ihre Haltung geändert hatten, aus dem Lager geführt. Dabei flohen sechs der weiblichen Häftlinge und es gelang ihnen, die Amerikaner zu erreichen.[15]

Eine andere Überlebende – Eva V. – die zusammen mit ihrer Mutter und ihrer Schwester nach Neustadt transportiert worden war, lieferte ebenfalls eine detaillierte Beschreibung.[16] Sie bestätigt, dass niemand dort starb, hielt die Bedingungen im Lager jedoch für schwer: Die Arbeitstage waren extrem lang, die Häftlinge waren in ungeheizten Baracken untergebracht, hatten keine Duschen, wurden gezwungen, offene Latrinen zu benutzen und hatten keine Unterwäsche unter der gestreiften Häftlingskleidung sowie keine Socken in den Holzschuhen, während das Essen eine Suppe war, die aus Gemüse, das sonst als Tierfutter diente, gekocht war: „Wir froren, hatten Angst und fühlten uns elend."

Mühlhausen (Thüringen)

Am 24. August 1944 kamen ebenfalls aus Auschwitz 500 Frauen – fast alle als Polinnen und Jüdinnen klassifiziert. Sie waren kurz zuvor aus dem Ghetto Łódź dort angekommen. Unter ihnen waren 53 Mädchen und keine der Frauen war älter als 45 Jahre. Die meisten ihrer Revierkarten sind erhalten geblieben.[17] Bei der Mehrheit erscheint auf den Karten der Vermerk „O.B." (Ohne Befund, d.h. es wurden keine Anzeichen einer Erkrankung festgestellt). Wir wissen, dass diese sogenannten ärztlichen Untersuchungen eine völlige Farce waren – jede von ihnen dauerte zwischen ein und zwei Minuten. Interessanterweise ist von den acht Häftlingen, die entweder Karten hatten, mit denen bestätigt wurde, dass sie krank waren (Krankenkarten), oder bei denen ein Verdacht auf Tuberkulose festgestellt wurde, von dreien bekannt, dass sie überlebten.

Bezüglich der Frauen dieses Transports aus Auschwitz vom 24. August ist von sieben (1,4 %) bekannt, dass sie starben und von 123 (24,6 %), dass sie überlebten, während das Schicksal von 370 (74 %) unbekannt ist.

Schon am 3. September 1944 fand ein großer Transport in das Außenlager Mühlhausen (Thüringen) des KZs Buchenwald statt. Aus einer partiellen Überstellungsliste mit 300 Namen einschließlich Ravensbrück-Häftlingsnummern[18] und aus einer später gefundenen vollständigen Liste mit 500 Neuzugängen in

Mühlhausen[19] erfahren wir, dass 477 der 500 Häftlinge dieses Transports aus Auschwitz in das Arbeitslager Mühlhausen überstellt wurden und später von dort nach Bergen-Belsen geschickt wurden. Aus dieser vollständigen Liste des Transports nach Mühlhausen (ohne Ravensbrück-Häftlingsnummern) erfahren wir, dass ihm auch zehn weitere weibliche jüdische Häftlinge angehörten, die nicht mit diesem Transport aus Auschwitz gekommen waren. Zehn der 503 Frauen waren Ungarinnen und 493 waren Polinnen. Die Ravensbrück-Häftlingsnummern der zusätzlichen Gefangenen liegen uns nicht vor, wir nehmen jedoch an, dass sie ungefähr zur selben Zeit im Lager angekommen sein müssen. Was ihr Schicksal angeht, so liegen uns Informationen aus den zwei Listen der befreiten Juden, die 1945 nach Schweden kamen (Liberated Jews arrived in Sweden in 1945; JSLists 1 & 2), vor.[20] Insgesamt ergibt sich das folgende Bild: Von den 500 Frauen, die am 24. August 1944 mit dem Transport aus Auschwitz ankamen, wurden 482 am 3. September – nur 10 Tage nach ihrer Ankunft in Ravensbrück – nach Mühlhausen geschickt. In Mühlhausen arbeiteten sie sechs Monate lang in der Waffenfabrik des Lagers (Gerätebau GmbH).

Sally Lifschitz beschreibt das Leben in Ravensbrück von September 1944 bis April 1945: „Furchtbare Unterbringungs- und sanitäre Bedingungen und sehr wenig Nahrung." Sie arbeitete zuerst im Straßenbau, was gefährlich war und für viele sogar tödlich, und später bei Siemens. Die jüdischen Häftlinge hatten Angst, sich zur medizinischen Behandlung im Revier zu melden, da bekanntlicherweise niemand von dort zurückkehrte.

Um die von Mühlhausen bestellte Zahl der genau 500 Häftlinge zu vervollständigen, wurden mehrere Jüdinnen, die nicht mit dem Transport vom 24. August angekommen waren, hinzugefügt und ihre Namen wurden in der Liste der 500 in Mühlhausen registrierten Frauen gefunden. Die Namen der drei weiteren Überlebenden, die angeben, ebenfalls nach Mühlhausen geschickt worden zu sein, erscheinen in anderen Dokumenten.

Was wissen wir über das Schicksal dieser ca. 500 von Mühlhausen? Aus Buchenwald-Dokumenten wissen wir, dass am 30. Oktober 1944 vier von ihnen nach Auschwitz[21] in den Tod geschickt wurden; wir können nur zwei[22] von ihnen anhand des handschriftlichen Vermerks „Ausch.", der neben ihren Namen auf der ersten Seite der teilweise vorliegenden Überstellungsliste erscheint, identifizieren. Zwei starben in Mühlhausen.[23]

Alle dieser Häftlinge waren polnische Jüdinnen (mit Ausnahme der zehn ungarischen Jüdinnen) und arbeiteten täglich viele Stunden in der Gerätebau GmbH. Es war ein kleines Arbeitslager und diese 503 Jüdinnen waren die einzigen Häftlinge dort. Sie arbeiteten mit deutschen Zivilbeschäftigten – entweder älteren oder im Krieg verwundeten – zusammen, denen gesagt worden war, dass die Jüdinnen geisteskrank wären. Das Werk wurde schließlich wegen schwerer Bombardierungen geschlossen.

Am 7. März 1945 wurden alle überlebenden dort zur Arbeit eingesetzten Häftlinge nach Bergen-Belsen verlegt.[24] Auf dem Weg dorthin blieb ihr Zug mit abgeschlossenen Waggons während einer Bombardierung in einem Berliner Bahnhof stehen. Die Bedingungen in Bergen-Belsen wurden beschrieben als „schrecklich ... die meisten waren krank ... schliefen auf dem Boden ... sehr schmutzig ... viele starben".[25] Diese aus Mühlhausen gekommenen Ravensbrück-Häftlinge verbrachten ungefähr sechs Wochen unter den schlimmsten Bedingungen in Bergen-Belsen, bevor dieses Lager am 15. April 1945 von den Westalliierten befreit wurde.

Da in Bergen-Belsen Tote nicht registriert wurden, können wir uns der genauen Anzahl derjenigen, die dort vor bzw. unmittelbar nach der Befreiung starben, nicht sicher sein. Aus den zwei Listen jüdischer Häftlinge, die nach Schweden gelangten (JSLists 1 & 2), wissen wir, dass 113 dieser Gruppe nach Schweden evakuiert wurden, zwei von diesen starben in Malmö vor Ende 1945.[26] Insgesamt sind uns 129 Überlebende aus Mühlhausen und Bergen-Belsen bekannt, von denen nur 18 nicht nach Schweden evakuiert worden waren. Da wir nur 26 Überlebende fanden, die in die USA und drei, die nach Israel gegangen waren, wissen wir nicht, in welchen Ländern sich 100 Überlebende niedergelassen haben. Wir nehmen an, dass viele von ihnen in Schweden blieben.

Von den zehn, die nicht nach Mühlhausen geschickt worden waren, überlebten zwei in Ravensbrück und wurden von dort nach Schweden evakuiert.[27] Eine dritte – eine Freundin der US-Überlebenden Sally Lifschitz – wurde später von Ravensbrück nach Bergen-Belsen verlegt und starb dort[28]. Eine vierte wurde in das zu Buchenwald gehörende Außenlager Taucha[29] geschickt. Wir wissen, dass drei in Ravensbrück[30] starben, und über drei liegen uns keine Informationen vor.[31]

Drei Ghetto-Transporte

Ghetto Częstochowa

Der erste der drei Transporte, die unmittelbar aus einem polnischen Ghetto und nicht aus Auschwitz kamen, war klein: Am 3. September 1944 kamen 29 (oder 30) Personen aus Częstochowa. Diesem Transport gehörten vier Kinder und zwei Mädchen an. Von einer Gefangenen dieses Transports ist bekannt, dass sie in Ravensbrück starb, von 13 ist bekannt, dass sie überlebten. Sie wurden alle nach Schweden evakuiert. Dies macht es wahrscheinlich, dass es sich hier um eine in gewissem Grad geschützte Gruppe von Familien handelte, denen es gelungen war, dem Transport nach Auschwitz zu entgehen, bevor sie nach Ravensbrück geschickt wurden und denen es später gelang, die Verschickung in ein Arbeitslager zu vermeiden.

Ghetto Łódź

Am 22. Oktober 1944 kam ein großer Transport mit 297 jüdischen Frauen, Mädchen und Kindern direkt aus dem Ghetto Łódź in Ravensbrück an. Ihm gehörten 35 Kinder und 21 Mädchen an, von denen alle außer drei polnischer Nationalität waren.

Dieser Transport wurde „die zweite Schindler-Liste" genannt.[32] Der deutsche Industrielle Seifert, der eine Fabrik im Ghetto Łódź betrieb, versuchte scheinbar nicht nur einer Reihe seiner Arbeiter[33] das Leben zu retten, sondern auch einer beträchtlichen Zahl überlebender Angehöriger der Elite des Ghettos, die der „Selbstverwaltung" Nahestehenden, sowie einigen Hochschulabsolventen, darunter acht Ärzten (zwei davon Ärztinnen), einem Chemiker, einem Apotheker, einem Ingenieur und einem Rechtsanwalt – die meisten davon einschließlich ihrer Familien –, indem er dafür sorgte, dass sie nicht nach Auschwitz geschickt wurden. Seifert wollte, dass sie direkt nach Königs Wusterhausen – ein zu Sachsenhausen gehörendes Arbeitslager – transportiert würden, wo sie Fertighäuser aus Holz herstellen sollten. Es ist wahrscheinlich, dass Seifert die SS-Behörden bestach, er hatte jedoch nur teilweise Erfolg. Es scheint, dass es ihm gelang, 128 Männer und nur 23 Frauen direkt nach Königs Wusterhausen[34] zu schaffen, dass aber 297 Frauen und Kinder in Ravensbrück stecken blieben und ihnen versprochen wurde, dass sie den Männern später folgen sollten.

Viele der Frauen wurden trotzdem bald danach in das zu Sachsenhausen gehörige Arbeitslager Wittenberg überstellt, wo sie in den Arado-Flugzeugwerken eingesetzt wurden.[35] Unter ihnen waren zwei Ärztinnen aus Łódź. Ende Dezember 1944 oder Anfang Januar 1945 wurden mindestens 15 Kinder nach Sachsenhausen-Oranienburg geschickt, bevor sie wieder mit ihren Vätern vereint wurden. Als Seifert verlangte, dass die Frauen zu ihren Ehemännern nach Königs Wusterhausen überstellt werden sollten, schickte die Ravensbrücker SS-Verwaltung am 27. Februar 1945 eine Gruppe von mindestens 16 Frauen[36], von denen fünf auf der Liste des Transports aus dem Ghetto Łódź stehen, dorthin. Mindestens elf der 16 Frauen waren jedoch ungarische Jüdinnen, die damit überhaupt nichts zu tun hatten. Wir wissen, dass mindestens eine der Frauen aus Łódź und vier der Ungarinnen in Königs Wusterhausen starben.[37]

Bei ihrer Ankunft in Ravensbrück wurden alle in Block 22 untergebracht – zusammen mit einer Gruppe „Zigeunerinnen" (Sinti und Roma), deren Kinder ihnen weggenommen worden waren. Natan Borowiecki berichtet, dass die Unterbringungs- und sanitären Bedingungen schlecht waren und dass eine Blockälteste und eine Stubenälteste die Häftlinge misshandelten.[38]

Die Ärztin Dr. Mina (Maria) Litwin berichtet ebenfalls von ihrer Ankunft in Ravensbrück und den entsetzlichen Bedingungen dort.[39] Zuerst wollte sie nicht zugeben, dass sie Ärztin war, nachdem sie aber zur Ausführung schwerer Erdarbeiten eingesetzt wurde, beschlossen sie und ihre Freundin Dr. Elisabeth (Estera) Frenkel, dass sie bei dieser Arbeit keine Überlebenschancen hätten, und meldeten sich freiwillig als Ärztinnen für den Transport nach Wittenberg, für den 200–250 Jüdinnen ausgewählt worden waren. Obwohl noch viele mehr von diesem Transport aus dem Ghetto Łódź ausgewählt worden sein müssen, konnten nur die beiden Ärztinnen und 33 andere Frauen identifiziert werden. Von 31 dieser 34 Frauen ist bekannt, dass sie überlebten, und von zwei, dass die starben, während das Schicksal der anderen beiden nicht bekannt ist. In Wittenberg war Dr. Litwin als Ärztin tätig und Dr. Frenkel als Krankenschwester. Beide befanden sich in einem Raum, der als Krankenstation diente, konnten jedoch nur rudimentäre medizinische Leistungen für die Arbeiterinnen, die sie Tag für Tag vorbeimarschieren sahen, erbringen. Dr. Litwin und mehrere andere bezeugten, dass die gefangenen Jüdinnen oft geschlagen wurden und dass mindestens eine von ihnen zu Tode geprügelt wurde.[40] Die Häftlinge wurden oft durch lange Appelle bei jedem Wetter bestraft.[41] Eine der überlebenden Arbeiterinnen beschreibt eine Szene in Wittenberg, bei der sich SS-Männer damit unterhielten, verfaulte Karotten auf den Boden zu werfen und zuzusehen, wie die hungrigen Frauen um die Abfälle kämpften. Achtundzwanzig kranke und nicht mehr arbeitsfähige gefangene Jüdinnen wurden nach Ravensbrück zurück geschickt. Von ihnen ist bekannt, dass sie ermordet wurden.[42]

Den beiden Ärztinnen gelang wenige Tage vor dem Ende die Flucht aus Wittenberg. Die sowjetische Armee fand die verbliebenen weiblichen Häftlinge eingesperrt im Lager Wittenberg – ohne Wasser und Strom.[43]

Laut Berichten der überlebenden Kinder und Mädchen des Transports aus Łódź, die nach Königs Wusterhausen geschickt worden waren, waren die Bedingungen dort weniger grausam. Zum Beispiel wurde den Männern aus dem Transport von Łódź gestattet, den Überlebenden eines Todeszuges aus Auschwitz, der später dort ankam und in dem sich viele tote und sterbende Häftlinge befanden, zu helfen. Aber auch in diesem Lager war das Essen für die schwere Arbeit, die die meisten der Männer leisten mussten, nicht ausreichend. Zu Königs Wusterhausen gehörten mehrere andere Lager und alle wurden am 29. April 1945 durch die Rote Armee befreit. Mindestens einer der Juden aus Łódź versuchte zugunsten von Seifert auszusagen. Trotzdem wurde Seifert durch ein sowjetisches Gericht in Polen zum Tode verurteilt und hingerichtet.

Wir wissen von 79 Überlebenden aus dem Transport der 297 aus Łódź, die ursprünglich in Ravensbrück angekommen waren (25,6 %)[44], davon zwanzig Kinder und neun Mädchen. Von zwanzig wurde der Tod dokumentiert. In Israel ließen sich 37 Überlebende nieder (24 von ihnen beantworteten Fragebögen)[45] und 25 in den USA: Fünfzehn wurden nach Schweden evakuiert und machten sich dort ansässig.

Ghetto Piotrków

Der dritte Transport aus einem polnischen Ghetto kam erst am 2. Dezember 1944 aus dem Ghetto Piotrków an und bestand aus 278 polnischen Juden – darunter 57 Kinder und 22 junge Mädchen. Dieser gesamte Transport war das Ergebnis der großen Anstrengungen ihrer Mütter und Tanten, die Kinder vor Auschwitz zu bewahren.[46] Wie erfolgreich waren sie? Wir wissen von ungefähr 110 Überlebenden (39,6 %), 31 von ihnen Kinder (54,3 % aller Kinder) und 13 Mädchen (59 %). Sechszehn der Überlebenden wurden in den USA registriert, 22 in Israel, acht in Schweden und bei den übrigen ist nicht bekannt, wo sie sich niederließen. Von zehn Erwachsenen, zwei Kindern und einem Mädchen ist bekannt, dass sie starben (13 bzw. 4,3 %): fünf in Bergen-Belsen, sechs in Ravensbrück (davon vier in der Gaskammer), eine wurde, wie es scheint, auf dem Ravensbrück-Evakuierungsmarsch erschossen, und von einer ist nicht bekannt, wo sie starb. Wir wissen, dass mindestens 30 Personen aus diesem Transport von Piotrków nach Bergen-Belsen geschickt wurden und dass von diesen 25 überlebten. Fünf Frauen wurden am 1. April 1945 nach Graslitz – ein Außenlager des KZs Flossenbürg – verlegt.[47] Viele blieben jedoch in Ravensbrück bis zu dessen letzten Tagen. Ein überraschender Punkt ist, dass von dem hohen Anteil von 80 der 110 Überlebenden dieses Transports bekannt ist, dass sie nach Schweden evakuiert wurden. Ihre Namen erscheinen in den Listen der Juden, die im Frühjahr 1945 in Schweden ankamen. Einige von ihnen wurden aus Bergen-Belsen evakuiert, die meisten jedoch müssen mit dem letzten Transport der Bernadotte-Aktion – einem Zug mit hunderten von jüdischen Häftlingen, der Ravensbrück am 26. oder 27. April verließ – evakuiert worden sein

Im September und Oktober 1944 hatte die Kriegsindustrie der Nazis eine weitere Quelle für Arbeitssklaven gefunden – die nicht-jüdischen polnischen Zivilistinnen aus Warschau. Zum Zeitpunkt des Warschauer Aufstands im August 1944 wurde tausenden von polnischen Zivilistinnen von den deutschen Behörden „Schutz“ angeboten. Sie wurden dann in deutsche Konzentrations- und Arbeitslager überstellt. In den sechs Wochen zwischen dem 24. August und dem 8. Oktober 1944 kamen mehr als 4 500 Polinnen aus Warschau in Ravensbrück an und wurden nach kurzer Zeit in Arbeitslager weitergeschickt. Im November wurden die Transporte jüdischer Arbeitssklaven fortgesetzt.

Ein riesiger Transport aus Auschwitz

Am 3. November 1944 kam der größte und ausschließlich aus Jüdinnen bestehende Einzel-Transport mit 1957 Frauen aus Auschwitz an, die wie folgt registriert wurden: 1 235 (63 %) als Ungarinnen, 502 (25,5 %) als Polinnen, 57 (3 %) als Slowakinnen und Tschechinnen, 54 (3 %) als Französinnen, 38 (2 %) als Deutsche, 29 (1,5 %) als Griechinnen, 13 als Italienerinnen, neun als Belgierinnen, neun als Niederländerinnen, drei als Sowjetbürgerinnen, zwei als Türkinnen, zwei als Jugoslawinnen, zwei als Staatenlose, eine als Kroatin und eine als Rumänin.[48] Sie waren offensichtlich als Arbeiterinnen selektiert worden. Es waren nur drei Kinder und 28 Frauen über 45 Jahre unter ihnen. Alle übrigen – 98 % – waren zwischen 14 und 45 Jahre alt. Der Hauptaltersgruppe „19–35 Jahre" gehörten 74 % an.

Was das Schicksal der Frauen dieses sehr großen Transports angeht, so ist von 459 (23 %) bekannt, dass sie überlebten, und nur von 20 (1 %), dass sie starben, während über das Schicksal von 1 491 (76 %) nichts bekannt ist.

Das Schicksal der großen Gruppe von Ungarinnen (1 235) unterschied sich stark von dem der polnischen Gruppe (502): Nur von 93 (8 %) der Ungarinnen ist bekannt, dass sie überlebten, im Vergleich zu 335 (66,5 %) der Polinnen.

Siebzehn Tage nach ihrer Ankunft in Ravensbrück – am 20. November 1944 – wurden 249 Frauen, die alle als Ungarinnen klassifiziert waren, in das zu Buchenwald gehörige Außenlager Lippstadt geschickt.[49] Von den 987 ungarischen Jüdinnen, die nicht nach Lippstadt geschickt wurden, kamen einige in die Außenlager Barth (19 Frauen), Beendorf (neun Frauen), Malchow (sechs Frauen) und Reinickendorf (eine Frau). Im Januar 1945 wurde eine von ihnen nach Penig geschickt und im März wurden zwei nach Bergen-Belsen geschickt. Zuletzt wurden – ebenfalls im März – zwölf ungarische Jüdinnen dieses Transports nach Leitmeritz und von dort nach Theresienstadt geschickt.[50] Von den insgesamt 1 235 Frauen der ungarischen Gruppe haben unseres Wissens nur 93 überlebt, d.h. 8 %. Von ihnen wurden 25 nach Schweden evakuiert.[51]

Von den 249 ungarischen Jüdinnen, die nach Lippstadt geschickt wurden, ist nur von 23 bekannt, dass sie überlebten und über das Schicksal der übrigen 226 Jüdinnen (90,7 %) ist nichts bekannt. Interessanterweise geht aus der Überstellungsliste, in der die Berufe einiger dieser Frauen angegeben sind, hervor, dass sich darunter mehrere Frauen mit Hoch- und Fachschulbildung befanden: 3 Beamte, eine Lehrerin, eine Ärztin, eine Pharmazeutin und eine Fotografin.

In Lippstadt arbeiteten sie in einem Werk, das Höhenmesser herstellte. Sie mussten mit scharfen Werkzeugen umgehen und erlitten Schnittwunden an den Händen.[52] Durch die Unterbringung im Werk hatten sie eine relativ saubere und warme Unterkunft und warmes Wasser zum Waschen. Essen gab es regelmäßig, die Ernährung war jedoch völlig unzureichend. Die israelische Überlebende Ahuva Litmanowic – die damals 14-Jährige trug den Namen Ibolya Berkowics[53] – erinnert sich daran, dass sie sich jeden Sonntag für die Arbeit in einer Munitionsfabrik des Lagers meldete, um einen Teller Suppe zu erhalten. Sie erinnert sich auch daran, im Abfall nach Kartoffelschalen gesucht zu haben und dass sie einmal ein Stück Apfel fand. In derselben Fabrik waren viele Deutsche sowie Russinnen und Ukrainerinnen, deren Gesang ihr gefiel, tätig. Der Vorarbeiter war sehr streng und die SS-Aufseherinnen überwachten sie ständig. Sie hatten jedoch eine freundliche Stubenälteste, die ihrer eigenen Gruppe angehörte. Ahuva Litmanowic erinnert sich, dass sich eine schwangere Frau von ihrer Schwester verabschiedete, bevor sie unter Bewachung weggebracht wurde – vermutlich zurück nach Ravensbrück.

Im März berichteten ihnen Wachleute der Reichswehr, dass sie das Lager bald verlassen müssten. Sie mussten in Fünferreihen hinausmarschieren und waren dann zwei Wochen lang unterwegs, wobei sie pro Tag nur eine Kartoffel bekamen. Jede Frau, die sich bückte, um Kräuter zu pflücken, oder die sich aus Erschöpfung setzte, wurde erschossen. Entlang des Weges lagen viele Leichen. In der Nähe von Wurzen gelang ihr zusammen mit einigen anderen Frauen die Flucht in den Wald.[54] Am nächsten Morgen kamen sie aus dem Wald heraus und trafen bald auf russische Soldaten. Sie gingen in das Haus eines älteren deutschen Paares und sagten, dass sie Gefangene seien. Die Frau brachte ihnen Essen, mit dem sie sonst ihre Schweine fütterte.

Das Schicksal der 502 polnischen Frauen und Mädchen, die mit demselben großen Transport aus Auschwitz kamen, war bekanntlicherweise völlig anders. Von der Mehrheit – 335 (67 %) – ist bekannt, dass sie überlebten. Bis auf zwei erreichten diese Überlebenden Schweden, und wie es scheint, haben sich viele von ihnen dort niedergelassen.[55] Die Evakuierung und damit Rettung einer so großen Gruppe nach Schweden war möglich, da 110 der Frauen dieser Gruppe vor Ende 1944 nach Malchow, das größte Außenlager von Ravensbrück, verlegt worden waren. Obwohl sich die Bedingungen in Malchow mit der Ankunft der Überlebenden des *Auschwitz-Todesmarsches* im Februar 1945[56] sehr verschlechterten, hatten diejenigen, die dort bis zum 25. April 1945 überlebten, die Möglichkeit, zu den 450 Frauen zu gehören, die in den „weißen Bussen" (von denen die meisten umgebaute und mit Sitzbänken ausgestattete LKWs waren)[57] des schwedischen Roten Kreuzes aus Malchow evakuiert wurden. So blieben ihnen die Gefahren und Leiden der letzten Woche in Malchow und der Evakuierungsmarsch aus dem Lager erspart und sie erhielten sofort umfassende medizinische Betreuung. Möglicherweise erwies sich ihre polnische Staatsangehörigkeit dabei als Vorteil.[58]

Direkte Deportationen aus Budapest: November 1944

Die Deportationen der Juden aus Budapest begannen etwas später als die aus den ungarischen Provinzen. Raoul Wallenberg gelang es, die Deportation tausender Budapester Juden und Jüdinnen zu verhindern, indem er ihnen schwedische Papiere ausstellte und sie zumindest zeitweilig in geschützten Häusern unterbrachte.[59] Giorgio Perlasca, ein italienischer Viehhändler, der vorgab, der spanische Konsul in Budapest zu sein, verteilte spanische Papiere an mehr als 5 000 Juden.[60]

Trotzdem wurden tausende junger jüdischer Männer von der ungarischen Armee eingezogen, wo sie für die deutschen Truppen arbeiten mussten – vor allem in der Suche nach Landminen. Die massenhafte Deportation von Mädchen und Frauen im Alter von 16 bis 50 Jahre aus Budapest begann, als der Vormarsch der Roten Armee dazu führte, dass man begann, Auschwitz aufzulösen. Im November 1944 hörten die Deportationen nach Auschwitz auf. Viele junge Jüdinnen waren jedoch im Juli verhaftet worden und wurden mehrere Monate lang gezwungen, in der Umgebung von Budapest Gräben auszuheben, die die vordringende Rote Armee aufhalten sollten. Die kalten Nächte verbrachten sie auf dem freien Feld.[61] Diese Jüdinnen und die meisten der mehreren tausend Frauen und Mädchen, die im Oktober oder November verhaftet wurden, wurden in einem zwei- bis dreiwöchigen Fußmarsch von einer Budapester Ziegelei bis zur österreichischen Grenze getrieben. Ein Teil dieser Märsche führte durch die Stadt Gomarom. Von der österreichischen Grenze wurden tausende in Zügen nach Ravensbrück transportiert. (Andere wurden nach Österreich geschickt und dort in zwei Lagern bei Wien eingekerkert. Am 7. Dezember kamen ungefähr 2 800 dieser ungarischen Jüdinnen und Kinder in elendem Zustand in Bergen-Belsen an.[62])

Die Geschichte des Holocaust der ungarischen Juden und Jüdinnen begann formell mit der deutschen Besetzung Ungarns am 1. April 1944 und dauerte ein schlimmes Jahr: Memoiren mehrerer ungarischer Jüdinnen, die als Häftlinge in Ravensbrück waren, zeichnen ein grausames Bild ihrer schrecklichen Leiden.[63] Die unten angegebenen Daten beziehen sich auf die vier unmittelbaren Transporte im November 1944 aus Budapest nach Ravensbrück. Überlebende berichten von mindestens drei späteren Transporten aus Budapest, deren Zugangslisten verloren gingen. Der erste dieser Transporte kam am 1. Dezember 1944 [64] und ein weiterer mehrere Tage später. Ein letzter großer unmittelbarer Transport gefangener Jüdinnen aus Budapest kam am 12. Dezember an.[65]

Der erste Direkt-Transport aus Ungarn

Die ersten 13 ungarischen Jüdinnen kamen am 17. November 1944 an. Der Tod einer dieser Frauen ist auf der *Uckermark-Sterbeliste* und in der *Multinationalen Tabelle* ist eine zweite als nicht zurückgekehrt eingetragen.[66]

Der zweite Direkt-Transport aus Ungarn

Mit diesem Transport kamen am 19. November 1944 aus Budapest 353 jüdische Frauen und Mädchen. Aus diesem zweiten Transport vom November sind uns nur neun (2,5 %) Überlebende bekannt. Drei von ihnen ließen sich in den USA nieder, drei in Schweden und eine in Israel; von acht ist bekannt, dass sie starben, das Schicksal von 336 (95 %) ist nicht bekannt. Das ist eine extrem große Zahl für einen Transport, dessen Zugangsliste erhalten geblieben ist. Aus einer erhalten gebliebenen Überstellungsliste[67] ist ersichtlich, dass 260 Frauen aus diesem Transport am 3. Dezember 1944 in das zu Buchenwald gehörige Arbeitslager Hasag-Leipzig[68] geschickt wurden. Sie blieben also nur zwei Wochen in Ravensbrück. Von den übrigen wurden acht nach Königs Wusterhausen geschickt, zwei nach Hamburg und eine nach Mauthausen.

Eine israelische Überlebende beschreibt die schrecklichen zwei Wochen in Ravensbrück vor der Überstellung nach Hasag-Leipzig: Zuerst mussten sie in die „Desinfektion" und ihr gesamtes Haar wurde abrasiert.[69] Dann wurden sie dazu eingeteilt, Einsenbahnschienen zu transportieren und die gefrorene Erde auszuheben. Während der gesamten zwei Wochen wurden sie und andere Frauen ihrer Gruppe für „medizinische Experimente" benutzt, die erniedrigend und schmerzhaft waren, von denen ihre Beine anschwollen und wegen denen sie unfruchtbar wurden. (Eine schwedische Überlebende dieses Transports[70] bezeugt, dass sie eine der 100 Jüdinnen war, die vor Ende 1944 in Ravensbrück sterilisiert wurden).[71]

Tova R. berichtete, dass sie im Lager Hasag-Leipzig abwechselnd in Tag- und Nachtschichten jeweils zehn Stunden pro Tag arbeiten mussten und Gewehrmunition herstellten. Für den kleinsten Fehler wurden sie von den Aufsehern geprügelt und erniedrigt, indem ihnen der Gang zur Toilette verweigert wurde. Im April 1945 wurden sie bei starkem Regen aus dem Lager durch Wälder getrieben und erhielten als einzige Nahrung ungekochten Reis.[72] Beim Passieren eines Gemüsegartens gelang es einigen von ihnen, nach ein wenig Kohl und Kohlrabi zu greifen. Eine Freundin von Tova R., mit der sie eine Liegefläche im Etagenbett geteilt hatte, wurde dafür erschossen. Sie wurden von den Russen befreit und machten sich via Prag mit dem Zug und zu Fuß auf den Weg zurück nach Ungarn. Da Tova R. unter geschwollenen Beinen litt, fiel ihr diese Reise sehr schwer. 1948 emigrierte sie nach Israel; am 15. Mai, dem Tag der Unabhängigkeit Israels, kam sie an.

Die zweite israelische Überlebende – Martha C.[73] – deren Familie ursprünglich aus der Slowakei kam und 1934 in ein Dorf in Ungarn gezogen war, berichtet ebenfalls davon, dass sie in Ravensbrück Schienen verlegen und gefrorene Erde ausheben sowie Schiffe entladen musste. Sie hatte Glück, denn ihr Kopfhaar wurde nicht abrasiert und sie wurde nicht für „medizinische Versuche" ausgewählt. Sie erinnert sich aber daran, dass ihnen mit dem sogenannten „Kaffee" Bromid verabreicht wurde, und vermutet, dass dies ihre Menstruation verhindern sollte.

Martha C. berichtet, dass die Unterkunfts- und sanitären Bedingungen im Arbeitslager Hasag-Leipzig besser waren als in Ravensbrück. Alle Jüdinnen lebten in einem Block. Es gab Doppelstockbetten sowie Decken und kaltes Wasser. In einem benachbarten Block, in dem 600 nicht-jüdische Polinnen untergebracht waren, gab es warmes Wasser, das sie benutzen durften. Da sie in 12-Stunden-Schichten arbeiten mussten, nachdem sie stundenlang Appell gestanden hatten, gab es sehr wenig Freizeit. Die eigentliche Arbeit am Fließband war nicht schwer. Die deutschen Vorarbeiter waren relativ freundlich und gaben ihnen heimlich Kohle, so dass sie ihren Block heizen konnten. So weit sich Martha C. erinnert, starb niemand aus ihrer Gruppe in Hasag-Leipzig, aber sie sah andere Häftlinge in Särgen. Der Evakuierungsmarsch begann am Freitag, dem 13. April, dauerte bis 21. April und war sehr mühsam. Sie marschierten nachts bei Regen durch die Wälder, einige stürzten und verletzten sich. Als die SS floh, gingen sie in ein verlassenes Arbeitslager, mussten von dort jedoch fliehen aufgrund der Gefahr, von den ersten eintreffenden Sowjetsoldaten vergewaltigt zu werden. Nach einiger Zeit wurden sie in eine sechs Wochen dauernde Quarantäne geschickt. Danach begleitete sie ein tschechischer Offizier nach Prag. Martha C. reiste nach Bratislava, musste jedoch ihren Plan der Weiterreise nach Budapest aufgeben. Sie floh aus dem Zug, nachdem russische Soldaten mehrere der befreiten Frauen vergewaltigt hatten. In der Slowakei traf sie eine Freundin aus Budapest und schloss sich einer Gruppe junger Überlebender an, die von der zionistischen Jugendbewegung Gordonia organisiert worden war. Ihren Plan, sich *Aliya B* (der illegalen Emigration nach Palästina) anzuschließen, konnten sie jedoch nicht in die Tat umsetzen. Es vergingen drei Jahre und Martha C. heiratete. Im Jahr 1948, nach der Unabhängigkeit, emigrierte sie legal nach Israel.

Auf dieser Überstellungsliste nach Hasag-Leipzig sind wie auf anderen ungarischen Überstellungslisten die Berufe und der Familienstand der Häftlinge eingetragen. Es findet sich eine überraschende Vielfalt an Berufen: Nur drei Frauen gaben an, keinen Beruf zu haben, und für weitere 16 waren keine angegeben. Zwei Mädchen waren Schülerinnen.[74] Hausfrauen und Haushaltshilfen machten nur die zweitgrößte Gruppe aus (49). Die bei weitem größte Gruppe waren Frauen mit den traditionellen Frauenberufen wie Schneiderin, Putzmacherin, Näherin, Kürschnerin, Strickerin, Handschuhmacherin und Täschnerin (insgesamt 120). Andere typische Frauenberufe waren Friseuse, Krankenschwester/Pflegerin, Büroangestellte und Typistin, Laborassistentin und Kassiererin, Assistentin, Wäscherin und Angestellte (insgesamt zwölf). Aber es waren auch die eher ungewöhnlichen Berufe der Buchbinderin und Druckerin (insgesamt sieben), Metzgerin, Bäckerin und Konditorin, Schuhmacherin, Bandagenmacherin, Bürstenbinderin und Dispatcherin (insgesamt neun) vertreten. Unter denen mit „freien Berufen“ und den sogenannten Fachschulabschlüssen fanden sich neun Beamtinnen, vier Fotografinnen, eine Zahntechnikerin, eine Schauspielerin und eine Buchhalterin. Entgegen dem Stereotyp bezeichneten 42 – eine relativ große Zahl – der gefangenen ungarischen Jüdinnen ihre Berufe als „Arbeiterin“ oder sogar als „Fabrikarbeiterin.“[75] Die Berufsangaben können jedoch in gewissem Grade durch den Bedarf und die Bedingungen dieser Zeit beeinflusst gewesen sein.[76]

Der Familienstand der Frauen ist unklar, da er für 155 von 278 Häftlingen dieser Gruppe nicht angegeben wurde. Aus den Unterlagen geht nur hervor, dass 115 verheiratet waren und acht ledig.

Der dritte unmittelbare Transport aus Ungarn

Kurz danach – am 22. November 1944 – kam ein dritter Transport an. Es war der zweite große Transport (753 Frauen), ebenfalls direkt aus Budapest und aus derselben Ziegelei. Auch diese Frauen waren zu Fuß circa drei Wochen lang von Budapest bis zur österreichischen Grenze marschiert. Von dort waren sie bis zu drei Wochen unterwegs – eingepfercht in Züge, in denen sie vor Durst Wahnvorstellungen hatten, bis sie nach Ravensbrück gelangten. In Seren Tuvel Bernsteins Buch *The Seamstress* finden wir eine detaillierte Beschreibung der Reise dieses Transports.[77]

Hier finden sich die Daten dieser Gruppe von 753 Frauen, die alle als ungarische Jüdinnen bezeichnet wurden, obwohl sich nach der Befreiung vier als Tschechoslowakinnen beziehungsweise Slowakinnen bezeichneten, da einige aus den von Ungarn besetzten Grenzgebieten stammten, oder auch als Rumäninnen – wie Seren Tuvel Bernstein und ihre Schwester Esther. Die Altersverteilung zeigt ganz klar, dass Frauen, die schwere körperliche Arbeit ausführen konnten, bevorzugt wurden. Die Mehrheit (654 Frauen) gehörten der Altersgruppe „19–45“ Jahre an (87 %). Es gab auch eine recht große Gruppe von 87 Mädchen. Es war nur ein Kind darunter und nur eine Frau, die älter als 45 Jahre war.

Nach Aussage von Eva Feyer (Feiyer)[78] fand nur eine Woche nach Ankunft der Gruppe eine Selektion von 60 Frauen, beziehungsweise Mädchen, für Genshagen – ein Außenlager von Sachsenhausen – statt. Die selektierten Frauen wurden mit LKWs dorthin gebracht. Nur zwei Überlebende dieses Transports – die israelische Überlebende Chava Schiff (Name während des Krieges: Hedwig Grossmann)

Sara (Seren) Tuvel Bernstein, geboren 1918, Rumänien; gestorben 1983, Chicago. Autobiographie: Sara Tuvel Bernstein mit Louise Loots Thornton und Marlene Bernstein Samuels, *The Seamstress, A Memoir of Survival*, New York, Putnam, 1997.

Edith Kiss, geb. Rott, geb. 1905 in Budapest; gest. 1966 in Paris. Die bekannte Bildhauerin des ungarischen Holocaust.

und Edith Kiss (Name während des Krieges: Edith Ban, geb. Roth), die berühmte Bildhauerin des ungarischen Holocaust – berichten, dass sie nach Genshagen geschickt worden waren. Da uns keine Informationen über das Schicksal von mehr als der Hälfte der Mitglieder dieses Transports vorliegen, ist es sehr wahrscheinlich, dass die 60 ungarischen Jüdinnen, die Ende November für die Arbeit in den *Daimler-Benz-Werken* in Genshagen selektiert worden waren, alle am 22 Novem-

Relief: Deportation von Edith Kiss, Budapester Synagoge.

ber in Ravensbrück ankamen.[79] Eine Überlebende dieses Budapester Transports vom 22. November wurde nach Barth geschickt und eine nach Malchow.[80]

Dank der Entdeckung der Überstellungsliste mit den Namen von 500 ungarischen Jüdinnen, die von Ravensbrück nach Venusberg (ein kleines Außenlager des KZs Flossenbürg) geschickt wurden, wissen wir jetzt, dass nach fast zwei Monaten – am 15. Januar 1945–102 Häftlinge aus diesem Transport nach Venusberg geschickt wurden. Im April wurden sämtliche der unglücklichen Überlebenden von Venusberg, von denen viele inzwischen an Typhus erkrankt waren, nach Mauthausen deportiert. Von diesen 102 sind uns nur drei Überlebende bekannt.[81]

Im Gegensatz zu dem früheren ungarischen Transport vom 19. November 1945 und dem, der einige Tage später ankam, blieb die Mehrheit der Zugänge dieses dritten Direkt-Transports aus Budapest in Ravensbrück bis zur dritten Februar-Woche des Jahres 1945 oder sogar noch darüber hinaus. Am 16. Februar 1945 wurden mindestens 119 Mitglieder dieses Transports mit einem Todeszug nach Burgau (Bayern) geschickt.[82] Das Schicksal der 500 Frauen und Mädchen dieses schrecklichen späten Transports wird im nächsten Kapitel beschrieben.

Am 23. März 1945 wurden neun weitere Frauen dieses Transports aus Budapest als Teil eines 57 Frauen umfassenden Transports nach Leitmeritz und von dort – im April – nach Theresienstadt geschickt. Von Überlebenden, die ebenfalls bis März in Ravensbrück blieben, wissen wir, dass mindestens je fünf im März nach Bergen-Belsen und Mauthausen geschickt wurden.

Es scheint also, als wäre damals die Mehrheit der Frauen, die mit diesem Transport angekommen waren, mindestens drei oder sogar vier Monate lang in Ravensbrück geblieben und hätte dort gearbeitet. Bis Ende November 1944 hatten sich die Unterkunfts- und sanitären Bedingungen aufgrund der enormen Überbelegung drastisch verschlechtert. Die Frauen dieses Transports litten in einem riesigen Armeezelt, das einfach in der Mitte des Lagers errichtet worden war. Ursula Wińska beschreibt das Zelt wie folgt: „3 000 Häftlinge waren (in dem Zelt) zusammengepfercht. Schon aus einiger Entfernung konnte man das Weinen und Stöhnen hören. Nach sechs Wochen fühlte man es im gesamten Lager. Es war, als ob eine schwarze Wolke sich bis in den letzten Winkel des Lagers ausbreitete.‘[83]

Später wurden sie aus dem Zelt in völlig verfallene Baracken verlegt. Zu diesem Zeitpunkt schliefen die Neuzugänge in dreistöckigen Betten, jeweils zu viert auf einer Liegefläche, ohne Bettwäsche, ohne die Strohsäcke, auf denen die früher Angekommenen schliefen, und sogar ohne Decken. Sie führten die schwersten körperlichen Arbeiten aus und waren dabei fast am Verhungern.[84]

Wir haben Aufzeichnungen über den Tod von 67 von ihnen gefunden: Von diesen starben 37 in Ravensbrück, da ihre Namen auf den vier erhalten gebliebenen Sterbelisten erscheinen; vier starben im Lager Venusberg, mindestens eine starb auf dem Weg nach Burgau[85], acht starben unmittelbar nach der Ankunft in Burgau[86] und 17 Namen erscheinen in der *Multinationalen Tabelle* mit den Namen derer, die den Krieg nicht überlebt haben. Von den 641 (85 %) Häftlingen dieses Transports, über deren Schicksal uns keine Informationen vorliegen, müssen noch viele mehr gestorben sein.

Es sind nur 45 Überlebende bekannt: 17 sind in den USA registriert, 17 haben sich nach der Evakuierung nach Schweden durch das schwedische Rote Kreuz dort niedergelassen, sieben sind israelische Überlebende, eine war die in Frankreich niedergelassene ungarische Überlebende Edith Kiss (die bekannte Bildhauerin des ungarischen Holocaust[87]) und von zweien ist nicht bekannt, in welchem Land sie sich niedergelassen haben.

Der vierte Direkt-Transport aus Ungarn

Mit diesem Transport kamen am 28. November 1 035 Häftlinge[88] aus Budapest und Gomarom, von denen 678 Jüdinnen waren. Sie waren zu Fuß von Budapest über Gomarom zur österreichischen Grenze gelangt. Weil es kalt wurde, war dieser Marsch besonders beschwerlich. Vor dem Transport nach Ravensbrück blieben die Häftlinge ungefähr eine Woche lang in Dachau. Zum Glück behandelte dort ein französischer Häftlingsarzt ihre Ruhr und verletzten Füße.[89] Sie waren sogar offensichtlich für den Einsatz als Arbeitskräfte ausgewählt worden. 82,1 % waren jünger als 36 Jahre, es waren keine Kinder und nur eine Frau über 45 Jahre unter ihnen.

Bei der Ankunft in Ravensbrück wurden sie zusammen mit den „Zigeunerinnen“ (Sinti und Roma) – Frauen und Kindern, die im selben Transport angekommen waren – und den Massen ungarischer Jüdinnen, die wenige Tage zuvor mit einem Transport aus Frankfurt/Walldorf angekommen waren, in dem berüchtigten Zelt untergebracht.[90]

Am 18. Dezember 1944[91] wurden 600 Frauen – wie es scheint, waren die meisten von ihnen Jüdinnen dieses Transports – ausgewählt und in das harte Industrie-Arbeitslager Spandau geschickt. Obwohl zu Beginn Unterkunft und Ernährung in Spandau besser waren als in Ravensbrück, verschlechterten sich diese

Kato Gyulai, geb. 2. April 1919 in Budapest. Autobiographie: *Zwei Schwestern – Die Geschichte einer Deportation*, Berlin, Metropol, 2000.

Bedingungen bald. Kato Gyulai, die die Bedingungen in Spandau in ihren Memoiren beschreibt, zitiert eine Freundin wie folgt: „Je mehr Läuse, desto weniger Essen." Die Frauen stellten Bomben her und wurden von den Aufsehern grausam behandelt. Mit dem Vordringen der Roten Armee wurden die meisten gezwungen, nach Sachsenhausen zu marschieren. Unter denen, die von Ravensbrück nach Spandau geschickt worden waren, sind nur 14 Überlebende bekannt. Kato Gyulai selbst war so krank, dass sie in Spandau blieb und nach der Befreiung sechs Monate in einem russischen Krankenhaus bleiben musste, bevor sie nach Budapest zurückkehren konnte.

Uns ist nicht bekannt, ob von diesem Transport Gruppen aus Ravensbrück in andere Arbeitslager geschickt wurden. Von dem gesamten Transport sind nur 34 Überlebende bekannt: 16 in den USA, neun in Schweden, vier in Israel, drei in Ungarn, und eine, von der nicht bekannt ist, in welchem Land sie sich niedergelassen hat. Zehn der Überlebenden dieses Transports wurden nach Schweden evakuiert. Für 45 Frauen aus diesem Transport ist dokumentiert, dass sie starben – wie es scheint, alle oder die meisten von ihnen in Ravensbrück.[92] Demzufolge ist das Schicksal von 599 (88 %) der ungarischen Jüdinnen dieses Transports unbekannt.

Die Direkt-Transporte aus der Slowakei

Schon im Jahr 1942 wurden junge unverheiratete slowakische Jüdinnen nach Auschwitz deportiert. Nach einer Unterbrechung von zwei Jahren wurden im November 1944 – kurz bevor die Auflösung von Auschwitz begann – die Deportationen aus der Slowakei wieder aufgenommen. Am 9. November kamen 96 Jüdinnen aus Prešov, am 20. November 279 aus Sered und am 28. November 50 aus Prešov in Ravensbrück an. Überlebende berichten von mindestens einem weiteren Transport aus Sered, dessen Liste jedoch verloren ging.[93]

In verschiedenen anderen Dokumenten (*nicht* auf erhalten gebliebenen Zugangslisten) erscheinen ca. 284 weitere slowakische (und tschechoslowakische) jüdische Namen: Aus den vier Sterbelisten und insbesondere aus der tschechoslowakischen Sterbeliste, die nach Kriegsende fertiggestellt wurde, kennen wir die Namen vieler slowakischer jüdischer Frauen, Mädchen und Kinder, die 1945 in Ravensbrück starben. Ihren Ravensbrück-Häftlingsnummern[94] nach zu urteilen, müssen sie im November und Dezember 1944 im Lager angekommen sein. In Bratislava wurde eine Liste der überlebenden slowakischen Juden und Jüdinnen erstellt.[95] Insgesamt sind aus Dokumenten und Berichten Überlebender 710 Namen slowakischer jüdischer Frauen und Kinder bekannt[96], die in Ravensbrück zwischen Ende Oktober und Ende Dezember 1944 mit ausschließlich aus Juden bestehenden Transporten aus der Slowakei gekommen sein müssen.

Die slowakischen Transporte bestanden aus Familiengruppen, die den gesamten Weg in Zügen zurücklegten. Die mit dem Transport aus Prešov am 9. November in Ravensbrück angekommenen Häftlinge waren zuerst bis zum Tor von Auschwitz gebracht worden, wo sie die Nacht über warteten und am nächsten Tag westwärts nach Ravensbrück weiter transportiert wurden. Dort wurden die Männer und Jungen in das Männerlager geschickt und die Frauen, Mädchen und Kinder in das Frauenlager.[97] Dies sind die Detailangaben bezüglich Alter und Schicksal der am 9. November 1944 mit dem Transport aus Prešov Angekommenen: Von den 96 Zugängen waren 13 Kinder (13,5 %). Darüber hinaus wurden zwei Jungen – Havas und Tandlich – zusammen mit ihren Vätern in das Männerlager geschickt, obwohl sie noch nicht 13 Jahre alt waren, und erscheinen so nicht auf der Zugangsliste. Sie wurden im März 1945 ins Frauenlager verlegt und überlebten. Außerdem befand sich ein Mädchen im Transport; mindestens 34 waren älter als 55 und der Rest war zwischen 18 und 55 Jahre alt. Bezüglich dieser 96 Frauen und Kinder ist von 20 bekannt, dass sie starben, von 17, dass sie überlebten, und das Schicksal von 59 (61,5 %) ist nicht bekannt.

Die Männer und männlichen Jugendlichen aus dem Transport vom 20. November aus Sered wurden nach Sachsenhausen gebracht, dagegen kamen die 279 Frauen und Kinder nach Ravensbrück. Unter ihnen waren sechs Kinder, 14 Mädchen und ein großer Anteil (154, bzw. 55,2 %) Frauen, die älter als 45 Jahre waren. Diese Altersverteilung liefert möglicherweise einen Teil der Erklärung für die hohe Sterblichkeitsrate: Unseres Wissens starben 93 Häftlinge dieses Transports (33,3 %) und nur zwölf (4,3 %) überlebten.

Mit dem zweiten Transport aus Prešov – vom 28. November – kamen 50 Frauen und Kinder, darunter 15 (30 %) Kinder, ein Mädchen und 17 Frauen (34 %), die älter als 45 Jahre waren. Von 13 (26 %) ist bekannt, dass sie starben und nur von vier (8 %), dass sie überlebten.

Wie bei dem unten beschriebenen Transport aus Frankfurt/Walldorf und den Direkt-Transporten aus Ungarn von Ende November und Anfang Dezember (sowie dem kleinen Direkt-Transport aus Agram/Kroatien[98]), so kamen die Direkt-Transporte aus der Slowakei zu einer Zeit in Ravensbrück an, als das Lager völlig überbelegt, die Versorgung mit sanitären Einrichtungen vollkommen zusammen gebrochen war und Krankheiten im Lager grassierten. Wie auch die Ungarinnen wurden die Slowakinnen in dem berüchtigten Zelt zusammengepfercht, wo es keine sanitären Anlagen gab und zu Anfang nicht einmal mehrstöckige Betten. Selbst auf dem schmutzigen Boden war nicht genug Platz, um zu schlafen. Die Frauen schliefen im Stehen oder Sitzen, eine an die andere gepresst. Aufgrund dieser Enge und des Fehlens von Schüsseln und Löffeln bekamen die Schwächeren unter den Häftlingen überhaupt nichts zu essen.

Der Transport aus Frankfurt/Walldorf[99]

Mitten in dieser Flut ungarischer und slowakischer Häftlinge, die direkt aus Budapest oder der Slowakei kamen, erreichte zwischen dem 23. und dem 25. November der zweitgrößte aller ausschließlich aus Jüdinnen bestehenden Transporte Ravensbrück. Es waren 1 660 Überlebende eines Transports von ursprünglich 1 700 – alle nominell ungarische Jüdinnen[100], die im August von Auschwitz nach Frankfurt/Walldorf[101] (ein kleines Arbeitslager, versteckt im Stadtwald von Frankfurt/Main in der Nachbarschaft eines Militärflughafens) transportiert worden waren. Da die meisten Seiten dieser Ravensbrücker Zugangsliste verloren gingen[102], wurde von diesem Transport irrtümlich angenommen, er wäre im November unmittelbar aus Auschwitz angekommen. Die meisten ihrer Angaben, allerdings nicht ihre Ravensbrück-Häftlingsnummern, konnten aus einer erhalten gebliebenen Liste aus Frankfurt/Walldorf rekonstruiert werden.[103] Nachdem sie mehrere Monate in Auschwitz waren, verbrachten diese Häftlinge drei Monate mit extrem schwerer körperlicher Arbeit. Sie mussten unter schwersten physischen Bedingungen – Hunger, unzureichende Kleidung und sogar Folter – das Flugfeld eines Militärflughafens nach jeder Bombardierung reparieren und Bäume fällen.

Die Geschichte dieser großen Gruppe vor allem ungarischer jüdischer Frauen und Mädchen wurde erst im Jahr 2000[104] rekonstruiert – Jahre nachdem einige Schulkinder aus Walldorf/Mörfelden gefordert hatten, diese Geschichte zu erforschen und dieses vergessenen Lagers, das sie im Wald entdeckt hatten, zu gedenken.[105] Am 15. September 1944 wurden von den 1 699 Häftlingen 88 krank gemeldet, davon waren 30 in Quarantäne, scheinbar mit Scharlach (wöchentlicher Bericht des Lagerleiters vom 15. September 1944, Mörfelden-Walldorf). Am 31. Oktober 1944 waren schon 270 Häftlinge krank gemeldet.[106] Nach sorgfältiger Forschung wurden von Cornelia Rühlig, Direktorin des Museums von Walldorf/Mörfelden, weitere Dokumente gefunden, aus denen sich ergab, dass 42 der Frauen in Walldorf starben. Da die Überstellungsliste von Walldorf nach Ravensbrück 1 660 Namen der vorher als von Auschwitz nach Walldorf gekommenen 1 700 Häftlinge enthält, ist klar, dass die Überstellungsliste die Namen von zwei Toten enthält. Es gibt in der Tat Belege dafür, dass eine Frau (Marta Schönfeld), die am 22. Oktober 1944 in Walldorf gestorben war, auf der Überstellungsliste steht und dass sie die Ravensbrück-Häftlingsnummer 88450 erhielt.[107]

Bei ihrer Ankunft in Ravensbrück wurden die Häftlinge, so wie auch die Ankömmlinge aus den unmittelbar aus Ungarn und der Slowakei kommenden Transporten, in dem berüchtigten Zelt untergebracht. Zu diesem Zeitpunkt gab es nicht einmal auf dem mit Exkrementen bedeckten Boden genug Platz, sich auszustrecken. Tote blieben in der Menge der noch Lebenden liegen. Vera Dotan (Name während des Krieges: Gellert), damals 13 Jahre alt, beschreibt die zwei Wochen im Zelt als die „härtesten zwei Wochen meines Lebens."[108] Erst einige Zeit später wurden mehrstöckige Betten im Zelt aufgestellt und einige der Neuankömmlinge wurden in völlig verfallene Baracken mit zerbrochenen Fenstern und nicht mehr funktionierenden Waschgelegenheiten und Toiletten verlegt. Sie mussten jeweils zu viert auf einer der in drei Stockwerken angeordneten Liegeflächen schlafen. In den Memoiren von Seren Tuvel Bernstein und Eva Langley-Dános werden die Bedingungen im Zelt und in den verfallenen Baracken genau beschrieben.

Die Sterblichkeitsrate der aus Frankfurt/Walldorf kommenden Frauen war enorm hoch. Diejenigen, die auf der untersten Ebene der Betten – direkt neben den zerbrochenen Fenstern – schliefen, erfroren. Jeden Morgen wurden vor jedem Block Leichenberge aufgehäuft.[109] Eine erbarmungslose Blockälteste und eine Stubenälteste stahlen systematisch alle festen Bestandteile aus der wässrigen Suppe, die einmal pro Tag verteilt wurde.[110] Die jüdischen Neuankömmlinge erhielten kein richtiges Brot mehr. Eva Langley-Dános berichtet, dass diese Diebinnen sich auch des Waschraums bemächtigten, den sie in ihre private Küche umwandelten, und so die Häftlinge um die Möglichkeit brachten, sich zu waschen. Auch Seren Tuvel Bernstein berichtet, dass die Funktionshäftlinge Essen stahlen. Sie beschreibt, wie sie und die drei anderen Mitglieder ihrer kleinen Gruppe Gemüse „organisierten", während sie im Gemüsesortierkeller arbeiteten, um es gegen etwas richtiges Brot zu tauschen, das die schon länger im Lager weilenden und besser organisierten (nicht-jüdischen) polnischen Häftlinge noch regelmäßig bekamen.

Unter den Mitgliedern des Transports aus Frankfurt/Walldorf war aufgrund ihres schon schlechten körperlichen Zustandes die Sterberate in Ravensbrück besonders hoch.[111] Trotzdem ist nur der Tod von 132 (8 %) der Häftlinge dieses Transports dokumentiert. Die Namen der meisten erscheinen auf den Sterbelisten von Mittwerda und dem Lager Uckermark mit den „selektierten" und zwischen dem 1. Januar und Mitte April 1945 in Ravensbrück vergasten Häftlingen. Von diesem Transport wurde keine geschlossene größere Gruppe aus Ravensbrück in Außenlager geschickt. Überlebende berichten, dass mehr als 75 Häftlinge in unterschiedliche Arbeitslager geschickt wurden, darunter Rechlin-Retzow (27), Malchow (zehn), Beendorf (acht), Bergen-Belsen (acht), Graslitz (vier), Venusberg (eine), Gleiwitz (fünf), Hasag- Leipzig (eine), Leitmeritz (22), Mauthausen (46) und Zillertal (51). Insgesamt ist von 398 (24 %) bekannt, dass sie überlebten. Über das Schicksal von 1 100 (etwa 66 %) ist nichts bekannt.

Von 315 (79,1 %) der bekannten Überlebenden ist auch bekannt, wo sie sich niederließen: in Israel ließ sich die größte Gruppe nieder (121); in den USA 71, in Schweden 50 und 40 kehrten nach Ungarn zurück; zwölf machten sich in Kanada ansässig, acht in Australien, vier in Belgien, drei in Deutschland und jeweils eine in Österreich, der Tschechei, Frankreich, Rumänien, der Slowakei und Südafrika. Bei 83 Überlebenden ist nicht bekannt, wo sie sich niedergelassen haben. Siebenundneunzig der Überlebenden wurden mit der Bernadotte-Aktion nach Schweden evakuiert; die sechs Schreiber-Schwestern berichteten, dass sie sich in einem furchtbaren Todeszug befanden, der in Beendorf abfuhr, eine Woche lang in Ravensbrück Aufenthalt hatte und dann drei Tage lang fuhr, wobei die Häftlinge ohne Nahrung oder Wasser im Zug eingeschlossen waren.[112] Viele der gefangenen Frauen waren schon tot, bevor der Zug nach Hamburg umgeleitet wurde, wo die Überlebenden in einen anderen Zug umstiegen, der sie erst nach Dänemark und dann weiter nach Schweden brachte. Über das Schicksal von 1 130 Frauen (68,1 %) aus dem Transport nach Frankfurt/Walldorf liegen nach wie vor keine Informationen vor.

Die Zugänge vom Dezember 1944

Viele der Zugangslisten vom Dezember 1944 sind verloren gegangen. Im Verzeichnis der Zugangsunterlagen im Ravensbrücker Kalendarium für die Tage zwischen dem 3. und dem 13. Dezember fehlt die Mehrheit der Ravensbrück-Häftlingsnummern zwischen der Nummer 92 000 und der Nummer 94 000. Bis vor kurzem war nur eine Zugangsliste mit den Namen jüdischer Häftlinge – die schon beschriebene Zugangsliste des dritten Ghetto-Transports aus dem Ghetto Piotrków vom 3. Dezember – als erhalten bekannt. Erst in der jüngeren Vergangenheit wurde eine kleine Liste vom 13. Dezember 1944 aus Berlin (mit sechs jüdischen Namen) im Warschauer Archiv gefunden. Italienische Forscher[113] haben die Namen von 32 jüdischen Frauen und Kindern und einem Mann, die am 14. Dezember 1944 von Bolzano nach Ravensbrück deportiert worden waren, entdeckt.

Direkt-Transporte aus Ungarn im Dezember

Überlebende berichten, dass Anfang Dezember mindestens zwei Transporte unmittelbar aus Budapest ankamen – der erste teilweise zu Fuß, der zweite ausschließlich per Zug. Diesen Ankömmlingen wurden Häftlingsnummern im Bereich 92 900 zugewiesen. Ihre Zugangslisten sind verloren gegangen. Nach Aussage von Nora Stark[114] kamen die Frauen ihres Transports, der aus Budapest abmarschiert war, am 1. Dezember 1944 mit dem Zug in Ravensbrück an. Eva Langley-Dános erinnert sich daran, dass sie und ihre Freundinnen, darunter Hanna Dallos, Lili Strauss und Klara Erdélyi, im Verlauf eines einzigen Tages von Budapest nach Deutschland deportiert wurden. Sie erwähnt keinen Fußmarsch. Gitta Mallasz berichtet in ihrem berühmten Buch *Talking with Angels*[115], dass am 24. November 1944 in Budaliget (einer Textilfabrik, in der viele jüdische Frauen und Kinder Schutz gesucht hatten) 13 Jüdinnen verhaftet wurden und danach nach Ravensbrück deportiert wurden. Nur eine überlebte – Eva Langley-Dános. Ihren Ravensbrück-Häftlingsnummern zufolge müssen diese jungen ungarischen Jüdinnen[116] mit einem Transport einige Tage nach dem 1. Dezember angekommen sein.

Andreas Baumgartner äußert in seinem Buch zur Geschichte der weiblichen Mauthausen-Häftlinge[117] die Vermutung – auf der Grundlage der Zeugenaussage von Katherine S. aus dem Jahr 1958 –, dass am 11. Dezember 1944 „ungefähr 2 500 aus Budapest stammende Jüdinnen“ als Neuzugänge in Ravensbrück registriert wurden; sie waren in dem großen Zelt untergebracht, das zu diesem Zeitpunkt leer stand.[118] Eine weitere Aussage zur Ankunft von 2 000 jüdischen Frauen und ihren Kindern, die in dem berüchtigten Zelt lebten, datiert ihre Ankunft auf einen späteren Zeitpunkt kurz vor Weihnachten …[119] Seltsamerweise können wir diese Behauptungen bezüglich der Größe des Transports nicht überprüfen. Die Tatsache der Ankunft selbst wird jedoch durch zwei Fakten gestützt: (a) Katherine S. bezeugt, dass sie und ihre Schwester am 10. Januar 1945 nach Venusberg – ein kleines Außenlager des KZs Flossenbürg – verlegt wurden; (b) eine Überstellungsliste von Flossenbürg, in der die Namen von 500 ungarischen Jüdinnen (einschließlich Katherine S.), die am 10. Januar von Ravensbrück ins Lager Venusberg überstellt wurden, aufgeführt sind. Es ist sehr wahrscheinlich, dass 398 von ihnen schon am 11. Dezember angekommen waren.

Namen von 1 164 ungarischen Jüdinnen, die im Laufe des Monats Dezember 1944 unmittelbar aus Ungarn in Ravensbrück angekommen sein können, erscheinen auf drei Überstellungslisten von Januar und Februar 1945: die Liste des eben erwähnten Transports ins Lager Venusberg (398 Frauen am 15. Januar), nach Penig (698 Frauen vor dem 17. Februar) und nach Burgau (68 Frauen am 17. Februar). Des Weiteren gibt es 70 ungarische jüdische Namen, die uns aus den Zeugenaussagen und den Registrierungen von Überlebenden bekannt sind, sowie 25 Namen auf den vier Sterbelisten und der Liste der ungarischen Häftlinge, die nicht zurückkehrten (*Multinationale Tabelle*), die möglicherweise ebenfalls im Dezember 1944 ankamen.

Es folgt das Beweismaterial aus diesen drei Überstellungslisten.

Die Überstellungsliste ins Lager Venusberg

Es handelt sich hier um eine Liste von 500 ungarischen Jüdinnen, die am 15. Januar 1945 aus Ravensbrück in dieses Außenlager des KZs Flossenbürg überstellt wurden. Sie wurde erst kürzlich im Nationalarchiv der USA in Washington entdeckt und enthält die Flossenbürg-Häftlingsnummern und Geburtsorte.[120] Eine von diesen 500 war Katalin Bein, später Katherine S., geboren am 12. Oktober 1916, die 1958 aussagte, dass sie und ihre Schwester am 11. Dezember mit einem großen Transport aus Budapest in Ravensbrück ankamen, im Zelt untergebracht wurden und am 15. Januar ins Lager Venusberg überstellt wurden. Man kann annehmen, dass 398 Frauen auf dieser Überstellungsliste ins Lager Venusberg am 11. Dezember mit ebendiesem Transport vom 11. Dezember in Ravensbrück angekommen waren und so nur etwas länger als einen Monat in Ravensbrück geblieben waren. (Einhundert der Frauen auf der Überstellungsliste ins Lager Venusberg waren mit dem Direkt-Transport vom 21./22. November aus Budapest angekommen und zwei weitere mit dem Transport vom 23. – 25. November aus Frankfurt/Walldorf; insgesamt fünfhundert).

Katherine S. sagte aus, dass während ihres ersten Monats im Lager Venusberg die Bedingungen in Bezug auf Unterkunft, Ernährung und Arbeit (Herstellung von Flugzeugteilen) akzeptabel waren. Dann kamen 1 500 Frauen – darunter viele aus Budapest – aus Bergen-Belsen. Dies führte zu extremer Überbelegung und Verschlechterung der Bedingungen. Außerdem brachten diese Frauen eine Typhusepidemie mit, die zu diesem Zeitpunkt in Bergen-Belsen grassierte. Im April

1945 wurden die überlebenden Häftlinge – viele von ihnen krank – in einer in schrecklichem Zickzack verlaufenden Zugfahrt, die 16 Tage dauerte, nach Mauthausen gebracht. Dem Anschein nach haben nur einhundert bis zur Befreiung in Mauthausen überlebt und sind nach Ungarn zurückgekehrt. Außer der Überlebenden Katalin Bein fanden wir die Namen von weiteren 15 Überlebenden der Lager Ravensbrück und Venusberg sowie die Namen von 21 Frauen, die bekanntlicherweise starben.

Die Überstellungsliste ins Lager Penig

Penig war ein Außenlager von Buchenwald. In einer Überstellungsliste von Ravensbrück in dieses Lager erscheinen die Namen von 700 ungarischen Jüdinnen. Nur eine der Listen mit in Penig gemachten Eintragungen ist erhalten geblieben, und zwar die vom 17. Februar 1945. In ihr sind die Ravensbrück-Häftlingsnummern nicht angegeben. Wir wissen, dass die Registrierung in den Außenlagern von Buchenwald bis zu einem Monat nach der Selektion der Gruppe von Häftlingen in Ravensbrück und deren Abtransport von dort stattfand. Laut Aussage einer Überlebenden – Nora Stark – fand die Selektion am 18. Januar statt.[121] Sie war am 1. Dezember mit einem Direkt-Transport aus Budapest in Ravensbrück angekommen. Sechs Tage lang waren sie in extremer Kälte nach Penig unterwegs.

Was wissen wir über diese 700 Frauen und Mädchen, die als ungarische Jüdinnen klassifiziert wurden? Wir wissen, dass 564 der Altersgruppe „19–35 Jahre" angehörten, dass aber auch ein Kind und 44 Mädchen sowie 88 Frauen der Altersgruppe „36 bis 55 Jahre" unter ihnen waren. Wir wissen auch, dass 263 von ihnen verheiratet waren, 63 ledig und eine geschieden; über den Familienstand der Übrigen liegen uns jedoch keine Informationen vor. Wie auch andere Überstellungslisten ungarischer Häftlinge enthält diese ebenfalls Angaben zu den Berufen. Auch hier sind die größten Gruppen die der Schneiderinnen (274) und Näherinnen (79), gefolgt von anderen traditionellen Frauenberufen wie Weberin (15-mal), Spinnerin (einmal), Putzmacherin (9-mal), Strickerin (3-mal), Korsettmacherin (einmal), Kosmetikerin (5-mal), Friseuse (7-mal), Krankenschwester/Pflegerin (7-mal), Stenografin (3-mal), Angestellte (10-mal) und Verkäuferin (7-mal). Zweiundsiebzig waren Hausfrauen, sechs Haushaltshilfen und zwölf Haushälterinnen. Überraschenderweise hatte ein große Anzahl Berufe, die für Frauen – speziell für Jüdinnen – nicht typisch waren: 55 Arbeiterinnen, acht Fabrikarbeiterinnen, sieben Kürschnerinnen, sechs Schuhmacherinnen, sechs Buchbinderinnen, sechs Fotografinnen, zwei Handwerkerinnen und sogar eine Automechanikerin. Überraschend ist auch die beträchtliche Anzahl von Hoch- und Fachschulabsolventinnen:

57 Beamtinnen, 16 Lehrerinnen, eine Ärztin, zwei medizinische Assistentinnen, eine Zahnärztin, vier Zahnarztassistentinnen, vier Pharmazeutinnen und sogar eine Anthropologin und eine Chemikerin. Es waren auch eine Künstlerin und eine Sängerin unter ihnen. Achtzehn wurden als Studentinnen und eine als Gymnasiastin klassifiziert. In Penig waren sie in den Max-Gerth-Werken in der Produktion von Geschosshülsen beschäftigt. Der Evakuierungsmarsch von Penig in Richtung Chemnitz begann am 13. April 1945. Uns sind nur 34 Überlebende dieses großen Transports bekannt (in den USA ließen sich 25 nieder, in Israel fünf und in Ungarn eine; von dreien ist nicht bekannt, wo sie sich niedergelassen haben); nur für 19 von ihnen haben wir Beweise für ihren Tod, davon starben zwölf in Penig.[122] Demzufolge ist das Schicksal von ungefähr 92 % dieser großen Gruppe unbekannt.

Die Überstellungsliste ins Lager Burgau

Eva Langley-Dános und ihre drei Freundinnen wurden am 16./17. Februar 1945 für das bayerische Arbeitslager Burgau selektiert. Ihre Ravensbrück-Häftlingsnummer war 92944[123], die ihrer Freundinnen waren 92943 (Lili), 92945 (Hanna) und 92952 (Klara). Ihre Freundinnen starben alle drei während der 16 Tage dauernden Zugfahrt nach Burgau[124], deshalb erscheinen ihre Namen nicht auf der Burgau-Liste und wir wissen von ihnen nur aus den Memoiren Evas. Auf der Transportliste nach Burgau erscheinen 68 Namen ungarischer Jüdinnen, die nicht auf der Zugangsliste vom 21./22. November erscheinen; diese Häftlinge müssen also im Dezember angekommen sein. Von diesen 68 haben unseres Wissens nur Eva Langley-Dános und eine weitere Frau überlebt, während wir von sechs Frauen wissen, dass sie gestorben sind. Wir wissen nicht, wie viele mehr aus dieser Gruppe – außer den drei Freundinnen von Eva Langley-Dános – vor der Ankunft dieses Transports in Burgau gestorben sind. Die Geschichte des gut dokumentierten Transports nach Burgau wird detaillierter im nächsten Kapitel erzählt werden.

Demzufolge blieben viele oder sogar die meisten der im Laufe der ersten Dezemberhälfte direkt aus Ungarn angekommenen Häftlinge ein- bis zweieinhalb Monate in Ravensbrück. Während dieser Zeit machten sie Erfahrungen, die denen von Seren Tuvel Bernstein und ihrer Freundinnen aus dem Budapester Transport vom 21./22. sowie denen der Ankömmlinge mit dem Transport aus Gomarom/Budapest vom 28. November, die nicht nach Spandau geschickt worden waren, sehr ähnlich waren. In ihren Memoiren bezeichnet Eva Langley-Dános Ravensbrück als „den Namen, der alles Böse umfasst.“[125]

Ein multinationaler Transport aus Auschwitz

Im Dezember 1944 – vor dem Beginn der Evakuierung von Auschwitz im Januar 1945 und dem *Auschwitz-Todesmarsch*, der am 18. Januar begann – muss es einen letzten größeren Transport aus Auschwitz gegeben haben. Es ist keine Zugangsliste für einen solchen Transport erhalten geblieben; zwischen den Nummern auf den vorliegenden Zugangslisten (15. Dezember 1944 und 10. Januar 1945) besteht jedoch eine Lücke von 2 246 Ravensbrück-Häftlingsnummern. Da wir 78 jüdische Überlebende unterschiedlicher Nationalitäten gefunden haben, die angeben, im Dezember 1944 von Auschwitz nach Ravensbrück gekommen zu sein, müssen wir annehmen, dass nicht nur mindestens sechs der slowakischen jüdischen Überlebenden, die im Dezember ankamen, sondern auch mindestens die 16 ungarischen Überlebenden, von denen uns keine passenden Ravensbrück-Häftlingsnummern vorliegen, ganz bestimmt aber die 16 ungarischen Jüdinnen mit passenden Ravensbrück-Häftlingsnummern, die am 24. Januar 1945 nach Meuselwitz[126] verlegt wurden, alle Mitte Dezember aus Auschwitz kommend nach Ravensbrück gelangten. Aus der Aussage der US-Überlebenden Esther Grün erfahren wir, dass es sich dabei um einen großen Transport mit Güterwaggons handelte, mit Frauen vieler Nationalitäten, darunter Polen, die Tschechoslowakei, Ungarn, Rumänien, Jugoslawien und Italien.[127] Es ist bekannt, dass 82 von diesen überlebten: Nach Malchow wurden 38 überstellt, nach Meuselwitz 16, nach Neustadt-Glewe sechs, nach Beendorf fünf, nach Bergen-Belsen vier, nach Rechlin/Retzow drei, nach Taucha, Genshagen, Lippstadt und Mauthausen je zwei und nach Glöwen und Turgau je eine. Vierunddreißig von ihnen wurden schließlich nach Schweden evakuiert.

Auf der Überstellungsliste nach Meuselwitz finden wir das Beweismaterial dafür, dass von den 18 Frauen, die am 24. Januar 1945 in das Arbeitslager Meuselwitz geschickt worden waren, 16 ungarische Jüdinnen waren und nichtkonsekutive Ravensbrück-Häftlingsnummern von Mitte Dezember (zwischen 95454 und 95683) trugen und demzufolge ungefähr am 16. oder 17. Dezember mit diesem multinationalen Transport aus Auschwitz angekommen sein müssen. Die zwei weiteren der 18 Frauen waren nicht-jüdisch. Esther Grün berichtete, dass ihres Wissens alle 16 Jüdinnen sowohl die Monate der Arbeit in der Kriegsindustrie überlebten (laut ihrer Aussage arbeiteten tausende von Häftlingen in Meuselwitz) als auch den fünf Tage dauernden erschöpfenden Evakuierungsmarsch.[128] Sie bestätigt, dass sie aus Auschwitz in die „Hölle von Ravensbrück“ kam und während eines Zählappells gemeinsam mit 15 anderen jungen ungarischen Jüdinnen, von denen sie keine gekannt hatte, selektiert wurde. Anikó, Pepi (Josephine), Shari (Charlotte) und Eva wurden ihre Freundinnen. Gemeinsam flohen sie während des Evakuierungsmarsches, versteckten sich bis zur Ankunft der Roten Armee zuerst in einem Heuschober und dann bei Bauern.

Direkt-Transporte aus der Slowakei im Dezember

Wir haben zwar Belege für die Ankunft von mehr als 300 jüdischen Häftlingen aus der Slowakei im Dezember 1944, es ist jedoch nicht möglich, genaue Angaben bezüglich ihrer Ankunftsdaten zu machen, da für Dezember 1944 keine Zugangslisten für Slowakinnen vorliegen. Aus Sterbelisten und Informationen Überlebender können wir jedoch schließen, dass es zwischen dem 3. und dem 12. Dezember mindestens einen Direkt-Transport aus Sered mit mindestens 138 Jüdinnen gab, sowie einen weiteren Transport aus Sered, scheinbar am 19. Dezember 1944. In einzelnen Aufzeichnungen erscheinen die Namen von 87 Slowakinnen als „verstorben" und ein Name einer slowakischen Überlebenden – alle mit Ravensbrück-Häftlingsnummern, denen zufolge sie in der dritten Dezemberwoche 1944 angekommen sein müssen. Eine australische Überlebende (Olga Wollner, die damals 14 Jahre alte Olga Löwy) hat vor kurzem als Ankunftsdatum dieser gesamten Gruppe aus Sered den 19. Dezember bestimmt. Sie sagte auch aus, dass ihre Großmutter (deren Tod im Februar 1945 registriert ist), ihre Mutter und sie selbst sich in diesem Transport befanden.[129] Da es sich um ca. 250 Ravensbrück-Häftlingsnummern handelt, kann dies die Anzahl von Frauen und Kindern sein, die mit diesem Transport ankamen. Olga Wollner berichtet, dass bei diesem Transport aus Sered die Männer in getrennten Wagen transportiert und nach Oranienburg gebracht worden waren. Kurz nach der Ankunft der Frauen und Kinder in Ravensbrück fand ein Zählappell statt, bei dem die arbeitsfähigen Häftlinge von denen getrennt wurden, die die SS-Aufseher für zu alt oder krank hielten. So wurde ihre Großmutter von ihnen getrennt. Ihre Mutter wollte sich der Großmutter anschließen, diese sagte jedoch: „Nein, du bleibst bei Olli!" Sie und ihre Mutter wurden bald nach Rechlin geschickt.

Transport aus Częstochowa

Darüber hinaus gibt es Zeugenaussagen zu einem großen jüdischen Transport – vielleicht dem letzten des Jahres 1944 –, der um Weihnachten eintraf. Mit ihm kamen weder Ungarinnen noch Slowakinnen und er kam nicht aus einem polnischen Ghetto oder Auschwitz. Es war ein Transport mit jungen polnischen Jüdinnen aus dem Arbeitslager Częstochowa.[130] Die Liste ist verloren gegangen. Wir wissen von diesem Transport aus den Aussagen von 77 Überlebenden, von denen 46 auf der Burgau-Liste[131] erscheinen, sowie von 31 anderen[132]. Die Frauen des Transports aus Częstochowa waren scheinbar nicht in einem so schlechten körperlichen Zustand wie die Ungarinnen oder die Slowakinnen.[133] Sie lebten mit Ungarinnen, die am 21./22. November oder Anfang Dezember 1944 angekommen waren, im selben Block. Wie es scheint, wurden 271 von ihnen später zusammen mit diesen Ungarinnen mit dem Todeszug nach Burgau geschickt.

Welches Schicksal hatten diese Ende Dezember aus Częstochowa neu ankommenden polnischen Jüdinnen? Aus den Aussagen der Überlebenden erfahren wir, dass mindestens 77 von ihnen überlebten. Wie wir gesehen haben, blieben mindestens 271 von ihnen in Ravensbrück und wurden am 17. Februar 1945 zusammen mit den am 21./22. November 1944 und in der ersten Dezemberwoche angekommenen Ungarinnen nach Burgau verschickt. Andere müssen nach Bergen-Belsen verschickt worden sein – entweder mit einem großen Transport am 3. Februar[134] oder – was noch wahrscheinlicher ist – mit dem riesigen Transport mehrerer tausend Häftlinge vom 27. Februar.[135] Wir wissen von 20 Personen aus diesem Transport von Częstochowa, die Bergen-Belsen überlebt haben. Fünfzehn von ihnen, sowie 16 weitere Überlebende der Gruppe aus Częstochowa, wurden nach Schweden evakuiert.

Was die übrigen slowakischen Neuankömmlinge des Monats Dezember angeht, wissen wir nicht, wie viele von ihnen mit dem multinationalen Transport aus Auschwitz gekommen sind. Darüber hinaus erscheinen auf Sterbelisten die Namen von 88 Slowakinnen mit Ravensbrück-Häftlingsnummern, aus denen hervorgeht, dass sie noch im Dezember angekommen sein müssen. Fünf slowakische Überlebende haben sich nach dem Krieg gemeldet und gaben an, dass sie noch im Dezember angekommen wären. Es erscheinen auch die Namen von 19 slowakischen Frauen ohne Ravensbrück-Häftlingsnummern, die wahrscheinlich vor Ende Dezember 1944 ankamen, auf Sterbelisten der Häftlinge, die im Januar 1945 vergast wurden.

Zusammenfassung der vierten Periode: Nationale Gruppen, Altersgruppen und Schicksale

Insgesamt sind uns die Namen von 10 626 jüdischen Frauen und Mädchen (einschließlich 216 Kindern) bekannt, die von August bis Ende 1944 in Ravensbrück ankamen. Welche Informationen haben wir zu ihren Herkunftsländern, ihrem Alter und Schicksal?

Herkunftsländer bzw. offizielle Staatsbürgerschaft

Tabelle 7.1

Herkunftsland	Anzahl	%
Ungarn	6 826	64,39
Polen	2 095	19,75
Slowakei, Tschechei, Tschechoslowakei	1 036	9,77
Frankreich	196	1,84
Deutsches Reich	88	0,83
Italien	80	0,75
Rumänien	71	0,67
Jugoslawien, Kroatien, Serbien, Slowenien	32	0,30
Griechenland	31	0,29
Österreich	19	0,18
Belgien	16	0,15
Niederlande	14	0,13
Sowjetunion	12	0,11
Türkei	2	0,02
USA	2	0,02
Argentinien	2	0,02
Litauen	1	0,01
Luxemburg	1	0,01
Staatenlos & unbekannt	102	0,96
Gesamt	10 626	100,00

(Siehe auch Diagramm 8, S. 284)

Altersverteilung der jüdischen Zugänge

Diese Tabelle spiegelt die Tatsache wider, dass die Mehrheit der 10 626 Jüdinnen, von denen wir wissen, dass sie während der vierten Periode ankamen, danach ausgewählt worden war, ob sie im arbeitsfähigen Alter und für die Arbeit in der deutschen Kriegsindustrie geeignet war. Nur in den Familien-Transporten, die direkt aus Toulouse, Italien, der Slowakei und mit den drei polnischen Ghetto-Transporten ankamen, befanden sich Kinder in größerer Zahl.

Tabelle 7.2

Altersgruppe	Anzahl	%
bis 13	207	1,9
14–18	1 143	10,8
19–25	3 667	34,5
26–35	2 998	28,2
36–45	1 753	16,5
46–55	301	2,8
56–65	151	1,4
66 und älter	116	1,1
Unbekannt	290	2,8
Gesamt	10 626	100,0

(Siehe auch Diagramm 9, S. 285)

Schicksal

Tabelle 7.3

Schicksal	Anzahl	%
Überleben bekannt	1 832	17,24
Tod bekannt	1 121	10,54
Unbekannt	7 673	72,22
Gesamt	10 626	100,00

(Siehe Tabelle 7.3 und Diagramm 10, S. 286)

Alter und Schicksal

Hinweis: Die ersten 6 Spalten der Tabellen 7.4 bis 7.7 geben die Anzahl und den prozentualen Anteil der darüber angegebenen Schicksale für die jeweilige Altersgruppe an. Im Gegensatz dazu erscheinen in den letzten zwei Spalten die Anzahl und der prozentuale Anteil der gesamten Altersgruppe der jeweiligen Zeile im Vergleich zur Gesamtzahl der Personen, von denen wir wissen, dass sie während der vierten Periode ankamen.

Die Angaben in Tabelle 7.4 sind offensichtlich sehr unbefriedigend, da das Schicksal von bis zu 72,2 % der jüdischen Häftlinge, die während dieser Periode

Tabelle 7.4

Alter	Gestorben		Überlebt		Schicksal unbekannt		Gesamt	
	Anzahl	%	Anzahl	%	Anzahl	%	Anzahl	%
Kinder bis 13 Jahre	22	10,6	101	48,8	84	40,6	207	1,9
Mädchen bis 18 Jahre	65	5,7	240	21,0	838	73,3	1 143	10,8
19–25	156	4,3	738	20,1	2 773	75,6	3 667	34,5
26–35	198	6,6	429	14,3	2 371	79,1	2 998	28,2
36–45	253	14,4	153	8,7	1 347	76,8	1 753	16,5
46–55	160	53,2	13	4,3	128	42,5	301	2,8
56–65	103	68,2	1	0,7	47	31,1	151	1,4
66 und älter	74	63,8	1	0,9	41	35,3	116	1,1
Unbekannt	90	31,0	156	53,8	44	15,2	290	2,7
Gesamt	1 121	10,6	1 832	17,2	7 673	72,2	10 626	100,0

ankamen, unbekannt ist. Die Anzahl der Toten bzw. Überlebenden liefert demzufolge keine zuverlässige Beschreibung der Situation. Möglicherweise kann man genauere Schlüsse aus einem Vergleich des Alters und des Schicksals der drei größten „nationalen" Gruppen der Zugänge in der vierten Periode ziehen, wobei deren unterschiedliche Geschichte in Betracht zu ziehen ist.

Die ungarische Gruppe

Während der vierten Periode – in den fünf Monaten von August bis Ende 1944 – machten die als „Ungarinnen" klassifizierten jüdischen Neuzugänge die bei weitem größte Gruppe aus. Unter diesen offiziell als Ungarinnen klassifizierten Frauen und Mädchen befanden sich viele, die aus den Grenzgebieten der Tschechoslowakei, Rumäniens und Jugoslawiens stammten, die von Ungarn besetzt worden waren. Als man in den letzten Jahren den Überlebenden die Möglichkeit gab, ihre Staatsbürgerschaften/Nationalitäten anzugeben, bezeichneten sich 223 dieser „Ungarinnen" als Tschechoslowakinnen (inklusive Slowakinnen und Tschechinnen), als Jugoslawinnen, Rumäninnen, Polinnen oder Sowjetbürgerinnen. Trotzdem bleibt die ungarische Gruppe die bei weitem größte der jüdischen Gruppen der vierten Periode – 6 826, d.h. 64,39 %.

Der ungarischen Gruppe gehörten offensichtlich zwei Arten von Frauen und Mädchen an. Wie oben beschrieben, waren die ersten 2 163 vor allem junge Frauen, die zwischen April und August 1944 aus ganz Ungarn nach Auschwitz deportiert worden waren. Sie wurden von August bis einschließlich 3. November in

Auschwitz selektiert und zu dem alleinigen Zweck nach Ravensbrück gebracht, so schnell wie möglich an deutsche Industrielle, die in einem Netzwerk sogenannter Außenlager unter dem Kommando der größeren Konzentrationslager Waffen und Munition herstellten oder Militärflugzeuge und -flughäfen warteten, „verkauft" zu werden. Ravensbrück schickte seine Häftlinge zur Arbeit vor allem in die Außenlager von Buchenwald[136], aber auch in einige Außenlager von Sachsenhausen/Oranienburg[137]. Später, im Jahr 1945, wurden die Häftlinge vor allem in den eigenen Außenlagern eingesetzt, insbesondere in Malchow und Neustadt-Glewe, aber auch in denen von Flossenbürg, Dachau und Mauthausen. Während der vierten Periode wurden die Ungarinnen aus Auschwitz in die folgenden Arbeitslager geschickt: Schönholz, Altenburg, Neustadt, Spandau, Lippstadt und Hasag-Leipzig. In kleinerer Zahl wurden jüdische Häftlinge in die folgenden Arbeitslager geschickt: Genshagen, Rechlin/Retzow, Beendorf und Barth. Der zweitgrößte jüdische Transport, der je in Ravensbrück ankam, bestand aus 1 677 Jüdinnen, die alle im August in Auschwitz selektiert und als „Ungarinnen" klassifiziert worden waren. Sie kamen am 23. – 25. November 1944 in Ravensbrück an. (Neunundsiebzig von ihnen bezeichneten sich später als Tschechoslowakinnen, Rumäninnen, Slowakinnen, Sowjetbürgerinnen oder Jugoslawinnen, wobei die beiden ersten Kategorien die größten waren). Sie waren fast drei katastrophale Monate lang in dem Arbeitslager Frankfurt/Walldorf gewesen. Aufgrund ihres schlechten körperlichen Zustands wurden die meisten von ihnen nicht in ein anderes Arbeitslager geschickt.

Die zweite Gruppe ungarischer Zugänge kam mit den unmittelbar aus Ungarn kommenden Transporten, die am 16. November begannen. Mit den vier Transporten vom November, deren Listen erhalten geblieben sind, kamen 1 797 Frauen und Mädchen. Aus den Überstellungslisten von Venusberg (398), Penig (698)[138] und Burgau (70) wissen wir, dass während der ersten zwei Wochen des Monats Dezember 1944 mindestens 1 166 ungarische Jüdinnen in mindestens drei Direkt-Transporten aus Budapest angekommen sein müssen.

Was die ungarischen Zugänge von Dezember 1944 angeht, die nicht direkt aus Ungarn, sondern aus Auschwitz kamen, so liegen uns Aufzeichnungen zu mindestens 32 ungarischen Jüdinnen vor, die Mitte Dezember mit einem multinationalen Transport ankamen.

Die polnische Gruppe

Der zweitgrößten „nationalen" jüdischen Gruppe der vierten Periode – der polnischen Gruppe – gehörte wie der ungarischen Gruppe ein hoher Anteil in Auschwitz selektierter Häftlinge an, die nach Ravensbrück geschickt wurden, um in der deutschen Kriegsindustrie zu arbeiten. Im August und September wurden 863 so selektiert und weitere 496 am 3. November. Die meisten der im August selektierten Häftlinge wurden nach Mühlhausen (Thüringen) geschickt und die meisten der am 3. November ankommenden Häftlinge gehörten zu den ersten nach Malchow geschickten jüdischen Häftlingen. Ein weiterer nur aus Jüdinnen (die immer noch für die Arbeit in der Kriegsindustrie bestimmt waren) bestehender Transport aus Polen, dessen Dokumente verloren gegangen sind, kam noch am 24./25. Dezember in Ravensbrück an (fast alle der Überlebenden erinnern sich daran, dass sie zu Weihnachten angekommen waren). Sie kamen nicht aus Auschwitz, sondern aus einem Arbeitslager in Częstochowa, wo sie in einem Werk der Hasag gearbeitet hatten, und alle, beziehungsweise die meisten, hatten vorher in Skarżysko-Kamienna gearbeitet. Sie waren davon überzeugt, dass sie in einem Werk von Messerschmidt arbeiten sollten. Wie oben schon erwähnt, nehmen wir an, dass 271 der Personen aus dem Transport von Częstochowa zusammen mit den Ungarinnen des Direkt-Transports vom 21./22. November und der ersten Dezemberwoche mit dem Todeszug nach Burgau geschickt wurden. Bei der Ankunft in Burgau, wo es tatsächlich ein Messerschmidt-Werk gab, wurden alle Überlebenden für nicht mehr arbeitsfähig gehalten.

Es ist nicht bekannt, wie viele polnische Jüdinnen Mitte Dezember mit dem letzten multinationalen Transport aus Auschwitz ankamen. Es sind 41 überlebende polnische Jüdinnen dieses Transports bekannt. Dreizehn ließen sich in Israel nieder, drei in Schweden und drei in den USA. Von 22 ist nicht bekannt, wo sie sich niedergelassen haben. Wichtig ist, dass 19 von diesen 41 bekannten Überlebenden nach Malchow verlegt und dass von ihnen 27 nach Schweden evakuiert worden waren. Wie oben beschrieben, gehörten zum polnischen jüdischen Kontingent der vierten Periode auch drei Transporte anderer Art – die über 600 Mitglieder der teilweise geschützten direkten Familien-Transporte aus den Ghettos Częstochowa, Łódź und Piotrków. Keine dieser Personen sollte zur Arbeit in Außenlager geschickt werden, aber mindestens 34 Frauen des Transports aus Łódź, die mit den Männern und Kindern in ein Speziallager bei Königs Wusterhausen geschickt werden sollten, wurden statt dessen in das grausame Arbeitslager Arado/Wittenberg geschickt.

Die slowakische Gruppe

Die drittgrößte „nationale" Gruppe unter den jüdischen Zugängen der vierten Periode bestand aus 821 slowakischen Frauen und Kindern sowie 51 als tschechisch und 26 als tschechoslowakisch bezeichneten Personen – insgesamt 898. Dazu kamen 137 Frauen und Mädchen, die offiziell als Ungarinnen registriert waren, sich aber nach der Befreiung als Slowakinnen (oder Tschechinnen oder Tschechoslowakinnen) identifizierten – also insgesamt 1 036. Von 384 Slowakinnen ist bekannt, dass sie im November mit vier Direkt-Transporten aus Sered und Prešov kamen. Wir wissen von mindestens drei weiteren Direkt-Transporten im Dezember aus der Slowakei: ein größerer aus Sered (mindestens 138 Personen), ein kleiner aus Prešov (mindestens drei Personen) und ein weiterer größerer in der dritten Woche aus Sered (90–250 Personen).

Eine Gruppe von 39 slowakischen Frauen und 19 tschechischen Frauen kam am 3. November mit einem großen Transport aus Auschwitz und eine weitere Gruppe kam Mitte Dezember mit dem multinationalen Transport aus Auschwitz. Bei vielen anderen mit slowakischer Staatsbürgerschaft ist uns nur ihr Schicksal – Überleben oder Tod – bekannt, nicht jedoch das Datum ihrer Ankunft – außer, dass sie vor Ende 1944 ankamen. Im Januar 1945 kamen wahrscheinlich zwei weitere Direkt-Transporte aus der Slowakei. Das Schicksal dieser Menschen wird im nächsten Kapitel beschrieben.

In den Tabellen 7.5 bis 7.7 ist die Verteilung von Alter und Schicksal sowie deren Verhältnis zueinander für die drei großen „nationalen" Gruppen der vierten Periode dargestellt. Dies sind die ungarische (Tabelle 7.5), die polnische (Tabelle 7.6) und die slowakische Gruppe (Tabelle 7.7).

Tabelle 7.5 Die ungarische Gruppe

Alter	Gestorben		Überlebt		Schicksal unbekannt		Gesamt	
	Anz.	%	Anz.	%	Anzahl	%	Anzahl	%
Kinder bis 13 Jahre	1	4,8	7	33,3	13	61,9	21	0,3
Mädchen bis 18 Jahre	45	5,4	79	9,5	711	85,1	835	12,2
19–25	112	4,5	170	6,9	2 180	88,5	2 462	36,1
26–35	130	6,2	91	4,3	1 884	89,5	2 105	30,8
36–45	144	11,3	37	2,9	1 096	85,8	1 277	18,7
46–55	10	26,3	2	5,3	26	68,4	38	0,6
56–65	1	12,5	0	0,0	7	87,5	8	0,1
66 und älter	0	0,0	1	20,0	4	80,0	5	0,1
Unbekannt	22	29,3	30	40,0	23	30,7	75	1,1
Gesamt	465	6,8	417	6,1	5 944	87,1	6 826	100,0

Auf den ersten Blick bestehen überraschende Unterschiede im Schicksal dieser drei nationalen Gruppen. Während bei nur 2,5 % der polnischen Gruppe be-

Tabelle 7.6 Die polnische Gruppe

Alter	Gestorben		Überlebt		Schicksal unbekannt		Gesamt	
	Anz.	%	Anz.	%	Anzahl	%	Anzahl	%
Kinder bis 13 Jahre	5	4,6	61	56,5	42	38,9	108	5,2
Mädchen bis 18 Jahre	3	1,7	84	48,3	87	50,0	174	8,3
19–25	13	1,5	395	45,0	469	53,5	877	41,9
26–35	5	0,8	256	41,0	363	58,2	624	29,8
36–45	13	6,0	69	31,7	136	62,4	218	10,4
46–55	10	20,8	7	14,6	31	64,6	48	2,3
56–65	2	40,0	0	0,0	3	60,0	5	0,2
66 und älter	0	0,0	0	0,0	1	100,0	1	0,1
Unbekannt	1	2,5	38	95,0	1	2,5	40	1,9
Gesamt	52	2,5	910	43,4	1 133	54,1	2 095	100,0

Tabelle 7.7 Die slowakische Gruppe

Alter	Gestorben		Überlebt		Schicksal unbekannt		Gesamt	
	Anz.	%	Anz.	%	Anzahl	%	Anzahl	%
Kinder bis 13 Jahre	13	25,0	21	40,4	18	34,6	52	5,0
Mädchen bis 18 Jahre	11	14,1	51	65,4	16	20,5	78	7,5
19–25	17	10,5	97	59,9	48	29,6	162	15,6
26–35	37	24,5	49	32,5	65	43,0	151	14,6
36–45	70	44,0	21	13,2	68	42,8	159	15,3
46–55	111	70,3	1	0,6	46	29,1	158	15,3
56–65	87	73,1	1	0,8	31	26,1	119	11,5
66 und älter	67	69,1	0	0,0	30	30,9	97	9,4
Unbekannt	9	15,0	46	76,7	5	8,3	60	5,8
Gesamt	422	40,7	287	27,7	327	31,6	1 036	100,0

kannt ist, dass sie starben und bei 43,4 %, dass sie überlebten, ist von 40,7 % der slowakischen Gruppe bekannt, dass sie starben und nur von 27,7 % dass sie überlebten. Was die ungarische Gruppe angeht, ist von 6,8 % bekannt, dass sie starben.

Dies ist ein viel kleinerer Anteil als bei der slowakischen Gruppe. Andererseits ist nur von 6,1 % bekannt, dass sie überlebten. Dies ist wiederum ein viel geringerer Prozentsatz als bei der polnischen Gruppe. Es wird deutlich, dass wir auch den Anteil derjenigen, deren Schicksal ungeklärt ist, in Betracht ziehen müssen. Bei der ungarischen Gruppe ist dies ein Anteil von immerhin 87,1 %; bei der polnischen Gruppe ist es etwas mehr als die Hälfte (54,1 %) und bei der slowakischen Gruppe ein viel geringerer Anteil (31,6 %).

Wie kommt es zu diesen großen Unterschieden bei Aufzeichnungen über den Verbleib jüdischer Häftlinge aus diesen drei unterschiedlichen Herkunftsländern? Wir wissen, dass die slowakischen Häftlinge – sowohl jüdische als auch nichtjüdische – noch während des Bestehens des Lagers begonnen hatten, ihre Toten zu registrieren und dass sie versuchten, diese Liste nach der Befreiung zu vervollständigen. Nach einigen Jahrzehnten versuchten sie auch eine Liste aller Überlebenden von Ravensbrück, die sich nach dem Krieg in der Slowakei ansässig machten, zu erstellen. Auch die jüdische Gemeinde von Prag versuchte, eine Liste der jüdischen Opfer und der Ravensbrück-Überlebenden zu erstellen. Im Gegensatz dazu begann die Registrierung sowohl der Opfer als auch der Überlebenden unter den ungarischen jüdischen Häftlingen erst in den 1990er Jahren. Ein weiterer Grund für die Tatsache, dass das Schicksal so vieler ungarischer jüdischer Häftlinge der vierten Periode unbekannt ist, ist, dass ein wesentlich höherer Prozentsatz dieser Gruppe als der beiden anderen Gruppen nach einem kurzen Aufenthalt in Ravensbrück in Außenlager geschickt wurde, so dass sich von vielen die Spur verlor. Wir haben nur wenige Informationen über jüdische Häftlinge, die in Außenlagern gestorben sind, und nur aus reinem Zufall kennen wir die Namen derjenigen, die von dort nach Auschwitz in den Tod geschickt wurden. Es wurden keine Aufzeichnungen angefertigt vom Tod derer, die während der massenhaften Evakuierungsmärsche aus Hasag-Leipzig, Lippstadt und Sachsenhausen zusammenbrachen und erschossen wurden; auch die Opfer des Evakuierungsmarsches aus Ravensbrück selbst wurden nicht registriert. Die meisten Überlebenden, die im Dezember 1944 oder Januar 1945 in Ravensbrück waren, sahen mit Erschrecken die Berge unbestatteter – und sicher auch unregistrierter – Leichen. Uns liegen nur sehr lückenhafte Listen derjenigen vor, die in der Gaskammer von Ravensbrück selbst ermordet wurden. Aufgrund des Vorhandenseins der tschechischen/ slowakischen Sterbelisten sind diese Aufzeichnungen für die slowakische Gruppe vollständiger. Wenn man all dies berücksichtigt, kann man annehmen, dass die Mehrheit derjenigen, deren Schicksal ungeklärt ist, tatsächlich während des Krieges oder kurz danach starb. Es ist jedoch auch möglich, dass eine beträchtliche Anzahl Überlebender der Außenlager sich nicht als ehemalige Ravensbrück-Häftlinge registrieren ließ, da sie nur relativ kurz in Ravensbrück selbst war. Man kann davon ausgehen, dass die durch die slowakische Gruppe registrierte Sterberate – fast die Hälfte – der Wahrheit wesentlich näher kommt als die von den beiden anderen „nationalen" Gruppen registrierten Raten.

Es gibt mindestens zwei Hauptfaktoren, die die Sterberaten beeinflussten: die Bedingungen und die Altersverteilung. Die slowakischen Transporte kamen ab November, während einige der polnischen und ungarischen Gruppen schon im August angekommen waren, bevor die Bedingungen einen absolut katastrophalen Zustand erreicht hatten. Der zweite Faktor, der für die Unterschiede in der Sterberate eine Rolle spielt, ist die Altersverteilung. Unter den Ungarn gab es keine Familientransporte, während die polnischen Ghetto-Transporte Familien-Transporte waren, die einen gewissen Schutz genossen. Im Gegensatz zu den Ungarinnen waren auch die große Mehrheit der slowakischen Ankömmlinge während der vierten Periode Mitglieder von Familientransporten. Frauen, die älter als 45 Jahre waren, waren besonders gefährdet, da es für sie schwieriger war, die furchtbaren Bedingungen und die mörderische Arbeit auszuhalten. Die Wahrscheinlichkeit, vor der Evakuierung im Lager getötet zu werden oder während der Evakuierung zusammenzubrechen und/oder erschossen zu werden, war größer. 216 (20,8 %) der Frauen der slowakischen Gruppe waren älter als 55 Jahre. Von diesen starben 154 (71,2 %). Sie machen damit mehr als 36,4 % aller aus, von denen bekannt ist, dass sie starben. Im Gegensatz dazu war von den ungarischen Zugängen der vierten Periode nur eine der 465 Frauen, von denen bekannt ist, dass sie starben, älter als 55 Jahre.

Die französische und die italienische Gruppe

Für die vierte Periode finden sich in den Aufzeichnungen die Namen von 196 jüdischen Zugängen aus Frankreich. Von 39 (19,8 %) ist bekannt, dass sie starben, und von 53 (27 %), dass sie überlebten. Über das Schicksal von 104 (53,2 %) liegen keine Informationen vor.

Es gab 80 jüdische Zugänge aus Italien: Von 48 (60 %) ist bekannt, dass sie starben und von 29 (36,2 %), dass sie überlebten. Nur das Schicksal von zwei (2,5 %) ist unbekannt. Da sich die Direkt-Transporte aus Frankreich und Italien während der fünften Periode fortsetzten, werden diese im nächsten Kapitel behandelt.

Im Gegensatz zur dritten Periode, als die als Mischlinge registrierten Häftlinge 22,7 % der jüdischen Zugänge ausmachten, gab es während der vierten Periode nur 37 Mischlinge als Neuzugänge. Das sind nur 0,3 % der 10 626 jüdischen Neuzugänge.

Bekannte jüdische Neuzugänge als Prozentsatz aller Zugänge während der vierten Periode

Ausgehend von den verzeichneten Ravensbrück-Häftlingsnummern wissen wir, dass Anfang August Nummern bis ca. 57 500 zugewiesen wurden und dass Ende Dezember der Stand von ca. 96 800 erreicht war. Insgesamt waren also während dieser Periode mit einer Länge von nur fünf Monaten ca. 39 300 Neuzugänge registriert worden. Aus allen Dokumenten, Zeugenaussagen und Registrierungen von Überlebenden, die ich finden konnte, ergaben sich die Namen von 10,626 jüdischen Häftlingen, die während dieser Periode ankamen. Die bekannten jüdischen Namen machen demzufolge den beträchtlichen Anteil von über 27 % aller Neuzugänge, denen Ravensbrück-Häftlingsnummern zugewiesen wurden, aus. Natürlich wäre der Anteil jüdischer Namen unter den Zugängen noch größer, wenn wir nur die in sämtlichen erhalten gebliebenen Dokumenten, Zeugenaussagen oder Registrierungen von Überlebenden erscheinenden Namen zählen würden.

Anmerkungen

1 Die meisten der französischen Zugangslisten blieben nicht erhalten, wurden jedoch vom französischen Ravensbrück-Komitee (*Amicale*) rekonstruiert. Dabei wurde die „Rassen"-Kategorie „Jüdin" nicht angegeben; wir mussten deshalb die Namen registrieren, die offensichtlich jüdisch sind, und uns auf das Gedächtnis von Anise Postel-Vinay verlassen, um so viele aus Frankreich gekommene jüdische Häftlinge wie möglich zu identifizieren; siehe Kap. 3, Abschnitt „Wer ist als jüdisch zu betrachten?"

2 Admiral Horthy, Oberhaupt des formal unabhängigen Ungarn, hatte sich der Deportation ungarischer Juden widersetzt. Am 18. März 1944 wurde Ungarn von deutschen Truppen besetzt und vor Ende April hatten die Massendeportationen von Juden begonnen.

3 Diese Häftlinge kamen entweder aus den rumänischen oder slowakischen Grenzgebieten, die Nazi-Deutschland dem formell unabhängigen Ungarn zugeschlagen hatte, oder sie waren vorher nach Budapest gegangen, das zu der Zeit noch als sicherer betrachtet wurde.

4 Schönholz war ein Außenlager des KZs Sachsenhausen-Oranienburg. Alle diesen Transport betreffenden Dokumente sind verloren gegangen. Die Informationen beruhen auf den Eintragungen und Zeugenaussagen fünf Überlebender.

5 Überstellungsliste BWA HKW 15 D ins AKDO Altenburg mit 498 jüdischen Namen.

6 Überstellungsliste Politische Abteilung; Weimar-Buchenwald, 22. Oktober 1944; Neuzugänge vom 22 Oktober 1944; 400 weibliche Häftlinge von KZ Ravensbrück

ins Akdo Neustadt bei Coburg (eingetroffen am 26. September 1944); Politische Ungarinnen/Jüdinnen. Die 13 ungarischen, rumänischen und tschechoslowakischen Überlebenden, deren Namen nicht auf der Liste erscheinen, die sich aber im *US Holocaust Registry* in Washington, DC., eingetragen haben und die Auschwitz, Ravensbrück und Neustadt als ihre Lager angaben, wurden vermutlich zur selben Zeit von Ravensbrück nach Neustadt bei Coburg geschickt.

7 Israelische Überlebende Zipora Petrover, #519, Name während des Krieges: Frieda Lax – Interview durch J.B.A. am 9. November 1997.

8 Israelische Überlebende Eva Efrat, #52, Name während des Krieges: Eva Adler; Interview 2003 durch J.B.A.

9 Mariana Galesz, Klara Blum auf der Liste Uckermark A, 16. Februar 1945, und Gita Berkowicz auf der Liste Uckermark B, 23. März 1945.

10 Buchenwald-Dokument Waffen-SS K. L. Weimar-Buchenwald Arb.Kdo. Altenburg 9. Oktober 1944.

11 Jacob Weisser, der im Februar 1945 nach Altenburg kam, sagte aus (P. III. h. (Auschwitz), Nr. 467, Interview in Brüssel am 16. April 1956), dass zu dieser Zeit 3 500 Frauen, die aus Ravensbrück überstellt worden waren, dort arbeiteten. Seiner Aussage zufolge wurden die Häftlinge am 10. April 1945 aus Altenburg evakuiert und erreichten Waldenburg am 13. April. Von den Amerikanern wurde er zum Leiter der befreiten Häftlinge ernannt (S. 10).

12 S. Anm. 6 oben.

13 US-Überlebende Nr. 80526, Name während des Krieges: Adél Trödl.

14 US-Überlebende Clara Rosenbaum, Name während des Krieges: Klara Szabo, berichtet, dass sie, ihre Schwester und die Verlobte ihres Bruders, die aus Auschwitz gekommen waren, nur drei Tage in Ravensbrück waren, bevor sie nach Neustadt bei Coburg weitertransportiert wurden. (Telefoninterview durch J.B.A.; 16. Juli 2005).

15 Telefoninterview durch J.B.A. vom 16. Juli 2005.

16 US-Überlebende Nr. 44390, Eva Vayda, Name während des Krieges: Eva Weiss.

17 Obwohl die Revierkarten nur minimale Informationen zum Gesundheitszustand der angekommenen Häftlinge enthalten, sind sie von Bedeutung, da in vielen von ihnen nicht nur die Ravensbrück-Häftlingsnummer, sondern auch die Häftlingsnummer des Arbeitslagers, in das sie geschickt wurden, angegeben ist.

18 Nachweis der 300 am 3. 9. 1944 beim Arb.-Kdo. Gerätebau GmbH in Mühlhausen/Thür. eingetroffenen weiblichen Häftlinge (Jüdinnen).

19 Bestand Belgien MF Nr. 3–5 / S. 99–107.

20 *Liberated Jews arrived in Sweden in 1945*, Mosaiska Församlingen, Wahrendorffsgatan 3, Stockholm, Malmö, Schweden 1946 – hier als *JSList*.

21 Dr. Irmgard Seidel, „Jüdinnen in den Außenkommandos des Konzentrationslagers Buchenwald", unveröffentlichter Beitrag zur internationalen Konferenz *Genocide and Gender*, Freie Universität Berlin, Oktober 2003.

22 Milena Basowa, Ravensbrück-Häftlingsnummer 60629 und Ella Becher, Ravensbrück-Häftlingsnummer 60633.

23 Hinda Borkowska, Ravensbrück-Häftlingsnummer 60659 und Zofia Reingewürz, Ravensbrück-Häftlingsnummer 60960.

24 Seidel, *Jüdinnen in den Außenkommandos des Konzentrationslagers Buchenwald*, Anm. 21.

25 Fragebogen ausgefüllt von der US-Überlebenden Dora Bernstein, Name während des Krieges: Dwojra Szczukocka.

26 Ruchla Dziewienska, Ravensbrück-Häftlingsnummer 60695 und Zofia Reingewürz, Ravensbrück-Häftlingsnummer 60960.

27 Die erste war die US-Überlebende Sally Lifschitz – Name während des Krieges: Sally Kawenoki, Ravensbrück-Häftlingsnummer 60879; die zweite war Eva Weintraub, Ravensbrück-Häftlingsnummer 61072; *JSList*, S. 124.

28 Cesia Hendlish, Ravensbrück-Häftlingsnummer 60808 (Information von US-Überlebender Sally Lifschitz, Nr. 16185).

29 Taube Ginsberg, Ravensbrück-Häftlingsnummer 60879.

30 Informationen vom MGR-Forschungsprojekt, Bärbel Schindler-Saefkow, Totenbankdaten Projekt „Ravensbrück Gedenkbuch“: Luba Baumgart, Ravensbrück-Häftlingsnummer 60625, gest. am 28. Januar 1945; Mira Korzec, Ravensbrück-Häftlingsnummer 60861, gest. 8. September 1944 und Pesa Weitzmann, Ravensbrück-Häftlingsnummer 61061, gest. 6. September 1944.

31 Helena Kamisewicz, Ravensbrück-Häftlingsnummer 60853; Sara Kamisewicz, Ravensbrück-Häftlingsnummer 60921 und Ciwia Neufeld, Ravensbrück-Häftlingsnummer 60852.

32 Frank Steir, *Als Gefolgschaft verschickt und als Häftlinge behandelt ..., Zur Geschichte des KZ-Außenlagers Sachsenhausen in Königs Wusterhausen*, Brandenburg, 1971, S. 4. Fünf der israelischen Überlebenden, die unter den von Ravensbrück nach Königs Wusterhausen geschickten Kindern waren, nannten ihre Geschichte „die zweite Schindler-Geschichte.“

33 Einige der unmittelbar nach Königs Wusterhausen geschickten Männer waren Tischler oder übten andere Handwerke aus. Frank Steir, *Kriegsauftrag 160*, Berlin, 1999.

34 Ausgehend von einer vorläufigen Liste, die vom Kulturlandschaft Dahme-Spreewald e. V. erstellt wurde, um die Arbeitssklaven von Königs Wusterhausen zu entschädigen.

35 Renate Gruber-Lieblich, *„... und morgen war Krieg!“ – Arado Flugzeugwerke GmbH Wittenberg 1936–1945 – ein KZ-Lager entsteht*, Wittenberg, 1995.

36 Steir, *Kriegsauftrag 160*, S. 100.

37 Die israelische Überlebende #675 Zipora Schulzer – Name während des Krieges: Feige Davidowitz, die zu Fuß und per Zug im Oktober/November 1944 aus Budapest nach Ravensbrück gekommen war, wurde nach Sachsenhausen und von dort nach Königs Wusterhausen geschickt (Interview durch I.D.K.; 16. Dezember 1997). Aus Dokumenten des Archivs von Sachsenhausen erfahren wir, dass mindestens zehn weitere Ungarinnen, die am 19., 22. bzw. 28. November unmittelbar aus Budapest gekommen waren, nach Königs Wusterhausen geschickt wurden. Von vier dieser Frauen ist bekannt, dass sie in Königs Wusterhausen starben.

38 Interview durch J.B.A. mit Natan Borowiecki, Ravensbrück-Häftlingsnummer 79291, 20. Januar 2005.

39 Dr. Mina (Maria) Litwin, Interview durch J.B.A. am 27. Januar 1998. Siehe auch in Gruber-Lieblich, *„... und morgen war Krieg!“*, S. 48–52, 80–84.

40 Ebenda, S. 69, 77, 81, 82.

41 Ebenda, S. 80 und 81.

42 Ebenda, S. 86. Leider blieb keine Namensliste erhalten.

43 Ebenda, S. 80.

44 Demzufolge sind mindestens weitere acht Überlebende von Wittenberg gestorben, bevor sie als Überlebende registriert werden konnten.

45 1970 wurden 36 Frauen, die Wittenberg überlebt hatten, von den Staatsanwälten von Ludwigsburg befragt (Gruber-Lieblich, *„... und morgen war Krieg!“*, S. 62).

46 Hela Berlinska, eine israelische Überlebende, lieferte genaue Informationen zu diesem Transport.

47 Überstellungsliste nach Graslitz, 1. April 1945: United States National Archives, Washington: Record Group 338 Army Commands, stack area 290, row 13, compartment 22, shelf 3, box 536 oversize (volume 126 = book No. 7, vol. 127 = book No. 8) (location 000–50–46).

48 Überstellung Nr. 33 aus Auschwitz.

49 Eintragung der Politischen Abteilung Buchenwald vom 31. Dezember 1944 über 250 weibliche Ravensbrück-Häftlinge, die in Lippstadt am 28. Nov. 1944 ankamen (Kartei 1441; VA.-W:WR).

50 Staatsarchiv Prag, KT-OVS, inv. c. 104, Karto c. 16.

51 Später gaben 34 an, Tschechoslowakinnen bzw. Tschechinnen zu sein, und sechs gaben an, Rumäninnen zu sein.

52 Information aus dem Fragebogen: US-Überlebende Nr. 43502 Elizabeth Kroo-Teitelbaum.

53 Telefoninterview durch J.B.A. mit Ahuva Litmanovic.

54 Diese Flucht wird von Elizabeth Kroo-Teitelbaum bestätigt.

55 *Liberated Jews Arrived in Sweden in 1945* (Liste Nr. 1), und *About Jews Liberated from German Concentration Camps Arrived in Sweden in 1945–46* (Liste Nr. 2), Mosaiska Församlingen, Wahrendorffsgatan 3, Stockholm, Malmö, 1946.

56 Siehe die Untersuchung zum Lager Malchow von Dr. Irith Dublon-Knebel in: *Schnittpunkt des Holocaust: Jüdische Frauen und Kinder im Konzentrationslager Ravensbrück*, S. 137–174, Irith Dublon-Knebel (Hrsg.), Metropol, Berlin, 2009.

57 Nur eine der Frauen aus diesem Transport – Gerda Bürgenthal, Ravensbrück-Häftlingsnummer 82186 – wurde am 2. April 1945 von Malchow nach Hasag-Leipzig überstellt.

58 Information der israelischen Überlebenden Shoshana Gamburg – Name während des Krieges: Roza Schlipke; Interview durch J.B.A., 9. Juni 1998. „Im April 1945 kamen die weißen Busse des schwedischen Roten Kreuzes – ich hörte einen Ruf ‚polnische Staatsangehörige‘.“

59 Harvey Rosenfeld, Raoul Wallenberg: *Angel of Rescue*, Buffalo, NY, 1982.

60 Giorgio Perlasca, *Diary of His Memories*, 1992; auch: Hulda Libermanova, *The cattle merchant pretended to be the Spanish “Consul“*, HAARETZ, 15. März 2002.

61 Siehe Sara (Seren) Tuvel Bernstein, *The Seamstress*, New York, 1997, S. 173–183; siehe auch die schwedische Überlebende Rosi Forsberg (geb. Mauskopf), Ravensbrück-Häftlingsnummer 85808, die fast ein Jahr lang beim Grabenbau bei

Budapest arbeitete; in: *Ravensbrückerinnen*, Schriftenreihe der Stiftung Brandenburgische Gedenkstätten, Nr. 4, Berlin, 1995, S. 152.

62 Claus Füllberg-Stolberg et al. (Hrsg.), *Frauen in Konzentrationslagern: Bergen-Belsen, Ravensbrück*, Bremen, 1994, S. 151. Auf der Grundlage des Tagebuches von Arieh (Leo) Koretz, *Bergen-Belsen Tagebuch eines Jugendlichen*, 11. 7. 1944–30. 3. 1945.

63 Tuvel Bernstein, *The Seamstress*; Eva Langley-Dános, *Prison on Wheels: From Ravensbrück to Burgau*, Einsiedeln, Schweiz, 2000, übersetzt von ihr selbst aus ihrem ungarischen Tagebuch, geschrieben 1945 (erste Fassung); Kato Gyulai, *Zwei Schwestern, Geschichte einer Deportation*, Berlin, 2000 (frühere vervielfältigte Fassung: *Eine einfache Deportiertengeschichte*, Budapest, 1947); Gloria Hollander Lyon, „Die Odyssee einer ungarischen Jüdin“, in: Füllberg-Stolberg et al., *Frauen in Konzentrationslagern*, S. 279–290.

64 Interview mit Nora Náté, Name während des Krieges: Nora Stark, durch J.B.A. am 27. Juli 1998 in Budapest; siehe auch Langley-Dános, *Prison on Wheels*, S. 15.

65 Andreas Baumgartner, *Die vergessenen Frauen von Mauthausen*, Wien, 1997 S. 60, zitiert in: Philipp, *Kalendarium der Ereignisse im Frauenkonzentrationslager Ravensbrück, 1939–1945*, Berlin, 1999, S. 179.

66 Sondertransport Nr. 117; Zugang am 17. 11. 1944 aus Budapest mit Liste. Die toten Frauen waren Hedwig Rosenak – Ravensbrück-Häftlingsnummer 84438 – und Lilly Bodor, geb. Fenyves – Ravensbrück-Häftlingsnummer 84431.

67 Nr. 2324; Neuzugänge vom 03. 01. 1945; 500 weibl. Häftlinge vom KZ Ravensbrück ins Akdo Hasag-Leipzig eingetroffen am 03. 12. 1944.

68 Dieses Außenlager gehörte seit dem 1. Sept. 1944 zu Buchenwald und war mit mehr als 5 000 Häftlingen aus 28 verschiedenen Ländern das größte seiner Frauenarbeitslager. Ein Drittel der Frauen waren Jüdinnen. Seidel, *Jüdinnen in den Außenkommandos des Konzentrationslagers Buchenwald.*

69 Telefoninterview mit Tova R. durch J.B.A. vom 28. März 2003.

70 Rosi Forsberg, geb. Mauskopf (Philipp, *Ravensbrückerinnen*, S. 153). Sie heiratete in Schweden und adoptierte ein Kind.

71 Ein dritter Bericht über medizinische Versuche an einer Jüdin in Ravensbrück nach dem Oktober 1944 ist der von Hela St., einer kanadischen Überlebenden. Einige von denen, die in Ravensbrück Injektionen erhielten, geben an, dass sie trotzdem nach dem Krieg Kinder gebaren(Zeugenaussage von Ketti W., 8. April 1997). Einige Überlebende, die mit dem *Auschwitz-Todesmarsch* gekommen waren, waren in Auschwitz von Dr. Clauberg für Sterilisationsversuche benutzt worden (Zeugenaussage der belgischen Überlebenden Sara S., April 1956). Derselbe Dr. Clauberg hatte im Juli 1942 geplant, die Sterilisierung von 1 000 Jüdinnen in Ravensbrück vorzunehmen (Sammlungen MGR/SBG, RA-Nr. V/3–4, Nr. 2).

72 Diese Beschreibung des Evakuierungsmarsches von Hasag-Leipzig ähnelt verblüffend der von den Überlebenden des *Auschwitz-Todesmarsches* gelieferten Beschreibung. Sie waren Anfang April 1945 aus Malchow in Hasag-Leipzig angekommen und wurden gemeinsam mit den früher angekommenen ungarischen Zugängen evakuiert.

73 Telefoninterview, 30. März 2003, durch J.B.A. Martha C. hat zwei Töchter, sechs Enkel(innen) und eine Großenkelin.

74 Martha C. gab an, dass in den 1930er Jahren jüngere Jüdinnen (Frauen und Mädchen ihres Alters) die Oberschule nicht beenden durften und so auch keinen Zugang zu Hochschulbildung hatten. Demzufolge hatten sie nur eingeschränkte Möglichkeiten bei der Berufswahl.

75 In Polen arbeiteten vor dem Krieg sehr wenige Juden in Fabriken, da Fabrikarbeit bedeutet hätte, am Schabbat zu arbeiten.

76 Kato Gyulai berichtet, dass sie ihre Bürotätigkeit aufgab für eine Stelle in der Kinderbetreuung, da dies zu dem damaligen Zeitpunkt von den Behörden als lebensnotwendig betrachtet wurde. Eva Langley-Dános berichtet, dass bei Budapest eine Fabrik für die Herstellung von Uniformen errichtet wurde, einzig zu dem Zweck, jungen Jüdinnen dort Schutz zu bieten, indem man ihnen „kriegswichtige“ Arbeitsplätze bot.

77 Siehe Anm. 61 oben; Tuvel Bernstein, *The Seamstress*, S. 184–194.

78 Zeugenaussage von Eva Feyer (Feiyer), Jan. 1956, Ravensbrück-Häftlingsnummer 86217. Sie war mit dem Transport vom 21./22. November 1944 aus Budapest gekommen (*Wiener Library* P. III. h. No 233), zitiert von Linde Apel, *Jüdische Frauen im Konzentrationslager Ravensbrück 1939–1945*, Berlin, 2003, S. 276–278.

79 Wir wissen von fünf weiteren jüdischen Überlebenden aus Genshagen: Lucienne Abraham, eine französische Jüdin, die schon am 3. September 1944 angekommen war und am 11. Oktober nach Genshagen geschickt worden war; Ryfka Wolf, geb. Kottlar, eine polnische Jüdin, die in Schweden lebt, sowie Nelli Hellinger, eine in die USA gegangene Slowakin, die am 3. November aus Auschwitz kam und später nach Genshagen geschickt wurde. Eine USA-Überlebende des ungarischen Direkt-Transports vom 28. November, Edith Fischer, berichtet, dass sie im Dezember nach Genshagen geschickt wurde und die in den USA lebende polnische Jüdin Helena Wislicka (Helena Bornstein), sowie die in Schweden überlebende polnische Jüdin Berta Cukierman und Ida Jung, geb. Schlesinger, eine Überlebende aus Deutschland, kamen alle im Dezember in Ravensbrück an und wurden später nach Genshagen geschickt.

80 Betr. Barth: US-Überlebende Irene Löwy, geb. Kallus, Nr. 27442, betr. Malchow: Regina Mendel, Name während des Krieges: Ilona Laupe (Lenke), israelische Überlebende.

81 Die israelische Überlebende Shoshana Eiren (Name während des Krieges: Ibolia Rosner, Ravensbrück-Häftlingsnummer 86031), die US-Überlebende Magdalena R. Berenyi (Name während des Krieges: Magda Roth, Ravensbrück-Häftlingsnummer 86006), die US-Überlebende Martha Klein (Name während des Krieges: Martha Seiler, Rav.-Häftlingsnummer 85603).

82 Die Namen von 111 Frauen des Transports vom 21./22. November erscheinen auf der Überstellungsliste von Burgau. Da diese Liste nach ihrer Ankunft in Burgau erstellt wurde, erscheinen die Namen derjenigen, die die 16-tägige Reise in verschlossenen Viehwaggons nicht überlebt hatten, nicht auf dieser Liste; siehe Anm. 84 und 85 unten.

83 Ursula Winska, *Die Werte siegten: Erinnerungen an Ravensbrück*, polnisch: *Morskie*, 1985, deutsche Übersetzung im Archiv von Ravensbrück, S. 304.

84 Siehe Tuvel Bernstein, *The Seamstress*, S. 202–203.

85 Wir wissen, dass zwanzig der 500 Frauen, die nach Burgau geschickt wurden, unterwegs starben, aber wir kennen unter ihnen den Namen von nur einem Mitglied des Budapester Transports: Sie war eine Freundin von Sara Tuvel Bernstein und wird von ihr in *The Seamstress* beschrieben.

86 Diese acht Namen erscheinen auf einer Liste von 18 jüdischen KZ-Häftlingen, die alle zwischen dem 4. und dem 8. März 1945 in Burgau starben, gezeichnet vom Sonderstandesamt Arolsen vom 21. Oktober 1949: KZ-Gedenkstätte Dachau; Archiv 15 013.

87 Edith Ban, geb. Rott, Ravensbrück-Häftlingsnummer 86241.

88 Sondertransport fr. 129 am 28. 11. 1944 aus Gomarom/Budapest mit Listen. Handschriftlicher Vermerk „Schneiderei" (677 ungarische Jüdinnen, 66 (nicht-jüdische) Ungarinnen und 291 ungarische „Zigeuner" (Sinti und Roma)).

89 Siehe die Memoiren von Kato Gyulai: *Zwei Schwestern, Geschichte einer Deportation*, vervielfältigte Fassung, S. 26–31.

90 Siehe Abschnitt „Der Transport aus Frankfurt/Walldorf".

91 Siehe Kato Gyulais Memoiren *Zwei Schwestern, Geschichte einer Deportation*, vervielfältigte Fassung, S. 26–31.

92 Ebenda, S. 31; sie erwähnt, dass ihre Schwester Anikó ungefähr zwei Wochen vor der Befreiung starb.

93 Laut David Farkas, dem Sohn von Matilda Farkas, geb. Kahan, (Rav.no. 10341), gehörten diesem Transport aus Sered ca. 1 000 slowakische jüdische Häftlinge an, Männer, Frauen und Kinder.

94 Allein auf der tschechoslowakischen Sterbeliste erscheinen 180 slowakische jüdische Namen.

95 Ema Panovova legte eine Liste von 77 überlebenden slowakischen Juden und Jüdinnen, die in die Slowakei zurückgekehrt waren, vor.

96 Ein weiterer Direkt-Transport mit 22 jüdischen Namen kam am 18. Januar 1945 aus Käsmark (Slowakei) in Ravensbrück an.

97 Walter Morgenbesser, Interviews am 19. und 26. Februar 1998, durch J.B.A. und Nathan Beyrak.

98 Am 19. September 1944 kam ein Transport mit zehn kroatischen Jüdinnen an. Zwei von ihnen wurden am 3. Dezember nach Hasag-Leipzig geschickt. Über ihr Schicksal ist nichts bekannt.

99 Bezüglich einer weiteren Studie von Irith Dublon-Knebel siehe: Referenz in Anm. 56 oben.

100 Obwohl die Ankömmlinge auf den erhalten gebliebenen Seiten der Zugangsliste alle als Ungarinnen bezeichnet werden, bezeichneten sich nach der Befreiung 29 als Rumäninnen, 36 als Tschechoslowakinnen, Tschechinnen bzw. Slowakinnen, eine als Jugoslawin und eine als Sowjetbürgerin.

101 Die Bezeichnung des Lagers war „Außenkommando Walldorf bei Frankfurt/Main", bzw. „Arbeitslager Flughafen/Ffm"; es war ein kleines Außenlager des KZ Natzweiler.

102 Die Ravensbrück-Zugangsliste trug die Bezeichnung „Überstellung von Auschwitz Nr. 35" und die wenigen erhalten gebliebenen Seiten beginnen mit der Nummer 1626.

103 Der Name einer USA-Überlebenden, die angibt, in Frankfurt/Walldorf gewesen zu sein, konnte auf dieser Überstellungsliste nicht gefunden werden.

104 Mehr als 20 Überlebende aus Schweden, Israel, den USA, Ungarn und Deutschland nahmen Kontakt zu den Organisatoren des ersten Gedenktreffens für das Lager Frankfurt/Walldorf in der Kleinstadt Mörfelden-Walldorf im Jahr 2000 auf und erzählten ihre Geschichte.

105 *Nichts und niemand wird vergessen – zur Geschichte des KZ Außenlagers Natzweiler-Struthof in Walldorf*, herausgegeben vom Magistrat der Stadt Mörfelden-Walldorf, 1996; *Das Geheimnis der Erlösung heißt Erinnerung; ein Begleitheft zum historischen Lehrpfad am ehemaligen KZ-Außenlager Walldorf*, 2000.

106 Ebenda, S. 45 und 47.

107 In der Dokumentation zu Walldorf zitiertes SS-Dokument.

108 Vera (Miriam) Dotan und Moshe Dotan, *Rising from Hell*, Raanana, 2005, Kapitel 5.

109 Siehe Tuvel Bernstein, *The Seamstress*, S. 206.

110 Ebenda, S. 217–218; und Langley-Dános, *Prison on Wheels*, S. 24–25.

111 Sowohl Wińska (*Die Werte siegten*) als auch Wanda Kiedrzyńska (*Ravensbrück, kobiecy obóz koncentracyjny*, Warschau, 1961; deutsche Übersetzung im Archiv von Ravensbrück) berichten, dass sie Bäume fällen mussten, während sie von Hungerruhr geschwächt waren, und dass unter ihnen die Sterberate besonders hoch war. Kato Gyulai, *Zwei Schwestern, Geschichte einer Deportation*, S. 33, beschreibt sie wie folgt: „sie sahen nicht mehr aus wie menschliche Wesen, sondern wie barfüßige in Lumpen gewickelte Gespenster; sie fielen um wie die Fliegen."

112 Zeugenaussage der sechs Schreiber-Schwestern, die ihre Geschichte in einem schwedischen Dokumentarfilm erzählten, der auch in Israel im Fernsehen gezeigt wurde. *If One of Us Should Die*, 1999; Kommentatorin: Miriam Schreiber Mosesson. Dieser Beendorf-Todeszug wird auch von Gloria Hollander Lyon beschrieben in: *Die Odyssee einer ungarischen Jüdin*, S. 286–287; Anm. 52 und von Lida Holcer in dem polnisch/schwedischen Interview Nr. 113.

113 Liliana Picciotto, *Il libro della memoria gli Ebrei deportati dall'Italia (1943–1945)*, Mailand, 2002, S. 60–61.

114 Ungarische Überlebende Nora Náté; Interview durch J.B.A. in Budapest; 27. Juli 1998.

115 *Talking with Angels: A Document from Hungary Transcribed by Gitta Mallasz*, Einsiedeln, Schweiz, 1992, S. 470.

116 Eva Langley-Dános und ihre Freundinnen waren getaufte Jüdinnen – wie es scheint alle römisch-katholisch; siehe Langley-Dános: *Prison on Wheels*; S. 15. Ihre engen Freundinnen – alle Ungarinnen – starben auf dem Weg nach Burgau und erscheinen nicht auf der Liste von Burgau; wir kennen ihre Vornamen und ihre Ravensbrück-Häftlingsnummern aus ihrem Buch, S. 30.

117 Andreas Baumgartner, *Die vergessenen Frauen von Mauthausen: die weiblichen Häftlinge von Mauthausen und ihre Geschichte*, Wien, 1997, S. 60; auch zitiert in: Grit Philipp, *Kalendarium*, S. 179.

118 Katherine S. (geb. 1916 in Budapest) YV Dok. 03/1040 wie zitiert in Baumgartner, *Die vergessenen Frauen von Mauthausen*, S. 60, 190.

119 Charlotte Müller, *Die Klempnerkolonne in Ravensbrück*, Berlin, 1987, S. 173.

120 Zeugenaussage von Katherine S. im Jahr 1958. YV Dok 03/1040.

121 Interview durch J.B.A. mit Nora Nàté (Name während des Krieges: Nora Stark) in Budapest am 27. Juli 1998.

122 Drei der Frauen sind in der *Multinationalen Tabelle* als nicht zurückgekehrt registriert; der Name von Erzebeth Biro – Ravensbrück-Häftlingsnummer 97020 – erscheint auf der Sterbeliste des Lagers Uckermark und eine wurde infolge der Suche nach Angehörigen durch das Archiv von Arolsen als am 19. März 1945 in Ravensbrück gestorben gemeldet.

123 Siehe Langley-Dános, *Prison on Wheels*, S. 30.

124 Ebenda, bezgl. Klara, S. 94, bezgl. Hanna, S. 99–100, und bezgl. Lili, S. 107–109.

125 Ebenda, S. 22.

126 Zeugenaussage der US-Überlebenden Esther Grün, Nr. 16270 (Name während des Krieges: Elisabeth Elise Weiss(z)), Ravensbrück-Häftlingsnummer 95494; Interview durch Sabine Kittel und Korrespondenz mit J.B.A.

127 Aussage von Esther Grün.

128 Esther Grün sagte aus, dass auch zwei ihrer Freundinnen überlebten.

129 Olga Wollner, damals Löwy, berichtete J.B.A. im Januar 2006, dass sie, ihre Mutter und ihre Großmutter am 19. Dezember 1944 aus Sered ankamen, und zwar in einem Güterwaggon, in den fast 70 Menschen gezwängt waren. Sie und ihre Mutter wurden bald nach Rechlin verlegt, ihre Großmutter Valeria Löwy blieb jedoch in Ravensbrück. Im *Bestand Prag* ist 19. Feb. 1945 als ihr Todestag angegeben.

130 Aus erhalten gebliebenen Dokumenten und den Zeugenaussagen Überlebender konnten 302 Namen polnischer Jüdinnen identifiziert werden, die Ende Dezember 1944 ankamen und angaben, entweder aus Częstochowa und vorher aus Skarżysko-Kamienna gekommen zu sein, oder von denen angenommen werden kann, dass sie zu diesem Transport gehörten.

131 Unter den Überlebenden des Burgau-Transports waren 46, die aussagten, dass sie aus Częstochowa (oder von der Hasag oder aus Skarżysko-Kamienna) kamen. Von ihnen haben sich 33 in den USA, zehn in Israel und zwei in Kanada niedergelassen. Von einer ist nicht bekannt, wo sie sich niedergelassen hat. Alle, die erreicht werden konnten, gaben an, dass sie Weihnachten 1944 in Ravensbrück angekommen waren. Für vier weitere überlebende polnische Jüdinnen gibt es keine gegenteiligen Beweise. Nur zwei überlebende polnische Jüdinnen des Burgau-Transports kamen offensichtlich nicht aus Częstochowa. Demzufolge kann angenommen werden, dass 221 weitere polnische Jüdinnen auf der Burgauer Liste, über deren Schicksal uns keine Informationen vorliegen, ebenfalls aus Częstochowa kamen.

132 Einunddreißig überlebende polnische Jüdinnen – 15 in Israel, acht in den USA, zwei in Schweden, eine in Polen und fünf, von denen nicht bekannt ist, wo sie sich niedergelassen haben, und deren Namen in keinem der erhalten gebliebenen Dokumente erscheinen – sagten ebenfalls aus, dass sie ungefähr zu Weihnachten des Jahres 1944 aus Częstochowa in Ravensbrück angekommen wären.

133 Von den 272 polnischen jüdischen Häftlingen auf der Burgauer Liste ist bei ungefähr 19 % bekannt, dass sie überlebten, während von den 186 ungarischen jüdischen Häftlingen derselben Liste nur bei 7 % bekannt ist, dass sie überlebten.

134 Germaine Tillion, *Frauenkonzentrationslager Ravensbrück*, mit einem Anhang „Die Massentötungen durch Gas in Ravensbrück" von Anise Postel-Vinay, Lüneburg, 1998, (französische Erstveröffentlichung, 1973, Paris), S. 344; ebenso: Philipp, *Kalendarium*, S. 193.

135 Sammlungen MGR/SBG, RA Bd. 19, Bericht Nr. 165; Bd. 41, Bericht Nr. 978; ebenso: Philipp, *Kalendarium*, S. 197.

136 Altenburg, Neustadt, Lippstadt, Mühlhausen, Hasag-Leipzig.

137 Schönholz, Wittenberg, Spandau.

138 Zwei US-Überlebende des Transports nach Penig – Elizabeth Bauer (Name während des Krieges: Erzsebet Balazs) und Helen Itzkovitz (Name während des Krieges: Ilona Komorn) – waren im Dezember angekommen, jedoch nicht direkt aus Budapest, sondern aus Auschwitz.

VIII

Die fünfte Periode – Die letzte Phase

Wer war Anfang 1945 in Ravensbrück?

Wer waren die jüdischen Häftlinge, die Anfang 1945 in Ravensbrück gefangen waren und während der letzten Phase dort blieben? Erinnern wir uns daran, dass die meisten der Zugänge aus den Niederlanden der dritten Periode, die bis Januar 1945 überlebt hatten, am 30. Januar 1945 nach Bergen-Belsen verlegt wurden. Die meisten der Zugänge aus Belgien mit türkischer Staatsbürgerschaft, die bis Februar 1945 überlebt hatten, wurden am 28. Februar 1945 nach Schweden evakuiert und reisten nach kurzem Aufenthalt dort per Schiff weiter in die Türkei. Die meisten der Mischlinge, die während der dritten Periode angekommen waren, arbeiteten noch bis ungefähr 28. März in dem neben dem Stammlager von Ravensbrück gelegenen Siemens-Werk.

Die meisten der ungarischen und polnischen Zugänge aus Auschwitz, die im August 1944 und am 3. November 1944 angekommen waren, waren vor Ende 1944 auf die Arbeitslager Schönholz, Altenburg, Neustadt, Mühlhausen, Lippstadt, Hasag-Leipzig und Malchow verteilt worden. Sechshundert der Zugänge aus den unmittelbar aus Budapest gekommenen Transporten waren nach Spandau und 60 nach Genshagen verteilt worden. Viele der Überlebenden der ungarischen Direkt-Transporte vom 21./22. November 1944 und vom Dezember 1944 arbeiteten immer noch in Ravensbrück. Die meisten der Überlebenden des Transports aus Frankfurt/Walldorf waren in Ravensbrück (mindestens sieben von ihnen arbeiteten bei Siemens), obwohl von mindestens 75 bekannt ist, dass sie nach Rechlin, Malchow, Beendorf und Barth verschickt worden waren.

Von den drei polnischen Ghetto-Transporten waren die Kinder und ein Teil der Frauen des Transports aus Łódź in das Speziallager Königs Wusterhausen gebracht worden, doch mindestens 30 Frauen waren in das Arbeitslager Arado/Wittenberg geschickt worden. Die Überlebenden der Ghetto-Transporte aus Częstochowa und Piotrków befanden sich noch in Ravensbrück.

Da wir nicht im Besitz von Listen, weder der Zugänge des multinationalen Transports von Mitte Dezember aus Auschwitz noch der polnischen Zugänge von Weihnachten 1944 aus dem Hasag-Arbeitslager von Częstochowa, sind, nehmen wir an, dass die meisten von ihnen zum Jahresende noch in Ravensbrück waren, obwohl einige aus diesen Transporten schon nach Malchow geschickt worden waren.

Die meisten Überlebenden der Direkt-Transporte aus der Slowakei, aus Italien und Frankreich befanden sich noch in Ravensbrück.

Größere Veränderungen Im Jahr 1945

Was zeichnet die ersten vier Monate des Jahres 1945 – die letzte Phase der Existenz des Frauen-Konzentrationslagers Ravensbrück – aus der Sicht seiner jüdischen Häftlinge aus? Während dieser Periode kam es zu mindestens fünf wesentlichen Ereignissen. Die ersten beiden waren katastrophal und betrafen sowohl die jüdischen als auch die nicht-jüdischen Häftlinge.

Das erste katastrophale Ereignis fand am 4. Januar 1945 statt – es war die Inbetriebnahme der Gaskammer von Ravensbrück.[1] Ab dem 4. Januar wurden kranke oder schwache Häftlinge systematisch selektiert, und zuerst im Lager Uckermark getrennt von den anderen gefangen gehalten und nach einigen Tagen vergast.[2] Forscher gaben in einer Schätzung nach dem Krieg an, dass während dieser letzten vier Monate in Ravensbrück 6 000 Personen durch Gas getötet wurden. Von den vier erhalten gebliebenen Sterbelisten sind drei äußerst lückenhaft. Auf ihnen erscheinen 1 415 Namen, mindestens 306 davon sind jüdische Namen. Ich schließe daraus, dass mindestens 22 % der Getöteten jüdischer Herkunft waren. Demzufolge nehme ich an, dass im Zeitraum von weniger als vier Monaten in der Gaskammer von Ravensbrück ungefähr 1 320 jüdische Häftlinge ermordet wurden.

Das zweite katastrophale Ereignis war die Typhusepidemie. Tuberkulose und Hungerruhr hatten schon Ende 1944 die Ausmaße einer Epidemie erreicht, die Typhusepidemie jedoch wütete besonders im Januar und Februar 1945.[3] Diese Epidemie dehnte sich auch auf die größeren Außenlager von Ravensbrück – Malchow und Neustadt-Glewe – aus.[4]

Das dritte Ereignis hing mit dem Vordringen der sowjetischen Truppen zuerst nach Polen, dann nach Ostdeutschland zusammen. Das Ergebnis war ein massenhafter Zustrom neuer Häftlinge aus dem Osten im Zuge der fast völligen Evakuierung des großen Vernichtungslagers Auschwitz, die im Januar begonnen hatte, des Konzentrationslagers Gleiwitz und zuletzt – bis in die dritte Aprilwoche – vieler

Konzentrationslager und Arbeitslager, die sich in der Nähe der näherrückenden Ost- und Westfront befanden oder deren Industrieanlagen durch Bomben zerstört worden waren (besonders im Bereich Berlin). Unter diesen einströmenden Häftlingen war die eindeutige Mehrheit jüdisch.

Im Januar fanden drei Überstellungen aus Ravensbrück in noch funktionierende Außenlager statt: der Transport von 500 ungarischen Jüdinnen nach Venusberg (ein kleines Außenlager von Flossenbürg) am 15. Januar; der große Transport von 700 ungarischen Jüdinnen nach Penig am 19./20. Januar und der kleine Transport von 16 ebenfalls ungarischen Jüdinnen nach Meuselwitz am 24. Januar. Da all diese Frauen im Laufe der vierten Periode in Ravensbrück angekommen waren – und zwar fast alle im Dezember wurden sie und ihre Schicksale im vorhergehenden Kapitel beschrieben.

Das vierte Ereignis begann im Februar. Es war der Beginn der massenhaften Verschickungen aus Ravensbrück – nicht mehr, um die deutsche Kriegsindustrie[5] mit Arbeitskräften zu versorgen, sondern nur um die erschreckende Überfüllung zu verringern.

Im Februar und März wurden tausende von Frauen, die als Überlebende des *Auschwitz-Todesmarschs* angekommen waren, in die Ravensbrücker Außenlager Malchow und Neustadt-Glewe überführt, wo bald nur noch eine kleine Minderheit – auch wenn es nur zeitweilig war – in der örtlichen Industrie und den militärischen Einrichtungen beschäftigt werden konnte. In diesen beiden Lagern stellten die Jüdinnen die Mehrheit dar.

Zwischen dem 26. Februar und dem 2. März 1945 wurden tausende nach Bergen-Belsen und Mauthausen[6] transportiert – einfach nur, damit sie woanders starben. Die Bedingungen des Transports nach Burgau, der am 17. Februar abging (er wird weiter unten in diesem Kapitel beschrieben), waren so extrem, dass bei der Ankunft in Burgau keine der Überlebenden arbeiten konnte. Die 1 000 Häftlinge, die am 2. April 1945 von Malchow nach Hasag-Leipzig geschickt wurden, sollten nicht mehr dort in der Kriegsindustrie arbeiten.[7] Die 45 Jüdinnen, die am 1. und 2. April in die beiden Außenlager von Flossenbürg (Graslitz und Neu Rohlau) geschickt wurden, müssen dort unmittelbar vor der Auflösung dieser Lager angekommen sein.[8] Es waren zwar auch französische nicht-jüdische Häftlinge betroffen – insbesondere von den „schwarzen Transporten" nach Mauthausen, – die Mehrheit der evakuierten (nicht mehr zur Arbeit bestimmten) Häftlinge waren jedoch jüdische Neuzugänge – einige von Ende 1944, die meisten aber vom *Auschwitz-Todesmarsch*. Der Burgauer Transport bestand ausschließlich aus Jüdinnen und der Transport von Malchow nach Hasag-Leipzig bestand zu drei Vierteln aus Jüdinnen.

Das letzte Ereignis – die Entlassung, die rettende Evakuierung durch das Internationale und das Schwedische Rote Kreuz sowie die Evakuierungsmärsche aus

Ravensbrück und aus mehreren Außenlagern betrafen unterschiedliche nationale Gruppen auf unterschiedliche Art und Weise. Sie werden weiter unten in diesem Kapitel beschrieben.

Dokumentarische Belege für die Neuzugänge von 1945

Bis vor kurzem war die früheste verfügbare Liste aus dem Jahr 1945 die vom 23. Januar. In den letzten Jahren wurden im Warschauer Archiv acht kleine Listen für Transporte aus Berlin, Flossenbürg und Sachsenhausen mit 15 jüdischen Zugängen gefunden. Vor diesen kamen am 5. Januar 1945 acht Frauen aus dem Sachsenhausener Außenlager Argus. Da die Namen von drei von ihnen im Geburtenbuch erscheinen, ist es wahrscheinlich, dass sie nach Ravensbrück verlegt wurden, weil sich herausstellte, dass sie schwanger waren. Außerdem wurden die Zugangslisten von zwei größeren Transporten gefunden: Einer kam am 16. Januar aus Triest (er wird weiter unten behandelt) und einer am 18. Januar aus Käsmark in der Slowakei. Diese Liste enthält mindestens 27 Namen, davon 24 jüdische – darunter sechs Kinder. Auf den Sterbelisten erscheinen die Namen von weiteren 106 Frauen aus der Slowakei mit Ravensbrück-Häftlingsnummern vom Januar 1945. Ich nehme deshalb an, dass es im Januar noch einen weiteren Familien-Transport aus der Slowakei gegeben hat. In ihrem jüngst erschienenen Buch berichtet Esther Kemeny von einem Direkt-Transport aus der Tschechoslowakei, der in Ravensbrück angekommen war – kurz nachdem sie selbst dort in der letzten Januar-Woche mit dem *Auschwitz-Todesmarschs* ankam.[9] Die erste uns überlieferte jüdische Ravensbrück-Häftlingsnummer vom Januar ist die 96737 und die letzte vor der Ankunft des *Auschwitz-Todesmarschs* ist die 98175. Aus den Ravensbrück-Häftlingsnummern und den Aussagen der Überlebenden gewinnen wir die Erkenntnis, dass es im Januar 1945 vor der Ankunft des *Auschwitz-Todesmarschs* 207 jüdische Neuzugänge gab. Unter ihnen befanden sich mehrere Frauen, die zwei Tage vor dem 18. Januar, dem Beginn des *Auschwitz-Todesmarschs*, dort angekommen waren.

Nach Aussage von Isabell Sprenger, der Historikerin des Konzentrationslagers Groß-Rosen[10], verließ am 12. Januar ein Transport mit 150 Jüdinnen Groß-Rosen in Richtung Ravensbrück. Eine Liste dieser 150 Frauen liegt nicht vor. Von den Überlebenden von Ravensbrück erwähnten nur vier, dass sie vorher unter anderem in Groß-Rosen gewesen waren und nur eine von ihnen – die US-Überlebende Zvia Aronson (Name während des Krieges: Cesia Silberman) – kann in diesem Transport aus Groß-Rosen vom 12. Januar gewesen sein.

Betreffs der Neuzugänge vom Februar wurde eine Überstellungsliste mit den Namen von 66 polnischen jüdischen Frauen und Mädchen gefunden, die am 6. Februar von Gundelsdorf (ein Außenlager des KZs Flossenbürg in Bayern) nach Ravensbrück geschickt wurden.[11] Diese Frauen, von denen die meisten aus Kraków oder Tarnów stammten, waren im September 1944 von Auschwitz nach Gundelsdorf geschickt worden. Wir wissen von zehn Überlebenden dieses Transports. Aus italienischen Quellen erfahren wir, dass im Laufe des Monats Februar einem weiteren Transport (convoglio 43T), der erst am 24. Februar 1945 Triest verlassen hatte, unter anderem neun Jüdinnen angehörten, von denen sechs scheinbar kurz nach der Ankunft nach Bergen-Belsen verlegt wurden.[12] Drei von ihnen waren ältere Frauen und sechs von den neun starben.

Direkt-Transporte aus der Slowakei, Frankreich und Italien

Bei der Zusammenfassung der vierten Periode wurden die Direkt-Transporte aus der Slowakei, aus Frankreich und Italien nicht berücksichtigt, da sie bis in die fünfte Periode andauerten.

Die Direkt-Transporte aus der Slowakei im Januar 1945

Am 18. Januar 1945 kam ein Direkt-Transport aus Käsmark in der Slowakei. Die aus Sterbelisten bekannten Namen von 106 Frauen aus der Slowakei mit Ravensbrück-Häftlingsnummern vom Januar 1945 und die Aussage von Esther Kemeny, dass kurz nach ihrer Ankunft mit dem *Auschwitz-Todesmarsch* in der letzten Januarwoche ein Direkt-Transport aus der Tschechoslowakei angekommen war, weisen darauf hin, dass im Januar ein weiterer Familientransport aus der Slowakei angekommen war. Aus bekannten und rekonstruierten Angaben zu den Direkt-Transporten aus der Slowakei zwischen November 1944 und Februar 1945 erfahren wir, dass 823 Frauen und Kinder bis Ende 1944 ankamen und 171 weitere 1945.

Die Direkt-Transporte aus Frankreich

Es ist bekannt, dass die große Mehrheit der über 75 000 aus Frankreich deportierten Juden und Jüdinnen nach Auschwitz geschickt wurde. Laut einer in Ravensbrück im September 2001 erstellten Liste kamen 240 Transporte, denen Frauen aus Frankreich angehörten, zwischen Januar 1942 und Februar 1945 in Ravensbrück an. Es wurde nicht versucht festzustellen, wie viele Jüdinnen sich in diesen Transporten befanden. Schätzungen der Gesamtzahl der Frauen, die mit diesen Transporten aus Frankreich gekommen sind, schwanken zwischen 5 800 und 7 441.[13]

Laut derselben Liste gab es 36 solche Transporte bis zum 7. April 1943. Es sind nur drei französische Jüdinnen bekannt, die während dieser Zeit, d.h. während der ersten und zweiten Periode, in Ravensbrück ankamen.

Einer anderen aus Frankreich stammenden, vom Komitee der französischen Ravensbrück-Überlebenden rekonstruierten Auflistung dieser Transporte zufolge fanden 53 solche Transporte zwischen dem 7. April 1943 und dem 24. Januar 1945 statt und mit ihnen kamen 7 273 Personen nach Ravensbrück. Wie schon erwähnt, sind die meisten der Zugangslisten dieser 53 Transporte verloren gegangen. Der oben genannten Rekonstruktion zufolge befanden sich in diesen Transporten 5 352 französische Staatsbürgerinnen, 132 Ausländerinnen und 1 789 Personen mit unbekannter Nationalität. Ich wiederhole hier, dass die Erstellerinnen dieser rekonstruierten Listen, von denen die meisten Mitglieder verschiedener Bewegungen der *Résistance* waren, es für falsch hielten, anzugeben, dass einige ihrer Kameradinnen jüdisch waren. Mit Hilfe von Mme. Anise Postel-Vinay identifizierte ich 236 Frauen, die auf jeden Fall Jüdinnen waren. Da nur wenige mit falschen Identitäten verhaftet wurden, müssen die meisten von ihnen von der Gestapo als Jüdinnen verhaftet worden sein.

Wie ich schon am Anfang von Kapitel 7 erwähnte, gab es während der vierten Periode unter den gemischten Transporten politisch aktiver Frauen aus Frankreich eine wichtige Ausnahme: der Transport jüdischer Familien mit 103 Personen, darunter 15 Kinder, sieben Mädchen und 15 Frauen über 55 Jahre, die in Toulouse und ganz Südwestfrankreich verhaftet wurden und die ungefähr am 7. August 1944 in Ravensbrück ankamen.[14] In diesem Transport wurden die politischen Häftlinge und die jüdischen Familien in separaten Waggons transportiert (die jüdischen Männer wurden nach Buchenwald gebracht). Eine unvollständige Liste dieses Transports wurde zufällig entdeckt.[15]

Serge Klarsfeld war der Auffassung, dass alle aus Frankreich nach Ravensbrück deportierten Jüdinnen „zweifellos privilegiert" gewesen wären.[16] Obwohl die jüdischen Kinder, Frauen mit Kleinkindern, die Alten und Kranken in Ravensbrück bessere Überlebenschancen hatten als in Auschwitz, blieb dies aufgrund der schlechten und sich stetig weiter verschlechternden Bedingungen und der ständigen Selektionen – zuerst für Auschwitz, dann für die eigene Gaskammer von Ravensbrück – nicht lange so. Bezüglich der 103 Personen aus dem Transport aus Toulouse ist bekannt, dass 16 starben und 35 überlebten, während das Schicksal von 52 ungeklärt ist.

Was kennzeichnete die Jüdinnen, die zusammen mit nicht-jüdischen politischen Gefangenen aus Frankreich nach Ravensbrück deportiert wurden? Mehrere Frauen heben sich ab: Odette Fabius, die Autorin von *Un lever de soleil sur le Mecklembourg*, und die Sängerin Marguerite Solal, die beide nicht aus dem Grund verhaftet wurden, dass sie Jüdinnen waren; Dr. Suzanne Weinstein, die als Ärztin in einem Arbeitslager tätig war und Annette Weill, spätere Annette Chalut (in der *Résistance* „Warnod" genannt), die beim Ravensbrück-Prozess in Rastatt aussagte und 2002 Vorsitzende des französischen Ravensbrück-Komitees wurde.[17] Unter ihnen war auch die polnische Jüdin Thais Baumstein, die einzige Jüdin in Ravensbrück, bei der die furchtbaren „experimentellen" Knochentransplantationen an den Beinen vorgenommen wurden.[18] Ich nehme an, dass die meisten in der *Résistance* aktiv waren. Es wurden jedoch nicht alle Jüdinnen, die in der *Résistance* waren, nach Ravensbrück geschickt. Wir wissen von einigen in der *Résistance* aktiven Jüdinnen, insbesondere solchen, die an der Rettung jüdischer Kinder beteiligt waren, dass sie nach Auschwitz geschickt wurden. Eine von ihnen – Yvette Bernard Farnoux – kam nach 10 Monaten in Auschwitz mit dem *Todesmarsch* nach Ravensbrück.[19]

Was wissen wir noch über diese Jüdinnen, die zusammen mit nicht-jüdischen französischen politischen Gefangenen nach Ravensbrück geschickt wurden und was war ihr Schicksal? Sieben von ihnen wurden als Mischlinge klassifiziert und sieben gehörten zur Gruppe der Gefangenen aus der „Nacht-und-Nebel-Aktion," die verhaftet wurden, ohne dass ihren Familien eine Nachricht zukam, und die die am meisten gefährdeten Häftlinge in Ravensbrück waren. Wir wissen, dass vier zusammen mit hunderten von anderen französischen Häftlinge in dem sogenannten „schwarzen Transport" nach Mauthausen geschickt wurden.[20] Wir wissen auch, dass zumindest einige von ihnen mit den französischen nicht-jüdischen Häftlingen zusammen im selben Block lebten. Dank der späteren Aufzeichnung der Umstände ihrer Befreiung durch ihre Kameradinnen wissen wir auch, dass mehrere jüdische Häftlinge an der Evakuierung der französischen Frauen durch das Internationale Rote Kreuz an die schweizerische Grenze und aus der Schweiz nach Frankreich teilnahmen.[21] Von einer relativ großen Anzahl – 66 (52,8 %) – ist bekannt, dass sie überlebten und dass die meisten von ihnen nach Frankreich zurückkehrten. Von 19 ist bekannt, dass sie vor der Befreiung starben, und das Schicksal von 40 ist ungeklärt.

Es ist schwer, das Schicksal der 100 jüdischen Überlebenden des *Auschwitz-Todesmarschs*, die Ravensbrück erreichten und als „Französinnen" oder als aus Frankreich kommend klassifiziert wurden, mit dem Schicksal derer zu vergleichen, die in den Direkt-Transporten politischer Gefangener aus Frankreich ankamen, da das Schicksal der großen Anzahl von 64 (64 %) unbekannt ist. Wir wissen nur von vier (4 %), die starben, und von 32 (32 %), die überlebten.

Die Direkt-Transporte aus Italien

Dem *Libro della memoria* zufolge wurden 6 806 italienische Juden und Jüdinnen deportiert, davon 6 007 nach Auschwitz.[22] Von allen Deportierten starben 5 969. Im Holocaust der italienischen Juden spielte Ravensbrück nur eine Nebenrolle. Wie es scheint, gab es einen Direkt-Transport aus Italien – aus Turin – am Ende der dritten Periode (am 30. Juni 1944), aber aus diesem Transport sind keine jüdischen Zugänge bekannt. Während der vierten Periode gab es drei Direkt-Transporte aus Italien mit jüdischen Zugängen und drei weitere während der fünften Periode – insgesamt mit 108 Jüdinnen. Wie auch die französischen Direkt-Transporte waren die italienischen Direkt-Transporte gemischt aus nicht-jüdischen und jüdischen Gefangenen. Mit ihnen kamen ca. 600 Frauen aus Turin, Bolzano und Triest.[23]

Wie bei den französischen Transporten waren auch die aus Italien nach Ravensbrück deportierten nicht-jüdischen Frauen wegen politischer Tätigkeiten verhaftet worden. Im Gegensatz zu den Deportierten aus Frankreich befanden sich unter den italienischen jüdischen Deportierten auch solche, die nicht an politischen Aktivitäten beteiligt gewesen waren. Alle Transporte, denen jüdische Häftlinge angehörten, umfassten auch jüdische Kinder und ältere Frauen.[24] Jüdische Forscher in Italien verwandten erfolgreich große Anstrengungen darauf, das Schicksal all der aus Italien deportierten Juden und Jüdinnen zu klären, so dass die Anzahl der italienischen Opfer wahrscheinlich der Wahrheit näher kommt als die der anderen „nationalen" Gruppen. Die Anzahl der italienischen Opfer ist erschreckend groß: Von den 61, die während der vierten Periode ankamen, ist bekannt, dass 42 starben und nur 19 überlebten, und von den 47 Zugängen aus den Direkt-Transporten des Jahres 1945 ist von 36 bekannt, dass sie starben; nur elf haben überlebt. Interessant ist, dass vom ersten Direkt-Transport (vom 2. August 1944 aus Verona) die Mehrheit überlebte: 15 von 18. Da diese Gruppe ankam, als die Unterkunfts- und sanitären Bedingungen noch nicht so katastrophal waren wie von November bis zum Ende des Lagers, waren sie dadurch möglicherweise vor den Epidemien, die während der letzten fünf Monate des Bestehens des Lagers wüteten, geschützt. Sie überlebten bis zum Evakuierungsmarsch von Ravensbrück und neun von ihnen befanden sich offensichtlich in einer Gruppe, die in der Nähe von Lübz befreit wurde.

Von keiner der italienischen Jüdinnen ist bekannt, dass sie in ein Arbeitslager geschickt wurde. Sieben wurden nach Bergen-Belsen geschickt und fünf von ihnen starben dort. Wir wissen wenig über die sozialen Beziehungen innerhalb der italienischen Gruppe und den Beziehungen zwischen dieser Gruppe und anderen jüdischen und nicht-jüdischen Gruppen. Eine stets wiederkehrende Klage war die über die Schwierigkeiten, die die italienischen Jüdinnen hatten, da die meisten von ihnen nicht in der Lage waren, mit den meisten Jüdinnen anderer „nationaler" Gruppen zu kommunizieren, und da sie die Befehle der SS nicht verstehen konnten. Es ist interessant, das Schicksal der 41 italienischen Jüdinnen, die 1945 als Überlebende des *Auschwitz-Todesmarschs* in Ravensbrück ankamen, mit dem Schicksal derer, die mit den Direkt-Transporten aus Italien ankamen, zu vergleichen. Nur von dreien ist bekannt, dass sie starben, und 34 haben überlebt.[25] Die wahrscheinlichste Erklärung ist, dass diese italienischen Auschwitz-Überlebenden im Januar und Februar 1945 der kleinen Minderheit der Jüngsten und Stärksten angehörten, die die Selektionen in Auschwitz, seine Schrecken und den *Todesmarsch* überlebt hatten und so bessere Chancen hatten, die Schrecken von drei weiteren Monaten in Ravensbrück, Malchow oder Neustadt-Glewe zu überleben.

Die Zugänge mit dem *Auschwitz-Todesmarsch* und ihr Schicksal

Zu einer größeren Änderung der Bedeutung von Ravensbrück für die weiblichen jüdischen Häftlinge des Holocaust kam es am 18. Januar 1945, als Massen noch überlebender Auschwitz-Häftlinge mit dem *Auschwitz-Todesmarsch* evakuiert wurden. Die SS versuchte, vor der Ankunft der sowjetischen Armee alle Spuren der Existenz des Vernichtungslagers Auschwitz zu tilgen.[26] Dieser Evakuierungsmarsch muss der tödlichste aller Evakuierungsmärsche aus Nazi-Konzentrations- und Arbeitslagern gewesen sein. Er wurde in mindestens acht der veröffentlichten Memoiren von Ravensbrück-Überlebenden beschrieben: denen von Anna Fränkel (Niza Ganor), Hala Grinstein-Balin (Halina Birenbaum), Nadine Heftler, Esther Kemeny, Erika Kounio (Amariglio), Halina Nelken, Isabella Rubinstein (Bat-Sheva Dagan) und Eva Tichauer.

Der Marsch fand mitten im Winter statt. Bei Frost und Schnee verließen innerhalb eines Tages (dem 18. Januar) tausende von geschwächten Häftlingen – zuerst die Männer, dann die Frauen – das Lager.[27] Die SS trieb die marschierenden Häftlinge gnadenlos vorwärts. Überlebende beschreiben furchtbare Szenen: Die Straße war im Schnee erkennbar, weil sich zu beiden Seiten die Leichen der Männer, die vor den Frauen aus dem Lager getrieben worden waren, häuften.[28] Als eine der Frauen ihren Ehemann erkannte, stehen blieb und sich herabbeugte, wurde sie von einem Wachmann sofort erschossen. Dasselbe geschah, wenn jemand stehen blieb, sich setzte oder vor Erschöpfung hinfiel. Der Marsch dauerte mehrere Tage und Nächte[29], bis die Überlebenden endlich in Güterwaggons verladen wurden – einige davon waren offene Waggons[30] oder sogar Plattenwagen[31] –

Halina Birenbaum, geborene Hala Grinstein-Balin, geb. 1929 in Warschau, Autobiographie: *Hope is the Last to Die: A Coming of Age Under Nazi Terror*. New York, M. E. Sharpe, (1971) 1996.

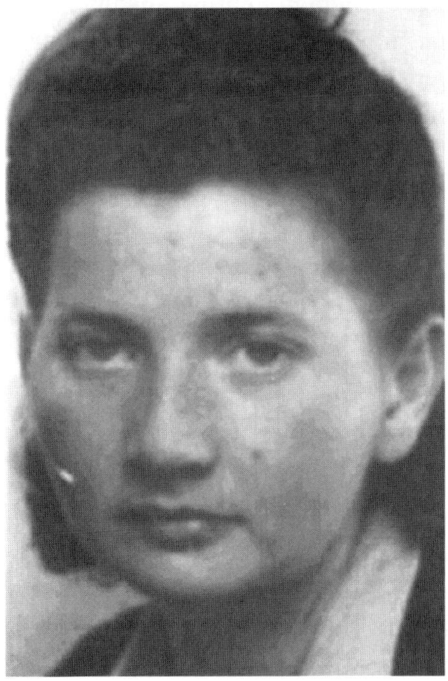

Bat-Sheva Dagan geb. Isabella Rubinstein, geb. 1925 in Łódź, *Memoiren in Gedichtform: Gesegnet sei die Phantasie – verflucht sei sie!* (Übersetzung aus dem Hebräischen, 1997) Berlin, Metropol, 2005.

und nach Westen in deutsche Konzentrationslager transportiert wurden. Wie es scheint kamen die meisten der überlebenden Frauen nach Ravensbrück – halbtot vor Hunger, Durst und kurz vor dem Erfrieren.

Nach mehreren Tagen und Nächten des Marschierens durch den Schnee wurde eine beträchtliche Anzahl – wir wissen nicht wie viele – vor dem Weitertransport nach Ravensbrück zuerst in andere Lager wie z.B. Groß-Rosen gebracht, wo sie abgelehnt wurden[32]. Einige wurden zuerst sogar bis nach Mauthausen[33] gebracht. Ungefähr ab dem 17. Januar bis in den Februar 1945 kamen Überlebende des *Todesmarschs* aus Auschwitz an.[34]

Bei dem Versuch, die Geschichte der jüdischen Häftlinge, die durch diese endgültige Evakuierung nach Ravensbrück gelangten, zu rekonstruieren, können wir nur auf eine erhalten gebliebene Zugangsliste Bezug nehmen. Im Museum von Auschwitz wurde die Liste eines großen Transports gefunden (356 der 721 waren Jüdinnen), der am 23. Januar aus Auschwitz ankam (bezeichnet als „Überstellung 42") und die Ravensbrück-Häftlingsnummern 101577 bis 102299 erhielt.

Zwischen dem 20. Januar 1945 und irgendwann in der zweiten Hälfte des Monats April 1945 wurden neue Nummern von ungefähr 98485[35] bis ca. 109954[36], d.h. 11 469 Nummern neu zugewiesen. Mit Ausnahme von 1 700 nicht-jüdischen polnischen Frauen und Kindern, die die SS aus Warschau „evakuierte" und die am 28. Januar 1945[37] in Ravensbrück ankamen, kamen alle größeren Transporte, die vor dem 1. Februar ankamen, aus Auschwitz. Obwohl nur die oben erwähnte Zugangsliste vom 23. Januar erhalten geblieben ist, ist im Kalendarium von Ravensbrück die Ankunft von 7 894 Frauen aus Auschwitz zwischen dem 23. Januar und dem 1. Februar verzeichnet – ausschließlich auf der Grundlage des *Auschwitz Kalendarium* von Danuta Czech.[38] Wenn man davon ausgeht, dass 60 % dieser ankommenden Frauen Jüdinnen waren, dann müssten innerhalb dieser zehn Tage allein mehr als 4 700 Jüdinnen mit dem *Auschwitz-Todesmarsch* angekommen sein. Ich konnte jedoch nur ungefähr 2 838 Namen jüdischer Überlebender des *Auschwitz-Todesmarschs* identifizieren (einschließlich derjenigen, die vom benachbarten Lager Gleiwitz abmarschierten und jemals in Ravensbrück ankamen; weitere 439 sind mit großer Wahrscheinlichkeit mit dem *Auschwitz-Todesmarsch* angekommen, unsere Informationen über die Daten ihrer Ankunft sind jedoch unvollständig).

Ich nehme an, dass eine beträchtliche Zahl kurz nach der Ankunft starb, ohne „selektiert" worden zu sein. Geschwächt von der Qual der Evakuierung von Auschwitz litten einige von ihnen bei der Ankunft unter Typhus.[39] In Ravensbrück selbst und auch in Malchow und Neustadt-Glewe wüteten von Januar bis April Ruhr- und Typhus-Epidemien. Die Namen von 26 Jüdinnen mit Ravensbrück-Häftlingsnummern, die mit dem *Auschwitz-Todesmarsch* gekommen und „selektiert" worden waren, erscheinen auf einer der vier Sterbelisten. Da aber drei dieser Listen nur teilweise vorhanden sind, wurden sicherlich in Ravensbrück und auch in Malchow und Neustadt-Glewe noch viele mehr „selektiert" oder sind gestorben, ohne registriert worden zu sein. Im Revier von Neustadt-Glewe wurde eine unbekannte Zahl Patientinnen „selektiert", um in Ravensbrück vergast zu werden.[40] Laut Aussage von Lea Kisch wurden diese Selektionen bis zwei Wochen vor der Befreiung fortgesetzt. Zu dieser Zeit gehörte ihre Schwester Blimi (Ljubim) zu einer Gruppe von mehreren Patientinnen des Reviers, die mit einem Lastwagen nach Ravensbrück gebracht wurden und die danach nie wieder gesehen wurden.[41]

Die Überlebenden des *Auschwitz-Todesmarsch* wurden kurz nach ihrer Ankunft in Ravensbrück nach Malchow[42] oder Neustadt-Glewe verlegt. Die Transporte zur Evakuierung dieser Zugänge nach Malchow begannen am 22. Februar. Halina Nelken berichtet von der Fahrt nach Malchow in einem Personenzug und Esther Kemeny beschreibt die extremen Bedingungen ihrer Fahrt nach Neustadt-Glewe. „Zwei Tage später wurden wir auf einen Güterzug mit offenen Kohlewaggons verladen. Als wir in Neustadt-Glewe – einem Außenlager von Ravensbrück – ankamen, waren mehr als die Hälfte der Menschen im Zug erfroren.‘[43]

Eine weitere große Gruppe kam später in Neustadt-Glewe an. Lea Horn (Name während des Krieges: Schwalb) sagt aus, dass sie am 10. Januar mit dem Zug aus Auschwitz abfuhr und am 17. Januar zusammen mit ca. 1 000 anderen ankam und in das berüchtigte Zelt gesteckt wurde. Ihrer erstaunlichen Geschichte zufolge befanden sich diese jüdischen Zugänge aus der allerersten Zeit der Evakuierung von Auschwitz unter den 2 000 Häftlingen von Ravensbrück, die im Austausch gegen Medikamente und Kleidung, die vom Schweizer Roten Kreuz geliefert wurden, zur schweizerischen Grenze gebracht wurden. Nur 1 000 von ihnen wurde der Grenzübertritt gestattet.[44] Die übrigen 1 000 wurden mit dem Zug nach Neustadt-Glewe geschickt.[45] Andere Zugänge aus Auschwitz wurden möglicherweise am 27. Februar 1945 nach Bergen-Belsen geschickt und starben dort, ohne Spuren in anderen die Häftlinge von Ravensbrück betreffenden Dokumenten oder auch in den Erinnerungen der Überlebenden hinterlassen zu haben. Einige haben vielleicht überlebt, haben jedoch bei ihrer Registrierung als Überlebende des Holocaust ihren kurzen Aufenthalt in Ravensbrück nicht erwähnt, insbesondere, wenn sie ihren kurzen Aufenthalt dort für unwichtig hielten.

Trotz all dieser Schwierigkeiten fanden wir die Namen von 2 760 jüdischen Frauen und Mädchen, die als Überlebende der endgültigen Evakuierung von Auschwitz in Ravensbrück ankamen. Diese Anzahl umfasst auch diejenigen, die von Gleiwitz abmarschierten, und die 439, die auch mit dem *Auschwitz-Todesmarsch* angekommen sein können. Diese Zählung beruht auf der schon erwähnten einzigen erhalten gebliebenen Zugangsliste vom 23. Januar 1945, auf der Malchow/Hasag-Leipzig-Überstellungsliste vom 2. April (die 747 jüdische Namen mit Ravensbrück-Häftlingsnummern enthält, aus denen hervorgeht, dass diese Häftlinge mit dem *Auschwitz-Todesmarsch* angekommen sind), den vier Sterbelisten, dem *Geburtenbuch*[46], den Registrierungen der Überlebenden und einer Liste mit den Namen von hunderten von Frauen, die aus Ravensbrück in dessen Außenlager Neustadt-Glewe verlegt wurden (diese Liste wurde von dem engagier-

Halina Nelken, geb. 20. September 1923 in Krakau. Tagebuch und Autobiographie: *And Yet, I Am Here!* (1987) Amherst MA, University of Massachusetts Press, 1999.

Esther Kemeny, geb. 1912 in Michalowce, Slowakei, Autobiographie: *On the Shores of Darkness: The Memoir of Esther Kemeny*, Burlingame CA, The Haller Co., 2003.

ten örtlichen Forscher Karl Heinz Schütt erstellt).[47] Neben anderen Dokumenten fand Schütt eine Liste von Patientinnen, die von einer als Krankenschwester im Revier von Neustadt-Glewe tätigen polnischen Gefangenen geführt wurde und in der auch vermerkt war, ob eine Patientin aus Auschwitz gekommen war.[48]

Da am 25./26. April 1945 durch das schwedische Rote Kreuz 450 Frauen aus Malchow evakuiert wurden, erscheinen die Namen vieler jüdischer Häftlinge aus Malchow in schwedischen Dokumenten[49], insbesondere auf der *List of Liberated Jews Arrived in Sweden in 1945* (JSList), auf Listen, die durch den polnischen

Repräsentanten in Schweden erstellt wurden[50], in den Interviews die das *Polish Institute of Sources* in Lund (Schweden) mit ehemaligen jüdischen Häftlingen durchführte, sowie in dem umfangreichen Archivmaterial der jüdischen Gemeinde von Stockholm.[51]

Alle Dokumente von Malchow und von Neustadt-Glewe wurden in Ravensbrück aufbewahrt und dort vernichtet. Für Malchow – ein großes Lager – blieb nur ein schon erwähntes Dokument erhalten – eine Überstellungsliste mit den Namen von 1 000 Frauen, von denen 750 Jüdinnen waren. Von diesen hatten 746 Ravensbrück-Häftlingsnummern, die der Zeit der Ankunft des *Auschwitz-Todesmarschs* entsprechen. Diese Liste belegt, dass sie am 2. April 1945 in das Arbeitslager Hasag-Leipzig verlegt wurden. Es wurden auch die Namen von weiteren 251 Überlebenden, die ebenfalls Malchow erwähnen, gefunden.

Die wichtigsten Quellen für Informationen zu denen, die mit dem *Auschwitz-Todesmarschs* ankamen, sind die Aussagen von hunderten von Holocaust-Überlebenden, die sich in den USA oder in Israel registrieren ließen. Wie schon erwähnt, war es dank dieser Registrierungen und vieler Interviews möglich, die Angaben zu 2 760 Namen jüdischer Überlebender des *Auschwitz-Todesmarschs* (einschließlich des späten Transports mit dem Zug kurz vor Beginn des Fuß-Marsches), die jemals nach Ravensbrück kamen, zu rekonstruieren.

Während schon im Jahre 1944 jüdische und andere Häftlinge von Ravensbrück nach Malchow geschickt wurden und die jüdischen Häftlinge, die mit dem *Todesmarsch* aus Auschwitz gekommen waren, im Februar 1945 folgten, wurde Neustadt-Glewe erst etwas später zum Arbeitslager für jüdische Häftlinge aus Konzentrationslagern. Die ersten weiblichen Häftlinge, die im Herbst und Winter 1944 aus Ravensbrück kamen, waren alle Polinnen und keine von ihnen war Jüdin. Ab Januar 1945 kamen dann auch Jüdinnen, die große Mehrheit von ihnen Überlebende des *Auschwitz-Todesmarschs*. Das Außenlager Neustadt-Glewe wird weiter unten genauer beschrieben; die Namen von 969 jüdischen Häftlingen, von denen bekannt ist, dass sie in Neustadt-Glewe waren, wurden gefunden. Für 732 von ihnen wurde nachgewiesen, dass sie mit dem *Auschwitz-Todesmarsch* gekommen waren.

Herkunftsländer der Überlebenden des Auschwitz-Todesmarschs

In Tabelle 8.1 sind die Angaben zu den Herkunftsländern der jüdischen Frauen, Mädchen und der wenigen Kinder dargestellt, die Auschwitz bis zur Auflösung des Lagers überlebt hatten und als Überlebende des *Auschwitz-Todesmarschs* nach Ravensbrück gelangten.

Tabelle 8.1

Herkunftsland	Anzahl	%
Polen	1 155	41,8
Ungarn	572	20,7
Slowakei*	347	12,6
Deutsches Reich	130	4,7
Frankreich	91	3,3
Rumänien	85	3,1
Jugoslawien**	67	2,4
Griechenland	56	2,0
Niederlande	55	2,0
Belgien	53	1,9
Italien	33	1,2
Österreich	21	0,8
Sowjetunion***	10	0,4
Litauen	4	0,1
Türkei	3	0,1
Norwegen	1	ú
Bulgarien	1	ú
Luxemburg	1	ú
USA	1	ú
England	1	ú
Unbekannt	73	2,6
Gesamt	2 760	100,0

* Slowakei umfasst hier auch Tschechei und Tschechoslowakei
** Jugoslawien umfasst Slowenien, Kroatien und Serbien
*** Sowjetunion umfasst auch die Ukraine
ú = weniger als 0,1 %

Zusätzlich zu vier größeren Gruppen – denen aus Polen, Ungarn, der Slowakei (was auch „Tschechoslowakei“ und „Tschechei“ einschließt) sowie dem Deutschen Reich – gab es also sieben mittelgroße und acht kleine.

Das Alter der mit dem Todesmarsch von Auschwitz angekommenen Häftlinge

Die Mehrheit gehörten der Altergruppe 19–35 Jahre an (57,5 %). Es gab auch beträchtliche Gruppen von Kindern, Mädchen und Frauen der Altersgruppe 36–45 Jahre, jedoch nur sehr wenige Frauen, die älter als 45 Jahre waren. Der Wert dieser Angaben ist jedoch begrenzt, da wir von 622 Häftlingen, das sind 22,5 %, keine Informationen über ihr Geburtsdatum haben. Die Daten sind in Tabelle 8.2 dargestellt.

Tabelle 8.2

Alter	Anzahl	%
Kinder bis 13 Jahre	26	0,9
Mädchen bis 18	286	10,4
19–25	1 004	36,4
26–35	583	21,1
36–45	183	6,6
46–55	52	1,9
56–65	2	0,1
66 und älter	2	0,1
Unbekannt	622	22,5
Gesamt	2 760	100,0

Das Schicksal der mit dem Auschwitz-Todesmarsch angekommenen Häftlinge

Da so viele unserer Informationen über die mit dem *Auschwitz-Todesmarsch* angekommenen Häftlinge von Ravensbrück auf den Meldungen und Aussagen von Überlebenden beruhen, sind unsere statistischen Analysen offensichtlich mangelhaft. Da die Todesfälle nur unzureichend dokumentiert wurden, weist unsere Liste (siehe Tabelle 8.3) eine Überlebensrate auf, die höher als die der Realität entsprechenden ist. Nur eine kleine Anzahl derjenigen, die in Ravensbrück oder dessen Außenlagern starben, wurden „selektiert" und in einer der vorliegenden Sterbelisten von Ravensbrück registriert. Die einzige Ausnahme ist die realistischere Registrierung der Todesfälle in der Liste des Reviers von Neustadt-Glewe, die weiter unten behandelt wird. Die Überlebenden tendieren dazu, sich nur an einige andere Überlebende zu erinnern und an die Toten, die ihnen am nächsten standen. Hier ist also die Statistik zu Überleben und Sterben, bei der all die oben genannten Schwierigkeiten zu berücksichtigen sind: von 1 334 (48,3 %) ist bekannt, dass sie überlebten; von 285 (10,3 %) ist bekannt, dass sie starben. Zum Schicksal der großen Zahl von 1 141 (41,4 %) liegen keine Informationen vor.

Wo ließen sich die Überlebenden nieder? Die größte Gruppe – 583 (43,7 %) – ging in die USA, 279 (20,9 %) ließen sich in Israel nieder. Fast alle der italienischen Überlebenden scheinen nach Italien zurückgekehrt zu sein (26 bzw. 1,9 %)

Tabelle 8.3

Schicksal	Anzahl	%
Gestorben	285	10,3
Überlebt	1 334	48,3
Unbekannt	1 141	41,4
Gesamt	2 760	100,0

und dasselbe gilt für die französischen Überlebenden, von denen 15 (1,1 %) nach Frankreich zurückkehrten.[52] Andere Länder, in denen sich Überlebende niederließen waren die Tschechoslowakei (23 bzw. 1,7 %), Schweden (19, 1,4 %), Ungarn (12, 0,9 %), Deutschland (8, 0,6 %), Belgien (7, 0,5 %), Polen (8, 0,6 %), Australien (5, 0,4 %), Kanada (4, 0,3 %), Griechenland (11, 0,8 %), Großbritannien (2, 0,1 %), Rumänien (2, 0,1 %) und die Schweiz (3, 0,2 %). In den folgenden Ländern ließ sich jeweils eine Überlebende nieder: in Brasilien, Chile, den Niederlanden und in der Sowjetunion. Bei 344 (25,8 %) Überlebenden ist nicht bekannt, wo sie sich niedergelassen haben.

Neustadt-Glewe

Das bedeutendste Außenlager von Ravensbrück – Malchow – wird von Irith Dublon-Knebel in ihrem Kapitel über Malchow in dem von ihr herausgegebenen und auf Deutsch erschienenen Buch (*Schnittpunkt des Holocaust: Jüdische Frauen und Kinder im Konzentrationslager Ravensbrück*, Metropol, Berlin 2009, S. 137–174) beschrieben. Während der letzten drei Monate des Krieges spielte ein weiteres Außenlager – Neustadt-Glewe, ungefähr 100 km nordwestlich von Ravensbrück und 50 km entfernt von Malchow – eine wichtige Rolle für das Schicksal von mindestens 965 jüdischen Häftlingen von Ravensbrück und bedarf deshalb der besonderen Beschreibung hier.

Wie schon erwähnt, wurden sämtliche auf das Lager Neustadt-Glewe bezüglichen von der SS angefertigten Dokumente über Ankunft, Abreise, Arbeitszuweisung, „Selektion“ und Sterben vernichtet. Gäbe es nicht die engagierte Arbeit des ortsansässigen Forschers Karl Heinz Schütt, wäre vielleicht das Lager selbst völlig in Vergessenheit geraten. Schütt sammelte viele Informationen zu der Geschichte des Lagers, fand vor langer Zeit verloren gegangene Dokumente und veröffentlichte vier kleine Bücher.[53] Auch fand er die Aufenthaltsorte vieler Überlebender des Lagers, darunter 40 jüdische Überlebende (sowie einige Ortsansässige, die Zeugnis über das Lager ablegen können), und veröffentlichte ihre Kurzmemoiren über das Lager Neustadt-Glewe. Mehrere Jahre lang erfasste er die Namen von Neustadt-Glewe-Häftlingen. Er begann 1998 mit 369 Namen[54] und 2003 war er bei 1 530 Namen angelangt.[55]

Ich habe der von Herrn Schütt erstellten Liste die Namen von 108 jüdischen Überlebenden, die sich in den USA und Israel niedergelassen haben, hinzugefügt. Ebenfalls hinzugefügt habe ich 27 Namen aus Archivmaterial, so dass die Liste jetzt 965 Namen jüdischer Neustadt-Glewe-Häftlinge (oder zumindest von Häftlingen, von denen angenommen wird, dass sie jüdisch waren) enthält.

Das Lager Neustadt-Glewe wurde mit 300 weiblichen Häftlingen von Ravensbrück im September 1944 auf dem örtlichen Militärflughafen eingerichtet. Zehn hölzerne Baracken waren umgeben von einem elektrisch geladenen Drahtzaun. Die gesamte Verwaltung des Lagers, die SS-Aufseher und die anderen Wachen[56] standen unter dem Kommando von Ravensbrück. Einige der Häftlinge arbeiteten in 12-Stunden-Schichten bei den Dornier-Werken im Flugzeugbau. Andere Gruppen von Frauen hoben am Stadtrand Gräben aus und transportierten und tarnten Kampfflugzeuge. Die Frauen mussten auch Bäume fällen und Holz sammeln.

Bis Ende 1944 waren 900 weibliche Häftlinge in Neustadt-Glewe, unter ihnen – wie es scheint – viele Polinnen, die nach dem Warschauer Aufstand im August 1944 angekommen waren. Von Ende Januar bis Ende März 1945 kamen Transporte vor allem polnischer Frauen – Jüdinnen und anderer –, die mit dem *Auschwitz-Todesmarsch* nach Ravensbrück gekommen waren, in Neustadt-Glewe an. In dieser Menge versteckten nicht-jüdische polnische Häftlinge zwölf polnische politische Häftlinge („Kaninchen“), an denen Experimente mit Infektionen und Knochentransplantationsoperationen an den Beinen durchgeführt worden waren, um sie vor der Hinrichtung in Ravensbrück zu bewahren.

In Neustadt-Glewe litten fast alle Häftlinge unter extremem Platzmangel, Hunger und Krankheiten. Als die Massen von Frauen aus Ravensbrück ankamen, gab es keinen Platz mehr in den Baracken, so dass 1 000 von ihnen in einem früheren Kino zusammengepfercht wurden, das später geräumt werden musste, als dort eine Typhusepidemie ausbrach. Alle Überlebenden sprechen von katastrophalen Unterbringungsbedingungen: Sie konnten sich nicht einmal auf dem Fußboden ausstrecken, es gab keine funktionierenden Toiletten, der Boden um die Eimer war mit Exkrementen bedeckt und die wenigen mehrstöckigen Betten waren so wacklig, dass sie oft zusammen brachen und die darin Liegenden dabei verletzt wurden. Die Wände waren von Läusen bedeckt.

Als der erste große Transport des *Auschwitz-Todesmarsches* ankam, erhielten die neu angekommenen Häftlinge bis zu zehn Tage lang kein Essen.[57] Danach erhielten diejenigen, die arbeiten gingen, pro Tag eine Schüssel Suppe und eine Scheibe Brot. Bald gab es für die Mehrheit der Häftlinge keine Arbeit mehr. Unter denen, die noch für die Arbeit im Werk selektiert wurden, waren viele zu erschöpft um die Arbeit leisten zu können.[58] Nur diejenigen, die im Außenkommando auf den Feldern eingesetzt waren, erwähnen die Freundlichkeit älterer deutscher Männer und heimlich von ihnen geschenkte Lebensmittel. Die Mehrheit der Häftlinge ging nicht arbeiten und verbrachte Tage und Nächte in einem Zustand der Stumpfheit und des Beinahe-Verhungerns. Sie erhielten nur wässrige Suppe – ungesalzenes Wasser mit zum größten Teil ungekochten Kartoffelschalen – und eine Scheibe schimmliges Brot. Die schwächsten, die keine Freundin hatten, die für sie hätte kämpfen können, blieben oft sogar ohne diese magere tägliche Ration.[59] Dieser Hunger in Verbindung mit den überfüllten und unhygienischen Unterkünften führte zur Verbreitung von Hungerruhr, Typhus, Tuberkulose und Furunkulose. Mehrere Häftlinge wurden erschossen, als sie versuchten, Rüben zu stehlen, andere brachen während der Appelle zusammen.

Im Lager von Neustadt-Glewe gab es ein Revier, in dem einige gefangene Ärztinnen arbeiteten: zwei Polinnen, eine polnische Jüdin[60] und eine sowjetische Jüdin.[61] Dort waren auch vier Häftlinge als Krankenschwestern/Pflegerinnen tätig. Die vier Ärztinnen hatten vorher in Auschwitz gearbeitet. Viele Patientinnen starben im Revier und jeden Tag lagen Leichen draußen aufgeschichtet.[62] Ich wiederhole: Eine unbekannte Zahl Patientinnen wurde „selektiert" und in der Gaskammer von Ravensbrück ermordet.[63] Diese Selektionen fanden bis zwei Wochen vor der Befreiung statt.

Trotz der schlechten Bedingungen und des Fehlens von Medikamenten erholten sich einige Häftlinge im Revier und überlebten.[64] Als das Lager befreit wurde, wurden 300 schwerkranke Patientinnen aus dem Revier in ein provisorisches Lazarett, das in einer Schule in Neustadt-Glewe eingerichtet worden war, verlegt. Die meisten Frauen, die in das Lazarett kamen, wogen nicht mehr als 30 kg. Im Lazarett starben 35, eine beträchtliche Zahl erholte sich jedoch nach Monaten geduldiger und menschlicher Pflege.[65]

Es ist nicht bekannt, wie viele Frauen, Mädchen und Kinder in den wenigen Monaten der Existenz dieses Lagers starben. Die angegebenen Zahlen schwanken zwischen 500 und 1 000. Erst viele Jahre später wurde eine Suche nach den Bestattungsorten dieser in die Hunderte gehenden Opfer von Neustadt-Glewe durchgeführt und auf dem städtischen Friedhof wurden Gräberreihen gefunden, im Wald fand man weitere Gräber und ein Massengrab.[66] Bezüglich der 965 bekannten Namen jüdischer Häftlinge ist von 119 bekannt, dass sie im Lager, in Ravensbrück oder kurz nach der Befreiung starben, von 475 ist bekannt, dass sie überlebten und das Schicksal von 375 ist bis heute nicht geklärt.

Mehrere Überlebende und Beobachter beschrieben die Arbeit eines „Begräbniskommandos", bestehend aus zehn jungen Jüdinnen, die jeden Tag die nackten Körper, die neben die Wand des Reviers geworfen worden waren, einsammelten. Sie zogen und schoben einen Handwagen mit einem Kastenaufbau den ganzen

Weg zum städtischen Friedhof bzw. später in den Wald.[67] Ein Beobachter sagt aus, die Mädchen mit ihrem Wagen gesehen zu haben, und dass der Kasten so voll war, dass die Arme und Beine der Toten zu sehen waren.[68] Rena Kornreich-Gelissen sagt aus, dass sie während der ersten Woche ihrer Arbeit über 80 Tote beerdigt hätten. Abgesehen vom Bestattungskommando ist uns ein Fall bekannt, in dem mehrere junge Mädchen sich anboten, ein anderes Mädchen – „Odessa", die von der SS erschossen worden war, weil sie versucht hatte, eine Rübe zu stehlen – auf einem Holzbrett zu dem Friedhof am Rande der Stadt zu tragen und dort ein Grab für sie zu graben. Diese gute Tat wurde von Rozalie Grünapfel, deren Vater ein Mitglied der *Chevra-Kadischa* (jüdische freiwillige Bestattungsgesellschaft) war, organisiert und sie fühlt sich immer noch schuldig, weil sie nicht in der Lage war, „Odessa" ein ordentliches jüdisches Begräbnis zu geben.[69]

Es hatte einen Evakuierungsmarsch von Malchow in Richtung Neustadt-Glewe gegeben. Die Frauen erreichten es nicht, da die Überlebenden zwischen Lübz und Marnitz durch sowjetische Truppen befreit wurden.

Am 2. Mai 1945 erreichte SS-Personal aus Ravensbrück, das aus diesem schon in sowjetischer Hand befindlichem Lager geflohen war, Neustadt-Glewe und brachte größere Mengen an Lebensmitteln mit. Eine Menge von Frauen stürmte den Lagerraum. Der Kommandant, der völlig betrunken war, befahl den Häftlingen, Ruhe und Ordnung zu halten. Als die Wachen abzogen, schossen sie in die Menge der Frauen in der Nähe des Lagerraums. Dabei wurde eine getötet und mehrere wurden verwundet.[70]

Die Frauen von Neustadt-Glewe wurden nicht auf einen Evakuierungsmarsch geschickt, sondern von der fliehenden SS in abgeschlossenen Baracken hinterlassen. Sie befreiten sich selbst mit Hilfe französischer Kriegsgefangener, die den elektrisch geladenen Zaun von außen durchschnitten, während die Häftlinge von Neustadt-Glewe ihn von innen durchschnitten. Sie brachen die Türen und Fenster der Baracken auf. Sich selbst überlassen, stürmte eine Menge von Frauen das Nahrungslager. Es kam zu Gewaltszenen und unkontrolliertem Essen, welches zu Übelkeit und sogar zum Tode führte.

Während der wenigen Monate der Existenz des Lagers waren die jüdischen Häftlinge in einem so schlechten physischen Zustand, dass sie nur ein Minimum sozialer Beziehungen in kleinen Gruppen – in der Regel zwischen Schwestern[71], Müttern und Töchtern oder Freundinnen – aufrecht erhalten konnten.[72] Aus vielen Memoiren wird deutlich, dass das Vorhandensein solcher Bande der Freundschaft, Loyalität und gegenseitiger Hilfe zum Überleben der hungernden und kranken Frauen beträchtlich beitrug. Welche Bedeutung diese kleinen Gruppen oder „Lagerfamilien" für die jüdischen Häftlinge von Ravensbrück hatte, wird weiter unten behandelt. Bei der Befreiung organisierten sich größere Gruppen von Frauen und

Mädchen – in der Regel nach gemeinsamen Herkunftsorten und Sprachen, sowie gemeinsamen Plänen und Zielorten.[73]

Die sowjetischen Truppen kamen am späten Nachmittag des 2. Mai an. Die Amerikaner, die am selben Tag nur wenige Stunden da gewesen waren, zogen sich zur Elde, einem Nebenfluss der Elbe, zurück. Die befreiten Häftlinge sagten aus, dass die Amerikaner von dem, was sie vorfanden, schockiert waren und Schokolade verteilten. Die Russen wollten das Lager sofort von den Toten und noch Lebenden räumen. Gruppen befreiter Häftlinge richteten sich in den Quartieren der SS-Aufseher und des Flughafenpersonals ein.

Esther Kemeny erinnert sich: „Einige der Häftlinge verließen die Baracken nicht, weil sie vor Hunger zu krank waren sich zu bewegen. Ihre Beine waren von Hungerödemen geschwollen."[74] Die Russen boten den befreiten Häftlingen an, die Läden und Häuser der kleinen Stadt, deren Bevölkerung geflohen war oder sich ergeben hatte, drei Tage lang zu plündern. Eine Gruppe Frauen, die in der Lage waren, bis in die Stadt zu laufen, lebte tagelang (in einigen Fällen wochenlang) in von ihren ursprünglichen Bewohnern verlassenen Häusern. Dieser Aufenthalt war sehr wichtig für sie, weil sie so die Möglichkeit hatten, saubere, ordentlich zubereitete und gut verdauliche Nahrung zu sich zu nehmen, sich zu waschen, von Läusen zu befreien und normale Kleidung zu finden. Die Russen verteilten großzügig Brot, Reis und Kartoffeln. Die einzige ernsthafte Beschwerde der Überlebenden gegenüber ihren russischen Befreiern bestand darin, dass diese dazu neigten, sich zu betrinken und die Frauen zu belästigen – selbst die jüngsten und schwächsten.[75]

Diejenigen, die aus Westeuropa stammten, gingen nach Ludwigslust, diejenigen aus Ost- oder Südosteuropa gingen nach Osten – zu Fuß, in Pferdewagen und per Zug. In Prenzlau[76] organisierten die Russen die Heimkehr einiger der Überlebenden. Eine Gruppe Kranker wurde aus Ludwigslust in ihre Herkunftsländer geflogen. Ein Bus mit Ärzten kam aus der Tschechoslowakei und die Kranken wurden mit Krankenwagen oder Bussen nach Prag gebracht. Einige blieben bis Ende September in Teplice Sanor im Krankenhaus.[77]

Statistik von Neustadt-Glewe

Herkunftsländer

Von den 965 Jüdinnen kamen 754 mit dem *Auschwitz-Todesmarsch* oder der Evakuierung von Gleiwitz und 211 kamen von anderen Orten. In Tabelle 8.4 ist die Verteilung der Häftlinge von Neustadt-Glewe nach Herkunftsländern dargestellt und es ist angegeben, ob sie mit dem *Auschwitz-Todesmarsch* (AT) ankamen oder nicht (Nicht-AT).

Tabelle 8.4

Herkunftsland	Gesamt	(%)	AT	(%)	Nicht-AT	(%)
Polen	304	31,5	255	33,8	49	23,2
Ungarn	154	16,0	148	19,6	6	2,8
Slowakei, Tschechoslow.	144	14,9	122	16,2	22	10,4
Deutsches Reich	66	6,8	55	7,3	11	5,2
Rumänien	36	3,7	25	3,3	11	5,2
Frankreich	33	3,4	20	2,7	13	6,2
Niederlande	25	2,6	25	3,3	–	–
Jugoslawien	27	2,8	23	3,1	4	1,9
Griechenland	25	2,6	25	3,3	–	–
Belgien	8	0,8	7	0,9	1	0,5
Sowjetunion	4	0,4	4	0,5	–	–
Österreich	7	0,7	5	0,7	2	2,9
Türkei	2	0,2	2	0,3	–	–
Norwegen	1	0,1	1	0,1	–	–
Ukraine	1	0,1	1	0,1	–	–
Italien	1	0,1	1	0,1	–	–
Unbekannt	127	13,2	35	4,6	92	43,6
Gesamt	965	100,0	754	100,0	211	100,0

Altersgruppen

Tabelle 8.5

Alter	Gesamt	(%)	AT	(%)	Nicht-AT	(%)
Kinder bis 13 Jahre	11	1,1	10	1,3	1	0,5
Mädchen bis 18	107	11,1	97	12,9	10	4,7
19–25	306	31,7	270	35,8	36	17,1
26–35	159	16,5	141	18,7	18	8,5
36–45	81	8,4	68	9,0	13	6,2
46–55	21	2,2	16	2,1	5	2,4
56–65	–	–	–	–	–	–
66 und älter	–	–	–	–	–	–
Unbekannt	280	29,0	152	20,2	128	60,7
Gesamt	965	100,0	754	100,0	211	100,0

Schicksal

Von der mit dem *Todesmarsch* angekommenen Gruppe ist von 409 (54,3 %) bekannt, dass sie überlebt haben und von 84 (11,1 %), dass sie gestorben sind, während das Schicksal von 261 (34,6 %) ungeklärt ist.

Von denen, die nicht am *Todesmarsch* teilgenommen haben, haben 66 (31,3 %) überlebt, 34 (16,1 %) sind gestorben und über das Schicksal von 111 (52,6 %) liegen keine Informationen vor. Insgesamt haben 475 (49,2 %) überlebt, 118 (12,2 %) sind gestorben und über das Schicksal von 372 (38,6 %) liegen keine Informationen vor.

Wo liessen sich die jüdischen Überlebenden von Neustadt-Glewe nieder?

Tabelle 8.6

Land d. Niederlassung	AT	Nicht-AT	Gesamt	Anteil in %
Israel	144	17	161	34,2
USA	133	19	152	32,3
Frankreich	13	10	23	4,9
Tschechoslowakei	9	2	11	2,3
Deutschland	8	–	8	1,7
Polen	7	1	8	1,7
Griechenland	9	–	9	1,9
Kanada	3	1	4	0,8
Rumänien	2	2	4	0,8
Australien	3	1	4	0,6
Großbritannien	2	1	3	0,6
Ungarn	2	1	3	0,6
Belgien	2	–	2	0,4
Schweden	1	–	1	0,2
Schweiz	3	–	3	0,6
Sowjetunion	1	–	1	0,2
Brasilien	1	–	1	0,2
Chile	1	–	1	0,2
Niederlande	1	–	1	0,2
Unbekannt	64	11	75	16,7
Gesamt	409	66	475	100,0

Krupp-Neukölln: Eine Ausnahme unter den Arbeitslagern

Auf den ersten Blick hatte dieses kleine, neben den Krupp-Werken im Berliner Stadtbezirk Neukölln gelegene Arbeitslager keine Verbindung zu dem Frauenkonzentrationslager Ravensbrück. Die meisten der 500 jüdischen Frauen und Mädchen, die dort zwischen September 1944 und Mitte April 1945 arbeiteten, waren nur 8 bis 14 Tage in Ravensbrück gewesen.[78] Die Tatsache, dass fast alle der Überlebenden im Zuge der *Bernadotte-Aktion* aus dem Stammlager Ravensbrück nach Schweden evakuiert wurden, führte jedoch dazu, dass diese Gruppe von Holocaust-Überlebenden sich als Überlebende von Ravensbrück betrachteten. Offiziell war das Lager von Krupp-Neukölln ein Außenlager von Sachsenhausen-Oranienburg.

Die Existenz einer solchen Gruppe wurde mir erst bewusst, als die israelischen Ravensbrück-Überlebenden bei ihrem Besuch der Mahn- und Gedenkstätte im Frühjahr 1995 „Krupp" oder „Neukölln" bzw. Berlin als eines ihrer Lager erwähnten. Wir stellten bald fest, dass nirgends Zugangs- oder Überstellungslisten für diese Gruppe von fast 500 Mädchen und Frauen erhalten geblieben waren.[79] Mit Hilfe einer Gruppe von israelischen Überlebenden und indem wir uns mit einer anderen Gruppe von Überlebenden in Verbindung setzten, die im US-*Registry of Jewish Holocaust Survivors* sowohl Ravensbrück als auch Krupp-Neukölln angegeben hatten, gelang es uns, zu anderen Überlebenden, die sich weder in Israel noch in den USA registriert hatten[80], und zu Überlebenden, die in Schweden, Australien oder Kanada lebten, Kontakt aufzunehmen und sie zu bitten, uns die Namen weiterer Häftlinge, an die sie sich erinnerten, zu geben. So konnte eine Liste mit 201 Namen erstellt werden. Alle der angesprochenen Überlebenden einigten sich in Bezug auf die Namen der Toten und behaupteten, dass alle, an deren Namen sie sich nicht erinnern könnten, überlebt hätten. Vor kurzem wurden die Namen von 70 weiteren Überlebenden des Lagers Krupp-Neukölln in der in Ravensbrück erstellten Datenliste der jüdischen weiblichen Häftlinge (DJBR) identifiziert. Diese Namen stammten alle aus Archivmaterial der jüdischen Gemeinde in Stockholm.

So war es möglich, einen großen Teil der Geschichte dieser Gruppe zu rekonstruieren – von ihrem Leben im Ghetto Łódź, über ihren kurzen Aufenthalt in Auschwitz und den siebeneinhalb Monaten in Berlin, bis zu ihrem kurzen Aufenthalt in Ravensbrück, der Evakuierung nach Schweden und ihrem folgenden Schicksal. Auf den beiden JSLists haben wir 208 dieser 271 Namen identifiziert.[81]

Nach der Erforschung der furchtbaren Bedingungen in den meisten der Außenlager (AKDOs) mit entweder hohen Sterberaten oder dem völligen Fehlen von

Informationen über das Schicksal der Häftlinge, lohnt es sich, die besonderen Umstände, die das bemerkenswerte Überleben von den meisten dieser 500 jüdischen Frauen und Mädchen erlaubten, zu untersuchen. Diese Gruppe weist die wahrscheinlich höchste bekannte Überlebensrate aller jüdischen Gruppen auf, die in Auschwitz gewesen waren und in ein Arbeitslager geschickt wurden, das offiziell siebeneinhalb Monate unter Verwaltung der SS stand.

Im August 1944 waren die Merkmale dieser fast vollständig aus polnischen Jüdinnen bestehenden Gruppe denen anderer Gruppen jüdischer Frauen, die damals von Auschwitz nach Ravensbrück transportiert wurden, um in der deutschen Kriegsindustrie zu arbeiten, sehr ähnlich. Der Gruppe gehörte nur ein Mädchen an, das jünger als 13 Jahre war, und eine Frau, die älter als 55 Jahre war. Diese Mädchen und jungen Frauen waren in keiner Weise vor den Leiden der polnischen jüdischen Bevölkerung, denen diese seit Beginn der Nazi-Okkupation ausgesetzt war, geschützt gewesen.

Alle kamen aus dem Ghetto Łódź. Die meisten waren in Łódź oder in nahe gelegenen Kleinstädten wie Zdunska-Wola geboren worden. Eine kleine Minderheit kam aus der Tschechoslowakei[82] oder dem Deutschen Reich[83] und war vorher in das Ghetto Łódź deportiert worden. Alle anderen hatten mehrere Jahre im geschlossenen Ghetto Łódź gelebt und dort in Fabriken gearbeitet (einige von ihnen schon, als sie erst neun Jahre alt waren[84]), da ihnen mit der Arbeit in einer Fabrik eine tägliche Mahlzeit gesichert war.[85] Den meisten von ihnen wurde ihre Schulbildung abgebrochen. Nur wenigen war es gelungen das teure Gymnasium im Ghetto zu besuchen und eine noch kleinere Zahl hatte sich erfolgreich imatrikuliert. Alle waren jahrelanger Unterernährung, ununterbrochenem Terror und den von den Nazi-Behörden durchgeführten Selektionen ausgesetzt gewesen. Die Eltern oder Geschwister von einigen unter ihnen waren im Ghetto an Krankheiten gestorben.[86]

Sie alle waren in einem großen Transport vom 17. August 1944 aus dem Ghetto Łódź nach Auschwitz verschickt worden.[87] Obwohl sie nicht länger als eine Woche in Auschwitz blieben, war dieser Aufenthalt für alle traumatisch. Die meisten wurden dort von ihren Eltern und jüngeren Geschwistern getrennt, die als offensichtlich nicht arbeitsfähig klassifiziert und sofort zur Tötung selektiert wurden. Die Wirklichkeit von Auschwitz mit seinen rauchenden Krematoriumsschloten war eine schockierende Überraschung für sie, da scheinbar die meisten der Juden aus Łódź, das in einem von Deutschland annektiertem Teil Polens lag, noch nichts von der Massenvernichtung der Juden in Auschwitz wussten.[88]

Was ihr Schicksal betrifft, so hatte die SS-Verwaltung sie auch für die Ermordung durch Gas bestimmt. Nach Aussage aller Überlebenden hatten sie das schreckliche Ritual der Ankunft in Auschwitz durchlaufen: Ihre Kleidung und sämtliche Habseligkeiten waren ihnen weggenommen worden; sie waren rasiert worden und saßen in einer großen Gruppe ohne Schuhe und fast nackt auf dem Boden in der Nähe des Eingangs zur Gaskammer und den Krematorien. Sie konnten Menschen in die Gaskammer hineingehen sehen. Die Tatsache, dass man ihnen keine Auschwitz-Häftlingsnummern eintätowiert hatte, weist darauf hin, dass man nicht vorhatte, sie zur Arbeit in Auschwitz-Birkenau zu schicken.

Mehrere der interviewten Überlebenden gaben an, dass in diesem Moment jemand auf einem Fahrrad ankam und dem SS-Aufseher eine Mitteilung übergab. Daraufhin wurden 500 der dort Sitzenden, die alle demselben Transport aus dem Ghetto Łódź angehörten, selektiert und mit einem Güterzug zu einem unbekannten Ziel transportiert. Vor der Abfahrt erhielten sie ein Minimum an Kleidung. Zu ihrer Überraschung erreichten sie am selben Tag – dem 24. August 1944 – Berlin.[89]

Mehrere Überlebende berichteten, dass ihre Verschickung zu Krupp auf einem Irrtum beruht habe, da 500 Französinnen bestellt worden waren. Bezüglich des Ursprungs dieser Aussage, so berichtete die israelische Überlebende Halina Lis[90], dass die SS-Hauptaufseherin dies der jüdischen Lagerältesten erzählt hätte.[91] Nach Aussage einiger Überlebender waren bei Krupp vorher ukrainische Häftlinge gewesen, die nicht sehr effizient gearbeitet hätten. Sowohl den Arbeitern als auch den Meistern war mitgeteilt worden, dass die Jüdinnen Kriminelle wären, und sie waren überrascht, als sie merkten, über welch relativ hohes Bildungsniveau und welch große manuelle Geschicklichkeit die Frauen verfügten.

Ihr Alter reichte von nur zwölf bis ungefähr 50 Jahre.[92] Die meisten waren nicht ganz zwanzig oder Anfang zwanzig. Den meisten der etwas älteren Frauen (über 40) war es gelungen, zusammen mit ihren jungen Töchtern, Nichten oder anderen Angehörigen selektiert zu werden.

Ein beeindruckendes Merkmal dieser 500 war die große Zahl von Schwestern (zwei bis sechs), Cousinen und Schwägerinnen. So hatten viele oder sogar die meisten eine nahe Angehörige in der Gruppe. Dies kann darauf hinweisen, dass es sich um traditionell große jüdische Familien handelte, die nahe beisammen wohnten. In dem Werk waren auch deutsche Arbeiter tätig und alle wurden von deutschen – in der Regel älteren – Vorarbeitern und Meistern beaufsichtigt. In gewisser Hinsicht war dieses Lager anderen Arbeitslagern der deutschen Kriegsindustrie ähnlich, zum Beispiel darin, dass die Häftlinge in 10-Stunden-Schichten arbeiten mussten, und in der Stanzerei und der Platina (Galvanisierung) mussten sie auch wechselweise Tag- und Nachtschicht arbeiten. Sie wurden von einigen SS-Frauen beaufsichtigt, von denen sie zumindest eine als brutal einschätzten.

Trotzdem waren die Bedingungen bei Krupp wesentlich besser als in den meisten anderen uns bekannten Arbeitslagern. Die Häftlinge lebten in Baracken[93], die in Räume unterteilt waren, von denen jeder zwischen vier und 14 Frauen Platz bot und in denen Doppelstockbetten aufgestellt waren. Jede Baracke hatte funktionierende Duschen und Toiletten. Rosa Katz berichtet in ihrem aufgezeichneten Interview, dass sie nach der Ankunft bei Krupp lange heiß duschte, um den furchtbaren Geruch von Auschwitz loszuwerden.[94] Es gab pro Tag eine warme Mahlzeit in der Fabrik – wie es scheint dasselbe Essen, das auch die deutschen Arbeiter bekamen. Sie bekamen auch Arbeitskittel, Socken und Holzschuhe. Trotzdem waren weder die Ernährung noch die Bekleidung ausreichend für die schwere körperliche Arbeit – besonders während der Wintermonate.

Die drei Baracken waren von Stacheldrahtzäunen umgeben und nachts wurden sie abgeschlossen. In keinem Bericht werden Elektrozäune oder bewaffnete Wachen erwähnt. Demzufolge ist es denkbar, dass die Frauen und Mädchen Gelegenheit zur Flucht gehabt hätten. Die Tatsache, dass keine von ihnen versuchte zu fliehen, kann damit erklärt werden, dass durch die fast ununterbrochene Bombardierung Berlins durch die Alliierten extreme Bedingungen herrschten, und auch durch das vergleichsweise menschliche Verhalten sowohl der anderen Arbeiter als auch der örtlichen SS-Aufseher. Den Bombardierungen, die immer mehr zunahmen, waren die Häftlinge, die zivilen Arbeitskräfte und die Bevölkerung in der Umgebung ausgesetzt, den Jüdinnen wurde jedoch normalerweise nicht erlaubt, in die Luftschutzräume zu gehen und sie mussten Splittergräben ausheben, um während der Bombenangriffe dort Schutz zu suchen. Diejenigen, die Nachtschicht arbeiteten, durften aber scheinbar in die Luftschutzräume der Fabrik gehen. Bei einem Bombenangriff im Januar 1945 geriet eine der Baracken in Brand, die anderen wurden beschädigt und alle Fenster wurden herausgesprengt. Erst danach wurden sie alle in den Keller eines in der Nachbarschaft gelegenen alten Kinos verlegt. Keine von ihnen wurde während der fortgesetzten schweren Bombardierungen von Berlin getötet oder verletzt. Ihre deutschen Kollegen wunderten sich über ihr ungewöhnliches Glück, nannten sie Glückskinder und betrachteten sie als eine Art Maskottchen.[95]

Aus den Berichten der Überlebenden ergab sich das folgende Bild der Beziehungen zu den deutschen Arbeitskollegen: Den einfachen Arbeitern war es verboten, während der Arbeitszeit mit den jüdischen Häftlingen zu sprechen und sie hielten dieses Verbot ein. Trotzdem gab es unter den Arbeitskollegen welche, die den Gang zur Toilette dazu nutzten, mit den Jüdinnen zusammenzukommen und in einer ganzen Reihe von Fällen gaben die Deutschen den Jüdinnen auch Stücke ihrer eigenen Sandwiches.

In diesem Werk von Krupp, in dem Bombenzünder hergestellt wurden, gab es fünf Abteilungen. Halina Lis berichtet von: 1. der Montageabteilung, von der es hieß, dass bei der Arbeit Genauigkeit verlangt wurde; 2. der Stanzerei – die Arbeit hier galt als schwer (eine Frau verlor hier einen Finger); 3. der Galvanisierung, wo Säure verwendet wurde; 4. der Qualitätskontrolle – die Arbeit hier galt als die leichteste. Andere Überlebende berichten von einer fünften Abteilung: der

Platina. Die Vorarbeiter und Meister der fünf Abteilungen sprachen mit den jüdischen Arbeiterinnen, während sie sie bei der Arbeit anleiteten. Es kann gut von Bedeutung gewesen sein, dass die meisten dieser Frauen aus Łódź (oder Prag) entweder Deutsch sprachen oder es zumindest verstanden und sich auf Jiddisch verständigen konnten.

Das Verhalten der SS-Aufseherinnen war uneinheitlich. Es gibt Geschichten von einer SS-Aufseherin, die ihre Frühstücksbrote mit den Häftlingen teilte. An eine andere erinnert man sich als an das „blonde Gift". Sie saß am Eingang zur Produktionshalle und erlaubte den jüdischen Häftlingsarbeiterinnen nicht, während der Arbeitszeit zur Toilette zu gehen. Einige der Überlebenden erinnern sich an einen schweren Zusammenstoß zwischen dem Obermeister und dieser SS-Aufseherin, als er ihr sagte, dass er für die Produktion verantwortlich sei und dass er jegliche Schikanierung der Arbeiterinnen als Sabotage betrachte.

Sicher waren nicht alle der Vorarbeiter und Meister so freundlich zu den Jüdinnen, aber es gibt Berichte über mindestens zwei Meister mit überraschend menschlichem Verhalten. Eine Überlebende, die damals 16 war und in der Platina arbeitete, berichtet, dass ihr Meister – ein Herr Engel – sie und die anderen sogar noch jüngeren Mädchen während der Nachtschichten unter seiner Werkbank schlafen ließ.[96]

Walter Hahn, Meister in der Montageabteilung, der sich mit der von ihm ausgebildeten Gruppe von 20 Mädchen angefreundet hatte, brachte ihnen jeden Tag seine Zeitung und öffnete die Seite mit den Nachrichten über den Krieg. Er teilte mit ihnen seine große Freude, als seine Frau nach vielen Jahren kinderloser Ehe ein Kind gebar und vor Weihnachten brachte er ihnen ein Geschenk – ein Buch mit Gedichten von Heinrich Heine, das sie sehr schätzten.

Dieses ungewöhnlich freundliche Verhalten einiger Zivilarbeiter, Vorarbeiter und Meister ist möglicherweise dadurch zu erklären, dass vor der Machtergreifung durch Hitler Neukölln ein Stadtbezirk Berlins war, in dem die Kommunisten großen Einfluss hatten. Mehrere der Überlebenden erwähnen Gerüchte, dass einige der Arbeiter Kommunisten gewesen wären und dass einer der Meister dies sogar einem der Mädchen gesagt hätte.

Der überraschendste Aspekt dieses kleinen Arbeitslagers war das Verhalten der beiden Deutschen, die unmittelbar für die 500 weiblichen jüdischen Häftlinge zuständig waren. Bei ihrer Ankunft aus Auschwitz wurden die Jüdinnen von einem Mann und einer Frau, die beide SS-Mitglieder waren, in Empfang genommen. Der Mann war Oberscharführer Bruno Kreitich, die Frau war Hauptaufseherin Margarete (Maria) Trampnan.[97] Die meisten der Interviewten kannten weder den Namen noch den Rang dieses Mannes und dieser Frau, aber zu unserer Überraschung stimmten sie alle darin überein, dass sie die Frau „Mutti" und dass viele den Mann „Vati" genannt hatten. Diese äußerst ungewöhnliche Beziehung muss von diesen beiden SS-Offizieren initiiert und gefördert worden sein. Die Berichte der Interviewten enthalten eine lange Liste menschlicher Handlungen dieser beiden Deutschen, die tatsächlich für ihre zum größten Teil jugendlichen Schützlinge eine Art Elternrolle übernahmen.

Da dieses kleine Arbeitslager offiziell zu dem großen Konzentrationslager Sachsenhausen-Oranienburg gehörte, wurde erwartet, dass die nicht arbeitsfähigen Kranken und Verletzten in dieses Lager gebracht würden, und es wurde davon ausgegangen, dass sie von dort nicht zurückkehrten. Entgegen dieser Regel behandelte und bandagierte die SS-Hauptaufseherin in ihrem Raum Hautkrankheiten und sie behandelte Geschwüre und schwere Schnittverletzungen, während Bruno Kreitich ein Mädchen mit starken Zahnschmerzen zur Behandlung nach Oranienburg und von dort auch wieder zurückbrachte. Das Mädchen, das einen Finger verloren hatte, brachte er in ein Zivilkrankenhaus in Berlin.[98]

Im Fall von Hela Miendrzyziecka (die Mutter von Ala Miendrzyziecka, jetzt Cohen), deren Beine aufgrund einer Herzkrankheit stark geschwollen waren, brachte der Oberscharführer einen Zivilarzt aus Berlin, der sie behandelte. Erst nachdem die Behandlung nicht erfolgreich war und ihr Zustand sich verschlechterte, wurde sie nach Sachsenhausen gebracht und man hörte nie wieder von ihr. Es gab einen weiteren Fall, in dem eine Schwangere und das Mädchen, das einen Finger in einer Maschine verloren hatte, nach Sachsenhausen und von dort nach Ravensbrück geschickt wurden.[99] Die Schwangere wurde später von einer der von uns Interviewten lebendig in Ravensbrück gesehen, aber ohne Baby. Wir wissen nicht, was später mit ihnen geschah.

Laut Aussage von drei Überlebenden[100] wurde zu einem späten Zeitpunkt eine Liste mit den Namen von 250 Häftlingen erstellt, die scheinbar nach Sachsenhausen geschickt und möglicherweise „selektiert" werden sollten. Da der Name der Tante von einer von ihnen auf dieser Liste stand[101], bat sie „Vati", sie und ihre Tante nicht voneinander zu trennen, und er erklärte sich einverstanden, den Namen der Tante von der Liste zu nehmen. Innerhalb weniger Tage hatte sich das Vorhaben mit der Liste vollständig erledigt. Die Frauen erhielten formell kleine Leistungsprämien und „Vati" verwendete dieses Geld, um für sie Toilettenartikel, Unterwäsche, Socken, Damenbinden und sogar Papier für die Dekoration ihrer Schränke zu kaufen.[102]

Was soziale und kulturelle Aktivitäten angeht, so sagte Halina Lis aus, dass sie abends – in den Baracken eingeschlossen – polnische Lieder sangen. Unter ihnen war auch eine Sängerin, die polnische Gedichte rezitierte, und es waren viele dabei, die den Inhalt von Büchern, die sie gelesen hatten, wiedergeben konnten. Während der Bombardierungen gingen sie in einen Lagerraum und sangen auf Jiddisch. Im Ghetto Łódź wurden die zionistischen Aktivitäten fortgesetzt und die jüdischen Feiertage eingehalten, in Berlin erinnerten sie sich jedoch nur an die

Daten von Rosch Haschana und Yom Kippur. Für den Silvesterabend bereiteten sie ein Theaterstück vor.

Als alle Frauen in der zweiten Aprilwoche des Jahres 1945 über Oranienburg nach Ravensbrück gebracht wurden, befahl ein SS-Mann in Oranienburg, dass ihre Köpfe rasiert werden sollten (ihr Haar war mehr als sieben Monate gewachsen). „Vati" lehnte dies ab mit der Erklärung: „Meine Mädchen sind sauber".[103]

Bruno Kreitich und Margarete Trampnan gingen mit den Jüdinnen nach Ravensbrück. Kreitich sagte den in seiner Obhut befindlichen Frauen, sie bräuchten keine Angst vor dem Krematorium in Ravensbrück zu haben, da die Gaskammer schon gesprengt worden sei. Wie es scheint, sagte er ihnen auch, dass er erwarte, an die Ostfront geschickt zu werden. Evelina Widell nahm an, dass er den Krieg nicht überlebte[104], doch laut Aussage von Edith (Edita) Kornfeld wurde Kreitich nach Kriegsende von den Alliierten verhaftet, jedoch aufgrund der vielen für ihn sprechenden Zeugenaussagen wieder freigelassen. Sie erwähnte, dass Kreitich Jura studiert, das Studium jedoch nicht abgeschlossen hatte. Die Tatsache, dass sie selbst Anwältin war, kann ihr in seinen Augen eine gewisse Autorität gegeben haben. Was „Mutti" angeht, so hatte sie Gerüchten zufolge eine enge Freundschaft mit der jüdischen Lagerältesten (bzw. nach deren eigener Aussage Schreibstubenleiterin) entwickelt und floh mit ihr während der letzten Tage aus Ravensbrück in die Tschechoslowakei. Es hieß, „Mutti" sei eine Sudetendeutsche gewesen.

Im Lager hatten mindestens zwei Jüdinnen Verwaltungspositionen inne – eine Blockälteste, die als anständig beschrieben wurde[105], und die oben genannte Edita Kornfeld, die von allen Interviewten als „Lagerälteste" (die höchste für KZ-Häftlinge erreichbare Position) bezeichnet wurde und deren Auftreten von den meisten – jedoch nicht von allen – Interviewten als positiv eingeschätzt wurde. Die Kritikerinnen beschreiben sie als „grob" und sagen, sie hätte Schimpfwörter benutzt und einige Häftlinge zur Arbeit in die unangenehmsten Bereiche geschickt und dass sie das Mädchen, das bei einem schweren Arbeitsunfall einen Finger verloren hatte, zurück zur Arbeit befohlen hätte.[106] Andere sagen von ihr, ihr Verhalten wäre von dem Verantwortungsgefühl für das Leben der Häftlinge bestimmt gewesen, zum Beispiel wenn sie sie zwang während der Bombardierungen in den Splittergräben Schutz zu suchen. In einer Geschichte wird beschrieben, wie sie einem Mädchen geholfen hätte, warme Kleidung zu finden, indem sie die „Schöße" von einem „Smoking" abgeschnitten und die Stücke zusammengenäht hätte. Edita war ursprünglich in der Tschechoslowakei verhaftet – scheinbar nicht, weil sie Jüdin war, sondern wegen Aktivitäten im Widerstand – und dann ins Ghetto Łódź geschickt worden. Es könnte sein, dass ihr der Umgang mit denjenigen unter den polnischen Jüdinnen, mit denen sie eine Sprache oder die Oberschulbildung gemeinsam hatte, leichter fiel.

Nach den relativ guten Erfahrungen während der sieben Monate mitten im bombardierten Berlin waren die Frauen schockiert von den schrecklichen Bedingungen, die sie erst bei ihrem kurzen Aufenthalt in Oranienburg und dann in Ravensbrück vorfanden. Die Aussagen zur Länge ihres Aufenthaltes in Ravensbrück können nicht bestätigt werden und sie schwanken zwischen dreiTagen und zwei Wochen. Keine der angesprochenen Überlebenden erinnert sich, ob sie dort registriert wurden, aber zwei Überlebende in Schweden erinnerten sich später noch an ihre Ravensbrücker Häftlingsnummern: 109898 und 109954.[107]

In Ravensbrück warteten sie erst im Freien und wurden dann von nichtjüdischen Ravensbrücker Häftlingen im Strafblock eingeschlossen – ohne Essen, Wasser oder Platz, um sich hinzulegen. Sie waren dort extremer Überfüllung, Schmutz und Misshandlungen ausgesetzt. Dann wurden plötzlich vom Roten Kreuz gesandte Päckchen unter ihnen verteilt. Die Lebensmittel in diesen Päckchen – insbesondere das Konservenfleisch – erwies sich für viele der zu diesem Zeitpunkt schon extrem hungrigen und geschwächten Frauen als schädlich. Es rief bei ihnen Erbrechen und akuten Durchfall hervor.

Während der zweiten Aprilhälfte kamen viele gefangene Jüdinnen aus anderen Außenlagern, wie zum Beispiel Rechlin-Retzow, nach Ravensbrück. Polinnen beschrieben diese Frauen als zu schwach, um aufrecht zu stehen und die Rot-Kreuz-Päckchen zu halten, und bezeichnen sie als Schattenfrauen.[108] Auf Nachfrage erklärten die Überlebenden von Krupp-Neukölln, dass sie zwar in Ravensbrück litten, jedoch auf keinen Fall als Schattenfrauen zu bezeichnen gewesen wären, da ihr körperlicher Zustand nicht so schlecht war. Eine Überlebende sagte uns, dass sie eine Verwandte gesehen hätte, die mit einem anderen Transport gekommen wäre und dass die Häflinge dieses Transports in sehr schlechtem Zustand waren. Diese Verwandte erinnert sich bis heute daran, dass sie von ihr ein Stück Brot erhalten habe, das vor der Abfahrt aus Berlin verteilt worden war. Kurz danach wurde ihnen mitgeteilt, dass sie mit Rot-Kreuz-Bussen evakuiert werden würden. Was die Evakuierung selbst angeht, liegen uns etwas voneinander abweichende Berichte vor. Mehrere Überlebende berichten, dass sie Kreitich („Vati“) und Trampnan („Mutti“) im Gespräch mit Edita Kornfeld sahen und dass dann eine Liste mit den Namen aller Häftlinge, die bei Krupp-Neukölln gewesen waren, verlesen wurde.[109] Eine andere Überlebende berichtet, dass sie einen Aufruf gehört habe, dass polnische jüdische Häftlinge vorzutreten hätten[110] und dass sie Angst gehabt hatte, dass dies eine Falle wäre, die zu ihrer Vernichtung führen sollte. Erstaunlicherweise wurden alle oder fast alle, die aus Krupp-Neukölln gekommen waren, evakuiert.

Einige der Interviewten stellten die Hypothese auf, dass diese Evakuierung als geschlossene Gruppe dadurch zustande kam, dass die jüdische Lagerälteste Edita mit Kreitich und Trampnan zusammen gearbeitet habe. Edita selbst sagte später aus, dass sie beschloss, nicht nach Schweden zu reisen, sondern dass sie im letzten

Moment zusammen mit anderen tschechischen Frauen das Lager verließ. Der abweichenden Aussage von Evelina Widell zufolge hatte es einen besonderen Aufruf an polnische Häftlinge gegeben, der jüdische Häftlinge aus Polen einschloss, jedoch solche aus der Tschechoslowakei ausschloss.

Die Evakuierung fand am 26. April[111] statt und alle Überlebenden erwähnten die Höflichkeit der schwedischen Kraftfahrer, die ihnen halfen, in die Busse einzusteigen, und ihnen Zigaretten anboten. Mehrere erwähnten, dass der Bus in dem sie reisten, medizinische Ausrüstungen enthielt, und eine behauptet, dass eine Krankenschwester, die Bernadottes Schwester war, mit ihnen gereist wäre.[112] Sie waren Teil eines größeren Transports, dem nicht nur die Frauen von Krupp angehörten, sondern auch andere – Jüdinnen und Nicht-Jüdinnen. Eine immer wiederkehrende Geschichte ist die, dass sich mehrere der Frauen, die behauptet hatten, Polinnen oder Ukrainerinnen zu sein, bei der Ankunft in Schweden als Jüdinnen zu erkennen gaben.

Während der Evakuierungsfahrt wurde der Konvoi beschossen und bombardiert. Eine Zeugin liefert eine genaue Beschreibung von mindestens zwei Bombardierungen. Die Überlebenden konnten allerdings nur raten, wessen Flugzeuge sie bombardierten und warum. In der Regel informierte Bernadotte die Alliierten über den Zeitpunkt und die Strecke der Evakuierungskonvois. In diesem Fall war ihm dies möglicherweise nicht gelungen. Eventuell wurde der Konvoi irrtümlich bombardiert. Eine von den Überlebenden angebotene Erklärung ist, dass deutsche Militärfahrzeuge sich zwischen die schwedischen Busse gedrängt hatten und so den alliierten Fliegern als legitime Ziele dienten.[113] Eine weitere Erklärung ist, dass die Alliierten wussten, dass die deutsche Wehrmacht die Rot-Kreuz-Markierungen als Tarnung für ihre Militärtransporte verwendete. Einige der Überlebenden sind jedoch überzeugt, dass es deutsche Flugzeuge waren, die sie angriffen.

Der erste Angriff auf den Konvoi erfolgte kurz nach dessen Abfahrt aus Ravensbrück auf dem Weg nach Lübeck. Die Frauen rannten in den Wald, verbrachten eine Nacht in einer Scheune und setzten am nächsten Tag die Fahrt nach Lübeck fort. Ab dann trugen die Fahrzeuge schwedische Flaggen. Im Laufe dieses Tages erfolgte ein zweiter, schwererer Angriff. Einer der Busse wurde getroffen und ging in Flammen auf. Vier Krupp-Häftlinge wurden getötet: Ruth Katz, Ruth Bilski und zwei Mädchen namens Hamer und Konskier. Zwei Frauen wurden schwer verletzt – Halina Lis und Frau Strassberg, deren Sohn mit Hamer verlobt war. Eine Überlebende – Greta Czyzyk (Name während des Krieges: Grete Bilski) berichtet, dass ihre Schwester getötet wurde, als sie aus dem brennenden Bus floh, und dass auch der Fahrer getötet wurde. Die Verletzten wurden zuerst in ein deutsches Feldlazarett evakuiert und dann in ein dänisches Krankenhaus.

Alle Evakuierten beschreiben den Empfang bei der Ankunft in Dänemark als außergewöhnlich. Junge Männer – Studenten, wie es schien – trugen sie von den Bussen zu festlich gedeckten Tischen. Am nächsten Tag reisten sie mit der Fähre nach Malmö, wo ein weiterer festlicher Empfang auf sie wartete. Sie waren beeindruckt von der Freundlichkeit und auch vom vergessenen Luxus des Zivillebens, zum Beispiel, dass ein Orchester spielte und Kellner weiße Handschuhe trugen und sie bedienten. In Malmö hatten sie zum ersten Mal Kontakt mit Vertretern der jüdischen Gemeinde in Schweden. Wie alle anderen aus KZs evakuierten Häftlinge, die im Frühjahr 1945 nach Schweden kamen, durchliefen sie eine Quarantäne, und diejenigen, die unter Infektionskrankheiten litten, kamen ins Krankenhaus. Allen wurde großzügig Zeit zur Erholung gegeben, die Jüngeren erhielten Unterricht und danach bekamen sie Arbeitsplätze und geförderte Wohnungen in verschiedenen Städten Schwedens. Die israelische Überlebende Dvora Zilberman[114] – eine der sechs Schwestern der Familie Stern – erzählte von einer Internatsschule für 80 Mädchen, die aus deutschen Konzentrationslagern gerettet worden waren. Diese Schule war in Lidingö bei Stockholm von Rabbiner Moses Jacobson aus Frankfurt eingerichtet.[115] Mehrere Überlebende, die Gymnasiastinnen gewesen waren, wurden von schwedischen Familien aufgenommen und lernten die schwedische Sprache schnell. Einigen gelang es zu arbeiten und gleichzeitig zu lernen. Die meisten arbeiteten eine Zeit lang in schwedischen Fabriken.

So wie auch andere nach Schweden evakuierte Juden und Jüdinnen suchten sie nach Informationen über das Schicksal ihrer Familienangehörigen. Einige fanden überlebende Verwandte in deutschen Flüchtlingslagern und wurden in Schweden mit ihnen wiedervereint. Uns wurde nur von einem Fall berichtet, in dem eine junge Frau nach Polen zurückkehrte, nachdem sie einen nichtjüdischen Polen geheiratet hatte. Wie es scheint, versuchten alle mit Verwandten im Ausland Verbindung aufzunehmen, besonders mit denen in Palästina, den USA und Australien. Einige dieser Verwandten unterstützten sie dann bei der legalen Emigration in diese Länder.

Eine recht große Gruppe aus Krupp-Neukölln Evakuierter wurde kurz nach ihrer Ankunft in Schweden von zionistischen Abgesandten angesprochen, die sie auf eine illegale Emigration nach Eretz Israel vorbereiteten. Es scheint, als erinnerten sich mehrere dieser jungen Frauen aus Łódź an ihre frühe Zugehörigkeit zu einer der zionistischen Jugendbewegungen. Ein Faktor, der dazu beigetragen haben könnte, dass sie Schweden bald verlassen wollten, war, dass unter den dort ankommenden jüdischen Überlebenden fast fünfmal mehr Frauen waren als Männer. Die meisten dieser jungen Frauen hatten wertvolle Jahre ihrer Jugend und einige auch Ehemänner oder Verlobte verloren und alle wollten Partner finden. Obwohl eine ganze Reihe von ihnen nicht-jüdische Schweden fanden und sich in

Schweden niederließen, zogen die meisten jüdische Partner vor und die jüdische Gemeinde in Schweden war klein.

Eine Überlebende sagte uns, dass die Mitglieder der zionistischen Jugendbewegungen verlangten, dass von jeder von ihnen ein Vertreter entsandt werden sollte. Im Ghetto Łódź waren einige Mitglieder des *Beitar* und andere des *Haschomer Hatzair* gewesen. Im Sommer 1946 kamen einige dieser Abgesandten (*Schlichim*) in der Stadt Norrköping mit einer Gruppe Krupp-Neukölln-Überlebender zusammen. David Ben-Gurion besuchte diese Abgesandten damals. Die israelischen Überlebenden bewahren dieses Treffen bis heute als einen Schatz in ihrem Gedächtnis – besonders wie Ben-Gurion weinte, als sie sangen *Unser shtetl brennt*, und das Foto, das ihn in ihrer Mitte sitzend zeigt. Andere erinnern sich daran, dass sie Hemda Levi aus dem Kibbuz Degania trafen.

Kurz nach dieser Zusammenkunft in Norrköping verließen 500 Frauen und Mädchen – unter ihnen auch eine Gruppe Krupp-Neukölln-Überlebender – Schweden, um die Reise mit der *Arlozorov* – dem Schiff der *Aliya B* (der illegalen Emigration) – anzutreten. In Italien stießen einige männliche KZ-Überlebende zu ihnen. Die britische Marine fing das Schiff ab, als es sich der Küste von Eretz Israel näherte, und internierte seine Passagiere ungefähr ein Jahr lang in Zypern. Eine andere Gruppe reiste mit der *Herzl* – einem anderen Schiff der *Aliya B*. Eine Reihe junger Überlebender heiratete bald andere Überlebende. Einige Kinder wurden in Zypern geboren und andere kamen kurz nach der Ankunft in Israel zur Welt. Eine andere Gruppe Krupp-Überlebender reiste – kurz nachdem die Unabhängigkeit Israels erklärt worden war – legal ein, während andere in den 1950er und 60er Jahren in Israel ankamen.

Eine beträchtliche Anzahl emigrierte in die Vereinigten Staaten und ließ sich vor allem in Kalifornien und New York, später auch in Florida nieder. Die Gruppe, zu der wir zuletzt Verbindung aufnahmen, waren diejenigen, die in Schweden geblieben waren und sich dort niedergelassen hatten. Über unsere Kontakte mit Israel, den USA und schwedischen Überlebenden hörten wir von einer vierten Gruppe in Australien und setzten uns auch mit ihnen in Verbindung. Aus den Berichten der Überlebenden ergibt sich das folgende Bild: 32 von ihnen blieben in Schweden, 57 emigrierten nach Israel, 52 in die USA, 13 nach Australien, drei nach Kanada, je zwei nach Belgien und in die Tschechoslowakei und je eine nach Polen, Großbritannien und Uruguay. Weitere 100 überlebten den Krieg, aber wir wissen nicht, wo sie sich niedergelassen haben.

Wie schon erwähnt, starb eine in Berlin und vier wurden auf dem Weg nach Schweden getötet. Uns liegen keine Informationen über das Schicksal der beiden vor, die 1944 nach Ravensbrück geschickt wurden und deren Namen bekannt sind. Später wurden noch einige Namen aus der Krupp/Neukölln-Gruppe auf kleinen Überstellungslisten gefunden. Demzufolge sind von den Namen der nahezu

500 Frauen, für die keine Dokumente aus der Zeit des Krieges erhalten geblieben sind, 271 in Erinnerungen erhalten oder wurden registriert; von diesen ist bekannt, dass 264 die Lager und den Krieg überlebten. So weit die Überlebenden der gesamten Gruppe der 500 aus Krupp-Neukölln wissen, haben nur fünf die Lager und die Zeit unmittelbar danach nicht überlebt. Das Schicksal derer, die im September 1944 und Anfang 1945 nach Ravensbrück geschickt wurden, bleibt weiter unbekannt. Nach dem Krieg erhielten alle eine kleine Entschädigung in Höhe von 300 DM von Krupp. Nach mehr als 50 Jahren hatten viele der Überlebenden, die in unterschiedlichen Ländern leben, noch häufig Kontakt miteinander.

Wodurch zeichnete sich diese Gruppe aus? Die meisten hatten eine gemeinsame Vergangenheit im Ghetto Łódź, einige hatten in den selben Fabriken gearbeitet oder am selben Gymnasium gelernt.[116] Alle von ihnen hatten gemeinsam den Schrecken von Auschwitz erlebt. Diese gemeinsameVergangenheit verbesserte wahrscheinlich ihre Überlebenschancen ein wenig. Aber auch das ungewöhnliche Verhalten des SS-Personals des Lagers Krupp-Neukölln bedarf der Erklärung. Schließlich handelte es sich hier nicht um eine Änderung des Verhaltens in letzter Minute. Die geringe Größe des Lagers und die Tatsache, dass es von einem eigentlichen Konzentrationslager getrennt war und dass es mitten im ständig bombardierten Berlin lag, erleichterten es Bruno Kreitich und Margarete Trampnan, die üblichen grausamen Normen der Erniedrigung (besonders der jüdischen Häftlinge) und des Antreibens der Arbeitslager-Häftlinge – bis diese sich zu Tode gearbeitet hatten – zu ignorieren. Trotzdem überrascht es, dass sie dies ungestraft tun konnten. Die Tatsache, dass viele der Arbeiter und besonders der Meister keine engagierten Nazis waren, kann es für „Vati“ und „Mutti“ leichter gemacht haben. Ein weiteres Merkmal dieses ungewöhnlichen Verhaltens scheint die enge Zusammenarbeit mit der tschechischen jüdischen Anwältin Edita Kornfeld gewesen zu sein – insbesondere, dass es gelang, fast die gesamte Gruppe nach Schweden zu evakuieren.

Der Transport nach Burgau: Ein Todeszug der letzten Periode

Nachdem ich das ungewöhnlich milde Schicksal der fast 500 zum größten Teil jungen Frauen, die während der letzten zwei Wochen des Lagers in Ravensbrück ankamen und dort blieben, beschrieben habe, möchte ich jetzt auf das einer anderen Gruppe von 500 Frauen eingehen, die im November oder Dezember 1944 in Ravensbrück ankamen und von dort auf eine grauenhafte, neun Wochen (vom

17. Februar bis 27. April 1945) dauernde Reise geschickt wurden. Ich habe mich entschieden, diesen Transport recht detailliert zu beschreiben, weil er ein Beispiel für die Todeszüge ist, die eine furchtbare Form der Misshandlung der in Ravensbrück gefangen gehaltenen Jüdinnen, und der KZ-Häftlinge im Allgemeinen während der letzten Monate des Krieges war.

Beginnend mit der Massenevakuierung von Auschwitz wurden in verschlossenen Güterzügen, insbesondere in Viehwaggons, tausende von KZ-Häftlingen, insbesondere Juden und Jüdinnen abtransportiert, vor allem in westliche Richtung und meist aus den überfüllten oder vor der Auflösung stehenden Konzentrationslagern in Polen und dem östlichen Teil Deutschlands. Tausende der jüdischen KZ-Häftlinge waren vorher aus ganz Europa, also auch aus Ravensbrück, in verschlossenen Zügen entweder in die Vernichtungslager in Polen (insbesondere Auschwitz) transportiert worden oder ab August 1944 in die Außenlager größerer Konzentrationslager – besonders Buchenwald, Sachsenhausen und Ravensbrück selbst –, um in den Waffen- und Munitionsfabriken dieser Außenlager zu arbeiten. Bezüglich der späten Todeszüge des Jahres 1945 gaben die SS-Behörden in der Regel immer noch vor, dass die Häftlinge zur Arbeit an bestimmte Zielorte gebracht wurden. Aber die Züge waren wochenlang unterwegs – oft im Zickzack hin und her – oder blieben tagelang stehen. In den Fällen, in denen ein solcher Zug noch ein Arbeitslager erreichte, das der deutschen Kriegsindustrie gedient hatte, waren die überlebenden Häftlinge nicht mehr arbeitsfähig und/oder die Werke wurden schon aufgelöst. Einige dieser Züge wurden durch alliierte Flugzeuge bombardiert oder beschossen. Folke Bernadotte beschrieb mehrere dieser Todeszüge, die von dem großen Lager Neuengamme nahe der dänischen Grenze abfuhren wie folgt: „Güterzüge, die mit nicht-skandinavischen Häftlingen vollgestopft waren, deren Ziel niemand kannte ... Von den Passagieren dieser Todeszüge hörte man nie wieder.“[117] Mehrere überlebende Kinder, die mit dem Transport vom 22. Oktober 1944 aus dem Ghetto Łódź in Ravensbrück angekommen waren und dann nach Königs Wusterhausen verlegt wurden, beschrieben die Ankunft eines Zuges mit jüdischen Passagieren dort, von denen viele tot waren oder im Sterben lagen.

Wir wissen, dass von Ravensbrück selbst – oder von einem seiner Außenlager – außer dem Transport nach Burgau zwei weitere Todeszüge abgingen. Der erste war der Transport Malchow – Hasag-Leipzig, für dessen Passagiere die Reise nach Leipzig weniger schrecklich war.[118] Die Reise in den offenen Viehwaggons dauerte nur zwei Tage, trotzdem bekamen die Häftlinge drei Tage lang kein Essen und kein Wasser und während des Aufenthaltes des Zuges in Magdeburg gab es einen Bombenangriff, bei dem der Zug jedoch nicht getroffen wurde.[119] Der zweite war ein sehr später Todeszug, mit dem weibliche Häftlinge aus Beendorf und Ravensbrück zu einem unbekannten Ziel gebracht werden sollten; nachdem viele von ihnen gestorben waren, wurden die übrigen durch Intervention des Schwedischen Roten Kreuzes gerettet.[120]

Demzufolge war es wohl so, dass das Verschicken von hunderten und sogar tausenden von Häftlingen mit diesen Transporten eine Möglichkeit war, zu erreichen, dass so viele wie möglich starben, bevor die sowjetischen Truppen die östlichen Konzentrationslager erreichten. Aber war dies eindeutig geplant oder war der Tod so vieler darauf zurückzuführen, dass die Niederlage der Deutschen immer näher rückte und ihr Eisenbahnnetz langsam zusammenbrach? War die Bombardierung und der Beschuss der hilflos eingeschlossenen Häftlinge Zufall oder hatten die Dispatcher dieser Transporte dies bei ihren Planungen berücksichtigt? Laut Dr. Zalman Grinberg[121], der Zeuge eines Angriffs auf den Zug wurde, in dem die überlebenden Frauen des Transports nach Burgau eingeschlossen waren, war dieser Zug – ebenso wie Waggons mit hunderten männlicher jüdischer Häftlinge aus Kaufering (ein weiteres Außenlager von Dachau) – ganz bewusst von ihren SS-Aufsehern so rangiert worden, dass dadurch die Anwesenheit eines im Bahnhof von Schwabhausen stehenden deutschen Militärzuges mit Flakgeschützen, der kurz vorher von alliierten Piloten ausgemacht worden war, verborgen wurde. Die Flugzeuge kehrten um und griffen den Zug mit den Häftlingen irrtümlich an. Viele weitere verloren ihr Leben, weil die SS-Aufseher die Häftlinge, die versuchten, unter in der Nähe stehenden Bäumen Deckung zu finden, erschossen.

In der Regel dauerte die Fahrt dieser späten Todeszüge viel länger als die genauso furchtbaren Transporte aus ganz Europa nach Auschwitz in den Jahren 1942, 1943 und 1944. Das Eingeschlossensein, die furchtbare Überfüllung, das Fehlen sanitärer Einrichtungen, von Nahrung, Wasser und jeglicher medizinischer Betreuung waren ähnlich.[122] Die Transporte nach Auschwitz sollten eindeutig zum Tod aller oder der meisten Häftlinge führen. Dass sie unterwegs erniedrigt und verängstigt wurden, so dass die Ältesten und Schwächsten unterwegs starben, diente diesem Zweck.

Die Transporte von KZ-Häftlingen nach und aus Ravensbrück, um sie in der deutschen Kriegsindustrie arbeiten zu lassen, die im August 1944 begannen und bis Ende des Jahres dauerten, waren anders. Diese Transporte dauerten jeweils ein oder höchstens zwei Tage und bei einigen kamen sogar normale Personenwagen zum Einsatz. Sie sollten die meist jungen, fähigen Sklavenarbeiter abliefern.

Obwohl erst kürzlich eine Liste mit den Namen von 480 Frauen ohne Ravensbrück-Häftlingsnummern entdeckt und identifiziert wurde[123], stellte sich diese Reise als einer der am besten dokumentierten späten Todeszüge heraus. In einem der Waggons befanden sich zwei Frauen, die später ihre Erlebnisse in zwei außergewöhnlichen Büchern beschrieben.[124]

Auf Grundlage dieser beiden Bücher, von denen eines eine genaue Beschreibung der ersten drei Wochen der Reise enthält und im Krankenhaus unmittel-

Eva Dános Langley, geb. in Budapest, Ph.D. 1943. Tagebuch: *Prison on Wheels: From Ravensbrück to Burgau*, St. Ottilien, Bayern, Deutschland, 1945; Einsiedeln, Schweiz, Daimon Verlag, 1989.

bar nach der Befreiung geschrieben wurde, konnten vier Gruppen innerhalb dieses Transports identifiziert werden: Der ersten gehörten 116 Frauen an, die am 21./22. November mit einem Direkt-Transport aus Ungarn (Budapest) gekommen waren; der zweiten gehörten ungefähr 68 Frauen an – ebenfalls Ungarinnen, die in der ersten Dezemberwoche aus Budapest angekommen waren; der dritten und größten gehörten ca. 274 Frauen an, die mit einem polnischen Transport Weihnachten 1944 aus dem Arbeitslager Częstochowa in Polen[125] angekommen waren; und der vierten und kleinsten gehörten 23 slowakische Frauen an, die scheinbar zur selben Zeit aus Sered angekommen waren.[126]

Ich habe die Namen von 46 Überlebenden in den USA gefunden (von denen drei nicht mehr am Leben waren, darunter Sara Tuvel Bernstein), die von elf Überlebenden in Israel und die von drei Überlebenden in Kanada (von denen eine nicht mehr lebte). Ich habe auch Freundinnen von Eva Langley-Dános gefunden, die kürzlich nach vielen Jahren in Australien starb. Ich habe auch einen Bericht gefunden, der 1946 von einer überlebenden polnischen Jüdin für Yad Vashem geschrieben wurde.[127] Durch die Korrespondenz mit vielen der Überlebenden wurden die Namen von drei weiteren Überlebenden gefunden, deren Adressen jedoch nicht festgestellt werden konnten. Im Archiv von Dachau wurde eine Reihe von Dokumenten und Beschreibungen in örtlichen Zeitschriften gefunden.[128]

Sie wurden „selektiert", ohne dass ihrem Gesundheitszustand viel Aufmerksamkeit gewidmet wurde, und verließen am 17. Februar Ravensbrück in sieben abgeschlossenen Viehwaggons (75 Frauen in den kleineren Waggons und bis zu 110 in den größeren). Nach 15 Tagen – am 4. März 1945 – erreichten sie das kleine Arbeitslager Burgau in Bayern. Nach drei Wochen in Burgau wurden sie nach Türkheim[129] – ein anderes kleines Außenlager von Dachau – verlegt. Sie marschierten mehrere Tage und Nächte im Regen[130] und wurden dann in einem Güterzug, der in der Nähe des Dorfes Schwabhausen bei Dachau unter schweren alliierten Beschuss geriet, weitertransportiert.

Die meisten der 274 überlebenden polnischen Jüdinnen gehörten einer großen Gruppe von Häftlingen an, die in der deutschen Kriegsindustrie in Skarzysko-Kamienna und bei der Hasag in Częstochowa gearbeitet hatten, bevor sie nach Ravensbrück geschickt wurden und dort unmittelbar vor Weihnachten 1944 ankamen. Sie erinnern sich daran, dass sie in Ravensbrück registriert wurden und Ravensbrück-Häftlingsnummern erhielten. Sie erinnern sich jedoch nicht mehr an ihre Nummern. Diese überlebenden polnischen Jüdinnen nahmen an, dass sie nach Burgau gebracht worden waren, um dort in den Messerschmidtwerken zu arbeiten.

Die 116 Ungarinnen kamen am 21. oder 22. November 1944 in Ravensbrück an, nachdem sie zwei bis drei Wochen lang von Budapest bis zur österreichischen Grenze marschiert waren und dann über eine Woche in einem Zug mit abgeschlossenen Wagen ohne Wasser nach Ravensbrück fuhren. Sie hatten ungefähr drei Monate in Ravensbrück verbracht, in denen sie fast verhungerten, extremer Kälte und Schmutz ausgesetzt waren – zuerst in Block 21, dann in dem berüchtigten Zelt, dann in einer anderen verfallenen Baracke, wobei einige von ihnen beim Entladen von Schiffen und Zügen schwere körperliche Arbeit leisten mussten.

Es scheint, dass alle oder die meisten Häftlinge der polnischen Gruppe in einem etwas weniger schlechten körperlichen Zustand in Ravensbrück ankamen und während ihres kürzeren Aufenthaltes dort nur gelegentlich einige ziemlich sinnlose Arbeiten ausführten. Trotzdem wurden auch sie für nicht mehr arbeitsfähig gehalten, als sie nach 15 Tagen des Hungerns in Burgau ankamen. Wir werden noch sehen, dass es der polnischen Gruppe während aller Abschnitte dieser grauenhaften Reise etwas besser erging, als der ungarischen.

Uns liegt eine genaue Beschreibung jedes einzelnen Tages und jeder einzelnen Nacht der 15 Tage und Nächte in sieben (und später möglicherweise acht) abgeschlossenen Viehwaggongs bis zur Ankunft in Burgau vor. Ein bemerkenswertes Tagebuch dieser Reise wurde – nur einen Monat, nachdem sie Burgau verlassen hatte – von Dr. Eva Langley-Dános geschrieben, während sie Patientin im Lazarett von St. Ottilien war. Dieses Tagebuch wurde später zuerst auf Französisch und danach auf Englisch veröffentlicht.[131] In ihm wird nur ein Waggon mit seinen Passagieren beschrieben, da dies aber Frauen aller drei Gruppen – der polnischen, der ungarischen und der slowakischen – waren, war das, was dort geschah, möglicherweise typisch für alle. Die größte Tragödie für Eva Langley-Dános war, dass sie mit ihren drei engen Freundinnen Klara Erdelyi, Hanna Dallos und Lili

Srausz zusammen in den Waggon gekommen war und dass alle drei auf dem Weg nach Burgau nach unsäglichen Leiden starben. Ihre genaue Beschreibung spricht von Hunger, Wassermangel, Schmutz, schrecklicher Überfüllung, Sauerstoffmangel und Typhus. All dies, aber vor allem wohl die Überfüllung und das Eingesperrtsein in einem dunklen Raum, führte dazu, dass jede Nacht viele der Frauen die Kontrolle über sich verloren, aggressiv wurden, unflätig schimpften und ihren Nachbarinnen sinnlos Verletzungen zufügten. Eine SS-Aufseherin sorgte für Ordnung, indem sie mit der Peitsche auf die rasierten Köpfe der Frauen schlug. Am dritten Tag wurde die gefangene polnische Jüdin Franka Mandel zur Wagenaufseherin bestimmt und sie versuchte tapfer, für Ruhe und Ordnung zu sorgen. Am denkwürdigsten ist die Beschreibung von Frankas Ansprache am achten Tag der Reise. Sie sprach zu den polnischen, ungarischen und slowakischen Jüdinnen auf Deutsch – einer Sprache, die viele von ihnen zumindest teilweise verstanden – und sagte:

Die Deutschen wollen uns vernichten … und wir unterstützen sie nur, wenn wir uns gegenseitig zerstören. Wir müssen aushalten! Wir werden zu Hause erwartet … und selbst diejenigen, auf die zu Hause niemand wartet, werden von ihrem künftigen Leben erwartet … Auch sie haben eine Pflicht: die Pflicht, alles in ihrer Macht stehende zu tun, um zu verhindern, dass jemals wieder Menschen in Viehwaggons eingesperrt werden. Wir müssen überleben!

Nach der Ansprache „folgte Stille auf ihre ruhige Stimme … Um zu erreichen, dass diese wunderbare Stille anhielt, schlug Franka vor, dass wir singen sollten und begann mit einem polnischen Lied. Die Polinnen sangen auf Polnisch, die Ungarinnen auf ungarisch. Sogar noch nachdem alle anderen verstummt waren, sang Franka mit überraschend starker Stimme weiter – jetzt jiddische Lieder, darunter *Jiddische Mamme* und ein Lied über Häftlinge, die in einem Zug eingesperrt waren.“ Für Eva Langley-Dános, die getaufte und assimilierte ungarische jüdische Intellektuelle, war es das erste Mal, dass sie jiddische Lieder hörte. Die Häftlinge weinten und schliefen allmählich ein. „Franka selbst schlief gegen Morgen ein, vielleicht ohne zu erkennen, dass ihr Singen Menschenleben gerettet hatte.“[132]

Während dieser Reise stand der Zug mit den abgeschlossenen Wagen oft stundenlang oder sogar tagelang still. Einmal – in Bayreuth – gab ihnen das Deutsche Rote Kreuz Suppe zu essen. Eva Langley-Dános beschreibt entsetzliche Szenen des Wahnsinns, der Aggression und Verzweiflung, aber auch Momente der Loyalität, Unterstützung und unermüdlichen Sorge unter Freundinnen – nicht nur in ihrer Gruppe gebildeter städtischer Ungarinnen, sondern auch in der von Seren Tuvel, ihrer Schwester und ihrer zwei Freundinnen, sowie zwischen Verwandten – insbesondere zwischen Töchtern und Müttern. Einmal versuchte eine slowakische gefangene Jüdin, die Ärztin war, die vielen Verletzungen und schwärenden Wunden der Häftlinge zu versorgen, und sie empfahl Eva, die Tatsache zu verschweigen, dass ihre Freundin Lili an Typhus im Sterben lag.[133] Die Ärztin fürchtete, dass die SS den Waggon isolieren und alle seine Insassen zum Tode verurteilen würde.

Eine weitere detaillierte Beschreibung dieser Reise ist in dem posthum veröffentlichten Buch von Sara (Seren) Tuvel Bernstein mit dem Titel *The Seamstress* enthalten.[134] Sie beschreibt genau das Schicksal vier junger Frauen, die, nachdem sie seit Juli 1944 gezwungen worden waren, überall im Umland von Budapest Gräben auszuheben, im November 1944 von Budapest zur österreichischen Grenze marschieren mussten und dann mit dem Zug nach Ravensbrück transportiert wurden. Die Autorin und ihre Schwester Esther stammten aus einer großen, traditionellen jüdischen Familie, die in einem rumänischen Dorf in Transsylvanien lebte und nach Budapest umgezogen war, wo Seren eine exzellente Schneiderin geworden war. Ellen war Esthers Freundin und Lily war die Tochter ihrer Vermieterin in Budapest. Lily, die jüngste und schwächste der vier, starb in dem verschlossenen Zug von Ravensbrück nach Burgau am 12. Tag der Reise an Erschöpfung.[135] Zwei Stunden nachdem sie gestorben war, bekamen sie etwas Suppe vom deutschen Roten Kreuz. Seren Tuvel Bernstein beschreibt auch die seltsame Feindseligkeit der Polinnen gegenüber den Ungarinnen. Diese Feindseligkeit hatte schon in Ravensbrück begonnen, als die Ungarinnen sie in ihrem Block antrafen und ihre besseren Arbeitsplätze im Gemüsesortierkeller an sie verloren. Sie gibt an, dass diese Gruppe in Auschwitz an einem besonderen Ort gearbeitet hätte.[136] Ihr körperlicher Zustand war weniger schlecht, da sie schon von Anfang an kräftig waren. Sie sahen auf die Ungarinnen herab, deren Holocaust-Erfahrung erst im April 1944 begonnen hatte. Sie glaubten auch den Ungarinnen nicht, die behaupteten, kein Jiddisch zu verstehen, da sie annahmen, dass Jiddisch die Sprache aller Juden und Jüdinnen sei.[137] Sie gibt an, dass oft Polinnen Ungarinnen angriffen.

Eine Aussage der polnischen Überlebenden Hanna Ritterman vom Juni 1946 besagt, dass die Reise beträchtlich länger als eine Woche dauerte, dass es kein Essen, kein Wasser oder sanitäre Einrichtungen gab und dass die Waggons extrem überfüllt waren.[138] In jedem der Waggons starben Frauen an Hunger, Durst, Erschöpfung und Sauerstoffmangel.[139] Die lebenden Häftlinge wurden vom SS-Begleitpersonal gezwungen, die Leichen in Säcke zu stecken und in den ersten Wagen zu tragen.

Was geschah, nachdem sie Burgau erreicht hatten und auf ihrer Weiterreise nach Allach (Dachau)? Wie viele Frauen starben, bevor sie Burgau erreichten? Uns liegt keine Liste vor. Es kann angenommen werden, dass 20 gestorben waren, da auf der Zugangsliste von Burgau 480 Namen stehen und bekannt ist, dass 500 aus Ravensbrück abfuhren. Die Namen der drei Freundinnen von Eva Langley-Dános – Klara, Hanna und Lili – und die von Seren Tuvel Bernsteins Freundin

Lily (Markovitz), die laut Eva bzw. Seren während der Reise starben, erscheinen nicht auf der Liste mit den 480 Namen.

Eva Langley-Dános gibt auch an, dass mehrere Frauen kurz nach der Ankunft in Burgau starben. Dies wird bestätigt durch eine Sterbeliste mit den Namen von 13 Frauen und fünf Männern, die dort zwischen dem 4. und dem 28. März 1945 starben.[140] Die Namen aller 13 dieser Frauen sind unter den 480 derer, die am 4. März aus Ravensbrück in Burgau ankamen. Alle Beschreibungen stimmen darin überein, dass der Gesundheitszustand der Frauen aus Ravensbrück so schlecht war, dass keine von ihnen in der örtlichen Industrie arbeiten konnte. Eva Langley-Dános berichtet, dass am selben Tag weitere 500 weibliche Häftlinge ankamen und in Burgau zur Arbeit eingesetzt wurden. Die Geschichte der Ankunft eines weiteren Zuges mit 500 Frauen innerhalb der nächsten 24 Stunden wird von deutschen Zeugen erwähnt.[141] Uns liegen keine Informationen über die Identität oder die Herkunft der Frauen dieses zweiten Zuges vor. Die Tatsache, dass die Namen von fünf männlichen jüdischen Häftlingen auf der Burgau-Sterbeliste stehen, weist darauf hin, dass es auch einen Transport jüdischer Männer gegeben haben muss, die ebenfalls in schlechtem gesundheitlichen Zustand waren.

Es gibt nur wenige Berichte über Burgau. Die meisten der Häftlinge dort müssen in einem ständigen Schockzustand gewesen sein. Eva Langley-Dános beschreibt, wie sie auf allen Vieren ins Revier kroch, wo sie wegen der Wunden und Geschwüre, die ihren ganzen Körper bedeckten, behandelt wurde. Ihr Tagebuch endet hier und die Eintragungen werden erst im Lazarett St. Ottilien fortgesetzt. Seren Tuvel Bernstein verwechselt sogar die beiden Lager Burgau und Türkheim und ihrer Erinnerung zufolge war sie erst in Türkheim und dann in Burgau. Aufgrund der Sterbeliste ist anzunehmen, dass sie bis zum 28. März in Burgau blieben, obwohl sie schon früher verlegt worden sein können, wobei einige sterbende Frauen zurückblieben. Die polnischen Überlebenden berichteten, dass sie mit dem Zug nach Türkheim fuhren, wo sie in unterirdischen Bunkern untergebracht wurden. Seren Tuvel Bernstein erzählt die erstaunliche Geschichte, dass all das frische Gras, das um den Bunker herum wuchs, von den hungernden Häftlingen gegessen wurde. Zumindest ein Teil der Reise ab Türkheim scheint zu Fuß und bei heftigem Regen stattgefunden zu haben, danach ging es weiter in Richtung Dachau – wie es scheint wieder mit dem Zug, in einem oder mehreren Waggons.

Nicht alle der Überlebenden blieben auf diesem Transport bis zum Ende: Mehrere kleine Gruppen flohen während der letzten Etappen. Hier sind einige dieser Geschichten, die von ungewöhnlichem Mut und Einfallsreichtum zeugen: Zwei Gruppen polnischer Überlebender gelang die Flucht kurz vor dem tödlichen Beschuss der übrigen Frauen in Schwabhausen. Wie es scheint, floh eine Gruppe von Frauen während des Marsches, als die Bewacher Deckung suchten. Die fliehenden Häftlinge waren in einem beklagenswerten körperlichen Zustand.

Laut Aussage von Rysia K. aus Skarzsysko-Kamienna und Częstochowa floh eine weitere Gruppe von sechs polnischen Mädchen während eines Fußmarsches von Türkheim nach Dachau. Als sie bemerkten, dass die deutschen Soldaten unter ihren Uniformen Zivilkleidung trugen und damit für die Flucht vorbereitet waren, flohen die sechs Mädchen und versteckten sich eine Nacht lang in den Wäldern. Danach gingen sie in verschiedene Häuser in Türkheim und gaben sich als polnische Arbeiterinnen aus, deren Arbeitgeber ausgebombt worden seien. Eine Woche später kamen die amerikanischen Truppen an.

Zwei israelische Überlebende – die Schwestern Cukierman aus Częstochowa[142] – berichten, dass es einer Frau in ihrem Waggon gelang, die verschlossene Tür zu öffnen. So gelang es sieben Freundinnen aus dem fahrenden Zug zu springen und sich in einem Wald zu verstecken. Hunger und starker Regen trieben sie aus dem Wald und zwangen sie, im nahegelegenen Dorf Kaltenberg am Lech (bei Landsberg) Schutz zu suchen. Sie fanden Schutz im Schweinestall des Dorfbürgermeisters und seine Frau gab ihnen Essen und half ihnen, sich zu waschen. Eine der sieben – Nelli Frey aus Poznań – sprach fließend Deutsch und Englisch.[143] Bei ihrer Ankunft hatte sie dem Bürgermeister erzählt, dass ein Mitglied des „Untergrundes“ draußen warten würde, um zu sehen, ob er ihnen Schutz gewährte, und falls er es nicht täte, würde „der Untergrund“ das Haus angreifen. Es ist nicht klar, ob der Bürgermeister diese Geschichte glaubte, aber er nahm ihnen seinerseits das Versprechen ab, dass er für den Fall, dass die SS oder die Polizei ins Haus kommen und sie entdecken sollte, seine Behauptung, sie hätten sich ohne sein Wissen bei ihm versteckt, bestätigen sollten. Sollten andererseits amerikanische Soldaten kommen, sollten sie aussagen, dass er ihnen Unterkunft und Essen gegeben habe. Tatsächlich kamen bald darauf Amerikaner und der Bürgermeister wurde verhaftet und – nachdem sie ihre Fürsprache eingelegt hatten – wieder freigelassen. Sie blieben einen ganzen Monat in seinem Haus und wurden dort gut versorgt, bis sie sich soweit erholt hatten, dass sie in ein Flüchtlingslager der Amerikaner reisen konnten. Nelli arbeitete als Dolmetscherin für die Amerikaner und reiste mit ihrer Schwester Hilde zusammen früher ab.

Über diejenigen, die in dem Zug mit seinen verschlossenen Wagen weiter in Richtung Dachau fuhren, liegen uns zwei unterschiedliche Berichte vor. In einem ist die Rede von der Ankunft in Allach, einem Teil des ersten Nazi-Konzentrationslagers Dachau, zu der Zeit, als dort Amerikaner gegen die SS-Aufseher oder einige im Rückzug befindliche deutsche Soldaten kämpften. Durch die Schüsse wurden die ankommenden Ravensbrück-Häftlinge gefährdet. Eine israelische Überlebende berichtet, dass sie und einige Freundinnen von polnischen männlichen politischen Allach-Häftlingen gerettet wurden, die einen Unterstand gegraben hatten und die Frauen dort hineinzogen, wo sie blieben, bis die Übernahme des Lagers abgeschlossen war.[144]

Eine weitere Gruppe – wir wissen nicht, wie viele Frauen ihr angehörten – kam nie mit dem Zug bis Allach. In der Nähe des Dorfes Schwabhausen gerieten ihr Zug und andere Waggons mit jüdischen Männern, die aus einem anderen Außenlager (Kaufering) kamen, unter schweren Beschuss.

Esther Tuvel war während der Bombardierung und dem Beschuss des Zuges bei Schwabhausen und durch die Schüsse der Wachleute auf Jüdinnen und Juden, die zu fliehen versuchten, am Kopf und am Rücken verwundet worden. Seren Tuvel Bernstein beschreibt: „Geflügelte Skelette mit runden Schädeln trieben über das Feld durch den strömenden Regen; wilde Schreie kamen aus den offenen Löchern ihrer Münder. Die noch lebenden männlichen Häftlinge hatten ihre Köpfe mit Decken bedeckt und bewegten sich in Richtung auf den dunklen Wald."[145]

Seren benutzte ein Taschenmesser, um einige der Kugeln aus Esther's Rücken und Metallsplitter aus ihrem Kopf zu entfernen. Sie und ihre Freundin Helen trugen Esther weg vom Zug, der jetzt voller Toter war, und sie weigerten sich, ihn wieder zu besteigen, obwohl die SS-Wachleute drohten, sie zu erschießen. Am 1. Mai, nachdem sie sich zwei Tage und Nächte lang versteckt hatten – zuerst zusammen mit den jüdischen Männern in einer Scheune, dann in einem verlassenen Arbeitslager –, kamen amerikanische Sanitäter und fuhren sie in Autos zu dem im Kloster St. Ottilien eingerichteten Lazarett. Sie blieben dort fast drei Monate. Esther wurde in dieser Zeit mehrmals operiert und Seren und Helen hatten erst Typhus und dann Lungenentzündung.

Laut Aussage vom 6. September 1960 des damaligen Bürgermeisters von Schwabhausen griffen am 27. April 1945 tieffliegende britische Flugzeuge einen Zug mit jüdischen Häftlingen, der aus dem Konzentrationslager Burgau kam, an – scheinbar in der Annahme, es wäre ein Militärtransport. Als die Wachleute den Zug in der Nähe einiger Bäume zum Halten brachten, versuchten viele Häftlinge, im Wald Deckung zu finden. Als sie flohen, schossen die deutschen Wachleute und töteten viele von ihnen. Viele der Verwundeten starben auf den nahe gelegenen Wiesen und Feldern. Einige verwundete Häftlinge wurden in die Schule und den Gasthof gebracht. Zwei Tage später – am 29. April – wurden die Verwundeten und die anderen Häftlinge von einem amerikanischen Sanitätswagen nach St. Ottilien evakuiert. Am selben Tag bestatteten die Einwohner des Ortes die 240 Toten in drei Massengräbern, ohne sie zu identifizieren, da man nicht einmal erkennen konnte, ob es sich bei den Einzelnen um Mann oder Frau handelte. Am 3. Mai wurde der letzte Verwundete in einem der Waggons gefunden.

Von den Überlebenden des Burgau-Transports wurden 68 (13,6 %) identifiziert. Es ist wichtig, dass von der polnischen Gruppe 51 (18 %) überlebten, während es von der ungarischen Gruppe nur 14 (7 %) sind. Es ist bekannt, dass drei der 23 Slowakinnen überlebten. Keine der Frauen aus der polnischen Gruppe starb in Burgau, während alle dreizehn Frauen auf der Burgau-Sterbeliste Ungarinnen waren. Von den zwanzig Frauen, die auf dem Weg nach Burgau starben und nicht auf der Burgauer Liste erscheinen, kennen wir nur dieNamen von vier Ungarinnen. Ein wesentlicher Beitrag zum Überleben der Frauen dieses Todeszuges war die außerordentlich menschliche und engagierte Pflege, die ihnen im Lazarett St. Ottilien zuteil wurde, das in einem bei Dachau gelegenen Benediktinerkloster eingerichtet worden war.[146] Die polnische Überlebende Hanna Ritterman sagte aus, dass sie sechs Monate im Lazarett war, nachdem sie endlich von amerikanischen Soldaten gefunden worden war. Die meisten der überlebenden Patientinnen, darunter auch Seren Tuvel Bernstein und Eva Langley-Dános, erwähnten die enorme Mühe, die sich das Pflegepersonal mit ihnen gab.

Die Tatsache, dass St. Ottilien so viele verwundete und kranke Überlebende des Transports von Ravensbrück nach Burgau und der anderen jüdischen Transporte, die zur selben Zeit bei Dachau angekommen waren, aufnahm, ist auf die erstaunlichen Aktivitäten von Dr. Zalman Grinberg zurückzuführen. Geboren am 4. September 1912 in Litauen war Dr. Grinberg der Direktor des Radiologischen Instituts der Universitätsklinik von Kaunas (Kowno). Nach der Errichtung des Ghettos war er dort bis zu dessen Liquidation am 30. Juli 1944 als Arzt tätig. Er wurde dann nach Kaufering – einem Außenlager des Konzentrationslagers Dachau – geschickt und versuchte dort durch seine Arbeit zu verhindern, dass Typhus ausbrach. Als in der Nähe des Dorfes Schwabhausen viele kranke und verwundete jüdische Häftlinge ankamen, gelang es ihm durch die schiere Kraft seiner Persönlichkeit herauszufinden, wo sich das nächstgelegene Krankenhaus – St. Ottilien – befand, und dessen Direktor davon zu überzeugen, dass er das Internationale Rote Kreuz repräsentiere und von den amerikanischen Truppen entsandt worden wäre, um das Krankenhaus für die Aufnahme ausländischer politischer Häftlinge vorzubereiten.[147]

Dr. Grinberg berichtet, dass 500 sterbende Patienten und Patientinnen im Mai 1945 nach St. Ottilien gebracht wurden, dass aber nur 35 von ihnen tatsächlich starben.[148] Er blieb bis Ende 1946 in St. Ottilien, wurde der Vorsitzende des *Zentralkomitees der Befreiten Juden in der amerikanischen Besatzungszone*, emigrierte nach Palästina und wurde später der Leiter des Beilinson-Hospitals in Petach Tikva.[149]

Nachdem sich die Überlebenden des Transports nach Burgau in St. Ottilien ausreichend erholt hatten, wurden sie nach Feldafing – einem Zentrum für Flüchtlinge – geschickt. Es scheint, als hätten nicht nur ungarische Überlebende, sondern auch einige der polnischen Überlebenden, die unterwegs geflohen waren, eine beträchtliche Zeit in diesem Zentrum verbracht. Die meisten von ihnen warteten auf eine Möglichkeit, in die USA zu emigrieren. Einige von ihnen lernten in Feldafing ihre künftigen Ehemänner kennen – alle von ihnen waren Holocaust-Überlebende – und brachten dort auch ihre ersten Kinder zur Welt.

Die Bedeutung der Bernadotte-Aktion für die Rettung jüdischer Ravensbrück-Häftlinge

Es ist extrem schwierig, die genauen Daten, das Ausmaß und die Grenzen dieser bedeutenden Rettungsaktion des Schwedischen Roten Kreuzes festzustellen. Schon am 28. Februar 1945, also sogar bevor Bernadotte seine Verhandlungen über die Evakuierung von Ravensbrück-Häftlingen überhaupt begonnen hatte, war eine relativ kleine Gruppe jüdischer Ravensbrück-Häftlinge nach Schweden evakuiert[150] worden. Das Schwedische Rote Kreuz arbeitete mit dem Internationalen Roten Kreuz, das für die Evakuierung insbesondere französischer Ravensbrück-Häftlinge an die schweizerische Grenze bei Kreuzlingen zuständig war, zusammen. Bei allen Evakuierungen von Ravensbrück-Häftlinge nach Schweden über Dänemark arbeitete es mit dem Dänischen Roten Kreuz zusammen. Eins ist klar: Die große Initiative zur Aufnahme von Verhandlungen über die Freilassung von Konzentrationslagerhäftlingen (mit Ausnahme der skandinavischen Häftlinge) vor dem Ende der SS-Herrschaft über die Lager hatte ihren Ursprung in Schweden und wurde von Graf Folke Bernadotte, dem amtierenden Leiter des Schwedischen Roten Kreuzes, ins Leben gerufen.[151]

Die Evakuierung der dänischen jüdischen Häftlinge

Das Dänische Rote Kreuz initiierte und organisierte die Evakuierung skandinavischer KZ-Häftlinge – vor allem aus Sachsenhausen aber auch aus Stutthof. Die Dänen hielten auch vorbereitete Fahrzeuge und medizinische Betreuung am Empfangsort in Dänemark bereit. All diese völlig freiwilligen Leistungen kamen der schwedischen Aktion später sehr zugute.

Eine durch das Dänische Rote Kreuz organisierte Rettungsaktion für Häftlinge aus Sachsenhausen begann am 15. März 1945. Es muss jedoch daran erinnert werden, dass unter den mehr als 2 000 aus Sachsenhausen Geretteten weder Ravensbrück- noch jüdische Häftlinge waren. Allerdings gab es eine Gruppe jüdischer Ravensbrück-Häftlinge, die am 23. März nach Leitmeritz und von dort nach Theresienstadt geschickt worden waren. Von mindestens drei Überlebenden dieser Gruppe ist bekannt, dass sie nach Schweden gelangten und sich dort registrieren ließen.[152] Es ist möglich, dass das Dänische Rote Kreuz sie am 17. März im Rahmen der Evakuierung mehrerer hundert jüdischer Häftlinge aus Theresienstadt, die aus Dänemark dorthin gebracht worden waren, mit evakuierte[153].

Es gab auch sieben dänische Häftlinge, die aus Dänemark nach Ravensbrück gekommen waren – eine bis Oktober 1943 und sechs im Januar 1944 –, von denen wir aus dem Archiv von Beit Terezin erfuhren. Da bekannt ist, dass sie alle überlebten und nach Schweden evakuiert wurden, wurden sie wahrscheinlich ebenfalls im März 1945 von Ravensbrück nach Theresienstadt verlegt und von dort zusammen mit all den im Ghetto Theresienstadt gefangen gehaltenen dänischen Juden evakuiert.

Die Rettung der Jüdinnen aus Ravensbrück

Ich werde hier nicht die kontroverse Frage behandeln, welche Rolle Bernadotte selbst oder die zwei Vertreter des *Jüdischen Weltkongresses* (Hillel Storch[154] und Norbert Masur[155]) bei der Erlangung der Zustimmung zur Freilassung jüdischer Häftlinge überhaupt und insbesondere der in Ravensbrück gefangen gehaltenen Jüdinnen spielten. Dasselbe gilt für Felix Kersten.[156]

Was klar ist, ist, dass am 21. April 1945 Himmler sowohl Masur als auch Bernadotte versprach, eine größere Anzahl nicht-skandinavischer Häftlinge, darunter 1 000 Jüdinnen aus Ravensbrück,[157] unter der Bedingung freizulassen, dass dies nicht öffentlich gemacht würde und dass die Jüdinnen als „Polinnen" zu bezeichnen wären. In seinem letzten Treffen mit Bernadotte erklärte sich Himmler sogar einverstanden damit, Frauen „aller Nationalitäten" aus Ravensbrück freizulassen.

Leider war bis zum 22. April, als das Schwedische Rote Kreuz in Zusammenarbeit mit dem Dänischen Roten Kreuz begann, diese späten Evakuierungen zu organisieren, der Korridor zwischen den vorrückenden westlichen Alliierten und den sowjetischen Streitkräften immer enger geworden, so dass der Transport der Häftlinge aus den Konzentrationslagern immer schwieriger wurde. Bis zum Abend des 27. April war die Evakuierung völlig unmöglich geworden.

Zeitlicher Ablauf der Evakuierungen des Stammlagers Ravensbrück

Im März 1945 wurden alle skandinavischen weiblichen Ravensbrück-Häftlinge nach Schweden evakuiert. Wir wissen nicht, ob sich Jüdinnen unter ihnen befanden. Anfang April begann die Evakuierung anderer „westlicher Häftlinge".[158]

Am 5. April begann der erste Transport von 300 Frauen (299 Französinnen und eine Polin) nach Kreuzlingen an die schweizerische Grenze, wo sie am 10. April ankamen.[159]

Bis 2. März waren schon 1981 Frauen von Ravensbrück nach Mauthausen geschickt worden – unter ihnen eine beträchtliche Anzahl Jüdinnen. Von diesen wurden über 800 Französinnen, Belgierinnen und Niederländerinnen am 22. April von

Mauthausen an die schweizerische Grenze geschickt (wir wissen, dass ca. 1 000 die Grenze zur Schweiz nicht überschritten, sondern stattdessen nach Neustadt-Glewe geschickt wurden).[160]

In den Gruppen, die am 9. und 22. April die Grenze zur Schweiz überschritten, befanden sich mehrere Jüdinnen. Es wurden die Namen von mindestens drei überlebenden französischen Jüdinnen, von denen bekannt ist, dass sie über die Schweiz in die Freiheit gelangten, identifiziert.[161]

Es ist bekannt, dass 7 500 weibliche Häftlinge zwischen dem 22. und dem 26. – 28. April mit den folgenden Transporten von Ravensbrück nach Schweden evakuiert wurden:

Am 22. April wurden 200 kranke Französinnen in dänischen Krankenwagen abtransportiert – unter ihnen scheinbar zwölf französische Jüdinnen und drei besonders gefährdete österreichische jüdische Kommunistinnen, die aus Auschwitz gekommen waren. Es war den deutschen und österreichischen nichtjüdischen Häftlingen gelungen, ihre eintätowierten Auschwitzer Häftlingsnummern zu entfernen und ihnen Häftlingsnummern gestorbener französischer Häftlinge zu geben.[162]

Am 23. April verließen 800 Frauen aus den Benelux-Staaten das Lager in 20 Bussen des Schwedischen Roten Kreuzes. Mindestens drei jüdische Häftlinge – die Niederländerin Louise de Montel (ein Mischling) und Silvia Grohs-Nelson, sowie ihre tschechische Freundin Eva, aus dem Mischlings-Transport vom 23. September 1943 – nahmen als niederländische Staatsbürgerinnen an diesem Transport teil.[163] Dieser Transport wurde von alliierten Flugzeugen schwer beschossen und bombardiert, da sich deutsche Wehrmachtsfahrzeuge in den Konvoi gedrängt hatten.

Am Abend des 24. oder 25. April fuhren 1 000 Frauen in Lastwagen des Internationalen Roten Kreuzes unter schwedischer Leitung ab. Alle Fahrer waren schwedische Freiwillige.

Am Nachmittag des 25. April verließen 20 Busse oder Lastwagen, die vom Dänischen Roten Kreuz gestellt worden waren, das Lager. In dieser Gruppe befanden sich viele Polinnen, Schwangere und 30 kleine Kinder. Zwei Gruppen jüdischer Häftlinge – die kleinere bestehend aus Frauen, die bei Siemens[164] gearbeitet hatten, und die größere aus 450–490 Frauen, die fast alle jüdische Frauen und Mädchen aus Łódź, Auschwitz und aus Krupp-Neukölln waren, die ungefähr 8 bis 12 Tage zuvor in Ravensbrück angekommen waren[165] – müssen sich unter den am 25. und 26. April Evakuierten befunden haben.[166] Auch ihr Transport wurde beschossen und drei der Jüdinnen wurden getötet, drei verwundet.

Am 26. April fuhr ein scheinbar vom Internationalen Roten Kreuz beschaffter und aus Güterwagen deutscher Herkunft bestehender Zug aus Ravensbrück zur dänischen Grenze ab. Laut Marie-Claude Vaillant Couturier befanden sich in diesem Zug 4 000 Frauen – die meisten von ihnen Polinnen.[167] Es wird behauptet, dass bis zu 1 000 von ihnen Jüdinnen gewesen wären. Wegen der ständig drohenden Bombardierungen brauchte der Zug mehrere Tage, bis er Dänemark erreichte. Uns liegen keine Dokumentationen über die Identität der mit diesem Zug evakuierten jüdischen Häftlinge vor. Es ist anzunehmen, dass all diejenigen, von denen bekannt ist, dass sie aus dem Stammlager nach Schweden evakuiert wurden (und weder zu der Gruppe gehörten, die bei Siemens gearbeitet hatte, noch zu denen, die aus Krupp-Neukölln gekommen waren, und auch nicht zu den früher abgereisten Gruppen aus den Benelux-Staaten oder zu den Gruppen der französischen nicht-jüdischen Häftlinge), mit diesem Zug gereist sein müssen. Zu den Evakuierten gehörten auch 243 am 3. November 1944 aus Auschwitz angekommene polnische Jüdinnen, die nicht nach Malchow verlegt worden waren, und 75 Jüdinnen des Transports aus dem Ghetto Piotrków vom 3. Dezember. Der letzte multinationale Transport aus Auschwitz von Mitte Dezember und der Transport aus Częstochowa an Weihnachten sind besonders bedeutend, doch da uns keine Zugangslisten für die meisten im Dezember 1944 Angekommenen vorliegen, können wir nicht wissen, wie viele im Stammlager blieben und mit diesem Zug nach Schweden transportiert wurden. Wir können jedoch eindeutig sagen, dass sich unter den „ca. 1 000 jüdischen" Evakuierten in diesem Zug eine beträchtliche Anzahl nicht-polnischer jüdischer Häftlinge befunden haben muss.[168] Aus den beiden Listen von in Schweden angekommenen befreiten Juden (*Liberated Jews Arrived in Sweden in 1945* – JSLists 1 & 2)[169] und anderen schwedischen Listen beziehungsweise Aussagen sind uns 371 Namen nicht-polnischer Jüdinnen – vor allem jüdischer Häftlinge von Ravensbrück aus Ungarn, der Tschechoslowakei oder Rumänien – bekannt.

Am 28. April nahm ein Fahrzeug des Roten Kreuzes 26 kranke Frauen aus Ravensbrück mit.[170]

Die Evakuierung aus Malchow

Ein weiterer Transport, der zum größten Teil oder vollständig aus Jüdinnen bestanden haben könnte, wurde überhaupt nicht erwähnt – weder in früheren Forschungsarbeiten[171], noch im Ravensbrücker Kalendarium. Am 26. April wurden 450 weibliche Häftlinge aus Malchow in schwedischen Rot-Kreuz-Fahrzeugen zur dänischen Grenze gebracht – Malchow war das große Außenlager Ravensbrücks, in das schon im Laufe des Dezember 1944 viele jüdische Häftlinge gebracht worden waren, und in dem mit dem *Auschwitz-Todesmarsch* im Februar 1945 viele weitere ankamen. Die Namen von 215 jüdischen Überlebenden, von denen wir wissen, dass sie in Malchow waren, finden sich auf der schwedischen

Liste jüdischer Namen und neun weitere auf anderen schwedischen Listen. Da die Namen vieler der aus Malchow Gekommenen auf *Lista 6* – einer vom Repräsentanten der polnischen Exilregierung in Schweden erstellten Liste – erscheinen, wissen wir, dass diese Gruppe von Evakuierten am 28. April in Schweden ankam.

Mehrere dieser Überlebenden erwähnten in ihren Interviews, dass sie in Malchow jemanden gehört hätten, der „polnische Staatsbürger" aufrief, und dass sie zuerst Angst gehabt hätten, auf die Lastwagen zu steigen. Trotzdem scheint jedoch die Tatsache, dass viele von ihnen drei Gruppen polnischer jüdischer Häftlinge angehörten, die mehrere Monate zusammen verbracht hatten und sich deshalb kannten, es ihnen leichter gemacht zu haben, diese Gelegenheit zu nutzen. Die erste Gruppe war am 3. November 1944 aus Auschwitz[172] gekommen und wir wissen, dass viele von ihnen im Dezember nach Malchow verlegt wurden. Die zweite Gruppe, zu der eine beträchtliche Anzahl Jüdinnen gehörte, von denen die meisten Polinnen waren und die Mitte Dezember mit einem multinationalen Transport aus Auschwitz gekommen waren, und eine dritte Gruppe, die zu Weihnachten aus dem polnischen Arbeitslager Częstochowa gekommen war, wurden ebenfalls bald nach Malchow verlegt. Da die Zugangslisten der zweiten und dritten Gruppe verloren gegangen sind, ist es schwieriger, diejenigen zu identifizieren, die durch diese Evakuierung von Malchow nach Schweden gelangt sind. Eine vierte Gruppe von Kandidatinnen dieser Rettungsaktion aus Malchow waren diejenigen Überlebenden des *Auschwitz-Todesmarschs*, die im Januar und Februar 1945 in Ravensbrück angekommen waren, kurz darauf nach Malchow verlegt wurden und bis zum Ende dort blieben.[173] Von den 224 Jüdinnen, von denen bekannt ist, dass sie von Malchow nach Schweden evakuiert wurden, kamen 188 aus Polen. Es scheint, dass die Rot-Kreuz-Fahrzeuge, die die Frauen aus Malchow evakuierten, sich dem großen Fahrzeugkonvoi anschlossen, der am 25. April aus Ravensbrück abfuhr. Mehrere der aus Malchow Evakuierten berichteten, dass ihr Konvoi beschossen und bombardiert wurde und dass mehrere Jüdinnen getötet und etliche verwundet wurden. Einige kannten auch die Identität der Opfer.

Ein Zug aus Beendorf

Eine weitere Rettungsaktion nach Schweden (die viele jüdische Ravensbrück-Häftlinge einbezogen haben könnte und über die nur wenig bekannt ist) wurde ermöglicht, da es einem Kurier des Roten Kreuzes gelang, einen Todeszug in letzter Minute nach Hamburg umzuleiten. In Hamburg verbrachten die überlebenden Passagiere eine Nacht (oder mehrere Nächte) in dem nahegelegenen Lager Wandsbeck[174] und wurden dann mit einem anderen Zug nach Dänemark und von dort nach Schweden geschickt.

Gloria Hollander Lyon, geb. Hajnal Hollender, 1930 in Nagy Bereg, ukrainische Karpaten, geboren; Kurzbiographie: „Die Odyssee einer ungarischen Jüdin", *Frauen in Konzentrationslagern*, Claus Füllberg-Stolberg (Hrsg.), Bremen, Edition Temmen, 1994, S. 279–290.

Die Geschichte dieses Zuges wurde von der US-Überlebenden Gloria Hollander Lyon (Name während des Krieges: Hajnal Hollender)[175] erzählt. Für sie war das Arbeitslager Beendorf das letzte mehrerer deutscher Lager, in dem sie – damals 16 Jahre alt – gearbeitet hatte, nachdem sie der Auschwitzer Gaskammer entgangen war und sich in einem Transport von Frauen versteckt hatte, die zur Arbeit nach Deutschland geschickt werden sollten.

Irgendwann im April wurde eine große Gruppe von Häftlingen aus dem Arbeitslager Beendorf – wir wissen nicht, wie viele von ihnen vorher in Ravensbrück waren – auf einen Güterzug verladen, der sie nach Ravensbrück brachte. Wir wissen nicht, wie viele weitere Häftlinge dort noch auf diesen Zug verladen wurden. Nach mehreren Tagen fuhr der Zug ab und war mindestens drei Tage und Nächte ohne klares Ziel unterwegs. Hunderte – nach Schätzung der Geschwister Schreiber 3 000 (siehe Kapitel 7: Abschnitt „Der Transport von Frankfurt/Walldorf" und weiter unten in diesem Abschnitt) – Frauen und Mädchen waren ohne Essen und Wasser in die Waggons gepfercht. Als der Zug auf einer Wiese hielt und den Frauen gesagt wurde, dass sie aussteigen sollten, waren viele gestorben und weil so wenig Platz war, hatten die Überlebenden keine andere Wahl gehabt, als sich auf die Toten zu setzen. Als die Frauen aus dem Zug ausstiegen, waren sie überzeugt, dass man sie alle erschießen würde. Ihnen wurde befohlen, die Toten aus dem Zug zu laden. Während sie in Reihen aufgestellt warteten, sahen sie, wie ein Kurier auf einem Motorrad ankam und mit dem zuständigen SS-Mann sprach. Dann wurden ihnen etwas Zucker und Reis oder Nudeln ungekocht zugeworfen. Dabei bemerkte Hajnal Hollender, die versucht hatte, etwas von der kostbaren Nahrung in ihrem Kleid aufzufangen, dass es durch ein großes Loch in ihrem Rock gefallen war.

Als sie sich bückte, um einige heruntergefallene Körner aufzulesen, schlug ein SS-Aufseher sie mit seinem Stock auf den Kopf und sie verlor das Bewusstsein. Sie kam in einem anderen Zug, der auf dem Weg nach Dänemark war, wieder zu sich.

Die einzige Möglichkeit, die jüdischen Häftlinge von Ravensbrück, die mit diesem Todeszug reisten und die von Bernadottes Rettungsaktion erfasst wurden, zu identifizieren, besteht darin, Ravensbrück-Überlebende zu finden, die sowohl Schweden als auch Beendorf erwähnt haben. Demzufolge war eine zuverlässige Schätzung der Anzahl der Ravensbrück-Häftlinge und der jüdischen Ravensbrück-Häftlinge unter ihnen, die entweder in diesem Todeszug starben oder im letzten Moment gerettet wurden, nicht möglich.[176]

Außer Gloria Hollander Lyon identifizierten wir 49 Ravensbrück-Überlebende, die zwischen November 1944 und März 1945 zur Arbeit nach Beendorf geschickt worden waren. Die Namen aller 50 Überlebenden des Todeszuges von Beendorf nach Ravensbrück wurden in den jüdisch-schwedischen Listen registriert. Bei der Ankunft in Ravensbrück waren zwölf als Ungarinnen registriert worden, bei der Ankunft in Schweden registrierten sich jedoch nur vier als Ungarinnen, sieben jedoch als Rumäninnen, sechs als Tschechoslowakinnen und fünf als Polinnen.

Unter ihnen waren die sechs Schreiber-Schwestern aus Carei Mari in Rumänien, die mit dem unglücklichen Transport aus Frankfurt/Walldorf vom 23. – 25. November 1944 angekommen waren.[177] Die Schwestern erzählten ihre Geschichte vor kurzem in einem Dokumentarfilm für das schwedische Fernsehen.[178] Es ist die außergewöhnliche Geschichte des Überlebens einer durch enge Bande verknüpften Familiengruppe. Als sie in Auschwitz ankamen wurden ihre Eltern und ihre drei jüngeren Geschwister auf der Rampe von den sechs Schwestern getrennt. Im letzten Moment rief ihre Mutter: „Freidele, jetzt bist du verantwortlich für die Mädchen!"

Eine dritte Beschreibung des Todeszuges aus Beendorf erscheint im Interview mit Lida Holcer, das zu den Ende 1945 und im Jahr 1946 durch das *Polish Institute of Sources* in Lund, Schweden, geführten Interviews gehört.[179] Sie war mit ihrer Schwester Erna Holcer am 6. Februar 1945 aus dem bayerischen Arbeitslager Gundelsdorf in Ravensbrück angekommen. Sie wurde bald darauf nach Beendorf geschickt und später mit vielen anderen Frauen, von denen scheinbar die meisten Jüdinnen waren, auf einen Güterzug mit verschlossenen Waggons geladen, der ihrer Aussage nach viel länger als drei Tage unterwegs war. Die Frauen starben vor Hunger und Durst oder erstickten. Sie berichtet, dass die Reise nach der Umleitung nach Hamburg noch einmal mehrere Tage dauerte und dass die Gruppe dann wieder mehrere Tage in einem Lager in der Nähe von Hamburg blieb, bevor sie zuletzt nach Dänemark evakuiert wurde.

Evakuierung aus Bergen-Belsen

Es gab eine weitere größere Gruppe nach Schweden evakuierter jüdischer Ravensbrück-Häftlinge, die man nicht unmittelbar der Bernadotte-Aktion zuordnen kann. Am 2. März 1945 war eine große Anzahl jüdischer Frauen und Kinder von Ravensbrück nach Bergen-Belsen geschickt worden.[180] Schon am 30. Januar war eine Gruppe von Frauen und Kindern, die während der dritten Periode aus dem niederländischen Lager Westerbork angekommen waren, sowie andere mit ungarischer Staatsbürgerschaft, die aus Berlin gekommen waren, nach Bergen-Belsen „entlassen" worden.[181] Außerdem war eine große Gruppe polnischer jüdischer Frauen und Mädchen, die im August 1944 aus Auschwitz in Ravensbrück angekommen waren, am 3. September in das Arbeitslager Mühlhausen, und nachdem Mühlhausen aufgelöst wurde, nach Bergen-Belsen geschickt worden. Insgesamt wissen wir von ca. 365 jüdischen Frauen, Mädchen und Kindern, die jemals Häftlinge in Ravensbrück waren und dann nach Bergen-Belsen geschickt wurden. Diese Zahl ist natürlich zu klein, da unsere Informationen von Überlebenden stammen. Bergen-Belsen war gut bekannt als Vernichtungslager ohne Gaskammer, in dem die Häftlinge kaum arbeiteten, aber an Hunger und absichtlich nicht bekämpften Epidemien starben.Trotzdem berichten die Überlebenden nur von 24 Häftlingen, die in Bergen-Belsen – vor dessen zeitiger Befreiung durch die westlichen Alliierten am 15. April 1945 oder unmittelbar nach der Befreiung – gestorben waren.

Die Evakuierung von Bergen-Belsen nach Schweden war also keine Rettungsaktion, die vor dem Ende des Krieges in Europa stattfand. Die Bergen-Belsen-Überlebenden befanden sich nicht mehr unter SS-Herrschaft: Viele von ihnen waren schwer krank, einige waren bewusstlos.[182] Es war für die westlichen Alliierten schwierig, eine angemessene medizinische Versorgung für so viele kranke und abgezehrte Menschen zu organisieren. Sie nahmen deshalb das Angebot des Schwedischen Roten Kreuzes, sogar die Schwerkranken zu evakuieren und die Verantwortung für deren medizinische Versorgung zu übernehmen, gern an. Gleichzeitig begannen auch die französischen, niederländischen und belgischen Behörden, die Repatriierung ihrer Staatsbürger unter den Überlebenden des Lagers zu organisieren. So hatten einige der Überlebenden die Wahl zwischen der Evakuierung nach Schweden und der Repatriierung. Aus den Zahlen geht hervor, dass 143 jüdische Ravensbrück-Überlebende nicht von Bergen-Belsen nach Schweden evakuiert wurden, während von 197 bekannt ist, dass sie in Schweden ankamen. Zwei von diesen starben kurz nach der Ankunft. Wie es scheint, begannen diese Evakuierungen nach Schweden im Mai 1945 und dauerten mehrere Monate.

Alice Wolfshörndl, geborene Grasgrün, eine slowakischen Jüdin, erzählt eine erstaunliche Geschichte: Sie war im Dezember 1944 in Ravensbrück angekommen und wurde in bewusstlosem Zustand von Bergen-Belsen nach Schweden geflogen. Als sie in Malmö wieder zu sich kam, konnte sie sich nicht erinnern, was aus ihren Kindern (sechs und drei Jahre alt) geworden war. Erst nach einiger Zeit wurde sie wieder mit ihrem Sohn Egon, der ebenfalls aus Bergen-Belsen angekommen war, vereint. Später wurde der Name ihrer dreijährigen Tochter Eva auf der tschechoslowakischen Todesliste der Häftlinge von Ravensbrück gefunden. Sie war am 5. Februar 1945 in Ravensbrück ermordet worden.

Insgesamt waren von den 10 362 jüdischen Frauen, Männern und Kindern, deren Namen auf den beiden Listen *Liberated Jews Arrived in Sweden in 1945* (JSList 1 & JSList 2) stehen, 9 677 (93 %) Frauen, Mädchen oder Kinder.[183] Unter ihnen konnte ich die Namen von 1 438 (14,9 %) Frauen, Mädchen und Kindern identifizieren, von denen uns bekannt ist, dass sie Häftlinge in Ravensbrück waren. In Archivmaterial der jüdischen Gemeinde von Stockholm, auf polnisch-schwedischen Listen und unter den Namen der vom *Polish Institute of Sources* in Lund Interviewten fanden wir weitere 44 Namen jüdischer Ravensbrück-Häftlinge, die nicht auf JSList 1 & 2 sind.

Die Bedeutung von Schweden für das Überleben der jüdischen Ravensbrück-Häftlinge

Eine kleine Gruppe von mindestens 25 „türkischen“ Frauen und Kindern wurde am 28. Februar 1945 von Ravensbrück nach Schweden evakuiert. Sie wurden dort nie als jüdische Evakuierte registriert. Selbst wenn wir die 197 Überlebenden abziehen, die im Zuge der Bernadotte-Aktion aus Bergen-Belsen evakuiert wurden, konnten die Namen von 1 310 jüdischen Ravensbrück-Häftlingen, deren Leben im letzten Moment vor Kriegsende durch ihre Evakuierung nach Schweden gerettet wurde, festgestellt werden. Die tatsächliche Zahl können wir nur schätzen. Wenn man die Zahlen der größeren Gruppen, die in den Bussen, Lastwagen und Zügen aus dem Stammlager evakuiert wurden, die Zahlen der mit Lastwagen aus Malchow Evakuierten und die geschätzte Zahl der Überlebenden des Todeszugs von Beendorf addiert, scheinen es eher 2000 gewesen zu sein.

Wichtig ist, dass von den auf den JSListen erscheinenden 10 362 jüdischen Evakuierten 8 755 (84,5 %) weiblich waren. Zu Kriegsende waren Frauen die Minderheit unter den jüdischen Überlebenden der Konzentrationslager. Deshalb bedarf die Tatsache, dass die überwiegende Mehrheit der nach Schweden evakuierten Juden Frauen und Mädchen waren, der Erklärung. Es ist sehr wahrscheinlich, dass Ravensbrück (das einzige Konzentrationslager, das ausschließlich für Frauen bestimmt war) eines der größten Lager war, aus dem je jüdische Häftlinge nach Schweden evakuiert wurden. Ravensbrück-Häftlinge machten auch einen erheblichen Anteil der Häftlingsbevölkerung von Bergen-Belsen aus, also dem Lager, aus dem nach der Befreiung durch die westlichen Alliierten die größte Anzahl Juden nach Schweden evakuiert wurde.

Aus vorliegenden Beweisen geht hervor, dass Bernadotte einen ehrgeizigen Plan hatte, viele männliche jüdische Häftlinge aus Konzentrationslagern zu retten. Mehrere männliche jüdische KZ-Überlebende, die im März/April 1945 mehrere Wochen im Frauen-Konzentrationslager Ravensbrück verbracht hatten, berichteten, dass ihnen erzählt worden wäre, dass Bernadotte und das schwedische Rote Kreuz einen Austausch von KZ-Häftlingen gegen verwundete deutsche Gefangene in den Händen der Alliierten arrangiert hätten. Sie berichteten, dass sie das Lager Braunschweig verlassen hätten und in einem Zug in der Nähe von Celle gewesen wären, der jedoch nicht weiterfahren konnte, weil die Gleise durch Bomben zerstört waren. Sie wurden dann nach Ravensbrück gebracht, von dort nach Wöbbelin und zuletzt nach Ludwigslust. Ich habe die Namen von 38 gefunden, die den Krieg überlebt haben.[184]

Evakuierungsmärsche aus Ravensbrück und seinen Aussenlagern

Unser Wissen über die Häftlingsnummern und Identitäten der jüdischen Ravensbrück-Häftlinge, die an den Evakuierungs- oder Todesmärschen von Ravensbrück teilnahmen, ist extrem begrenzt. Es ist kein Dokument erhalten geblieben, das uns Informationen über die Häftlingsnummern und Identitäten der Evakuierten, der Gestorbenen oder während der Märsche Getöteten oder über Häftlingsnummern und Schicksale der Überlebenden liefert. Soweit wir wissen, waren – mit Ausnahme einiger Ärztinnen und Krankenschwestern mit versteckter jüdischer Identität und zwei jüdischen Patientinnen – keine jüdischen Häftlinge im Lager, als die sowjetische Armee ankam. Wir können deshalb davon ausgehen, dass die übrigen das Lager entweder am 23. April oder am Abend des 28. April mit dem Marsch verließen. Dies waren all diejenigen jüdischen Häftlinge, die im Laufe der dritten, vierten und fünften Periode angekommen waren und weder gestorben noch „selektiert“ noch in Arbeitslager (Schönholz, Altenburg, Neustadt bei Coburg, Mühlhausen, Spandau, Wittenberg, Genshagen, Lippstadt, Hasag-Leipzig, Rechlin-Retzow, Beendorf, Barth, Reinickendorf, Theresienstadt, Venusberg, Meuselwitz, Penig, Burgau, Taucha oder Leipzig) noch in die Hauptaußenlager von Ravensbrück (Malchow oder Neustadt-Glewe)[185] geschickt worden waren. Auch waren sie weder nach Bergen-Belsen oder Mauthausen transportiert noch während der letzten Aprilwoche von Ravensbrück oder Malchow oder Hamburg nach Schweden evakuiert worden.

Einem der Ravensbrück-Dokumente[186] zufolge waren die polnischen und ungarischen Jüdinnen, die noch im Stammlager waren, am 23. April in Richtung Malchow in Marsch gesetzt worden. Von den jüdischen Überlebenden gibt niemand an, an diesem früheren Evakuierungsmarsch teilgenommen zu haben.

In ihrer Forschungsarbeit zu den Evakuierungsmärschen von Ravensbrück geht Simone Erpel davon aus, dass sich zu diesem Zeitpunkt ungefähr 14 000 Häftlinge im Stammlager befanden.[187] Sie geht weiterhin davon aus, dass zu diesem Zeitpunkt die meisten Häftlinge des Lagers Osteuropäerinnen, Deutsche und einige Italienerinnen waren, da die Mehrheit der französischen, niederländischen, belgischen, skandinavischen und polnischen Jüdinnen – sowie eine große Gruppe Polinnen – im Rahmen der Bernadotte-Aktion evakuiert worden waren.[188] Aus den Aussagen von Überlebenden und der Forschungsarbeit für das italienische *Libro della memoria* identifizierte ich die folgenden kleinen Gruppen jüdischer Häftlinge, die am Todesmarsch von Ravensbrück teilgenommen haben:

1. eine Gruppe von Mischlingen – ein Dutzend oder mehr, die schon am 23. September 1943 aus Auschwitz nach Ravensbrück gekommen waren und von denen die meisten aus Deutschland stammten;[189]
2. eine kleine Gruppe von Frauen, die am 2. Dezember 1944 aus Piotrków gekommen waren;[190]
3. zwei oder mehrere Gruppen italienischer Jüdinnen, von denen acht am 2. August 1944 und fünf am 16. Januar 1945 in Ravensbrück angekommen waren;
4. eine Gruppe von sechs Freundinnen – wie es scheint alles ungarische Jüdinnen, die vorher bei Siemens gearbeitet hatten. Ihnen gelang es, vom Evakuierungsmarsch zu fliehen.[191]

Der Marsch, der mindestens acht Tage dauerte, schlug zuerst die Richtung nach Rechlin, dann die nach Malchow[192] ein und sollte Schwerin erreichen. Die Häftlinge suchten in Schweineställen und auf den Feldern nach Nahrung und einige Bauern gaben ihnen Kartoffeln.

Wie es scheint, wurden viele Frauen, die nicht mehr laufen konnten, unterwegs erschossen – die meisten von einem betrunkenen SS-Mann.[193] Einige flohen in die Wälder und auch von diesen wurden einige erschossen. Nach fünf Tagen erreichte eine Gruppe von 30 Frauen – darunter die italienischen Jüdinnen – das Dorf Lübz. Die Überlebenden wurden entweder von sowjetischen Truppen oder Westalliierten befreit. Nach einiger Zeit transportierten die Sowjets eine Gruppe von Überlebenden nach Leipzig. Erna Korn wollte nicht nach Leipzig gebracht werden und schaffte es – mit Hilfe eines amerikanischen Soldaten – medizinisch behandelt zu werden. Sie verbrachte mehrere Monate auf einem Bauernhof, und gemeinsam mit Margot Lichtenstein, die ebenfalls zur Gruppe der Mischlinge gehörte, gelang es ihr, die Grenze zum von den Amerikanern besetzten Gebiet zu überschreiten.

Evakuierungsmärsche aus – oder zurückgelassen werden in – Aussenlagern

Schönholz

Wir wissen von drei jüdischen Schönholz-Häftlingen, die am 25. Januar 1945 nach Ravensbrück zurückgeschickt wurden und einige Wochen später dort ermordet wurden. Dieses in der Nähe von Berlin gelegene Lager wurde Mitte April evakuiert und die Häftlinge marschierten nach Freistein, wo sie am 8. Mai auf die sowjetische Armee stießen.[194]

Altenburg

Aus diesem Lager wurden 377 jüdische Häftlinge schon am 10. April 1945 in Marsch gesetzt (123 waren vorher nach Auschwitz geschickt worden und weitere sechs starben in Altenburg). Sie waren drei Tage nach Waldenburg unterwegs, wo sie von ihren Wachleuten verlassen wurden. US-Soldaten eröffneten ein Lager für diese weiblichen ehemaligen Häftlinge. Soweit wir wissen, gab es während des Evakuierungsmarsches keine weiteren Opfer.[195]

Neustadt bei Coburg

Die mehr als 400 jüdischen Häftlinge traten keinen Marsch aus dem Lager an. Sie wurden sich selbst überlassen, als sich amerikanische Soldaten näherten. Viele von den Häftlingen versuchten, ihre Heimatorte in Ungarn zu Fuß zu erreichen.[196]

Mühlhausen

Die jüdischen Häftlinge (mindestens 490) wurden alle relativ zeitig nach Bergen-Belsen[197] verlegt. Wie oben beschrieben, wurde dieses Lager nicht evakuiert, bevor die Westalliierten es am 15. April befreiten. Von 97 der jüdischen Häftlinge aus Ravensbrück/Mühlhausen ist bekannt, dass sie Bergen-Belsen überlebt haben; 84 von diesen 97 wurden nach Schweden evakuiert, zwei starben jedoch dort kurz nach der Ankunft. Wir wissen nicht, wie viele in Bergen-Belsen gestorben sind.

WITTENBERG

Die Überlebenden der 200–250 jüdischen Ravensbrück-Häftlinge (32 von ihnen waren mit dem Transport aus dem Ghetto Łódź gekommen) wurden von sowjetischen Truppen befreit. Sie waren von den fliehenden SS-Aufsehern ohne Wasser und Strom eingeschlossen worden (mit Ausnahme der beiden Ärztinnen, die geflohen waren).

GENSHAGEN

Im April wurden – von den 1 000 dort in den Daimler-Werken arbeitenden Häftlingen – die 60 jüdischen Ravensbrück-Häftlinge zuerst zu Fuß und dann mit dem Zug (U-Bahn und S-Bahn) nach Sachsenhausen verlegt, wo man scheinbar vorhatte, sie zu töten. Dieses Vorhaben wurde im letzten Moment aufgegeben. Sie wurden nach Ravensbrück zurückgebracht, wo sie sich am 28. April dem Evakuierungsmarsch anschlossen.[198]

SPANDAU

In Spandau arbeiteten ungefähr 1 000 Ravensbrück-Häftlinge. 600 der 1 000 scheinen Jüdinnen gewesen zu sein. Mit einem Evakuierungsmarsch tranportierte sie die SS nach Sachsenhausen-Oranienburg. Einigen gelang dabei die Flucht, während die übrigen nach Spandau zurückgebracht wurden, wo sie von sowjetischen Truppen befreit wurden.[199] Einige von ihnen waren schwer krank und verbrachten mehrere Monate im Krankenhaus.[200]

LIPPSTADT

In diesem Lager arbeiteten 250 ungarische jüdische Frauen und Mädchen. Im März berichteten ihnen Wachleute der Reichswehr, dass sie das Lager bald verlassen müssten. Sie mussten in Fünferreihen hinausmarschieren und waren dann zwei Wochen lang unterwegs, wobei sie pro Tag nur eine Kartoffel bekamen. Jede

Frau, die sich bückte, um Kräuter zu pflücken oder die sich aus Erschöpfung setzte, wurde erschossen. Entlang des Weges lagen viele Leichen. In der Nähe von Wurzen gelang einigen Frauen die Flucht in den Wald.[201] Am nächsten Morgen verließen sie den Wald und trafen bald auf russische Soldaten.

RECHLIN-RETZOW

Viele der Ravensbrück-Häftlinge, die nach Rechlin geschickt worden waren – Nicht-Jüdinnen genauso wie Jüdinnen –, wurden vor Kriegsende zurück nach Ravensbrück geschickt. Französischen Forschungen zufolge wurden viele von ihnen „selektiert", um in der Ravensbrücker Gaskammer ermordet zu werden. Von der US-Überlebenden Bracha Schiff (Name während des Krieges: Bronka Blattberg) erfuhren wir jedoch, dass eine Gruppe, die Ende April von Rechlin nach Ravensbrück zurückkehrte, am 24. oder 25. April mit den „weißen Bussen" (oder umgebauten Lastwagen) nach Schweden evakuiert wurde.[202] Wahrscheinlich führte der Evakuierungsmarsch von Ravensbrück auf seinem Weg nach Malchow durch Rechlin und die dort verbliebenen Häftlinge schlossen sich an. Laut Aussage der ungarischen Überlebenden Piroska Dome wurden sie am 30. April aus dem Lager getrieben und die SS ließ sie bald gehen.[203] In Rechlin-Retzow wurden 224 Tote beerdigt – vor allem Frauen und Kinder. Die Forscherinnen Baetcke Ross[204], Regina Scheer[205] und insbesondere Simone Erpel[206] sind zu der Schlussfolgerung gelangt, dass es sich dabei vor allem um jüdische Opfer des Todesmarschs von Ravensbrück handelte.

BEENDORF

Eine unbekannte Zahl weiblicher Häftlinge – möglicherweise bis zu 3 000 (wir wissen nicht, wie viele von ihnen Jüdinnen und wie viele vorher in Ravensbrück waren) – wurde in einem Güterzug mit verschlossenen Wagen aus Beendorf abtransportiert. Dieser Zug kann mehrere Tage Aufenthalt in Ravensbrück gehabt haben.[207] Dieser Todeszug wurde nach Hamburg umgeleitet und von dort wurden die überlebenden Häftlinge (möglicherweise nur noch die Hälfte der ursprünglichen Zahl) nach Dänemark und Schweden evakuiert.

BARTH

Ungefähr 800 weibliche Häftlinge (wir wissen nicht, wie viele von ihnen Jüdinnen waren) wurden zu einem Evakuierungsmarsch gezwungen.[208] Nach Aussage der israelischen Überlebenden Leah Dagani (Name während des Krieges: Lenke Engländer)[209] wurden die jüdischen Barth-Häftlinge allerdings nicht aus dem Lager in Marsch gesetzt, sondern eingeschlossen.

Meuselwitz

In diesem Lager arbeiteten 5 000 weibliche Häftlinge. Nur 16 waren jüdische Ravensbrück-Häftlinge. Sie wurden alle im April evakuiert – zuerst in Viehwaggons, später zu Fuß. Die SS trieb sie zwei Wochen lang durch die Wälder. Drei Freundinnen entkamen in der Nähe eines Bauernhofs.[210] Wie es scheint, haben alle 16 Jüdinnen überlebt.

Penig

Die 700 ungarischen jüdischen Ravensbrück-Häftlinge, die in der zweiten Hälfte des Monats Januar 1945 nach Penig – ein Außenlager von Buchenwald – geschickt worden waren, wurden am 13. April aus dem Lager in Marsch gesetzt. Die SS-Aufseher zogen dann Zivilkleidung an und flohen. Die Frauen, die unterwegs Essen erbettelt hatten, erreichten Chemnitz.

Burgau

Einige der zum größten Teil polnischen jüdischen Überlebenden flohen zwischen Burgau und Schwabhausen. Fast alle der Überlebenden, die Dachau erreichten, wurden ins Lazarett St. Ottilien gebracht. Alle Überlebenden des Transports nach Burgau wurden von den Amerikanern befreit und die meisten lebten eine Zeit lang im zentralen Flüchtlingslager von Feldafing.

Neustadt-Glewe

Die Frauen von Neustadt-Glewe wurden nicht auf einen Evakuierungsmarsch geschickt, sondern von der fliehenden SS in abgeschlossenen Baracken hinterlassen. Sie befreiten sich selbst mit Hilfe französischer Kriegsgefangener. Die sowjetischen Truppen kamen am späten Nachmittag des 2. Mai an. Die Amerikaner waren am selben Tag nur wenige Stunden lang dort und zogen sich dann zurück. Viele kranke Häftlinge blieben monatelang im Lazarett der Stadt Neustadt-Glewe und viele starben dort nach der Befreiung. Diejenigen, die reisefähig waren, scheinen die Wahl gehabt zu haben: die Reise in Richtung Westalliierte anzugehen oder sich auf die Unterstützung der sowjetischen Truppen zu verlassen, um in ihre Herkunftsländer zu gelangen.

Malchow

Im April wurden 1 000 Häftlinge nach Hasag-Leipzig verschickt und 450 andere wurden nach Schweden evakuiert. Die in Malchow verbliebenen Häftlinge wurden jedoch gezwungen, sich dem Evakuierungsmarsch von Ravensbrück anzuschließen. Es überrascht allerdings, dass so viele jüdische Ravensbrück-Überlebende, die in Malchow waren und nicht nach Hasag-Leipzig geschickt worden waren, berichten, sie wären von Malchow aus nicht nach Nordwesten, sondern in südliche Richtung marschiert oder evakuiert worden und in der Nähe von Taucha oder Grimma befreit worden, als sie kurz vor dem Eintreffen der sowjetischen Truppen auf amerikanische Soldaten stießen und die Elbe überquerten.[211]

Hasag-Leipzig

Die vielen hunderte jüdischer Ravensbrück-Häftlinge – diejenigen, die bis zum 3. Dezember 1944 in das Arbeitslager Hasag-Leipzig geschickt worden waren, und diejenigen, die am Ende der ersten Woche des Monats April 1945 aus Malchow dort ankamen – wurden alle bei strömendem Regen durch die Wälder getrieben und erhielten nur ungekochten Reis zu essen.[212] Mindestens eine wurde erschossen, weil sie eine Rübe aufhob. Sie wurden von den Russen befreit und viele machten sich über Prag mit dem Zug und zu Fuß auf den Weg zurück nach Ungarn.[213] Halina Nelken beschreibt den Evakuierungsmarsch als einen Hungermarsch „immer im Kreis vor der Front fliehend ... fünftausend Frauen, die im Schneckentempo mit allerletzter Kraft vor sich hinstolpern.“ Sie sah viele, die vor Erschöpfung starben oder von den Wachen erschossen wurden. Sie und ihre Freundinnen konnten in den Wald fliehen und arbeiteten eine Zeit lang auf einem deutschen Bauernhof, bis die Russen kamen. Sie kehrte später mit ihrer kleinen Gruppe nach Krakau zurück, um ihre Mutter zu suchen.[214]

Vorgehensweise der Befreier

Die Befreiung war ein schwieriger Prozess – sowohl für die Häftlinge, die auf Evakuierungsmärsche getrieben wurden, als auch für die, die in Lagern eingeschlossen zurückgelassen wurden. Verschiebungen der Trennlinien zwischen den von den westlichen Alliierten und den sowjetischen Truppen besetzten Gebieten sorgten für Verwirrung und Unsicherheit. So trafen die Häftlinge von Neustadt-Glewe nur für wenige Stunden mit amerikanischen Soldaten zusammen, bevor die sowjetischen Truppen ankamen. Die Häftlinge, die nach ihrer Evakuierung aus Malchow in Grimma bei Leipzig angekommen waren, wurden von amerikanischen Soldaten befreit, diese blieben jedoch nur vier Tage lang bei ihnen und zogen sich dann zum westlichen Elbufer zurück. Eine ganze Reihe der befreiten jüdischen Ravensbrück-Häftlinge nutzte die Gelegenheit, mit Hilfe der alliierten Truppen nach Westen zu gehen. Während des langen und grausamen Evakuierungsmarsches aus Ravensbrück gelang es einigen, die während des Marsches geflohen waren, die Alliierten zu erreichen, während andere auf die Ankunft der sich nähernden sowjetischen Truppen warteten.

Das Vorgehen der amerikanischen Behörden bestand darin, die Überlebenden der Lager zu registrieren und ihnen Dokumente auszustellen (die ihnen ein Anrecht auf Nahrung und Unterkunft gaben), bei der Repatriierung der aus Westeuropa stammenden befreiten Lagerhäftlinge Unterstützung zu leisten und die anderen dazu zu ermutigen, sich in Flüchtlingslagern zusammenzufinden, wo viele etliche Jahre warteten, bevor es ihnen möglich war auszuwandern.

Das Vorgehen der sowjetischen Behörden bestand darin, Häuser, deren deutsche Bewohner geflohen waren, zur Plünderung freizugeben und den befreiten Häftlingen zu gestatten, sie zeitweilig zu bewohnen. Nach der ersten Phase der genehmigten Plünderungen wurden sie großzügig mit Grundnahrungsmitteln versorgt, aber obwohl sie dafür waren, dass die Überlebenden der Lager in ihre Herkunftsländer in den sowjetbesetzten Gebieten zurückkehrten, taten sie wenig, um sie bei der Reise zu unterstützen.

Wie es scheint hat nur ein nicht-westliches Land – die Tschechoslowakei – die Repatriierung sowohl kranker als auch gesunder befreiter jüdischer Lagerhäftlinge organisiert.

Sowohl in den westlichen als auch in der sowjetischen Besatzungszone verbrachten kranke befreite jüdische Lagerhäftlinge Wochen oder sogar Monate in von den Militärbehörden verwalteten Lazaretten.

Die amerikanischen und die sowjetischen Befreier reagierten ganz unterschiedlich beim Zusammentreffen mit den Opfern der Nazi-Konzentrationslager. Viele der Überlebenden erinnern sich, dass viele US-Soldaten mit Schrecken und Trauer reagierten.[215] Die Überlebenden von Neustadt-Glewe erinnern sich daran, dass die amerikanischen Soldaten weinten: „Die Amerikaner fuhren durch das Lager und kamen zum Revier. Dort lagen Berge von Leichen. Die Soldaten weinten, als sie dieses Elend sahen."[216] Seren Tuvel Bernstein, eine Überlebende des Transports nach Burgau erzählt, dass sie – als sie und mehrere andere extrem schwache und abgezehrte Überlebende von US-Soldaten ins Lazarett St. Ottilien getragen wurden – zuerst dachte, es würde regnen, bis sie entdeckte, dass der Soldat, der sie trug, weinte.

Wie schon gesagt, wurden nach der Befreiung Ravensbrücks am 15. April viele kranke jüdische Ravensbrück-Häftlinge, die vorher nach Bergen-Belsen transportiert worden waren, durch das schwedische Rote Kreuz zur medizinischen Behandlung nach Schweden evakuiert.

Mehrere Überlebende erwähnen, dass jüdische Soldaten sie besonders unterstützt hätten. Erna de Vries (Name während des Krieges: Korn) erinnert sich, dass die sowjetischen Soldaten, mit denen sie am Ende des Evakuierungsmarsches von Ravensbrück zusammentrafen, sie mit dem Zug nach Leipzig schicken wollten. Da sie nach Westdeutschland zurückkehren wollte, wollte sie nicht ostwärts reisen. Ein jüdischer amerikanischer Soldat brachte sie zur Behandlung in eine Klinik, half ihr, in die von den Amerikanern besetzte Zone zu gelangen und gab ihr Zigaretten als Tauschmittel, so dass sie nicht um Essen betteln musste. Sara Tuvel Bernstein erzählt die Geschichte der kleinen Gruppe von verletzten und kranken ungarischen Jüdinnen, die sich nach ihrer Flucht aus dem bombardierten Zug bei Schwabhausen in einem verlassenen Arbeitslager versteckten. US-Soldaten kamen und versuchten sie davon zu überzeugen, sich zu ihnen in das Fahrzeug zu setzen. Die Frauen hatten Angst, da sie weder die Sprache der Soldaten verstanden noch deren Uniformen erkannten. Die Soldaten fuhren ab und kamen kurz danach mit einem jüdischen Kameraden zurück, der den Frauen auf Jiddisch erklärte, dass sie die Absicht hätten, sie in ein Krankenhaus zu bringen.

Die ergreifendste Geschichte ist vielleicht die der israelischen Überlebenden Sonja Strochlitz (Name während des Krieges: Pfeffer), die sich daran erinnert, dass ein junger jüdischer amerikanischer Soldat – Marvin Palanker – sich vier Tage lang mit großem Engagement und viel Zuneigung um sie und mehrere andere jüdische junge Mädchen, deren Evakuierungsmarsch aus Malchow bei Grimma geendet hatte, kümmerte. Er schützte sie vor „wilden Partys“, spielte für sie auf seiner Violine und half ihnen, die Elbe zu überqueren, um in das von den Amerikanern besetzte Gebiet zu gelangen. Wie sie in einem Telefoninterview sagte: „Er gab mir mein Leben zurück.“[217]

Eine große Zahl kranker und verletzter jüdischer Überlebender der Lager, darunter auch viele Frauen aus dem Transport nach Burgau, erfuhren in den ersten Tagen nach der Befreiung lebenswichtige Unterstützung von dem jüdischen Arzt Dr. Zalman Grinberg, der damals selbst ein gerade aus dem bayerischen Lager Kaufering befreiter Häftling war.

Zuletzt muss auch das schwierige Thema der Vergewaltigung und drohenden Vergewaltigung durch die Befreier angesprochen werden. Als die sowjetischen Soldaten den Überlebenden der Lager erlaubten, die deutschen Häuser zu plündern, um Essen und Kleidung zu bekommen, verwechselten sie nicht die Frauen, die die Lager überlebt hatten, mit der feindlichen deutschen Zivilbevölkerung. Trotzdem erzählen die meisten Überlebenden, die von sowjetischen Truppen befreit wurden, von Freundinnen, die Opfer einer Vergewaltigung wurden, und fast alle von ihnen erwähnen, dass ständig Vergewaltigungen drohten. Es scheint also, als ob viele sowjetische Soldaten sich für berechtigt hielten, jegliche Frau, die sie nach ihrem Sieg in Deutschland vorfanden[218], zu vergewaltigen und dass sie – besonders, wenn sie betrunken waren – keinen Unterschied machten zwischen deutschen Zivilistinnen und Opfern der deutschen Nazis.

Statistische Zusammenfassung aller Zugänge der fünften Periode

Insgesamt gab es während der fünften Periode 3 759 Zugänge. Diese Zahl umfasst auch die 446 Zugänge, die wahrscheinlich 1945 ankamen, die aber auch schon etwas früher angekommen sein könnten. (Uns liegen keine Informationen über die Ankunftsdaten von weiteren 61 Zugängen vor und diese sind hier nicht enthalten.)

Herkunftsländer

Tabelle 8.7 (siehe auch Diagramm 11, S. 287) zeigt die Herkunftsländer der Zugänge, die während der fünften Periode mit dem *Auschwitz-Todesmarsch* (AT) kamen, im Vergleich zu denen, die nicht mit diesem *Todesmarsch* kamen (Nicht-AT).

Die größte Gruppe von der bekannt ist, dass sie in der fünften Periode ankam, ist die aus Polen (1 616 Frauen; 43 %). Die zweitgrößte, jedoch erheblich kleinere, ist die aus Ungarn (657 Frauen; 17,5 %); 1 286 der 3 759 Frauen, Mädchen und Kinder stammten aus 20 anderen Ländern und die Herkunftsländer der verbleibenden 200 (5,3 %) sind unbekannt.

Es gibt mehrere signifikante Unterschiede in der Zusammensetzung der zwei größten Gruppen jüdischer Zugänge zwischen denen, die mit dem *Auschwitz-Todesmarsch* (AT) ankamen und denen, die entweder weiterhin direkt aus ihren Herkunftsländern oder aus anderen Lagern (Nicht-AT) ankamen. Die Zugänge aus dem Deutschen Reich einschließlich Österreich, deren Zahl während der dritten und vierten Periode abgenommen hatte, machten einen beträchtlichen Teil derer aus, die mit dem *Auschwitz-Todesmarsch* ankamen. In ähnlicher Weise waren die

Tabelle 8.7

Herkunftsland	Gesamt	(%)	AT	(%)	Nicht-AT	(%)
Polen	1 616	43,0	1 155	41,8	461	46,1
Ungarn	657	17,5	572	20,7	85	8,5
Tschechoslowakei*	535	14,2	347	12,6	188	18,8
Deutsches Reich	165	4,4	130	4,7	35	3,5
Rumänien	108	2,9	85	3,1	23	2,3
Frankreich	102	2,7	91	3,3	11	1,1
Italien	77	2,0	33	1,2	44	4,4
Jugoslawien**	73	1,9	66	2,4	7	0,7
Griechenland	60	1,6	56	2,0	4	0,4
Niederlande	58	1,5	55	2,0	3	0,3
Belgien	55	1,5	53	1,9	2	0,2
Österreich	25	0,7	21	0,8	4	0,4
Sowjetunion***	14	0,4	10	0,4	4	0,4
Litauen	4	0,1	4	0,1	0	0,0
Türkei	3	0,1	3	0,1	0	0,0
Norwegen	1	0,0	1	0,0	0	0,0
Lettland	1	0,0	0	0,0	1	0,1
Dänemark	1	0,0	0	0,0	1	0,1
Bulgarien	1	0,0	1	0,0	0	0,0
USA	1	0,0	1	0,0	0	0,0
England	1	0,0	1	0,0	0	0,0
Luxemburg	1	0,0	1	0,0	0	0,0
Unbekannt	200	5,3	74	2,7	126	12,6
Gesamt	3 759	100,0	2 760§	100,0	999	100,0

* Tschechoslowakei umfasst auch Tschechei und Slowakei.
** Jugoslawien umfasst Slowenien, Kroatien und Serbien.
*** Sowjetunion umfasst auch die Ukraine.
§ Umfasst die 330 Häftlinge, die wahrscheinlich während der fünften Periode mit dem AT ankamen, über die wir jedoch keine ausreichende Dokumentation haben.

Zugänge aus Frankreich, Belgien und den Niederlanden, die nur einen recht kleinen Teil der Nicht-AT-Zugänge ausmachten, recht große Gruppen unter denen, die im Zuge der grausamen Evakuierung von Auschwitz ankamen.

Statistische Zusammenfassung aller Zugänge der fünften Periode

Altersgruppen

Unter den Zugängen der fünften Periode bilden die Altergruppen 19–25 und 26–35 Jahre eine kleine Mehrheit. Unter denen, die nicht aus Auschwitz kamen, gehören nur 47,3 % diesen Altersgruppen an. Unter den Zugängen von Auschwitz sind es 56,6 %, was die systematische Ermordung jüdischer Kinder und Älterer in Auschwitz widerspiegelt.

Tabelle 8.8 (Siehe Tabelle 8.8 und Diagramm 12, S. 288)

Alter	AT	%	Nicht-AT	%	Gesamt	%
Kinder bis 13 Jahre	26	0,9	25	2,5	51	1,4
Mädchen bis 18 Jahre	286	10,4	80	8,0	366	9,7
19–25	1 004	36,4	296	29,6	1 300	34,6
26–35	583	21,1	165	16,5	748	19,9
36–45	183	6,6	86	8,6	269	7,2
46–55	52	1,9	62	6,2	114	3,0
56–65	2	0,1	40	4,0	42	1,1
66 und älter	2	0,1	30	3,0	32	0,9
Unbekannt	622	22,5	215	21,5	837	22,3
Gesamt	2 760	73,4*	999	26,6*	3 759**	100,0

* Anteil am Ganzen.
** Umfasst die 443 Häftlinge, die wahrscheinlich während der fünften Periode mit dem AT ankamen, über die wir jedoch keine ausreichende Dokumentation haben.

Demzufolge waren von den 2 760 während der fünften Periode mit dem *Auschwitz-Todesmarsch* Angekommenen nur 2,1 % der Frauen älter als 45 Jahre, während es bei den nicht mit dem *Todesmarsch* Angekommenen 13,2 % waren.

Schicksal

Wie schon erwähnt, beruhen unsere Daten zur fünften Periode vor allem auf den Aussagen von Überlebenden, so dass die statistische Analyse des Schicksals der Überlebenden von Ravensbrück dieser Periode naturgemäß verzerrt ist. Es ist anzunehmen, dass viele weitere jüdische Zugänge in Ravensbrück während der fünften Periode nirgends registriert wurden, und dass keine Überlebende über ihr Schicksal berichtete; deshalb konnten sie in dieser Berechnung nicht berücksichtigt werden. Im Falle der Zugänge aus Krupp-Neukölln wissen wir, dass die Namen von mehr als 220 Überlebenden fehlen. Die meisten anderen fehlenden Namen müssen die derjenigen sein, die wenige Wochen vor oder nach Kriegsende starben.

Unter diesen Vorbehalten wissen wir von 1 886 Überlebenden (50,2 %) der insgesamt 3 759 Zugänge der fünften Periode: 702 US-Überlebende, 421 israelische Überlebende und 763 andere Überlebende; von 512 der Zugänge wissen wir, dass sie gestorben sind, und über das Schicksal von 1 361 liegen uns keine Informationen vor.

Tabelle 8.9 zeigt das Schicksal der Zugänge der fünften Periode – derjenigen, die mit dem *Auschwitz-Todesmarsch* kamen (AT) und der Übrigen (Nicht-AT).

Tabelle 8.9

Schicksal	AT	(%)	Nicht-AT	(%)	Gesamt	(%)
Gestorben	285	10,3	227	22,7	512	13,6
Überlebt	1 334	48,3	552	55,3	1 886	50,2
Unbekannt	1 141	41,3	220	22,0	1 361	36,2
Gesamt	2 760	73,4	999	26,6	3 759	100,0

Tabelle 8.10 zeigt, wo sich die 1 886 Überlebenden der fünften Periode niedergelassen haben.

Ein letzter grosser Transport jüdischer Männer in das Frauenlager

Aus den Berichten von zehn US-Überlebenden und zwei israelischen Überlebenden, die Ravensbrück als eines ihrer Lager angegeben haben, wird deutlich, dass während der letzten Wochen der Existenz des Lagers ein großer Transport männlicher Häftlinge aus dem Konzentrationslager Braunschweig ankam. Laut dieser Aussagen waren es mindestens 1 000 meist junge Männer (95 % von ihnen Juden), die zum größten Teil aus Łódź in Polen kamen und vorher in Auschwitz gewesen waren. Diese 12 Überlebende erinnerten sich aber nur an die Namen von 38 jüdischen Männern.

Sie blieben zwischen wenigen Tagen und sechs Wochen unter furchtbaren Bedingungen im Frauenlager – nicht im Männerlager –, bevor sie mit offenen Viehlastern in das Lager Ludwigslust gebracht wurden. Sie wurden bald danach von der US-Armee befreit –, kurz nachdem ihre SS-Wachen geflohen waren.

Mehrere dieser Überlebenden erzählen zwei erstaunliche Geschichten. In der ersten heißt es, dass der gesamte Transport aus Braunschweig für die Evakuierung nach Schweden selektiert worden war und dass sie gegen Kriegsgefangene ausgetauscht werden sollten. Aufgrund der Bombardierung der Bahnstrecke nach Celle

Tabelle 8.10

Land der Niederlassung	Anzahl	%
USA	702	32,2
Israel	421	22,3
Schweden	58	3,1
Tschechoslowakei	28	1,5
Italien	26	1,4
Frankreich	21	1,1
Australien	19	1,0
Ungarn	13	0,7
Griechenland	11	0,6
Polen	10	0,5
Belgien	9	0,5
Deutschland	8	0,4
Kanada	8	0,4
Rumänien	4	0,2
Schweiz	4	0,2
Großbritannien	4	0,2
Österreich	2	0,1
Niederlande	1	0,1
Sowjetunion	1	0,1
Brasilien	1	0,1
Chile	1	0,1
Uruguay	1	0,1
Jugoslawien	1	0,1
Unbekannt	532	28,2
Gesamt	1 886	100,0

hätten sie die Fahrt nicht fortsetzen können. Nachdem sie auf eine neue Lokomotive gewartet hätten, wären die Evakuierungspläne aufgegeben und die Männer nach Ravensbrück gebracht worden. Diese Aussagen weisen darauf hin, dass Bernadotte ursprünglich in seinen Aktivitäten zum Austausch von Kriegsgefangenen einen Plan vorgesehen hatte, um eine große Zahl männlicher jüdischer Häftlinge aus Lagern zu evakuieren.

Laut Aussage des Erzählers der zweiten Geschichte hat er in Ravensbrück einen großen Berg männlicher Leichen gesehen – „so lang wie zwei Baracken“. Diese erschreckende Geschichte erscheint auch in den Memoiren von Silvia Grohs-Martin. Es handelte sich hier um das tragische Schicksal von Häftlingen des kleinen Männerlagers von Ravensbrück, das in diesem Band nicht beschrieben wird. Wie es scheint, starben diese Männer, bevor die überlebenden Lagerhäftlinge im März 1945 nach Sachsenhausen verlegt wurden.

Da sich diese 38 jüdischen Männer gegen Ende der fünften Periode mehrere Wochen lang im Frauenlager Ravensbrück aufhielten, habe ich sie zu den jüdischen überlebenden Häftlingen des Frauenlagers gezählt.

Anmerkungen

1 Vor diesem Zeitpunkt wurden Häftlinge in Ravensbrück durch Hinrichtung, medizinische Experimente, tödliche Injektionen und möglicherweise auch durch Vergasung in einem Lastwagen oder Eisenbahnwaggon, der im Wald hinter dem Siemens-Werk versteckt war, getötet. (Germaine Tillion, *Frauenkonzentrationslager Ravensbrück*, mit einem Anhang „Die Massentötungen durch Gas in Ravensbrück" von Anise Postel-Vinay, Lüneburg, 1998, S. 392.)

2 Ab dem 2. März 1945 wurden die selektierten Frauen direkt in die Gaskammer gebracht. (Grit Philipp, *Kalendarium der Ereignisse im Frauen-Konzentrationslager Ravensbrück, 1939–1945*, Berlin, 1999, S. 198.)

3 Charlotte Müller, *Die Klempnerkolonne in Ravensbrück: Erinnerungen des Häftlings Nr. 1078*, Berlin, 1987, S. 148, zitiert Berichte aus dem Revier (Sammlungen MGR/SBG, RA Bd. 42, Bericht-Nr. 1003), denen zufolge 727 Häftlinge im Dezember 1944 an Typhus starben, im Januar 1945 waren es diesem Bericht zufolge 1 221 und im Februar 1 514.

4 Aussage zu Typhus in Neustadt-Glewe: israelische Überlebende Niza Ganor (Name während des Krieges: Anicka Frenkel); Interview am 13. März 1997 durch J.B.A., I.D.K. und A.K.

5 Mit den Überstellungen nach Penig und Meuselwitz Ende Januar 1945 waren allerdings noch Bestellungen der Industrie für diese Lager ausgeführt worden.

6 Ein großer Transport – vor allem mit französischen und belgischen Häftlingen – nach Bergen-Belsen ging am 3. Februar 1945 von Ravensbrück ab (Philipp, *Kalendarium*, S. 193); ein zweiter größerer Transport mit mehreren tausend Häftlingen ging am 27. Februar ab (ebenda, S. 197). EinTransport nach Mauthausen ging am 2. März ab (ebenda, S. 198). Die israelische Überlebende #498 Elisabeth Siliagi (Name während des Krieges: Laufer) sagt aus, dass sie im April 1945 nach Mauthausen geschickt wurde, von dort nach Gunskirchen, wo sie durch Amerikaner befreit wurde.

7 Die aus Hasag-Leipzig evakuierten Häftlinge waren um den 15. April in Marsch gesetzt worden und wurden am 29. April in der Nähe der Elbe befreit (Aussagen der israelischen Überlebenden Privas, Chana – Name während des Krieges: Anna Szklarczyk, Ravensbrück-Häftlingsnummer 98815).

8 Überstellungsliste nach Graslitz vom 1. April mit 36 jüdischen Namen und Überstellungsliste nach Neu Rohlau vom 2. April mit 9 jüdischen Namen; Signaturen: United

States National Archives, Washington: Record Group 338 Army Commands, stack area 290, row 13, compartment 22, shelf 3, box 536 oversize (volume 126 = book No. 7, volume 127 = book No. 8) (location 000–50–46).

9 Esther Kemeny, *On the Shores of Darkness*, Burlingame, CA, 2003, S. 96.

10 Isabell Sprenger, *Groß-Rosen, ein Konzentrationslager in Schlesien*, Köln, 1996, S. 354; zitiert in Philipp, *Kalendarium*, S. 188.

11 Books of Numbers: United States National Archives, Washington: Record Group 338 Army Commands, stack area 290, row 13, compartment 22, shelf 3, box 536 oversize (volume 126 = book No. 7, volume 127 = book No. 8) (location 000–50–46).

12 Die Namen, die Nummer des Convoglio (Konvois) und das Datum der Abreise von Triest sind angegeben in Liliana Picciotto, *Il libro della memoria – Gli ebrei deportati dall'Italia* (1943–1945), Mailand, 2002.

13 Transporte von Französinnen nach Ravensbrück, aufgelistet von Dörte Niedorf, September 2001, S. 32.

14 Darunter befand sich auch eine aus zwei Erwachsenen und vier Kindern bestehende Familie (die Familien Bruck und Rosenberg, Ravensbrück-Häftlingsnummern 25608–25613), die die ungarische Staatsbürgerschaft hatten und Ende 1943 aus Frankreich nach Ravensbrück und später nach Bergen-Belsen geschickt wurden. Sie überlebten alle.

15 Siehe Kapitel 3, Anm. 62 und 63.

16 Serge Klarsfeld, *Memorial to the Jews Deported from France*, New York, 1983, S. 601.

17 Odette Fabius (Ravensbrücker Häftlingsnummer 27293), Marguerite Solal (Ravensbrück-Häftlingsnummer 23173), Suzanne Weinstein (Ravensbrück-Häftlingsnummer 27568), Annette Weill (Ravensbrück-Häftlingsnummer 39031).

18 Französische Überlebende Thais Baumstein, Ravensbrück-Häftlingsnummer 35175; lebte in Toulouse; auf der *Kaninchenliste*, befreit in Ravensbrück. Ihr Cousin Valentin Singer berichtet in seinem Buch *Kaiserhofstraße 12* von ihrem Selbstmord nach dem Krieg. Alle anderen „Kaninchen" waren junge polnische nicht-jüdische politische Häftlinge, die in Polen zum Tode verurteilt worden waren.

19 Margaret Collins Weitz, „French Women in the Resistance: Rescuing Jews", in: *Resisting the Holocaust*, Ruby Rohrlich (Hrsg.), Oxford, 1998, S. 185–189.

20 Die Namen von drei dieser vier französischen Jüdinnen, die nach Mauthausen geschickt wurden, waren Olympe-Leocadie Amardeilh (Ravensbrück-Häftlingsnummer 49780), Madeleine Vincent (Ravensbrück-Häftlingsnummer 49975) und Marie-Elisa Nordmann.

21 Von den folgenden Frauen ist bekannt, dass sie über die Schweiz zurückkehrten: Ariane Kohn (Ravensbrück-Häftlingsnummer 47187), Anna Simanderakis geb. Vadon (Ravensbrück-Häftlingsnummer 49667) und Olympe-Leocadie Amardeilh (Ravensbrück-Häftlingsnummer 49780).

22 Picciotto, *Il libro della memoria*, S. 28.

23 Giovanna Massariello Merzagora – Paolo Massariello, „La Lista delle Donne di Ravensbrück: 600 nomi per ricordare", in: *Bollettino della Società Letteraria, 9bis*, Verona, Dezember 1995, S. 31–57.

24 Einer Gruppe von 17 italienischen Juden und Jüdinnen, die offensichtlich im Januar oder Februar 1945 ankam und von der weder Ankunftsdatum noch Transportnummer oder Ravensbrück-Häftlingsnummern bekannt sind, gehörten auch 11 Männer an (einer von ihnen war ein Jugendlicher und zwei waren ältere Männer). Sie wurden möglicherweise in das Männerlager von Ravensbrück geschickt und von dort zusammen mit den übrigen jüdischen Männern nach Sachsenhausen evakuiert.

25 Das Schicksal von vieren ist unbekannt – wie es scheint aufgrund der Tatsache, dass mindestens drei von ihnen in die Überstellungsliste für Malchow/Hasag-Leipzig als Jugoslawinnen statt als Italienerinnen eingetragen wurden. Ihre Namen erscheinen nicht im *Libro della memoria*.

26 Es blieben jedoch mehrere hundert kranke Häftlinge im Revier von Auschwitz. Von mehreren jüdischen Häftlingen aus Italien, unter ihnen Primo Levi, ist bekannt, dass sie in Auschwitz befreit wurden. Besonders überraschend ist, dass den Aufzeichnungen zufolge auch mehrere in Auschwitz befreite Jüdinnen nach Schweden evakuiert wurden.

27 Obwohl fast alle Überlebenden sich daran erinnern, dass es der 18. Januar 1945 war, erinnert sich die israelische Überlebende Lea Horn (Name während des Krieges: Lea Schwalb) daran, Auschwitz am 10. Januar verlassen zu haben und am 17. Januar angekommen zu sein. Die israelische Überlebende Niza Ganor (Name während des Krieges: Aniza Fränkel) erinnert sich daran, nicht später als am 20. Januar in Ravensbrück angekommen zu sein. Laut *Kalendarium* (S. 189) waren sechs Frauen aus Auschwitz schon am 17. Januar angekommen.

28 Aussage von Gertrude Gross, israelische Überlebende Ahuva Koth, in *Ein vergessenes Lager*?, II, Karl Heinz Schütt (Hrsg.), Schkeuditz, 1998, S. 14.

29 Die kürzesten Marschdauern, die von Überlebenden angegeben werden, sind eine Nacht/10 Stunden bzw. drei Tage und zwei Nächte (Aussage der belgischen Überlebenden Sara Szczupack, verwitwete Goldstein); die längste angegebene Dauer war acht Tage (Aussage der belgischen Überlebenden Tauba Bindel, geb. Edelman).

30 Die israelische Überlebende Lidia Vago (Name während des Krieges: Lidia Rosenfeld) beschreibt diese Reise: Die Frauen starben aufrecht stehend. Sie waren froh, dass Schnee auf sie fiel, weil sie so ein paar Tropfen Wasser bekamen.

31 Eva Tichauer, *J'étais le numéro 20832 à Auschwitz*, Paris, 1988, S. 127.

32 Halina Nelken, *And Yet I Am Here*!, Amherst, 1999, S. 246.

33 Aussage der israelischen Überlebenden Irmgard Judith Becker (Name während des Krieges: Berger): von Mauthausen wurden die Frauen und Mädchen in offenen Lastwagen nach Ravensbrück transportiert, wo sie am 23. Januar ankamen. Interview durch J.B.A. vom 15. Juni 1998.

34 Eine erste Gruppe der zum Schluss aus Auschwitz Evakuierten kam am 17. Januar mit dem Zug an.

35 Israelische Überlebende Esther Inka Wajsbort, Name während des Krieges: Inka Futtermann.

36 Die polnische Jüdin Chaja Sure Goldberg, Überlebende von Krupp, gab 1951 bei der Registrierung an, dass ihre Ravensbrück-Häftlingsnummer 109954 war; 1G38:32, Ansökn. G.

37 Siehe Philipp, *Kalendarium*, S. 192.

38 Hierzu ist wichtig, dass von den 989 Häftlingen aus Malchow, die am 2. April von Malchow nach Hasag-Leipzig verlegt wurden, 751 (75,9 %) als jüdisch und aus Auschwitz gekommen verzeichnet sind. Karl Heinz Schütt, *Ein vergessenes Lager? Über das Außenlager Neustadt-Glewe des Frauen-KZ Ravensbrück*, Schkeuditz, 1997, S. 11, schreibt über die mehr als 5 000 Frauen, die zwischen Januar und April aus Ravensbrück nach Neustadt-Glewe kamen: „Die Mehrheit der Häftlinge (über 60 %) waren Jüdinnen aus Ungarn, Polen, der Slowakei, der Tschechei, der Sowjetunion, Jugoslawien, den Niederlanden, Frankreich, Belgien, Griechenland und Deutschland sowie Roma und Sinti aus diesen Ländern."

39 Nelken, *And Yet I Am Here!*, S. 248.

40 Seit Dezember 1944 wurden „Selektionen" in der Krankenstation durch den SDG (Sanitätsdienstgrad) durchgeführt. Serena Rosenberg (israelische Überlebende #273 Serena Weber) berichtet in ihren Memoiren, dass ihre Schwester Bella Rosenberg und ihre Freundinnen Katherina und Elisabeth Berger und alle Patientinnen eines Raumes der Krankenstation zusammen „selektiert" und nach Ravensbrück zurückgeschickt wurden. Schütt, *Ein vergessenes Lager?*, I, S. 90.

41 Israelische Überlebende #591 Lea Kisch (Name während des Krieges: Lea Schwalb) in ebenda, S. 115.

42 Laut *Kalendarium Ravensbrück*, S. 196 und Danuta Czech, *Kalendarium der Ereignisse im Konzentrationslager Auschwitz-Birkenau*, Reinbek, 1989, S. 992.

43 Kemeny, *On the Shores of Darkness*, S. 96.

44 Unter diesen 1 000, die die Grenze zur Schweiz überschritten, müssen eine beträchtliche Anzahl französischer Häftlinge, darunter auch mehrere Jüdinnen, gewesen sein.

45 Diese erstaunliche Geschichte wurde in einem Telefoninterview durch J.B.A. mit Mrs. Lea Horn am 18. Mai 2003 bestätigt.

46 Das *Geburtenbuch* MGR KL 27–1.

47 Schütt: *Ein vergessenes Lager?*, I; *Ein vergessenes Lager?*, II; *Gedenkbuch der Opfer des Nationalsozialismus im Außenlager Neustadt-Glewe des Frauen-KZ Ravensbrück,* Neustadt-Glewe, Juli 1998; *Ein vergessenes Lager?*, IV; *Namen des Erinnerns: Über das Außenlager Neustadt-Glewe des Frauen-KZ Ravensbrück*, Pampow, 2002.

48 Janina Palmowska. 10./11. Oktober 1961. Archiv Staatliches Museum Auschwitz. T 41. Stgn. Osw. 885. Inv-Nr. 107180.

49 Einige von ihnen waren vor der Ankunft des *Auschwitz-Todesmarschs* in Ravensbrück angekommen, es war jedoch schwierig, sie eindeutig zu identifizieren, da die meisten von ihnen nicht in den vorliegenden Zugangslisten eingetragen sind. In diesen Fällen konnten wir die genauen Ankunftsdaten nur bestimmen, falls sie sich als Überlebende gemeldet und ihre Daten angegeben hatten oder falls wir in der Lage waren, Kontakt zu den Überlebenden aufzunehmen.

50 Insbesondere *Lista 6* im Hoover Institute, Stanford, CA. USA.

51 IG38:32, *Ansökningen*; IG36:11, *Utrest*; IG36:44, *PCIRO Claims*; 1G36:42, *Frageformulär*; *Tegen-Befragung*;*Nordiska Museet*; *E12:1–4, SUP*; *Registering A*. All diese Listen, die in das schwedische Nationalarchiv überführt worden sind, wurden durch Sabine Kittel geprüft. Bis 1951gaben die jüdischen Überlebenden das Lager an, aus dem sie nach Schweden evakuiert worden waren.

52 Sieben andere, die nicht aus Frankreich stammten, ließen sich ebenfalls dort nieder.

53 Karl Heinz Schütt fand von einem Friedhofsarbeiter erstellte Listen und im Jahr 1999 im Warschauer Museum ein Krankenbuch mit den Namen vieler der Patientinnen des Reviers von Neustadt-Glewe.

54 Schütt, *Gedenkbuch der Opfer des Nationalsozialismus*.

55 Schütt, *Ein vergessenes Lager?*, IV; auch *Nachtrag 1* (21. Januar 2003).

56 Ab 1942 wurden alle Aufseherinnen in Ravensbrück ausgebildet – insgesamt 3 500. Die Ausbildung dauerte drei Monate.

57 Aussage der israelischen Überlebenden Halina Birenbaum (Name während des Krieges: Hala Grinstein-Balin) in: Schütt: *Ein vergessenes Lager?*, I, S. 2.

58 Die Meister und die deutschen Arbeiter aus der Hitlerjugend verlangten ständig einen höheren Produktionsausstoß.

59 Nach Aussage mehrerer Überlebender war der Hunger in Neustadt-Glewe schlimmer als in Auschwitz und Ravensbrück; Schütt, *Ein vergessenes Lager?*, II, S. 28.

60 Dr. Slawomira Klein laut Aussage von Janina Palmowska; 1969, in Schütt: *Ein vergessenes Lager?*, I, S. 72–73. Nach der Befreiung sorgte Dr. Klein dafür, dass viele schwerkranke Frauen mit Krankenwagen nach Prag zurückgebracht wurden und sie sorgte auch dafür, dass die slowakische Jüdin Marta Bindiger (die belgische Überlebende Marta Cige) als Pflegerin in der Krankenstation arbeiten und sich um ihre Freundin Hanka Wajcblum kümmern konnte.

61 Dr. Dabrowska Tetmajer, Dr. Alina (Nulka) Przeyw, Julia. Nach Aussage von Anna Szyller-Palarczyk (in: Schütt: *Ein vergessenes Lager?*, II., S. 28) behandelte Dr. Tetmajer sie, als sie an Typhus erkrankt war.

62 Siehe Aussage der polnischen Überlebenden Wanda Wojtasiuk-Poltawska in Schütt: *Ein vergessenes Lager?*, I, S. 127–128. Im *Krankenbuch* wurden 92 jüdische Patientinnen als dort gestorben registriert und über das Schicksal von 291 jüdischen Patientinnen des Reviers liegen keine Informationen vor.

63 Siehe Anmerkung 40 oben.

64 Von siebenundzwanzig jüdischen Patientinnen ist bekannt, dass sie das Revier überlebten.

65 Aussage der israelischen Überlebenden Shulamit Jisraeli (Name während des Krieges: Friedel Gelbard) in Schütt: *Ein vergessenes Lager?*, II, S. 13.

66 Schütt, *Ein vergessenes Lager?*, I, S. 17–23.

67 Aussage von Rena Kornreich-Gelissen, in: ebenda. S. 61–62.

68 Ebenda, S. 70 und 107.

69 US-Überlebende Rose Meth (Name während des Krieges: Grünapfel), in: ebenda., S. 50.

70 Aussage der israelischen Überlebenden Halina Birenbaum (Name während des Krieges: Balin) in: ebenda. S. 32.

71 Die israelische Überlebende Lea Kisch (Name während des Krieges: Schwalb) beschreibt das Schicksal einer Gruppe von drei Schwestern, von denen eine im Revier selektiert wurde, in: ebenda, S. 114–115.

72 Bezüglich der Freundschaft zwischen Halina Birenbaum und Celina (Celine Josselowitz) siehe ebenda. S. 29.

73 Bezüglich der Mädchen aus den deutschen Hachschara-Arbeitslagern siehe ebenda, S. 75–78, und Shoshana Rosenthal in: *The Nazi Civilization*, Studies in the Shoah Series, Vol. 1, Lore Shelley (Hrsg.), Lanham, MD, S. 8–12. Lidia Rosenfeld (israelische Überlebende #270 Lidia Vago) berichtet von einer Gruppe von acht Mädchen, die bei der Befreiung beschlossen, zusammenzubleiben; in: Schütt *Ein vergessenes Lager?*, I, S. 101 und 103–104. Margita Schwalbova beschreibt eine Gruppe von zehn Frauen, die zu Fuß nach Prenzlau und von dort mit einem Bus in die Tschechoslowakei reisten. (In: ebenda., II, S. 24. Die deutsche Überlebende Lea Zimmermann (Name während des Krieges: Lea Geiger) beschreibt eine Gruppe von sieben Frauen, die gemeinsam nach Jugoslawien zurückkehrten (in: ebenda, S. 47).

74 Kemeny, *On the Shores of Darkness*, S. 98.

75 Aussage der französischen Überlebenden Irene Hajos (Name während des Krieges: Irene Kluger) in Schütt: *Ein vergessenes Lager?*, IV, S. 59.

76 Aussage der slowakischen Überlebenden Margita Schwalbova in: ebenda, II, S. 24.

77 Aussage von Serena Weber in: ebenda, I, S. 90.

78 Ich fand später die Namen von mindestens fünf jungen Frauen, die schon im September 1944 von Krupp-Neukölln verlegt worden waren, sowie die Namen von neun Frauen, die am 14. März 1945 von dort nach Ravensbrück geschafft worden waren. Nur von einer von ihnen ist bekannt, dass sie nach Schweden evakuiert wurde. Über den Verbleib der übrigen liegen keine Informationen vor.

79 Vor kurzem wurde eine Überstellungsliste mit den Namen von neun Jüdinnen, die von Krupp-Neukölln nach Ravensbrück (am 3. März 1945) geschickt wurden, unter Dokumenten im Archiv von Sachsenhausen entdeckt.

80 Als mehrere der nicht-israelischen Krupp-Neukölln-Überlebenden Israel besuchten, trafen sie ihre israelischen Kameradinnen, die in Tel-Aviv eine Gruppensitzung organisierten.

81 Aufgrund der Tatsache, dass sich die Überlebenden in einer ganzen Reihe von Fällen nur an die Vornamen ihrer Kameradinnen oder die Namen, die sie nach dem Krieg führten, erinnerten, konnten wir diese Namen nicht in den beiden schwedischen Listen mit jüdischen Namen finden.

82 Wir kennen nur von dreien die Namen: Edita Kornfeld und ihre Schwester Kwieta, die nach Prag zurückkehrten, und Anna Fischel, die nach Schweden evakuiert wurde.

83 Margarete Flanter aus Deutschland und die US-Überlebende Nr. 256858 Elise Beran (Name während des Krieges: Ika Beran) aus Österreich.

84 Informationen von der israelischen Überlebenden Sonia Shoked (Name während des Krieges: Sonja Weingarten).

85 Mehrere von ihnen hatten in derselben Fabrik gearbeitet, in der Pferdedecken hergestellt wurden.

86 Aussage der israelischen Überlebenden Sonia Shoked.

87 Aussage der auf dem Weg nach Schweden verwundeten israelischen Überlebenden Halina Lis, Forscherin am Weizmann Institut, Rehovot; Interview durch J.B.A.

88 Informationen von der israelischen Überlebenden Tola Meltzer (Name während des Krieges: Tauba Walach).

89 Aussage von Halina Lis.

90 Aussage von Halina Lis.

91 Edita Kornfeld, eine Anwältin aus Prag, die in die Tschechoslowakei zurückkehrte, behauptete, dass sie nicht zur Lagerältesten ernannt worden wäre, sondern nur zur Schreibstubenleiterin.

92 Eine Ausnahme scheint Margarethe Flanter (bzw. Grete F.) gewesen zu sein, die 64 Jahre alt war.

93 Halina Lis berichtet von fünf Baracken, jede mit 100 Mädchen und nicht mehr als 20 Frauen in einem Raum. Sie berichtet auch von weiteren Baracken mit Ukrainerinnen.

94 US-Überlebende Nr. 250980 Rosa Katz (Name während des Krieges: Rachel Goldberg).

95 Aussage von Rosa Katz und Evelina Widell (Name während des Krieges: Evelina (Liuka) Szykier).

96 Aussage von Sonya Shoked.

97 Informationen von der schwedischen Überlebenden Malka Marie Brandes Noring in einem Brief vom 15. Oktober 2000.

98 Informationen von der australischen Überlebenden Ernestyna Freiheiter (Name während des Krieges: Ernestyna Szmulowicz).

99 Es existiert tatsächlich eine Überstellungsliste (17. 9. 44d) mit den beiden Namen: Esthera Weselten und Fella Wydergut. Wir fanden keine Bestätigung dafür, dass es sich bei diesen beiden um die Schwangere und das verletzte Mädchen handelte, die die Überlebenden gekannt hatten.

100 Israelische Überlebende Shulamit Bernstein (Name während des Krieges: Sulamit Stern), israelische Überlebende Tola Meltzer (Name während des Krieges: Tauba Walach) und Sonya Shoked.

101 Tola Meltzer.

102 Informationen von Sonia Shoked. Nach Aussage der israelischen Überlebenden #405 Dvora Lazarkevich (Name während des Krieges: Deborah Wajnman) verwendete er dafür nicht Prämiengeld, sondern sein eigenes.

103 Information von Sonia Shoked.

104 Evelina Widell.

105 Israelische Überlebende Gusta Nomberg (gegenwärtiger Name).

106 Schwedische Überlebende Maria Lindvall.

107 Cesia Cyrla Smulewicz, geb. 15. Juli 1920, Zdunska-Wola; Chaja Sure Goldberg, geb. 6. Januar 1925, Łódź.

108 Wanda Kiedrzyńska, *Ravensbrück, kobiecy obóz koncentracyjny*, Warschau, 1961 (deutsche Übersetzung im Archiv von Ravensbrück), Teil II, S. 150.

109 Die fünf israelischen und die US-Überlebenden, die im Jahr 2000 in Tel-Aviv zu Besuch weilten, und mit Ersteren dort zusammen kamen – Pola Weksberg (Name während des Krieges: Zand), Bella Obornik (Name während des Krieges: Jablonsky), Genia Kovalski (Name während des Krieges: Gelbert), Lili Meier (Name während des Krieges: Lea Kwiat) und Nehama Austria (Österreich) (Name während des Krieges: Natka Kosa) – stimmten darin überein, dass eine Liste aller Häftlinge aus Krupp-Neukölln verlesen wurde.

110 Evelina Widell.

111 Laut Aussage von Alfrieda Laufer (polnisch-schwedisches Interview #283) fand die Evakuierung am 24. April statt.

112 Aus späteren Berichten wurde deutlich, dass man mehreren Mädchen, die nicht voneinander getrennt werden wollten, aber nicht gemeinsam Platz in einem Bus oder umgebauten Lastwagen fanden, in ein als Krankenwagen dienendes Fahrzeug geholfen hatte. Da dieses Fahrzeug eine etwas andere Strecke fuhr als die übrigen, entgingen sie den Bombenangriffen auf den Konvoi.

113 Information von Sonia Shoked. Silvia Grohs-Martin, die mit den niederländischen nichtjüdischen Frauen evakuiert wurde, beschreibt genau, wie sich deutsche Wehrmachtfahrzeuge in den Konvoi des schwedischen Roten Kreuzes gedrängt haben (*Silvie*, New York, 2000, S. 338–345).

114 Dvora Zilberman (Name während des Krieges: Dora Stern).

115 Sie erzählt die erstaunliche Geschichte, dass Rabbiner Ehrenpreis, damals der schwedische Oberrabbiner, gegen die Einrichtung dieser Internatsschule war, weil er antisemitische Reaktionen befürchtete. Ihrem Bericht zufolge wandte sich Rabbiner Moses Jacobson an Bernadotte um Hilfe.

116 Halina Lis, die israelische Überlebende Aliza Reshef (Name während des Krieges: Frida Gerst) und die schwedische Überlebende Hanni Agerberg (Name während des Krieges: Baumgart) waren Klassenkameradinnen im Gymnasium des Ghettos von Łódź.

117 Graf Folke Bernadotte, *The Curtain Falls*, New York, 1945, S. 99.

118 L. Buchenwald, Arbeitskommando Hasag-Leipzig; Leipzig, den 8. 4. 1945; Transportliste Malchow vom 2. 4. 1945.

119 Nelken, *And Yet I Am Here*!, S. 353.

120 Gloria Hollander Lyon, „Die Odyssee einer ungarischen Jüdin", in *Frauen in Konzentrationslagern: Bergen-Belsen, Ravensbrück*, Claus Füllberg-Stolberg et al. (Hrsg.), Bremen, 1994, S. 287.

121 Dr. Z. Grinberg, *Bericht an den jüdischen Weltkongress Genf vom 31. 05. 1945*, New York, Folder 21.

122 Grohs-Martin, *Silvie*, S. 212–213 (siehe Kapitel 6, Anm. 8).

123 Archiv Warschau, Mikrofilm 15, BWA HKW 15 mit den Namen von 480 jüdischen Frauen und Mädchen (275 Polinnen, 181 Ungarinnen und 24 Slowakinnen), die am 5. März „aus Ravensbrück" ankamen. Erst vor kurzem ergab eine Prüfung der 480 Namen, dass es sich hier um die Liste des Transports nach Burgau – ein kleines Außenlager von Dachau in Bayern – handelt. BU bedeutet also Burgau (und nicht Buchenwald, wie früher angenommen).

124 (1) Dr. Eva Langley-Dános, *Prison Roulante*, journal écrit par Dr. Eva Dános déportée au camp de concentration de Ravensbrück, 1945, St. Ottilien (Bavière); Englische Übersetzung: Eva Langley-Dános, *Prison on Wheels: From Ravensbrück to Burgau*, Einsiedeln, Schweiz, 2000, von ihr selbst übersetzt nach ihrem ungarischen Tagebuch geschrieben 1945; (2) Sara Tuvel Bernstein, zusammen mit Louise Loots Thornton und Marlene Bernstein Samuels, *The Seamstress*, New York, 1999, S. 218–229.

125 Nur die israelische Überlebende #80 Shoshana Bomkol (Name während des Krieges: Rosa Goldberg) behauptet, dass ihr Transport aus Częstochowa im Januar 1945 angekommen wäre.

126 Die israelische Überlebende Esther Berger, geb. Wollstein, #231 der Burgauer Liste, kam am 24. Dezember 1944 aus Sered an.

127 Hana Ritterman, polnische Überlebende, #661 auf der israelischen Liste.

128 Gold, Volker, *Die „Judengräber" von Schwabhausen*, Überarbeitung der Erstfassung vom April 1985 im Januar 1990, S. 31.

129 Aussage der US-Überlebenden Nr. 66086 Bella Schepsman (Name während des Krieges: Bella Strasberg).

130 Aussagen der US-Überlebenden Anna Hadley, Nr. 16862 (Name während des Krieges: Hanka Handelsman), Sara Selman, Nr. 110002 (Name während des Krieges: Szari Grünberger), und Helen Klein, Nr. 212910 (Name während des Krieges: Helen Sepsz).

131 Siehe Langley-Dános, *Prison on Wheels*, Kapitel VII, Anm. 52.

132 Ebenda, S. 77–79.

133 Ebenda, S. 97.

134 Bernstein, *The Seamstress*.

135 Ihr richtiger Name war Elisabeth Markovitz, Ravensbrücker Häftlingsnummer 85784, #216 auf der Liste des Budapester Transports vom 21./22. November 1944.

136 Diese Beschreibung passt auf einen großen Transport aus Auschwitz, der ungefähr in der dritten Dezemberwoche des Jahres 1944 in Ravensbrück ankam und dem viele polnische, aber auch andere Jüdinnen angehörten. Von diesem Transport gibt es keine Zugangsliste. Die meisten der Polinnen in dem Transport nach Burgau waren aber nicht aus Auschwitz gekommen, sondern ungefähr zu Weinachten 1944 aus Częstochowa.

137 Siehe Bernstein, *The Seamstress*, S. 248.

138 Hana Ritterman, s. Anm. 127.

139 Laut Beschreibung von Eva Langley-Dános wurden bei der Ankunft in Burgau die Toten identifiziert, registriert und sogar fotografiert; *Prison on Wheels*, S. 116–117.

140 *Verzeichnis der in Burgau verstorbenen KZ-Häftlinge im Jahre 1945*; das Sonderstandesamt Arolsen, KZ-Gedenkstätte Dachau, Archiv 15 013.

141 Volker Gold, *Die „Judengräber" von Schwabhausen*.

142 Israelische Überlebende #418 Malka Lamhut (Name während des Krieges: Fela Markowska; richtiger Name Mela Cukierman) und israelische Überlebende # 164 Bluma Goldberg (Name während des Krieges: Blima Cukierman).

143 Nelli Frey und ihre Schwester Hilde erscheinen als Nr. 163 bzw. 164 auf der Burgauer Liste. Leider ist uns über ihr weiteres Schicksal nichts bekannt.

144 Aussage der israelischen Überlebenden #10, Rivka Avramovics (Name während des Krieges: Renia Lewin).

145 Bernstein, *The Seamstress*, S. 265.

146 Ebenda, S. 273–292.

147 Volker Gold, *Die „Judengräber" von Schwabhausen*, S. 31.

148 Wir wissen nur von einer slowakischen Jüdin aus dem Transport nach Burgau, die in St. Ottilien starb: Lili Glück, Nr. 234 auf der Burgauer Liste, starb am 2. Mai.

149 *Grinberg, Bericht an den jüdischen Weltkongress Genf vom 31. 05. 1945*, Folder 21. Er emigrierte 1955 in die USA, wurde 1965 Psychiater und starb am 8. August 1983.

150 Wir wissen von 25 jüdischen Frauen und Kindern mit türkischer Staatsbürgerschaft, die aus Belgien nach Ravensbrück transportiert worden waren und auf Verlangen der türkischen Regierung am 28. Februar „entlassen" und durch das schwedische Rote Kreuz nach Schweden gebracht worden waren.

151 Bernadotte, *The Curtain Falls*; Bernadotte, *Instead of Arms: Autobiographical Notes*, Stockholm und New York, 1948.

152 Elisabeth Alexander (Ravensbrück-Häftlingsnummer 53002, auf der JS-Liste, S. 3), Alice Weinberger (Ravensbrück-Häftlingsnummer 53672, auf der JS-Liste, S. 26), Irene Winzer (Ravensbrück-Häftlingsnummer 53688, auf der JS-Liste, S. 28).

153 Therkel Straede, „Die ‚Aktion Weisse Busse'", in: *Befreiung*, Sachsenhausen, 1945, Schriftenreihe der Stiftung Brandenburgische Gedenkstätten, Band Nr. 7, Berlin, 1996, S. 50.

154 Der Gesandte des Jüdischen Weltkongresses in Schweden.

155 Der Vertreter des schwedischen Verbandes im Jüdischen Weltkongress.

156 Ein finnischer Physiotherapeut, der Himmler behandelte.

157 Norbert Masur, *En Jude talar med Himmler*, Stockholm, 1945, S. 24–26.

158 Aus Simone Erpel: „Rettungsaktion in letzter Minute", in: *Ich grüße Euch als freier Mensch*, Sigrid Jacobeit und Simone Erpel (Hrsg.), Berlin, 1995, S. 22–77.

159 Ebenda, S. 37.

160 Information von der israelischen Überlebenden #246 Lea Schwalb-Horn; siehe Anm. 41 oben.

161 Anna Simanderakis, Olympe-Leocadie Amardeilh und Ariane Kohn; siehe Anm. 21 oben.

162 Die Namen dieser österreichischen kommunistischen jüdischen Häftlinge sind: Toni Lehr, Gerti Schindel und Edith Rosenblüth-Waxberg. Die Geschichte ist zu finden in den Memoiren der bekannten jüdischen österreichischen Gefangenen Maria Berner in: *Ich geb Dir einen Mantel, daß Du ihn noch in Freiheit tragen kannst. Widerstehen im KZ; Österreichische Frauen erzählen*, Karin Berger, Elisabeth Holzinger, Lotte Podgornik und Lisbeth N. Trallori (Hrsg.), Wien, 1987, S. 194–197.

163 Grohs-Martin, *Silvie*, Kapitel VI, Anm. 8, S. 332–333.

164 Aussagen zur Evakuierung der Siemens-Gruppe von Basia Rubinstein-Zajaczkowska, (US-Überlebende Betty Rubinstein) in dem polnisch-schwedischen Interview Nr. 50 und mit Jolanta Arato (Aufrichtig) (israelische Überlebende Judith Taube), Interview durch J.B.A., 10. Sept. 1997.

165 Siehe Abschnitt „Neustadt-Glewe" oben.

166 Information von Judith Taube, Interview durch J.B.A.

167 „‚Die letzten Tage von Ravensbrück', Tagebuch von Marie-Claude Vaillant Couturier vom 27. April 1945", in: *Französische Frauen in Ravensbrück*, Vereinigung ehemaliger Ravensbrück-Häftlinge (Hrsg.), Paris 1965, S. 420.

168 Unter den 215 nicht-polnischen, aus dem Stammlager nach Schweden Evakuierten befanden sich 81 Ungarinnen, 48 Tschechoslowakinnen, 36 Rumäninnen, 7 Niederländerinnen, 26 Französinnen und zwölf aus dem Deutschen Reich oder Staatenlose.

169 *Liberated Jews Arrived in Sweden in 1945*, Mosaiska Församlingen, Wahrendorffsgatan 3, Stockholm, Malmö, 1946.

170 Informationsquelle für die am 22. April beginnenden Evakuierungen: Couturier: *Die letzten Tage von Ravensbrück*, S. 394.

171 Erpel, *Rettungsaktion in letzter Minute*.

172 Von diesem Transport wurden 267 Frauen – alles polnische Jüdinnen – nach Schweden evakuiert; von ca. 38 von diesen wissen wir, dass sie aus Malchow evakuiert wurden.

173 Das heißt, dass sie nicht am 2. April nach Hasag-Leipzig verschickt wurden.

174 Laut Eintragungen der vier Überlebenden von Beendorf im Archivmaterial der jüdischen Gemeinde von Stockholm: Paula Grossova, geb. Zelinkova, und Edith, Elisabeth und Ilona Ackerman.

175 Biographie von Claus Füllberg-Stolberg in: *Frauen in Konzentrationslagern*, S. 279–290.

176 Charlotte Delbo berichtet (*Le Convoi du 24 Janvier*, Paris, 1965, S. 22), dass sich die fünf französischen nicht-jüdischen Frauen, die 1944 von Auschwitz nach Ravensbrück gekommen waren und in Beendorf gearbeitet hatten, in diesem Zug befunden hätten; sie kamen Anfang Mai in Schweden an wurden bald nach Frankreich repatriiert.

177 Iren (Fradele) Schreiber, die älteste, geb. am 1. Juni 1919; Piroska (Hanna) Schreiber, geb. am 11. Juli 1921, schwedische Überlebende Hanna Lazar; Lili Schreiber, geb. am 18. Oktober 1923, schwedische Überlebende Lilli Jodelsohn; Ella Scheriber, geb. am 14. Juni 1924, schwedische Überlebende Gabrielle Wronkou; Dora Schreiber, geb. am 15. Oktober 1928, schwedische Überlebende Dora Bodlander und Margit Schreiber, geb. am 15. Oktober 1928, schwedische Überlebende Miriam Mosesson. Dora und Margit sind eineiige Zwillinge, die vorgaben, mit einem Jahr Unterschied geboren worden zu sein.

178 Schwedischer Fernsehdokumentarfilm: *If One of Us Should Die*, 1999; Sprecherin: Miriam Schreiber Mosesson. Der Film wurde 2002 im israelischen Fernsehen – Kanal 8 – gezeigt.

179 Interview #113 von Helena Driednicka in Doverstorp, 13. Januar 1946.

180 Quelle der Angaben: Liliane Rozenberg-Leignel, *Souvenirs des Camps de Ravensbrück et de Bergen-Belsen*, Centre de Documentation Juive Contemporaine, Paris, Dokument 16473.

181 Transporte aus Berlin vom 26. Oktober 1943 und aus Westerbork vom 7. Februar und 6. April 1944; siehe: Liste der Namen, Dritte Periode.

182 Eine israelische Überlebende erzählt folgende Geschichte: Sie lag auf dem Boden in Bergen-Belsen neben Bergen von Leichen und konnte nicht mehr sprechen. Als sie einen vorbeigehenden Soldaten bemerkte, gelang es ihr, die Hand auszustrecken und sein Hosenbein zu berühren. So wurde bemerkt, dass sie noch lebte.

183 Wie es scheint, wurden einige Namen mit geringen Unterschieden in der Schreibweise oder den Daten zweimal erfasst. Die Gesamtzahl kann also etwas kleiner sein.

184 Sam Silberstein (Zylberstein), Joseph Orlowski und sieben weitere Überlebende dieser Gruppe jüdischer Männer aus Braunschweig; Interview per Post durch J.B.A., Juli u. Aug. 2000.

185 Eine sehr kleine Zahl jüdischer Ravensbrück-Überlebender berichtet, dass sie von Ravensbrück in weitere Arbeitslager geschickt wurden, die hier nicht erwähnt sind.

186 Sammlungen MGR/SBG, RA Bd. 22, Bericht-Nr. 230 (in: Philipp, *Kalendarium*, S. 208).

187 Erpel, „Ravensbrücker Todesmärsche 1945“, in: *Bulletin für Faschismus- und Weltkriegsforschung*, Werner Röhr u. Brigitte Berlekamp (Hrsg.), Beiheft 1, Berlin, 2002, S. 154.

188 Ebenda, S. 161.

189 Aussage von Erna de Vries, Name während des Krieges: Erna Korn.

190 Die meisten Teilnehmer an diesem Transport waren entweder im März nach Bergen-Belsen geschickt worden oder sie waren durch die Bernadotte-Aktion gerettet worden. Einige waren gestorben oder in Ravensbrück „selektiert“ worden. Laut Aussage ihrer Freundinnen wurde Helena Lau (Ravensbrück-Häftlingsnummer 90176) während des Evakuierungsmarsches erschossen.

191 Israelische Überlebende Klara Christof (Name während des Krieges: Klara Hetenyi), Interview am 13. August 1997 durch A. K.

192 Erna de Vries berichtet, dass sie eine Nacht unter grauenhaften Bedingungen in Malchow verbracht hätten.

193 Erpel, *Ravensbrücker Todesmärsche 1945*, S. 161–163.

194 Israelische Überlebende Eva Efrat, #52, Name während des Krieges: Eva Adler; Telefoninterview vom 21. Mai 2003 durch J.B.A.

195 Siehe Kapitel 7, Anm. 7.

196 US-Überlebende 80526 Adele Troedl (Name während des Krieges: Adel Trödl) und US-Überlebende 44390 Eva Vayda (Name während des Krieges: Eva Weiss), die Fragebögen ausfüllten.

197 Fragebogen ausgefüllt von der US-Überlebenden Dora Bernstein, Name während des Krieges: Dwojra Szczukocka.

198 Laut Aussage von Januar 1956 von Eva Feyer (Ewa Feiyer, Ravensbrück-Häftlingsnummer 86217), Wiener Library, P.III.h. gemäß Zitat von Linde Apel, *Jüdische Frauen im Konzentrationslager Ravensbrück 1939–1945*, Berlin, 2003, S. 276–278.

199 Informationen von der US-Überlebenden 7596 Beatrice Doliner (Name während des Krieges: Barbara Szafranska (angenommene polnische Identität – wahrer Name Aska Asia Schaffer), Ravensbrück-Häftlingsnummer 7010).

200 Ungarische Überlebende Kato Gyulai (Interview durch J.B.A. am 27. Juli 1998 in Budapest) verbrachte fast sechs Monate mit Tuberkulose in einem russischen Lazarett.

201 Von dieser Flucht berichtet die US-Überlebende 43502 Elizabeth Kroo-Teitelbaum.

202 Interview in Rochelle Saidel: *The Jewish Women of Ravensbrück Concentration Camp*, Madison, WI, 2004, S. 164–165.

203 Name während des Krieges: Piroska Steiner, Ravensbrück-Häftlingsnummer 89260; Interview in Budapest durch J.B.A. am 27. Juli 1998.

204 *Erprobungsstelle Rechlin*, S. 117–120

205 „Gedenkzeichen an der Strecke des Todesmarsches, Umgang mit der Erinnerung“, in: Protokoll des *32. Bundesweiten Gedenkstättenseminars* vom 3. – 6. Juni 1999 in Flecken Zechlin; „Evakuierung und Befreiung – das Museum des Todesmar-

sches (Belower Wald/Wittstock)“, S. 8; zitiert in Erpel, *Ravensbrücker Todesmärsche 1945*, S. 157.

206 Ebenda.

207 Siehe Kapitel 7, Anm. 102.

208 BStU, ZA ZUV 1, A3, B1.346, 351.

209 Informationen aus dem von Leah Dagani (Name während des Krieges: Lenke Engländer; israelische Überlebende #216) ausgefüllten Fragebogen.

210 US-Überlebende 16270 Ester Grün (Name während des Krieges: Ester Elise Weiss; Ravensbrück-Häftlingsnummer 95494); Charlotte Feldmann (Ravensbrück-Häftlingsnummer 95611) und Eva Kupfer (Ravensbrück-Häftlingsnummer 95683) – alle ungarische Jüdinnen.

211 Aussage der israelischen Überlebenden #691 Sonia Strochlitz (Name während des Krieges: Sonja Pfeffer); Interviews im Juni und Juli 2003 durch J.B.A.

212 Uns sind nur die Namen von 68 Überlebenden bekannt: 41 in den USA, 15 in Israel, fünf in Ungarn, drei in Italien, zwei in Schweden, eine in Frankreich und eine in der Slowakei.

213 Aussagen von Tova R. (Interview am 28. März 2003 durch J.B.A.) und Martha C., Telefoninterview vom 30. März 2003 durch J.B.A. Beide berichten, dass es schwierig war, in die Tschechoslowakei und nach Ungarn zu reisen, weil ständig die Gefahr bestand, von sowjetischen Soldaten vergewaltigt zu werden.

214 Nelken, *And Yet I Am Here!*, S. 256–265.

215 Aussage der polnischen politischen Gefangenen Anna Szyller-Palarczyk, in: Schütt, *Ein vergessenes Lager?*, II, S. 28.

216 Aussage von Lilli Lang-Müller, in: ebenda, I. S. 67.

217 Die Verbindung zwischen diesen Frauen und Marvin Palanker blieb bis zu dessen Tod bestehen und Sonja Strochlitz erneuerte die Verbindung zu seiner Tochter Louise Palanker.

218 Erika Kounio Amariglio: „5. Mai 1945 … Wie wir später erfuhren, hatten die russischen Soldaten den Befehl erhalten: ‚Behandelt die Deutschen so, wie sie sich in Russland verhalten haben. Brennt, plündert, vergewaltigt!‘ … sie vergewaltigten alle Frauen, die ihnen begegneten … nicht einmal alte Frauen blieben verschont, sagte uns eine unserer Kameradinnen. Das dauerte 24 Stunden, dann kam die reguläre Besatzungsarmee. Wir konnten wieder frei atmen …“ (*From Thessaloniki to Auschwitz and Back*, London, 1998, S. 133).

IX

Zusammenfassung: Die Bedeutung von Ravensbrück für den Holocaust an den Jüdinnen

Statistische Zusammenfassung aller fünf Perioden

Herkunftsländer

Die jüdischen Ravensbrück-Häftlinge kamen aus 25 Ländern, aus 11 davon kamen größere Zahlen von Häftlingen (siehe Tabelle 9.1 und Diagramme 13 – S. 289 – und 14 – S. 290). Während der vierten Periode wurden die jüdischen Frauen und Mädchen aus Ungarn zur bei weitem größten Gruppe jüdischer Zugänge und stellen deshalb auch die größte „nationale" Gruppe aller jüdischen Ravensbrück-Häftlinge dar. Ich habe hier die Zugänge aus den Niederlanden, die während der dritten Periode kamen und nur formell die ungarische Staatsbürgerschaft hatten, als niederländisch eingeordnet, und auch die während der vierten Periode angekommenen als Ungarn klassifizierten Zugänge, die sich später als Slowakinnen oder Rumäninnen identifizierten, abgezogen. Trotzdem bleibt die ungarische Gruppe bei Weitem die größte. Die aus Polen stammenden Jüdinnen bildeten die zweitgrößte Gruppe.

Altersgruppen während aller fünf Perioden

In Tabelle 9.2 sind die Daten zum Alter dargestellt (siehe auch Diagramm 15 auf S. 291 zur Zusammenfassung und Diagramm 16 auf S. 292 zur Analyse der einzelnen Perioden). Während der ersten beiden Perioden kamen keine Kinder bis 13 und kaum Mädchen bis 18 Jahre, allerdings eine Anzahl von Frauen über 55

Tabelle 9.1

Herkunftsland	Anzahl	%
Ungarn	7 540	46,07
Polen	3 900	23,83
Slowakei (einschließl. Tschechoslowakei, Tschechei)	1 755	10,72
Deutschland	1 135	6,93
Frankreich	395	2,41
Niederlande	278	1,70
Rumänien	223	1,36
Belgien	160	0,98
Italien	157	0,95
Österreich	150	0,92
Jugoslawien (einschließl. Slowenien, Kroatien, Serbien)	110	0,67
Griechenland	91	0,56
Sowjetunion (einschließl. Ukraine)	43	0,26
Staatenlos	36	0,22
Türkei	25	0,15
Dänemark	11	0,07
Litauen	7	0,04
USA	3	0,02
Luxemburg	3	0,02
Lettland	2	0,01
Argentinien	2	0,01
Norwegen	2	0,01
Großbritannien	2	0,01
Bulgarien	1	0,01
Spanien	1	0,01
China	1	0,01
Unbekannt	334	2,04
Gesamt	16 367	100,00

Jahre. Während der dritten Periode kamen mit den Großfamilien aus den Niederlanden, Belgien und Deutschland eine beträchtliche Zahl Kinder, Mädchen und ältere Frauen. Während der vierten Periode kamen Kinder, Mädchen unter 16 und ältere Frauen nur mit dem französischen Familien-Transport aus Toulouse, den drei Ghetto-Transporten aus Polen, den slowakischen Familien-Transporten und den kleinen italienischen Familien-Transporten. Die überwiegende Mehrheit der Zugänge, die aus Auschwitz, aus Auschwitz über Frankfurt/Walldorf und unmit-

Tabelle 9.2

Alter	Gesamt	%
Kinder bis 13 Jahre	323	2,0
Mädchen bis 18 Jahre	1 551	9,5
19–25	5 239	32,0
26–35	4 127	25,2
36–45	2 435	14,9
46–55	758	4,6
56–65	411	2,5
66 und älter	239	1,5
Unbekannt	1 284	7,8
Gesamt	16 367	100,0

telbar aus Budapest kamen, bestand aus Frauen, von denen man annahm, dass sie im arbeitsfähigen Alter (zwischen 16 und 45 Jahre) wären.

Schicksal während aller fünf Perioden

Von den 16 367 festgestellten Namen ist für 4 031 (24,6 %) bekannt, dass sie überlebten, für 3 057 (18,7 %), dass sie starben, und das Schicksal von 9 279 (56,7 %) ist unbekannt (siehe Tabelle 9.3 und Diagramm 17, S. 293).

Tabelle 9.3

Schicksal	1. P.	2. P.	3. P.	4. P.	5. P. & 4./5.	Unbek.	Gesamt
Überlebende	9	4	280	1 832	1 886	20	4 031
% d. Periode	1,26	0,72	42,75	17,24	50,17	32,79	24,60
Bekannt, dass sie starben	562	437	140	1 121	512	31	3 057
% d. Periode	78,82	79,02	21,37	10,55	13,62	50,82	18,70
Unbekannt	142	112	235	7 673	1 361	10	9 279
% d. Periode	19,92	20,25	35,88	72,21	36,21	16,39	56,70
Gesamt	713	553	655	1 063	3 759	61	1 637
Anteil in %	4,36	3,38	4,00	64,92	22,97	0,37	100,00

Während der ersten beiden Perioden haben nur sehr wenige überlebt, da ihre Tötung eindeutig geplant war. Der prozentuale Anteil derjenigen, von denen bekannt ist, dass sie starben, war extrem groß und bei den meisten derjenigen, deren Schicksal unbekannt ist, kann ebenfalls angenommen werden, dass sie vor

Ende 1945 gestorben sind. Ich nehme an, dass der während der dritten Periode aufgetretene besondere und etwas weniger grausame Umgang der SS (auch wenn nur zeitweilig) mit denen, die formell die ungarische, rumänische, türkische, italienische und spanische Staatsbürgerschaft hatten, und die frühe Evakuierung der „türkischen" Mütter und Kinder nach Schweden zu der etwas höheren Überlebensrate beitrugen. Die 101 Frauen, die 55 Jahre oder älter waren, und die 64 Kinder, die jünger als 13 Jahre waren, trieben jedoch die Sterblichkeitsrate dieser Großfamilien nach oben. Die SS neigte dazu, ältere Frauen nach Auschwitz zu schicken und Kinder, bei denen man feststellte, dass sie krank waren, zu „selektieren". Die etwas besseren Arbeitsbedingungen der Mischlinge und die Tatsache, dass sie zum größten Teil das Durchschnittsalter erreicht hatten, scheinen zu deren höheren Überlebensraten beigetragen zu haben.

Über das Schicksal der Zugänge während der vierten Periode liegen nur unvollständige Informationen vor, insbesondere zu den Frauen, die aus Ravensbrück in Außenlager geschickt wurden. Da viele der im August und September 1944 in Ravensbrück angekommenen Frauen nur sehr kurze Zeit dort blieben, haben sie sich möglicherweise nie als Überlebende von Ravensbrück gemeldet. Es gibt jedoch ein Lager – Altenburg – aus dem uns die Namen all derer, die dort „selektiert" und nach Auschwitz geschickt wurden, vorliegen. Ich nehme deshalb an, dass sowohl die Anzahl der Überlebenden als auch der Gestorbenen unter den in Außenlager Geschickten größer ist, als uns bekannt. Es ist bekannt, dass die Sterberate unter denen, die im November und Dezember 1944 ankamen, aufgrund der sich schnell verschlechternden Bedingungen, der Ausbreitung von Epidemien und dem Beginn der Tötung in Ravensbrück in dessen eigener Gaskammer (im Januar 1945) hoch war.

Die Statistik bezüglich des Schicksals der Zugänge der fünften Periode ist etwas zugunsten der Überlebenden verzerrt, da keine Ravensbrücker Registrierungen und Sterbeunterlagen bezüglich der Mehrheit derjenigen, die mit dem *Auschwitz-Todesmarsch* ankamen, vorhanden sind. Die Informationen beruhen demzufolge zum größten Teil auf den Eintragungen und Zeugenaussagen von Überlebenden. Ähnliches trifft zu auf fast eine gesamte Gruppe Frauen, deren Ankunftsdaten und sogar Ankunftsperioden nicht genau bekannt sind. Diese Gruppe besteht aus Überlebenden, die bei der Registrierung oder Aussage nicht gebeten wurden Daten anzugeben, und später war es bei vielen schwierig, sie zu erreichen und um Angabe der fehlenden Daten zu bitten.

Während der 3., 4. und 5. Periode wurden nicht alle Todesfälle in Ravensbrück gemeldet. Zu diesem Zeitpunkt gab es keine ordnungsgemäße Registrierung mehr und von drei der vier Sterbelisten der in der Gaskammer von Ravensbrück Ermordeten haben wir nur Teile.

Nicht-jüdische Ravensbrück-Forscher/innen sind davon ausgegangen, dass ungefähr eine Hälfte aller Ravensbrück-Häftlinge starb und die andere überlebte. Unter Berücksichtigung der Umstände und Einschränkungen der Registrierung der jüdischen Ravensbrück-Häftlinge während der sechs Jahre der Existenz des Lagers – sowie der Schwierigkeiten bei der Bestätigung ihrer Schicksale – komme ich zu den folgenden Schlussfolgerungen: Von allen, die während der ersten vier Jahre der Existenz von Ravensbrück ankamen (bis März 1943), haben nicht mehr als 1 % überlebt. Für die gesamte Periode lag die Rate derer, von denen bekannt ist, dass sie überlebten, unter 30 % und sogar im besten Fall kann sie nicht einmal 40 % erreicht haben.

Alter und Schicksal während der gesamten Existenz von Ravensbrück

Tabelle 9.4 stellt einen Versuch dar, Alter und Schicksal der jüdischen Häftlinge über den gesamten Zeitraum der Lagerexistenz miteinander in Beziehung zu bringen. Dieser Versuch wird erschwert: erstens dadurch, dass wir von 1 284 Frauen und Kindern (7,8 % der Gesamtzahl) nicht wissen, wie alt sie waren. Zweitens, dadurch, dass wir keine Informationen über das Schicksal von 9 279 (56,69 %) – mehr als der Hälfte – der uns bekannten 16 367 Häftlinge haben. Innerhalb dieser Einschränkungen wird deutlich, dass schon ab dem Alter von 36 Jahren die Sterblichkeitsrate der jüdischen Häftlinge anstieg und dass sie für Häftlinge, die älter als 46 Jahre waren, bei über 60 % lag. Ab dem Alter von 56 Jahren erreichte sie 80 %.

Tabelle 9.4

Alter	Gestorben		Überlebt		Schicksal unbek.		Gesamt	
	Anzahl	%	Anzahl	%	Anzahl	%	Anzahl	%
Kinder bis 13	44	13,6	149	46,1	130	40,2	323	2,0
Mädchen bis 18	115	7,4	461	29,7	975	62,9	1 551	9,5
19–25	383	7,3	1 487	28,4	3 369	64,3	5 239	32,0
26–35	496	12,0	780	18,9	2 851	69,1	4 127	25,2
36–45	627	25,7	295	12,1	1 513	62,1	2 435	14,9
46–55	503	66,4	86	11,3	169	22,3	758	4,6
56–65	329	80,0	31	7,5	51	12,4	411	2,5
66 und älter	175	73,2	21	8,8	43	18,0	239	1,5
Unbekannt	385	30,0	721	56,2	178	13,9	1 284	7,8
Gesamt	3 057	18,7	4 031	24,6	9 279	56,7	16 367	100,0

Ravensbrück und Auschwitz

Da es das größte Vernichtungslager war, wurde Auschwitz zum Synonym für den Holocaust. Welche Beziehungen bestanden zwischen den SS-Lagerleitungen von Auschwitz und denen des viel kleineren Frauenkonzentrationslagers Ravensbrück – insbesondere in Bezug auf das Schicksal jüdischer Frauen und Mädchen?

Einem erhalten gebliebenen Dokument zufolge befahl der Kommandant von Auschwitz, dass das Zyklon-B, das in der Euthanasie-Station Bernburg (wo zwischen Februar und April 1942 fast alle jüdischen Ravensbrück-Häftlinge – Frauen und Männer – vergast worden waren) übrig geblieben war, nach Auschwitz gebracht werden sollte. Dieser Befehl kann dazu dienen, zu zeigen, wie eng die SS-Lagerleitungen von Ravensbrück und Auschwitz bei der Vernichtung der jüdischen Häftlinge zusammenarbeiteten. Diese Zusammenarbeit ging weit über die hinaus, die zwischen Ravensbrück und anderen Konzentrationslagern existierte.

Am 23. März 1942 ging von Ravensbrück ein Transport mit 1 000 Häftlingen – vor allem „Asozialen" und „Kriminellen" in Richtung Auschwitz ab. Er wurde begleitet von SS-Aufseherinnen, darunter die Oberaufseherin Johanna Langefeld. Unter diesen Häftlingen war auch eine Gruppe „politischer" Häftlinge, die sich freiwillig für den Transport nach Auschwitz gemeldet hatte. Dieser Gruppe wiederum gehörten zwei beliebte Lagerläuferinnen an. So wurden Häftlinge aus Ravensbrück die ersten in dem neu eingerichteten Frauen-Lager Auschwitz-Birkenau und auch seine ersten Funktionshäftlinge. Ab diesem Zeitpunkt wurden immer mehr Jüdinnen nach Auschwitz geschickt.[1] Obwohl keine genauen Daten und Listen erhalten blieben, berichten Tillion, Buber-Neumann und Kiedrzyńska von dem durch Langefeld geleiteten Transport und auch von mehreren anderen Transporten jüdischer Häftlinge nach Auschwitz im Sommer 1942. Die SS-Kommandantur von Ravensbrück war also tief verstrickt in die Einrichtung des Frauen-Lagers von Auschwitz-Birkenau.

Ein weiteres Beispiel für diese Zusammenarbeit ist die Tatsache, dass im Dezember 1944, als Auschwitz keine neuen Opfer mehr aufnahm, eine Gruppe von Fachleuten aus Auschwitz nach Ravensbrück kam und dort eine eigene Gaskammer für dieses Lager errichtete, in der danach von Januar bis April 1945 ca. 6 000 Häftlinge – darunter 1 260 Jüdinnen – ermordet wurden.[2]

Wie in Kapitel 5 beschrieben, wurden während der zweiten Periode 522 jüdische Häftlinge, d.h. alle oder fast alle der in Ravensbrück verbliebenen jüdischen Häftlinge, am 5. Oktober 1942 nach Auschwitz geschickt.[3] Wir wissen von einem früheren, jedoch kleineren Transport vom 2. Oktober. Am 8. Oktober wechselten die SS-Oberaufseherinnen der Frauenkonzentrationslager Auschwitz-Birkenau und Ravensbrück die Plätze.[4]

Am 30. Januar 1943 und irgendwann im Februar wurden auch zwölf neu angekommene Jüdinnen nach Auschwitz geschickt – unter ihnen drei Mädchen aus dem Jugendschutzlager Uckermark. Insgesamt erscheinen die Namen und Sterbedaten von 21 jüdischen Häftlingen, die während der ersten Periode in Ravensbrück angekommen waren, und die von 339 Zugängen aus der zweiten Periode in den *Auschwitz-Sterbebüchern* für die Jahre 1942 und 1943.[5] Die erhalten gebliebenen Eintragungen von Todesfällen enden im Sommer 1943. Von allen jüdischen Häftlingen, die von Ravensbrück nach Auschwitz geschickt wurden, sind unseres Wissens nur drei „Mischlinge" nach Ravensbrück zurückgekehrt und anscheinend haben alle drei überlebt.

Während der dritten Periode wurden die ersten Jüdinnen in die entgegengesetzte Richtung – von Auschwitz nach Ravensbrück – geschickt. Dies war die Folge einer neuen, die Judenmischlinge betreffenden Anordnung. Im September 1943 wurden 85 Frauen und Mädchen, die als Mischlinge zuvor aus Deutschland und West- sowie Mitteleuropa nach Auschwitz deportiert worden waren, nach Ravensbrück verlegt.

Wie uns aus handschriftlichen Vermerken auf mehreren Zugangslisten bekannt ist, wurden während der vierten Periode sieben ältere und kranke Jüdinnen, die während der dritten Periode ankamen, mit zwei Transporten (15. August und 3. Oktober 1944) nach Auschwitz geschickt. Eine von diesen sieben hat überlebt. Die Transporte kranker und älterer Häftlinge aus Ravensbrück nach Auschwitz fanden bis Ende Oktober 1944 statt. Erika Kounio Amariglio, die in Auschwitz in dem Büro arbeitete, in dem Zugänge und Todesfälle registriert wurden, berichtet in ihren Memoiren, dass Ende September oder Anfang Oktober 1944 „ein großer Transport aus Ravensbrück, Deutschland, in Birkenau ankam. Niemand von diesen Häftlingen wurde im Lager aufgenommen; sie waren alle Muselleute – lebende Tote – und wurden direkt in die Gaskammer geschickt."[6]

Während der vierten Periode – im August 1944 – brachte eine neue Politik der SS ungefähr 1 800 jüdische Frauen und Mädchen direkt von Auschwitz nach Ravensbrück. Die meisten von ihnen blieben nur kurze Zeit in Ravensbrück, bevor sie in verschiedene Außenlager von Buchenwald, Sachsenhausen und Ravensbrück verlegt wurden. Ravensbrück war der zentrale Sklavenmarkt geworden für die in Auschwitz-Birkenau gefangen gehaltenen Jüdinnen im arbeitsfähigen Alter, die nicht zusammen mit ihren jüngeren und älteren Angehörigen ermordet worden waren. Da die Quellen für Zwangsarbeiter in den westeuropäischen Ländern aufgrund der alliierten Invasion in der Normandie versiegten, galten diese Jüdinnen jetzt als geeignete Arbeitsklaven für die deutsche Kriegsindustrie.

Die Direkt-Transporte von Jüdinnen aus Auschwitz wurden am 3. November wieder aufgenommen. An diesem Tag kam ein riesiger Transport mit 1 959 vor allem polnischen und ungarischen Jüdinnen an. Wir wissen auch von einem weiteren Transport aus Auschwitz von Mitte Dezember. Seine Zugangsliste ist verloren gegangen und nur die Namen von 94 Überlebenden sind bekannt.

Der zweitgrößte Transport mit 1 672 jüdischen Frauen und Mädchen, die alle als „Ungarinnen“ klassifiziert wurden, der in Ravensbrück am 23./25. November 1944 aus Frankfurt/Walldorf ankam, war ursprünglich Ende August 1944 von Auschwitz nach Frankfurt/Walldorf geschickt worden. Somit kam fast die Hälfte aller jüdischen Zugänge in Ravensbrück während der vierten Periode ursprünglich aus Auschwitz.

Während der vierten Periode gab es noch eine weitere Verbindung zwischen Ravensbrück und Auschwitz. Wir wissen nicht, wie viele der 1 800 Frauen und Mädchen, die im August und September 1944 aus Auschwitz in Ravensbrück ankamen und in die Außenlager von Buchenwald geschickt wurden, nach Auschwitz zurückgeschickt wurden, wenn sie als nicht mehr arbeitsfähig galten.

Wie schon erwähnt, geht aus einem Dokument bezüglich des Außenlagers Altenburg hervor, dass 123 von 500 jüdischen Frauen und Mädchen aus Altenburg nur einen Monat, nachdem sie von Ravensbrück dort angekommen waren, nach Auschwitz geschickt wurden.[7]

In Buchenwald wurden einer Richtlinie gemäß generell die jüdischen Häftlinge, die nicht mehr bei der Arbeit in den Außenlagern eingesetzt werden konnten, entweder nach Auschwitz geschickt (im November 1944 begann Auschwitz, neue Häftlings-Transporte abzuweisen) oder nach Bergen-Belsen, oder man schickte sie zurück nach Ravensbrück, um sie dort zu vergasen.

Wir wissen, dass 2 841 jüdische Frauen und Mädchen, die während der fünften Periode in Ravensbrück ankamen, Überlebende des *Auschwitz-Todesmarschs* waren. Sie machten 75,7 % der insgesamt 3 759 bekannten Zugänge dieser Periode aus. Wie es scheint, so wurde die Mehrheit der in Auschwitz gefangen gehaltenen Jüdinnen, die das Lager und dessen furchtbaren Evakuierungsmarsch überlebten, danach Häftlinge von Ravensbrück. (Vielen andere schickte man nach Bergen-Belsen.)[8]

Darüber hinaus waren in einer zweiten Gruppe der fünften Periode von den 913 Frauen, die nicht mit dem *Auschwitz-Todesmarsch* kamen, sondern vor allem aus anderen noch funktionierenden Konzentrationslagern, mindestens 356 ebenfalls einige Zeit in Auschwitz gewesen.

Zu der dritten und letzten Gruppe – denjenigen, die aus aufgelösten Arbeitslagern kamen – gehörten 66 Polinnen, die aus Gundelsdorf – einem Außenlager von Flossenbürg – kamen und die im September 1944 aus Auschwitz dort angekommen waren.[9] Etwa 490 Frauen und Mädchen der zuletzt gekommenen Gruppe (271 ihrer Namen konnten festgestellt werden) aus dem kleinen Arbeitslager Krupp-Neukölln in Berlin waren alle Ende August 1944 aus Auschwitz dorthin geschickt worden.

Demzufolge wissen wir, dass 7 195 (43,9 %) der 16 367 namentlich identifizierten jüdischen Zugänge in Ravensbrück aller fünf Perioden Häftlinge von Auschwitz gewesen waren. Aus unseren sehr lückenhaften Dokumenten geht hervor, dass mindestens 544 jüdische Häftlinge von Ravensbrück nach Auschwitz geschickt wurden, um dort zu sterben, und dass mindestens 127 und vielleicht mehr vorher von Auschwitz nach Ravensbrück gekommen waren und aus Außenlagern zurück nach Auschwitz geschickt wurden.

Es ist also offensichtlich, dass es eine enge Beziehung zwischen dem Frauenkonzentrationslager Ravensbrück und Auschwitz gab, die von Sommer 1942 bis zur Evakuierung von Auschwitz im Januar 1945 bestand. Die ersten Gerüchte vom Massenmord an den Juden in Auschwitz erreichten Ravensbrück schon im Sommer 1942, als eine Gruppe radikaler Zeugen Jehovas aus Auschwitz zurückgeschickt wurde, um in Ravensbrück aufgrund ihrer Weigerung, für den Krieg zu arbeiten, hingerichtet zu werden.[10] Diese Gerüchte fanden aber zu diesem Zeitpunkt wahrscheinlich wenig Glauben.

In welchem Maße wurde das Verhalten der Häftlinge von der Tatsache beeinflusst, dass mehr als 43,9 % der jüdischen Zugänge in Ravensbrück vorher Häftlinge von Auschwitz waren? In vielen Memoiren nicht-jüdischerRavensbrück-Überlebender und auch in denen, die mit Juden-Transporten direkt aus Ungarn gekommen waren, finden wir Beschreibungen des seltsamen und sehr beängstigenden Verhaltens der Auschwitzerinnen. Es heißt, dass sie um Essen und Trinken kämpften und dass sie anders aussahen. Es wurde angenommen, dass ihre schrecklichen Erfahrungen in Auschwitz die Ursache ihres Verhaltens gewesen sein müssen. Es scheint jedoch von Bedeutung zu sein, dass diese Beschreibung der Frauen von Auschwitz nicht auf die vielen tausend zuzutreffen schien, die im August/September 1944 von Auschwitz nach Ravensbrück (oder nach Frankfurt/Walldorf bzw. Krupp-Neukölln) geschickt wurden, sondern auf diejenigen, die am 3. November und im Dezember 1944 ankamen, und noch mehr auf die, die von Januar bis Ende Februar 1945 mit dem *Auschwitz-Todesmarsch* ankamen. Das beschriebene aggressive, egoistische und sogar irrationale Verhalten war jedoch möglicherweise nicht das Ergebnis der furchtbaren Erlebnisse in Auschwitz, sondern auf den extremen Hunger, Durst, die Kälte, Überfüllung, Beinahe-Erstickung und den Schlafmangel, denen sie auf dem Weg nach Ravensbrück und unmittelbar nach ihrer Ankunft dort ausgesetzt waren, zurückzuführen. Es ist wichtig, dass Seren Tuvel Bernstein ein ähnliches Verhalten bei ungarischen Frauen auf dem Weg von der österreichischen Grenze nach Ravensbrück beschreibt, nachdem man ihnen fast zwei Wochen lang kein Wasser gegeben hatte. Sowohl Bernstein als auch Eva Langley-Dános beschreiben in ihren Erinnerungen die erschreckenden Wirkungen, die extremer Platzmangel in einem abgeschlossenen Raum und der Mangel an Sauerstoff, Wasser und Nahrung auf die Frauen hatten, die nach Burgau transportiert wurden und die nie in Auschwitz gewesen waren.

Wie sahen die jüdischen Zugänge aus Auschwitz sich selbst? Die US-Überlebende Rosa Katz (Name während des Krieges: Goldberg) – eine von denen, die nach Krupp-Neukölln geschickt wurden, berichtet, dass sie nach der Ankunft dort lange unter der heißen Dusche stand, „um den furchtbaren Geruch von Auschwitz loszuwerden".[11] Erna de Vries (Korn), die mit dem ersten Transport im September 1943 aus Auschwitz ankam, berichtet von ihrem Treffen mit einer älteren Bekannten aus Auschwitz, die sie veranlasste, sich zusammenzureißen. Mehrere später aus Auschwitz Angekommene erwähnen einen Moment, in dem sie sich entscheiden mussten, „menschlich zu bleiben". Lidia Vago (Rosenfeld) war sogar der Meinung, dass der körperliche Zustand der „Alten", d.h. derjenigen, die schon einige Zeit in Ravensbrück gewesen waren, bevor sie selbst mit dem Todesmarsch aus Auschwitz ankam, viel schlechter war.

Offensichtlich verursachte die Tatsache, in Auschwitz gewesen zu sein, trotz all der Schrecken von Ravensbrück, eine zusätzliche und besondere psychische Belastung. Wie Lidia Vago es in ihrem Gedicht „Auschwitz" so prägnant ausdrückte:

> Sie trieben mich hinaus,
> als es aufhörte zu sein.
> Aber wer wird es
> aus mir heraustreiben?
> Es ist noch da. – Nur der Tod
> wird mein Exorzist sein.[12]

Mischlings-Frauen UND *-Mädchen* IN RAVENSBRÜCK

Welche Rolle spielte Ravensbrück bei der Inhaftierung und Vernichtung von Frauen und Mädchen, die Juden-Mischlinge waren? Unter den uns bekannten jüdischen Zugängen der ersten Periode waren nur 16 sogenannte „Jüdinnen ersten Grades," „Halb-Jüdinnen" oder „Juden-Mischlinge." Während der zweiten Periode waren es 15, während der dritten 138, in der vierten 36 und in der fünften 28 – insgesamt 233.

Die Anweisungen der Nazis für den Umgang mit den sogenannten Juden-Mischlingen waren unklar und änderten sich mehrere Male. Die Deportation von Mischlingen aus Deutschland nach Auschwitz begann etwas später als die von

„reinrassigen“ Jüdinnen. Als also die jüdische Mutter von Erna Korn (spätere Erna de Vries) in Westdeutschland im Frühjahr 1943 verhaftet und nach Auschwitz deportiert wurde, wurde ihre halb-deutsche Tochter noch von diesem Haft- und Deportationsbefehl ausgenommen und gebeten, eine Erklärung zu unterschreiben, der zufolge es ihre eigene Entscheidung wäre, ihre Mutter zu begleiten. Im September 1942 jedoch – als Himmler die Anweisung erteilte, alle Konzentrationslager auf dem Boden des Deutschen Reiches „judenfrei“ zu machen, wurden im Oktober 1942 und Januar/Februar 1943 auch die Juden-Mischlinge unter den KZ-Häftlingen in die Deportationen nach Auschwitz einbezogen.[13]

Als kurz vor dem 16. September 1943 der Befehl erteilt wurde, die weiblichen jüdischen Mischlings-Häftlinge aus Auschwitz zurück nach Deutschland zu überstellen, waren die meisten der 84 nach Ravensbrück transportierten Mischlinge in den vorherigen Monaten in Auschwitz angekommen. Obwohl sie in der Mehrheit aus dem Deutschen Reich oder aus West- und Mitteleuropa stammten, kamen auch sieben von ihnen aus Polen und eine aus Litauen. Unter den 54 weiteren Mischlingen, die während der dritten Periode (vor August 1944) ankamen, waren aus dem Deutschen Reich einschließlich Österreich 34, sieben waren aus Polen, fünf aus der Tschechoslowakei, zwei aus Ungarn, zwei waren „staatenlos“, eine war aus Frankreich, eine aus Italien und eine war Russin. Der neue Befehl, alle weiblichen Mischlings-Frauen in Ravensbrück zu konzentrieren, scheint also vor allem, jedoch nicht ausschließlich, für die aus dem Deutschen Reich gegolten zu haben. Der Befehl, die Mischlings-Frauen von Auschwitz zurück nach Deutschland zu bringen, wurde nicht systematisch ausgeführt, wie die spätere Ankunft von 32 Mischlingen mit dem *Auschwitz-Todesmarsch* beweist.

Mit Juden verheiratete nicht-jüdische Häftlinge

Im Gegensatz zur Rassentheorie der Nazis waren mehrere Frauen, die weder Jüdinnen noch Mischlinge waren, jedoch mit Juden verheiratet waren, als Häftlinge in Ravensbrück – scheinbar aus keinem anderen Grund, als dass sie die Ehefrauen von Juden waren. Eine von ihnen war Lili de Rothschild (Ravensbrück-Häftlingsnummer 57914), eine französische Gefangene, die wegen ihres Namens besonderen Grausamkeiten ausgesetzt war.[14] Eine weitere war Lotte Silbermann, eine Deutsche, deren jüdischer Ehemann und jüdische Familie ermordet wurden, während sie in Ravensbrück als Häftling in der SS-Kantine arbeitete. Sie hatte eine Kameradin – Margarete Mader –, ebenfalls eine Deutsche, die mit einem Juden verheiratet war, die in Ravensbrück Selbstmord beging, nachdem sie die Nachricht erhalten hatte, dass ihr Mann im Konzentrationslager Flossenbürg gestorben war.[15]

Albert de Cocatrix, ein hochrangiger Vertreter des Internationalen Roten Kreuzes berichtet, dass er im Mai 1945 in Berlin eine in Lumpen gekleidete Frau getroffen habe, die 100 km von Ravensbrück gelaufen war. Sie erzählte ihm, das sie eine Österreicherin sei, die nur deshalb in das Lager geschickt worden war, weil ihr Ehemann Jude war.[16]

„Gerechte der Nationen“ in Ravensbrück

Unter den nicht-jüdischen Häftlingen von Ravensbrück gab es einige – wir wissen nicht, wie viele –, die nur deshalb oder vor allem deshalb verhaftet worden waren, weil sie Juden geholfen hatten. Uns sind die folgenden fünf deutschen Frauen bekannt:

Gertrud Luckner studierte Wirtschaft, interessierte sich aber schon zeitig für Sozialarbeit.[17] Von Geburt Protestantin konvertierte sie zum Katholizismus. Ab 1938 half sie Juden zu emigrieren. Im März 1943 wurde sie verhaftet und projüdischer Aktivitäten angeklagt. Bei ihrer Ankunft in Ravensbrück am 5. November 1943 wurde ihr die Ravensbrück-Häftlingsnummer 24648 zugewiesen. Sie blieb bis zum Ende des Lagers und ging mit auf den Evakuierungsmarsch. Nach dem Krieg gab sie den *Freiburger Rundbrief* heraus, eine bedeutende Zeitschrift, die sich der christlich-jüdischen Verständigung widmet. Im Jahr 1966 wurde ihr der israelische Titel „Gerechte der Nationen“ verliehen.

Dr. Hildegard Schaeder war Theologin.[18] Im Jahr 1935 wurde sie aktives Mitglied der Gemeinde von Pastor Martin Niemöller, die sich insbesondere um Juden und getaufte Juden kümmerte, sie versteckte und ihnen half zu emigrieren. Ab 1941 schickte sie Nahrungsmittel, Kleidung und Medikamente an deutsche Juden, die ins Ghetto Lublin deportiert worden waren. Sie wurde im September 1943 verhaftet und am 15. März 1944 in Ravensbrück eingekerkert und der Hilfeleistung für Juden angeklagt. Eine polnische katholische Gefangene rettete sie im letzten Moment vor der Vergasung. Ihre Memoiren *Ostern im KZ* wurden 1948 veröffentlicht.

Marie Luise Pleißner (1891–1983) war Mitglied der Gesellschaft der Freunde (Quaker).[19] In den 1930er Jahren unterrichtete sie heimlich jüdische Kinder, die nicht mehr zur Schule gehen konnten, und half, sie auf die Emigration vorzubereiten. Im Jahr 1939 sprach sie sich gegen die deutsche Invasion in Polen aus und wurde am 5. Oktober 1939 nach Ravensbrück geschickt (Ravensbrück-Häftlingsnummer 2228). Sie wurde im April 1940 entlassen. Nach dem Krieg ar-

Dr. Gertrud Luckner 1900–1995

Prof. Dr. Hildegard Schaeder 1902–1984

beitete sie als Oberschullehrerin in Chemnitz und als Mitglied des Stadtrates trat sie für die Restoration des jüdischen Friedhofs und die Errichtung eines Denkmals an der Stelle der zerstörten Synagoge ein.

Erna Lugebiel, geborene Voley (1898–1984), half und versteckte Juden ab 1933.[20] Sie wurde 1943 wegen „Begünstigung des Feindes" verhaftet und 1944 nach Ravensbrück geschickt.

Marie Luise Pleißner 1891–1983

Erna Lugebiel, geb. Voley 1898–1984

Maria Husemann (1892–1975) arbeitete für die katholische Organisation *Caritas*.[21] Von 1933 bis 1943 leistete sie aktive Hilfe für Juden, Halb-Juden und getaufte Juden, indem sie ihnen Papiere für die Emigration besorgte. Sie wurde im Dezember 1943 verhaftet und im August 1944 nach Ravensbrück geschickt (Ravensbrück-Häftlingsnummer 61542). Später wurde sie in das Flossenbürger Außenlager Graslitz geschickt. Während des Evakuierungsmarsches kümmerte

Corrie ten Boom 1892–1983

sie sich um kranke Jüdinnen. Bis zu ihrem Tod war sie aktiv in der *Gesellschaft für Christlich-Jüdische Zusammenarbeit*.

Es gab auch drei bekannte Niederländerinnen, die verhaftet wurden, weil sie Juden gerettet hatten.

Die Schwestern Corrie ten Boom (1892–1983) und Elisabeth (Betsie) ten Boom, deren Familie einer christlichen Sekte angehörte, die sich speziell um Juden kümmerte, halfen gemeinsam mit ihrer gesamten Familie in den Jahren 1942 bis 1944 Juden, indem sie acht Juden in ihrem Haus versteckten und sie so retteten.[22] Die Schwestern wurden am 28. April 1944 verhaftet, in das Lager Vught geschickt und kamen am 9. September 1944 in Ravensbrück an (die Ravensbrück-Häftlingsnummer von Corrie war 66730, die von Betsie 66729). Nachdem Betsie zu Anfang Dezember in Ravensbrück gestorben war, wurde Corrie am 28. Dezember 1944 aus dem Lager entlassen. Sie schrieb zwei Bücher: *The Hiding Place* (1972) und *Dennoch*.

Stennie Pratomo-Gret, geboren am 24. Januar 1920 in Schiedam, Niederlande, war von 1940 bis 1942 im Untergrund aktiv und half Juden bei der Flucht.[23] Nach ihrer Verhaftung im Januar 1943 wurde sie zuerst nach Vught geschickt und dann am 9. September 1944 nach Ravensbrück, wo sie bei Siemens arbeitete. Im April 1945 wurde sie durch das schwedische Rote Kreuz nach Schweden evakuiert, kehrte in die Niederlande zurück und wurde Journalistin. Sie war in in den Niederlanden in der Frauen- und in der Friedensbewegung aktiv und war Vorsitzende des niederländischen Komitees der „Frauen von Ravensbrück“.

Jelisaweta Kusmina-Karawajewa, „Mat Maria“ (1891–1945), war eine weitere bemerkenswerte Christin, die Juden rettete.[24] Sie war die Tochter einer Familie der russischen Aristokratie aus St. Petersburg. Im Jahr 1932 ließ sie sich von ihrem Ehemann scheiden und wurde eine russisch-orthodoxe Nonne mit dem

Jelisaweta Kusmina-Karawajewa, auch „Mat Maria" genannt; 1891–1945.

Namen „Mat Maria". Ende der 1930er Jahre eröffnete sie in Paris ein Obdachlosenheim, eine Armenküche und ein Erholungsheim für Tuberkulosekranke. Sie brachte Nahrung zu den 13 000 französischen Juden, die man in Paris fünf Tage lang ohne Essen und Trinken warten ließ, bevor sie nach Auschwitz deportiert wurden. Mit Hilfe der Pariser Müllmänner gelang es ihr, 20 jüdische Kinder zu retten, indem sie in leeren Mülltonnen versteckt wurden und dann falsche Papiere erhielten. Nach ihrer Verhaftung kam sie am 23. April 1943 in Ravensbrück an und arbeitete im *Strickkommando*. Anfang 1945 wurde sie mit 260 anderen zusammen in das Lager Uckermark verlegt und Ende März vergast.

Laut Wanda Kiedrzyńska haben 44 polnische Franziskanernonnen und mindestens 20 Nonnen des Magdalenenordens Juden versteckt. Sie wurden alle im Sommer 1944 – während des Warschauer Aufstandes – von den deutschen Besatzungsbehörden verhaftet[25] und von Warschau nach Ravensbrück geschickt.

Anmerkungen

1 Germaine Tillion, *Frauenkonzentrationslager Ravensbrück*, mit einem Anhang „Die Massentötungen durch Gas in Ravensbrück" von Anise Postel-Vinay, Lüneburg, 1998, S. 398; Margarete Buber-Neumann, *Als Gefangene bei Stalin und Hitler*, München, 1949, S. 314; Wanda Kiedrzyńska, *Ravensbrück, kobiecy obóz koncentracyjny*, Warschau, 1961, S. 29.

2 Diese Schätzung beruht auf der Tatsache, dass jüdische Namen 21 % der Namen auf den vier erhalten gebliebenen Sterbelisten, von denen drei unvollkommenen sind, ausmachen.
3 Tillion, *Frauenkonzentrationslager Ravensbrück*, S. 398; Danuta Czech, *Kalendarium der Ereignisse im Konzentrationslager Auschwitz-Birkenau*, Reinbeck, 1989, S. 315.
4 Czech, *Kalendarium*, S. 306; Buber-Neumann, *Als Gefangene bei Stalin und Hitler*, S. 316–317.
5 *Auschwitz-Sterbebuch für 1942 und 1943*, München, 1995.
6 Erika Kounio Amariglio, *From Thessaloniki to Auschwitz and Back*, London, 1998, S. 115.
7 Siehe Kapitel 7, Anm. 10.
8 Dies war das Schicksal von Anne Frank und ihrer Schwester, die beide nach dem *Auschwitz-Todesmarsch* nach Bergen-Belsen kamen und dort starben.
9 Siehe Kapitel 8, Anm. 11.
10 Margarete Buber-Neumann, *Als Gefangene bei Stalin und Hitler*, S. 306–307.
11 Siehe Kapitel 8, Anm. 94 und 95.
12 Lidia Rosenfeld Vago, *One year in the Black Hole of our Planet Earth*, Petah-Tikva, Israel, 1995, (S. 119, unveröffentlicht), auf dem Titelblatt.
13 Von den vier Mischlingen der ersten Periode starb eine in Auschwitz und eine kehrte von dort zurück. Von den acht Mischlingen der zweiten Periode wurden sechs nach Auschwitz geschickt und zwei kehrten zurück.
14 Informationen von Anise Postel-Vinay.
15 Lotte Silbermann, „In der SS-Kantine in Ravensbrück“, in: *... und dennoch blühten Blumen – Dokumente, Berichte, Gedichte und Zeichnungen vom Lageralltag 1939–1945*, Helga Schwarz und Gerda Szepansky (Hrsg.), Potsdam, 2000, S. 52–55. IfGA, ZPA, St 62/2/29.
16 S. Jacobeit u. S. Erpel (Hrsg.), *Ich grüße euch als freier Mensch*, Berlin, 1995, S. 85.
17 S. Jacobeit u. E. Brümann-Güdter (Hrsg.), *Ravensbrückerinnen*, Berlin, 1995, S. 123–126.
18 Sigrid Jacobeit und Elisabeth Brümann-Güdter (Hrsg.), *Christliche Frauen im Widerstehen gegen den Nationalsozialismus*, Mahn- und Gedenkstätte Ravensbrück, Berlin, 1998, S. 44.
19 Ebenda, S. 41–43.
20 *Frauen aus Ravensbrück*, Juli – August.
21 Jacobeit und Brümann-Güdter, *Christliche Frauen im Widerstehen*, S. 61–62.
22 Ebenda, S. 13–14.
23 Jacobeit und Brümann-Güdter, *Ravensbrückerinnen*, S. 146–151.
24 Jacobeit und Brümann-Güdter, *Christliche Frauen im Widerstehen*, S. 31–32.
25 Kiedrzyńska, *Ravensbrück*, S. 61.

X

Soziale Bindungen und moralisches Überleben

Warum war die gruppenweite soziale Organisation aller jüdischen Ravensbrück-Häftlinge so gering?

Welche Art sozialer Organisation konnten Häftlinge in einem Konzentrationslager aufbauen? Es muss daran erinnert werden, dass die SS die Absicht hatte, nicht nur die Entwicklung einer Basisorganisation der Häftlinge von Anfang an zu verhindern, sondern auch das Entstehen einfacher freundschaftlicher Bindungen unter ihnen. Sie sollten namenlose Nummern sein, beherrscht von der feindlichen Hierarchie der SS und dem von der SS angestellten und geschulten beziehungsweise SS-geleiteten Personal. Die Herrscher des Lagers konnten alle Häftlinge willkürlich in andere Baracken oder auf andere Arbeitsplätze verlegen, sie in ein anderes Lager, den Strafblock oder Bunker schicken, sie durch Prügel bestrafen oder sogar zur Tötung „selektieren".

Um diese Art von „Ruhe und Ordnung" durchzusetzen, nutzte die SS ein System der sogenannten „Häftlingsselbstverwaltung," in dem Häftlingen die Positionen der Stubenältesten, Blockältesten und Lagerläuferin zugewiesen wurden. In der Regel gehörten die Inhaber dieser Positionen – die Funktionshäftlinge – nicht der Gruppe an, die sie beaufsichtigen mussten. Die SS beabsichtigte, die Funktionshäftlinge mit dieser Macht und kleinen Vergünstigungen in Bezug auf Unterbringung und Kleidung zu bestechen und auch, indem man ihnen eine gewisse Bewegungsfreiheit innerhalb des Lagers gewährte, so dass sie SS-Vorgaben loyal erfüllen und sich nicht für die Interessen ihrer Schutzbefohlenen einsetzen würden. Wenn die SS-Lagerverwaltung feststellte, dass ein Funktionshäftling ihren Befehlen zuwiderhandelte, zog dies grausame Strafen nach sich. Ein weiteres System, mit dem die Häftlinge von Versuchen, sich zu organisieren, abgehalten werden sollten, war ein Netzwerk von Spitzeln.[1]

Trotzdem gab es mehrere Kategorien nicht-jüdischer Häftlinge mit gut entwickelten, dauerhaften und sehr wirksamen gruppenweiten Organisationen. Die deutschen politischen Häftlinge waren organisiert und ihre zum größten Teil kommunistische Führung setzte ihre Beschlüsse durch strikte Disziplin durch. Man ging dabei sogar soweit, dass Mitglieder der Gruppe, die Anweisungen ihrer Führung nicht befolgten, oder unbeliebte Häftlinge außerhalb der Gruppe, geächtet wurden.

Mit Hilfe dieser strikten Organisation gelang es der Gruppe der deutschen „Politischen" jedenfalls, für ihre Mitglieder etwas bessere Unterkunfts- und Ernährungsbedingungen zu sichern. Ausgehend von ihrer Einschätzung des relativen „Wertes" anderer Gruppen beschloss ihre Führung, in welcher Form und welchem Ausmaß die Mitglieder dieser anderen Gruppen unterstützt werden sollten. Es ist klar, dass sie kommunistische und linke Häftlinge anderer Nationalitäten sowie alle Häftlinge aus der Sowjetunion als natürliche Freunde und Verbündete betrachteten. Viele Mitglieder der Gruppe der deutschen „Politischen" waren viele Jahre lang gefangen gewesen und hatten deshalb Positionen relativer Macht errungen. Natürlich war es auch nützlich, keine Sprachprobleme bei der Kommunikation mit der Lagerverwaltung zu haben.

Während die strenge zentralisierte Disziplin, die die deutschen kommunistischen Häftlinge gewohnt waren, von dem in der Partei angewandten „demokratischen Zentralismus" herrührte, beruhte die Organisation innerhalb der Gruppe der Zeugen Jehovas (Bibelforscherinnen) auf der Fortsetzung der extrem disziplinierten Lebensweise ihrer religiösen Sekte. Diese Lebensweise verbot alle Kämpfe um knappe Lebensmittel, Diebstahl, Unsauberkeit oder die Vernachlässigung von Pflichten. Da sie sich jedoch selbst als die „Auserwählten" betrachteten und es für ihre heilige Pflicht hielten, das Martyrium einem (wenn auch rein formellen) Verrat der Sekte vorzuziehen, beschränkten sich ihre Kontakte zu den Mitgliedern anderer Gruppen auf missionarische Anstrengungen und führten dazu, dass das Leben schwer kranker Mitglieder, die durch Unterschreiben einer formellen Erklärung, dass sie aus der Sekte ausschieden, hätten gerettet werden können, geopfert wurde. Unterschiedliche Auslegungen ihrer heiligen Texte führten zu Spaltungen unter denen, die mehr oder weniger radikal verlangten, die Ausführung aller Arbeiten abzulehnen, die als Unterstützung des Krieges betrachtet werden könnten. Dies führte dazu, dass eine Gruppe ihrer „Radikalen" nach Auschwitz geschickt wurde, von dort zurückkehrte und hingerichtet wurde.

Die Gruppe der Kriegsgefangenen der Roten Armee beeindruckte durch ihre strikte militärische Disziplin und ihre strikte Weigerung, irgendwelche Arbeiten für die Lagerverwaltung auszuführen.[2]

Die vielleicht wirkungsvollste unter den Organisation der verschiedenen nationalen Gruppen war die der polnischen Häftlinge, die in zwei Büchern dokumentiert wurde.[3] Seit Beginn der Ankunft polnischer politischer Häftlinge im Jahr 1942 kam die Initiative für deren interne Organisation aus dem römisch-katholischen politischen Widerstand, dessen aktivster Kern die sieben Gruppen der katholischen Pfadfinderbewegung (Murów) und die Organisation der „Freunde der Pfadfinder" waren.[4] Ihre Stärke beruhte vor allem auf ihrer religiösen und patriotischen Ideologie und Praxis. Sie organisierten eine regelmäßige Bildungstätigkeit sowie Gebete und Gottesdienste. Während der späteren Phasen der Existenz des Lagers, als in größerer Zahl polnische Kämpfer aus dem linkssozialistischen/kommunistischen Widerstand im Lager ankamen, gelang es ihnen sogar, auch mit diesen gemeinsame Grundsätze zu formulieren.

Indem sie Zugang zu den wichtigsten Arbeitsplätzen erlangten, gelang es ihnen, genug Lebensmittel und Kleidung zu beschaffen, um viele der schwächsten Mitglieder ihrer Gruppe zu retten – darunter insbesondere die „Kaninchen", die polnischen politischen Häftlinge, an deren Beinen schreckliche „experimentelle" Operationen ausgeführt wurden. Sie richteten eine breite illegale Korrespondenz mit ihren Familien in Polen ein. Über polnische Kriegsgefangene, die in der Nähe der Arbeitsplätze einiger der polnischen Frauen untergebracht waren, stellten sie auch Verbindung zum Internationalen Roten Kreuz in der Schweiz her und es gelang ihnen sogar, die BBC über die „Selektion" einer großen Zahl alter und kranker Häftlinge und deren Deportation in die Vernichtungslager Majdanek und Auschwitz zu informieren.[5] Sie waren erfolgreich beim Verstecken von „Kaninchen", konnten jedoch nicht verhindern, dass über 160 ihrer Mitglieder, die während ihres Aufenthaltes in polnischen Gefängnissen zum Tode verurteilt worden waren, in Ravensbrück hingerichtet wurden.[6]

Eine äußerst erstaunliche Leistung der polnischen Organisation – von Ursula Wińska initiiert – war der Diebstahl von Kopien hunderter Zugangslisten aus der *Massar-Nähstube* (in der die Stoffwinkel und Häftlingsnummern hergestellt wurden). Diese Zugangslisten wurden in 70 kleine Pakete verpackt, damit die mit dem letzten Zug der *Bernadotte-Aktion* evakuierten polnischen Häftlinge sie versteckt unter ihrer Kleidung mitnehmen konnten. Die erklärte Absicht war, „die Welt wissen zu lassen, was geschehen ist."[7]

Diese gut durchorganisierte polnische Gruppe bestand fast ausschließlich aus Frauen und Mädchen, die wegen politischen Widerstands verhaftet worden waren und die ideologisch motiviert waren. Es gab jedoch auch tausende von polnischen Häftlingen im Lager, die als deportierte „Zivilistinnen" nach Ravensbrück gekommen waren, und viele, die in Deutschland als Fremdarbeiterinnen – entweder gezwungenermaßen oder freiwillig – gearbeitet hatten und denen die unterschiedlichsten Verbrechen als Verhaftungsgründe vorgeworfen wurden.

Die österreichischen, tschechischen, französischen und norwegischen Gruppen, denen zum größten Teil Frauen angehörten, die wegen Aktivitäten im Widerstand verhaftet worden waren, hatten ebenfalls gut entwickelte Gruppenorganisationen, die nicht so sehr von Kommunistinnen dominiert waren wie die der deutschen politischen Häftlinge.

War es für die jüdischen Ravensbrück-Häftlinge überhaupt möglich, eine Organisation zu entwickeln, der alle oder die meisten der zur einer bestimmten Zeit im Lager befindlichen jüdischen Häftlinge angehörten, oder wenigstens eine Organisation der größeren „nationalen" jüdischen Gruppen? Es ist offensichtlich, dass bei ihnen die Faktoren fehlten, die bei den oben genannten nichtjüdischen Gruppen die Grundlage der erfolgreichen Gruppenorganisationen bildeten. Sie hatten kein gemeinsames Heimatland, keine gemeinsame Nation, da sie aus 27 verschiedenen Ländern kamen. Selbst in den Ländern, in denen viele jüdische Einwohner sich für loyale und sogar patriotische Staatsbürger gehalten hatten, wie z.B. in Italien und Ungarn, hatte die politische Führung zuletzt mit den deutschen Siegern beim Zusammentreiben, bei der Verhaftung, der Deportation und Vernichtung der jüdischen Bevölkerung zusammengearbeitet.

Sowohl allen jüdischen Häftlingen als auch den Mitgliedern jeder der einzelnen „nationalen" jüdischen Gruppen fehlte nicht nur eine gemeinsame politische Ideologie, sondern sogar ein gemeinsamer religiöser Glaube, eine gemeinsame Art der Religionsausübung und eine gemeinsame Organisation. Die zionistische Ideologie und zionistische Jugendorganisationen hatten eine beträchtliche Minderheit beeinflusst. Eine große Gruppe der Häftlinge aus Łódź, eine Anzahl junger Frauen, erinnerte sich an ihre frühe Zugehörigkeit zu zionistischen Organisationen.

Was die Religion angeht, so stammten viele der Jüdinnen, die aus traditionellen jüdischen Familien kamen, aus Polen, der Slowakei, den ländlichen Gebieten Ungarns und den von Ungarn besetzten Gebieten Rumäniens sowie aus Belgien und den Niederlanden. Viele von ihnen waren in Großfamilien mit engen Beziehungen der Mitglieder untereinander zu Hause gewesen. Ihre Familien hielten sich noch an alle jüdischen Feiertage und Speisevorschriften und waren gegen Ehen mit Nicht-Juden. Sie akzeptierten ihr Jüdisch-Sein. Sowohl für die ungarische Gruppe, die in das Arbeitslager Frankfurt/Walldorf geschickt wurde, als auch für die polnische Gruppe, die Ende August 1944 aus Auschwitz in das Arbeitslager Krupp-Neukölln geschickt wurde, gibt es Belege, dass einige der Frauen sich an den korrekten Termin für Yom Kippur erinnerten und versuchten, an diesem Tag zu fasten. Diese gemeinsame traditionelle Religionsausübung einer Gruppe jüdischer Frauen und Mädchen aus unterschiedlichen Ländern war jedoch scheinbar keine ausreichende Grundlage für eine gemeinsame soziale Organisation. Dafür gab es zwei Gründe. Zum einen war die Kommunikation zwischen den Juden aus unterschiedlichen Ländern trotz des gemeinsamen traditionellen Hintergrunds oft schwierig. Zum anderen spielen jüdische Frauen bei religiösen

Zeremonien, Gottesdiensten und insbesondere im Studium traditionell eine viel weniger aktive Rolle als jüdische Männer.

Viele der besser gebildeten Frauen aus den Städten kamen aus mehr oder weniger „assimilierten" Familien.[8] Was alle oder die meisten der jüdischen Häftlinge über jüdische Kultur einschließlich jüdischer Religion, Geschichte, Literatur und Musik wussten, reichte offensichtlich nicht aus, um wesentliche Bindungen zwischen ihnen herzustellen. Bei einigen hatten aber die grausamen Erfahrungen, die sie über sich ergehen lassen mussten, die Folge, dass sie eine neue Art jüdischen Nationalstolzes oder -bewusstseins entwickelten. Eine israelische Überlebende, die als Kind in Ravensbrück gewesen war und mit ihrer Mutter zusammen in einen Block mit jugoslawischen nicht-jüdischen Frauen gekommen war, die alle wegen Aktivitäten im Widerstand verhaftet worden waren und ständige Sabotage verübten, weswegen der gesamte Block bestraft wurde, hatte ihre Mutter gefragt: „Warum tun sie das?" Ihre Mutter antwortete: „Weil sie ein Vaterland haben." Sie beschloss damals, das sie auch ein Vaterland haben wollte und dass sie dorthin gehen würde. Halina Nelken beschreibt in ihrem bemerkenswerten Tagebuch aus dem Ghetto Krakau und dem Konzentrationslager Plaszów, wie sie als 17-jährige, die in einer kultivierten und assimilierten Familie der oberen Mittelklasse aufgewachsen war, ein jüdisches Nationalbewusstsein entwickelt hatte. Nach einem Massaker im Ghetto schrieb sie:

> „Welche Worte können beschreiben, wie wir zur Schlachtbank getrieben wurden? Schlimmer als Vieh. Warum? Welche Schuld tragen wir? ... Ich weiß es natürlich – wir sind Juden. Mit dem Besen in der Hand richtete ich mich plötzlich auf, als ob das Leid meiner Nation mir Kraft und Stolz gegeben hätte. In diesem Moment erkannte ich, welch machtvolles Band gemeinsames Leid sein kann. Meine Nation! Meine jüdische Nation – nicht mehr nur meine polnische Nation – wie ich es bis dahin empfunden hatte." [9]

Vor allem fehlte der überwiegenden Mehrheit der jüdischen Häftlinge die Überzeugung, die alle verband, die wegen ihrer politischen und/oder religiösen Opposition gegen die Nazis verhaftet worden waren, nämlich dass ihr Leiden das Ergebnis ihrer zuvor ausgeführten wirksamen Aktionen gegen das Regime ihrer Kerkermeister war. Obwohl die SS während der ersten und zweiten Periode noch die vorgetäuschten Unterscheidungen zwischen den jüdischen Häftlingen durch unterschiedliche Haftgründe aufrecht erhielt, beruhten Verfolgung und Verhaftung fast aller von ihnen darauf, dass sie einer Gruppe angehörten, die in der Nazi-Ideologie als „minderwertige Rasse" definiert war – eine Gruppe, die mit Kriegsausbruch zum Feind des deutschen Volkes und von der Nazi-Führung kollektiv zum Tod verurteilt worden war.

Während aller fünf Perioden wurden die meisten jüdischen Häftlinge mit anderen jüdischen Häftlingen zusammen untergebracht, sie arbeiteten in separaten jüdischen Arbeitskommandos und kamen nur selten mit nichtjüdischen Häftlingen in Berührung; die SS missbilligte solche Kontakte und verbot sie sogar. Trotzdem gab es große Unterschiede von Periode zu Periode, was die Bedingungen, die eine interne Organisation der jüdischen Gruppe gestatteten oder behinderten, angeht.

Während der ersten Periode sprachen die jüdischen Häftlinge fast alle Deutsch und hatten in Deutschland oder Österreich gelebt, obwohl sie aus unterschiedlichen sozialen Schichten kamen und unterschiedlichen politischen Richtungen angehörten. Fast alle von ihnen wurden im Judenblock (Baracken 9 oder 11) untergebracht und in den Jahren 1940 und 1941 hatten sie eine jüdische Blockälteste. Während dieser Periode, als die allgemeinen Bedingungen für Unterkunft, Hygiene und Ernährung noch wesentlich besser waren als später, war das Leben innerhalb des Judenblocks trotz der Isolierung, der besonders schweren Arbeiten und besonderen Erniedrigung, der die jüdischen Häftlinge ausgesetzt waren, relativ geregelt und eine Zeit lang konnte eine regelmäßige kulturelle und Bildungstätigkeit stattfinden – organisiert von einer Reihe mutiger und gebildeter Frauen. Trotz der ständig drohenden Strafen und der Verfolgung durch die Lagerverwaltung gab es also während dieser Periode eine gewisse jüdische Häftlingsgesellschaft (wie in Kapitel 4 beschrieben im Abschnitt „Keine jüdischen ‚alten Ravensbrückerinnen'").

Während der zweiten Periode – nach dem Massenmord an fast allen jüdischen Häftlingen der ersten Periode in Bernburg zwischen Februar und April 1942 – war kaum zu erwarten, dass es den wenigen Überlebenden der ersten Periode gelingen würde, zusammen mit den mehreren hundert Neuzugängen vor der Massendeportation nach Auschwitz am 5. Oktober 1942 eine neue jüdische Lagergesellschaft aufzubauen.

Während der dritten Periode – der Periode der „speziellen Gruppen" – konnte bestenfalls eine Organisation innerhalb jeder einzelnen Gruppe erwartet werden.

Es wird von einem gewissen Grad sozialer Organisation innerhalb der Familiengruppen, die aus dem niederländischen Internierungslager Westerbork gekommen waren, berichtet; diese soziale Organisation reichte sogar aus, um in Ravensbrück Schulunterricht für die Kinder einzurichten.[10] Diese Familien waren offensichtlich schon einige Zeit in Westerbork zusammen gewesen. Es gibt auch Berichte von Kindergeburtstagsfeiern, dauerhaften engen Freundschaften, Spielen im Freien und der Beschaffung von Papier und Stiften für die Kinder.[11] Es gibt allerdings keine Belege für eine ähnliche soziale Organisation unter den Mitgliedern der belgischen Gruppe, von denen die meisten behaupteten, türkische Staatsbürger zu sein, Sepharden oder Teil-Sepharden waren und aus Brüssel sowie aus dem Internierungslager Malines gekommen waren.

Was die Mischlinge angeht, die alle zusammen aus Auschwitz gekommen waren und von denen die meisten aus dem Deutschen Reich stammten, gibt es keine

Belege dafür, dass sich innerhalb der gesamten Gruppe eine besondere Gruppensolidarität entwickelt hätte, obwohl sie ein ungewöhnliches Schicksal gemeinsam hatten. Allerdings gab es kleine Gruppen von Freundinnen. Die bemerkenswerte größere Gruppe von Freundinnen, die sich später in den Siemens-Werken bildete, beruhte nicht auf irgendwelchen besonderen Bindungen zwischen den verschiedenen Mitgliedern des Mischlings-Transportes, die dort arbeiteten und später auch dort lebten. Ihr gehörten andere jüdische und auch einige nicht-jüdische Kolleginnen an.[12] Schon in der dritten Periode waren im Judenblock (Block 27) Frauen aus vielen verschiedenen Ländern untergebracht, die jeweils die Sprachen der anderen nicht verstanden.[13]

Während der vierten und fünften Periode bestand kaum die Möglichkeit, dass die vielen tausend ungarischen und polnischen jüdischen Zugänge eine gemeinsame soziale Organisation aufbauen würden, die alle oder die meisten jüdischen Häftlinge einschloss, da ungefähr 30 % von ihnen nur kurze Zeit in Ravensbrück blieben – oft weniger als einen Monat –, bevor sie in acht oder mehr Außenlager transportiert wurden. Selbst die, die bis zum Ende der vierten Periode und bis zur fünften Periode in Ravensbrück blieben, hatten oft ernsthafte Kommunikationsprobleme.[14] Die meisten der als Ungarinnen oder Polinnen (die beiden größten „nationalen" Gruppen jüdischer Zugänge) klassifizierten Häftlinge hatten keine gemeinsame Sprache. Natürlich sprachen die meisten ungarischen Jüdinnen nicht Polnisch und die meisten polnischen Jüdinnen sprachen nicht Ungarisch, aber noch wichtiger ist, dass die meisten ungarischen Jüdinnen kein Jiddisch sprachen oder verstanden. Die meisten rumänischen Jüdinnen und viele französische und belgische Jüdinnen konnten auf Jiddisch miteinander kommunizieren und die deutschen Jüdinnen konnten es zumindest ein wenig verstehen. Für die polnischen Jüdinnen mit Oberschulbildung (und für diejenigen, die in polnischen Städten mit einem hohen Anteil Deutsch sprechender Bevölkerung lebten) war Deutsch eine weitere wichtige Sprache für die Kommunikation im Lager – nicht nur mit den deutschen Kerkermeistern, sondern auch mit vielen jüdischen und nicht-jüdischen Häftlingen. Eine Minderheit ungarischer und rumänischer Frauen und Mädchen hatte Deutsch in der Schule gelernt. Viele tschechische, slowakische und niederländische jüdische Häftlinge sprachen Deutsch und natürlich sprachen es alle deutschen und österreichischen jüdischen Häftlinge. Die Mehrheit der ungarischen, italienischen und griechischen jüdischen Häftlinge litt jedoch unter schwerwiegenden Kommunikationsproblemen. Die Tatsache, dass die meisten Angehörigen der zwei größten Gruppen jüdischer Ravensbrück-Häftlinge der vierten und fünften Periode – die aus Ungarn und Polen – sich nicht miteinander verständigen konnten, erwies sich als ernsthaftes Hindernis für die Entwicklung einer allgemeinen gruppenweiten jüdischen sozialen Organisation unter den jüdischen Häftlingen des Stammlagers Ravensbrück und auch seiner zwei größten Außenlager (Malchow und Neustadt-Glewe).

Gab es eine soziale Organisation innerhalb der verschiedenen größeren jüdischen Gruppen der vierten und fünften Periode? Ungefähr 37 % der mehr als 6 000 ungarischen Zugänge und 45 % der ca. 2 000 polnischen Zugänge des Jahres 1944 blieben nicht lange genug in Ravensbrück, um irgendeine gruppenweite Organisation dort entwickeln zu können. Sie wurden in mindestens acht unterschiedliche Außenlager „verkauft“. Wer waren die ungarischen Jüdinnen, die mindestens mehrere Monate in Ravensbrück blieben? Es waren nur wenige von denen, die im August und im September 1944 angekommen waren, jedoch ein beträchtlicher Teil derjenigen, die im November und Dezember mit den Direkt-Transporten aus Budapest angekommen waren, und der fast 1 700 Zugänge aus dem grausamen Arbeitslager Frankfurt/Walldorf. Sie alle litten unter den schrecklichen Unterkunfts- und sanitären Bedingungen und unter dem Hunger, zu dem die Neuzugänge Ende 1944 verurteilt waren. Wer gehörte den polnischen Gruppen an, die mindestens mehrere Monate in Ravensbrück blieben? Von den 500 Zugängen aus dem Ghetto Łódź war eine größere Gruppe Frauen nach Wittenberg geschickt worden und die Kinder wurden schließlich nach Königs Wusterhausen geschickt. Die Teilnehmer des Transports aus dem Ghetto Piotrków blieben bis März 1945 im Lager, dann wurden viele von ihnen nach Bergen-Belsen transportiert.

Viele der polnischen Zugänge der letzten beiden Transporte aus Auschwitz, die im November und Dezember 1944 ankamen, und des Transports aus Częstochowa, der zu Weihnachten 1944 ankam, wurden nach kurzer Zeit nach Malchow transportiert. Die Tatsache, dass viele Frauen, die mit diesen drei Transporten gekommen waren, schließlich von Malchow nach Schweden evakuiert wurden, lässt es möglich erscheinen, dass die Frauen dieser Gruppe polnischer Jüdinnen, die in Malchow vier Monate zusammen verbracht hatten, Gruppenbindungen entwickelt hatten.[15]

Es scheint, als hätte es unter den ungarischen Ravensbrück-Jüdinnen keine breitere soziale Organisation gegeben. In dem berüchtigten Zelt und später in den verfallenen Baracken, in denen sie untergebracht waren, lebten sie nicht als separate Gruppe, sondern zusammen mit anderen Gruppen, insbesondere mit polnischen Jüdinnen, und es gelang ihnen nicht, mit diesen zu kommunizieren und die gegenseitige Abneigung und Verdächtigung zu überwinden. Es gelang ihnen auch nicht, sich vor den extrem grausamen Block- und Stubenältesten zu schützen, die systematisch ihr Essen stahlen und sie an der Nutzung der Waschgelegenheiten und sanitären Einrichtungen des Blocks hinderten. Obwohl es scheint, als hätten kleine Gruppen eine wichtige Rolle unter den Ungarinnen gespielt, erfahren wir wenig über breitere Gruppenaktivitäten. Seren Tuvel Bernstein berichtet, dass sie größeren Gruppen von ihrer Kindheit und ihrer auf dem Land lebenden traditionellen jüdischen Familie erzählte – Geschichten, die ungewollt dazu tendierten, mit Beschreibungen des herrlichen Essens, das zu Feiertagen und Festen gegessen wurde, zu enden.

Überraschenderweise zerbrachen sogar die Bindungen innerhalb der großen Gruppe derjenigen (aus vielen verschiedenen Ländern Kommenden), die als Überlebende des *Auschwitz-Todesmarschs* ankamen, von denen viele gemeinsam hatten, dass sie in den Union-Werken in Auschwitz gelebt und gearbeitet hatten – wozu bei einigen sogar die Tätigkeit im Untergrund gehörte.[16] Obwohl mindestens 81 der Union-Arbeiterinnen nach Neustadt-Glewe verschickt wurden und dort extremem Hunger und Epidemien ausgesetzt waren, reichte diese gemeinsame Geschichte nicht aus, um dort eine größere Gruppe entstehen zu lassen. (Nach dem Krieg gründeten die Überlebenden der Union-Werke eine weltweite Organisation).

Obwohl die jüdischen Häftlinge der vierten und fünften Periode keine große und kaum eine mittelgroße soziale Organisation hatten, gab es einen Zusammenhalt zwischen denen, die aus demselben Land stammten, und insbesondere zwischen den Häftlingen, die aus derselben Stadt kamen, wie zum Beispiel aus Łódź, Piotrków, Krakau, Budapest oder Wien. Dieser Zusammenhalt gestattete Aktivitäten wie die Beschreibung von Buchinhalten, die Rezitation von Gedichten, das Singen von Liedern und das Zuhören bei einer der überraschend vielen Künstlerinnen im Lager. In der größeren Gruppe von Frauen und Mädchen aus Polen und der Ukraine, die in Malchow hungerten, lautete der übliche Morgengruß: „Was kochst Du heute?“ Während einige Pierogi oder Knishes beschrieben, wussten alle, dass zwei von ihnen koscher hielten und hörten ihren Rezepten für Hühnersuppe mit Nudeln zu.[17]

Um zusammenzufassen: Wir haben gesehen, dass es für die Bildung von breiteren Gruppenbindungen und Aktivitäten unter den jüdischen Häftlingen von Ravensbrück während der vierten und fünften Periode drei wesentliche Hindernisse gab: die aus den ständigen Transporten in Arbeitslager herrührende Instabilität, die entsetzlichen Bedingungen, die zu Apathie und extrem hohen Sterblichkeitsraten führten und die Spannungen, die vor allem auf fehlende Kommunikationsmöglichkeiten zurückzuführen waren.

Trotzdem gab es seltene Momente, in denen die Feindseligkeiten und Spannungen zwischen den verschiedenen jüdischen Gruppen überwunden wurden, und Momente, in denen jemand Führungskraft und Initiative zeigte. Beispiele sind die heldenhafte Führungskraft, die Franka während des Transports nach Burgau mit ihrer Ansprache und ihrem Singen bewies,[18] und die Geschichte von Irmgard Judith Berger (jetzt Becker), die berichtet, dass ihre Mutter (Pepi Berger) in Malchow verhinderte, dass an Typhus sterbende Patientinnen aus dem Block geworfen wurden, indem sie ihre Block-Kameradinnen davon überzeugte, dass sie als Jüdinnen verpflichtet wären, sich um die Sterbenden zu kümmern.[19]

Eine größere Gruppenorganisation, die während der vierten und fünften Periode eine Ausnahme bildete, war die der fast 500 Frauen und Mädchen, die aus Auschwitz in das kleine hauptsächlich Jüdinnen umfassende Arbeitslager Krupp-Neukölln transportiert worden waren (beschrieben in Kapitel 8, Abschnitt „Krupp-Neukölln: Eine Ausnahme unter den Arbeitslagern“). Ihre Gruppenorganisation bestand auch während der kurzen Zeit, die sie in Ravensbrück waren, weiter, sorgte dafür, dass sie als Gruppe nach Schweden evakuiert wurden und bestand auch dort weiter.

Was die problematische Rolle der von den Nazis eingesetzten Funktionshäftlinge angeht, so waren diese in Ravensbrück zum größten Teil nicht-jüdisch und verhinderten aktiv die Entstehung von Solidarität unter den jüdischen Häftlingen. Die positive Rolle der jüdischen Blockältesten Olga Benario während der ersten Periode wurde schon beschrieben. Während im Stammlager scheinbar keine weiteren jüdischen Funktionshäftlinge eingesetzt wurden, gab es 1944 in den meisten Außenlagern jüdische Blockälteste und sogar eine Lagerälteste. Laut einer im September 1945 in Ungarn gemachten Aussage war 1944 im Außenlager Schönholz eine ungarische Jüdin als Lagerälteste eingesetzt, die ihre jüdischen Mitgefangenen schlecht behandelte.[20] Mehrere Überlebende des *Auschwitz-Todesmarschs* erwähnen Frauen aus der „Elite von Auschwitz“, die nach ihrer Einsetzung schlecht zu den anderen waren, sie erwähnen aber auch mehrere sehr anständige und einfallsreiche jüdische Blockälteste und Lagerläuferinnen in Arbeitslagern, die die Entstehung positiver Bindungen zwischen den Häftlingen nicht nur nicht behinderten, sondern sogar förderten.[21] Eine Ausnahme war Hasag-Leipzig, ein Außenlager von Buchenwald, wo die Jüdinnen ein Drittel der Häftlingsbevölkerung darstellten. Sie hatten im Gegensatz zu den polnischen Häflingen keine Funktionen im Lager inne. Diese Situation musste zum Entstehen von Feindseligkeiten führen.[22]

Die wichtige Rolle von Bindungen innerhalb von Kleingruppen oder „Lagerfamilien“

Eine besondere Form der sozialen Organisation spielte eine lebenswichtige Rolle im Leben der in Ravensbrück gefangenen jüdischen Frauen – ich bezeichne sie hier als „Kleingruppen“ oder „Lagerfamilien“. Diese Bindungen unterschieden sich von denen, die zwischen Müttern und deren Kindern, die jünger als 13 Jahre waren, bestanden. Als Familientransporte bezeichne ich diejenigen, zu denen kleine Kinder mit ihren Müttern oder mit Ersatzmüttern (insbesondere Tanten) gehörten. Während der dritten Periode (Ende 1943 und Anfang 1944) kamen häufig solche Familien-Transporte, insbesondere aus den Niederlanden und Belgien, aber auch aus Deutschland.

In der vierten und fünften Periode stellten sie in der Flut der vielen tausend Zugänge, die im August 1944 begann, nur einen relativ kleinen Anteil aller Zugänge dar. Einer dieser Transporte kam aus Frankreich und mehrere kamen aus der Slowakei und Italien[23], drei kamen aus Polen – dies waren die Direkt-Transporte aus polnischen Ghettos.[24] Obwohl die Betreuung von Kindern durch ihre Mütter unter den Bedingungen im Konzentrationslager extrem schwierig war, wurde sie von allen als für Mütter natürlich betrachtet. Diese Betreuung war im wahrsten Sinne heldenhaft und trug dazu bei, dass das Leben der meisten Kinder gerettet wurde. Lilly Rozenberg formulierte: „Dank Mama blieben wir am Leben. Für uns war sie das ganze Universum – wir verließen uns völlig auf sie. Und das war stärker als alles andere und gab auch ihr viel Kraft. Die Kraft uns zu retten! Sie hielt alles aus für uns – den Nahrungsmangel, die Schläge. Wir waren drei Kinder! Ihre Leiden wurden verdreifacht."[25]

Wie im vorhergehenden Abschnitt beschrieben, gab es während der vierten und fünften Periode mit Ausnahme der Krupp-Neukölln-Gruppe keine große jüdische gesellschaftlich organisierte Gruppe in Ravensbrück. Überlebende der vierten und fünften Periode erwähnen nur eine mittelgroße Gruppe und auch, dass sie für einen bestimmten Zweck existierte. Das *Begräbniskommando*, organisiert von Rena Kornreich in Neustadt-Glewe (beschrieben in Kapitel 8, Abschnitt „Neustadt-Glewe"). Ihm gehörten zehn Mädchen an, die sich auf ihre Initiative und Bitte hin jeden Tag freiwillig bereit erklärten, die Leichen, die neben dem Revier lagen, mit einem Karren, auf dem sich ein Kasten befand, zu einem Beisetzungsort zu transportieren – zuerst zum Friedhof von Neustadt-Glewe und später in den Wald.[26]

Mein Ziel besteht hier nicht darin, andere Mutter-und-Kind-Gruppen[27] zu beschreiben, und ich möchte hier auch nicht die wenigen größeren jüdischen sozialen Organisationen beschreiben, die während der sechsjährigen Existenz von Ravensbrück existierten, sondern mir geht es um die besondere Form der Kleingruppe, die manchmal als „Lagerfamilie" bezeichnet wird.

Ab August 1944 waren die vielen tausend, die von Auschwitz nach Ravensbrück transportiert wurden, und auch diejenigen, die mit den Direkt-Transporten kamen, die von Budapest zur österreichischen Grenze gelaufen waren, alle im arbeitsfähigen Alter und unter ihnen fanden sich kaum Mädchen, die jünger als 15, oder Frauen, die älter als 50 Jahre waren. Ab August 1944 bis zum Ende des Lagers in den ersten Maitagen des Jahres 1945 kamen viele Mütter mit ihren Töchtern, die entweder Teenager oder etwas älter waren. Oft kamen sie mit mehreren Schwestern und Cousinen aus der selben Stadt, demselben kleinen Ort oder Ghetto. Viele junge Frauen waren Arbeitskolleginnen oder Schulkameradinnen gewesen. Frauen im mittleren Alter übernahmen die Rolle von Ersatzmüttern für die Töchter ihrer Nachbarn. Dies war die Grundlage für kleine echte Familien oder Ersatzfamilien umfassende Gruppen, denen in der Regel nicht mehr als vier Personen angehörten.

Gelegentlich bildete eine größere Gruppe von Schwestern – zum Beispiel die sechs Schreiber-Schwestern (aus dem Transport von Frankfurt/Walldorf) und die sechs Stern-Schwestern (aus dem Transport von Krupp-Neukölln) – solch eine Familiengruppe.

Am häufigsten waren die Gruppen, die aus zwei Schwestern, zwei besten Freundinnen oder einer Mutter mit ein oder zwei Töchtern bestanden.[28] Für Frauen, die nur eine Schwester oder Freundin hatten, konnte sich die Trennung von diesen als tödlich erweisen. Kato Gyulai, die zusammen mit ihrer jüngeren Schwester Evi aus Budapest deportiert wurde, wurde von dieser getrennt, als Kato für die Arbeit in Spandau „selektiert" wurde. Dass sie nicht in der Lage war, diese Trennung zu verhindern und ihre Schwester wiederzusehen, war für sie persönlich das tragischste Ereignis des Holocaust.[29] Lidia Vago (Rosenfeld) beschreibt, wie wahnsinnig sie sich bemühte, um nicht von ihrer Schwester Aniko (die wegen eines Verbandwechsels an ihrer kurz zuvor operierten Hand nicht anwesend war) getrennt zu werden. Es war beim Appell für den Transport von Ravensbrück nach Neustadt-Glewe. Lidia versuchte in einer Fünferreihe einen Platz für ihre Schwester freizuhalten. Sie schreibt: „Es war keine einfache Aufgabe, wenn man sich überlegt, dass auf sich allein gestellte Frauen in den Lagern eine Seltenheit waren, denn allein zu sein bedeutete fast sicher den Tod. Alle ohne eine enge Verwandte oder eine gute Freundin brauchten eine Lagerschwester; die jüngeren Mädchen, deren Mütter vergast worden waren, wurde von reifen Frauen adoptiert."[30] Seren Tuvel Bernstein beschrieb die Gefahr der Trennung wie folgt: „Ein lauter Schrei ertönte, ein Stöhnen, das aus der Tiefe der Verzweiflung emporquoll. Jedes Paar wurde zweigeteilt und jede der allein zurückbleibenden Frauen war weniger als die Hälfte dessen, was sie im Paar gewesen war. Eine Schwester, eine Cousine oder eine Freundin im Lager dabeizuhaben war manchmal das Einzige, das einem die Kraft gab, weiterzumachen, die Eine lebte allein für die Andere."[31] Vera Dotan (Name während des Krieges: Gellert) – das 13-jährige Mädchen aus dem Frankfurt/Walldorf-Transport – beschreibt die hektischen und wunderbarerweise erfolgreichen Anstrengungen, die sie unternahm, um nicht von ihrer Mutter, die nach Siemens überwiesen worden war, getrennt zu werden.[32] Selbst Silvia Grohs, die Schauspielerin und Sängerin, die eine Begabung dafür hatte, Freundinnen zu finden, brauchte die Freundschaft einer älteren Frau – einer „Lagermutter".[33] Das war Gemma Glück, die ungarische jüdische Zwillingsschwester von Fiorello La-

Erika Myriam Kounio Amariglio, geboren im März 1926 in Thessaloniki. Autobiographie: *From Thessaloniki to Auschwitz and Back: Memories of a Survivor from Thessaloniki*, The Library of Holocaust Testimonies, London, Vallentine Mitchell, 2000.

Guardia, der damals Bürgermeister von New York war.[34] Eine Überlebende – die damals 16 Jahre alte slowakisch-ungarische Jüdin Rosi Mauskopf – war völlig allein, ohne Verwandte oder Freundin. Sie schrieb den folgenden schrecklichen Satz: „Im Block herrschte Chaos. Sie stritten um eine Scheibe Brot. In dieser Hölle konnten sie nicht menschlich bleiben. Ich erlebte weder Freundschaft noch Solidarität."[35]

In mehreren Memoiren wird berichtet, dass alleinstehende Mädchen von einer aus Mutter und Tochter bestehenden „Kleingruppe" adoptiert wurden. Erika Kounio Amariglio beschreibt, wie ihre Mutter drei griechische Mädchen zu Beginn des *Auschwitz-Todesmarschs* „adoptierte". So entstand eine Lagerfamilie mit fünf Personen, die während des *Todesmarschs*, der Monate in Malchow und des Evakuierungsmarsches von Malchow bis zur Ankunft in der amerikanischen Besatzungszone erhalten blieb.[36]

Ersatzfamiliengruppen bildeten sich auch auf der Grundlage eines gemeinsamen ungewöhnlichen Hintergrundes, wie zum Beispiel die Gruppe von Eva Langley-Dános, die aus vier getauften Jüdinnen aus Budapest bestand. Lidia Vago beschrieb auch, wie sie – nachdem sie eine Zeit lang als aus zwei Schwestern bestehende Gruppe existiert hatten – in Neustadt-Glewe zwei Frauen trafen, die sie aus den Union-Werken in Auschwitz kannten, und mit ihnen eine Vierergruppe bildeten. Etwas später trafen sie eine andere Vierergruppe, mit der sie sich gut verstanden, und erzählten sich regelmäßig Geschichten und betäubten das nagende Hungergefühl dadurch, dass sie ungewöhnliche Kochrezepte austauschten. Halina Nelken beschreibt, wie ihre Sechsergruppe – alle aus Krakau – sich in Malchow mit vier Nachbarinnen zusammentat, um einen Laib altbackenen Brotes

Lidia Vago, geb. Rosenfeld, geb. 1924 in Rumänien. Unveröffentlichte Memoiren: *One Year in the Black Hole of Our Planet Earth: A Personal Narrative*. Veröffentlichte Abschnitte: „One Year in the Black Hole of Our Planet Earth: A Personal Narrative“, in: D. Ofer u. L. J. Weitzman, (Hrsg.), *Women in the Holocaust*, New Haven, Yale University Press, 1998, S. 273–284; und „Neustadt-Glewe“, in: K. H. Schütt (Hrsg.), *Ein Vergessenes Lager?*, Schkeuditz, 1997, S. 91–107.

zu zerschneiden, um ihn gerecht auf zehn Frauen aufzuteilen.[37] Gruppen dieser Größe spielten eine lebenswichtige Rolle beim „Organisieren“ eines Minimums an Nahrung und Kleidung, die getauscht wurden gegen andere Notwendigkeiten wie Medikamente; die Gruppenmitglieder schützten sich gegenseitig vor anderen – aggressiven – Häftlingen, unterstützten sich, wenn jemand von ihnen krank war, und verhinderten Selbstmorde.

Warum versuchten gut organisierte Gruppen in der Regel nicht, weitere Mitglieder aufzunehmen? Die Antwort von Seren Tuvel Bernstein war, dass es gefährlich war, sich mit mehr Personen anzufreunden, selbst wenn sie Gleichgesinnte zu sein schienen, da aufgrund der hohen Sterblichkeit immer die Gefahr bestand, sie zu verlieren.[38]

Natürlich tendierten die Kleingruppen dazu, sich aus stärkeren und schwächeren Mitgliedern zusammenzusetzen. In der Regel gab es eine stärkere Frau, deren Autorität akzeptiert wurde und die Verhaltensweisen, die sie für lebensgefährdend hielt, verbot. Seren Tuvel Bernstein beschreibt es wie folgt:

> „Ich fühlte mich völlig verantwortlich für diese drei jungen Mädchen – für mich waren sie alle meine Schwestern. Ich musste alles in meinen Kräften stehende tun, um uns am Leben zu halten. Das Überleben wurde davon abhängig, Regeln aufzustellen und sie strengstens einzuhalten. Ich war die Älteste – ich stellte die Regeln auf. Wir vertraten die alte europäische Denkweise: man hört auf die Ältesten, selbst wenn sie Narren sind.“[39]

Eine Grundregel war, dass Gruppenmitglieder bei der Einteilung für Arbeitsplätze oder der „Selektion“ für Außenlager zusammenbleiben sollten, auch wenn dies

Jutta Pelz-Bergt, geb. 1924 in Berlin, Autobiographie: *Die ersten Jahre nach dem Holocaust*, Berlin, Edition Hentrich, 1997.

sehr schwer war. Es war die Kombination von empfangenen Hilfeleistungen und dem Verantwortungsgefühl für das Wohlergehen anderer, die eine wesentliche Rolle beim Aufrechterhalten des Lebenswillens spielte, und auch dabei, so viele Gefahren wie möglich zu vermeiden.

Aber natürlich konnte auch die am besten organisierte Kleingruppe das Überleben nicht garantieren. Drei der vier Mitglieder der Gruppe von Eva Langley-Dános starben in dem verschlossenen Waggon des Todeszugs nach Burgau an Typhus und eines der vier Mitglieder der Gruppe von Seren Tuvel Bernstein starb in demselben Waggon.

Manchmal gelang es aber auch einer aus Schwestern, Cousinen oder Freundinnen bestehenden Kleingruppe, eines ihrer Mitglieder vor dem sicheren Tod zu retten. Klara Landau, spätere Bondy, überzeugte den SDG (SS-Sanitätsdienstgrad), den Namen ihrer Schwester von der Liste der schon für den Rücktransport aus dem Revier von Neustadt-Glewe nach Ravensbrück zur Vergasung „selektierten“ Häftlinge zu streichen.[40] Andererseits macht sich Lea Schwalb-Kirsch, die ebenfalls einer Kleingruppe aus Schwestern angehörte und nichts von der drohenden „Selektion“ aus dem Revier von Neustadt-Glewe wusste, immer noch Vorwürfe, weil sie ihre Schwester Blimi nur zwei Wochen vor der Befreiung nicht rettete.[41]

Interessanterweise erwähnen viele der Überlebenden in ihren Memoiren, dass sie zum Zeitpunkt der Befreiung oder kurz danach trotz ihrer körperlichen Schwäche genug Energie aufbrachten, um größere Gruppen aus Freunden oder Bekannten zu bilden – manchmal aus demselben oder manchmal sogar aus unterschiedlichen Lagern.[42] Diese Gruppen mit 7–20 Mitgliedern übernahmen die Aufgabe, die Flucht von Evakuierungsmärschen zu organisieren, zeitweilige Unterkünfte, Nahrung und Kleidung zu finden und – was am wichtigsten war – die Reise an die Orte zu organisieren, an die man reisen oder zurückkehren wollte. Solche Gruppen werden in den Memoiren mehrerer junger Neustadt-Glewe-Häftlinge – darunter auch Jutta Pelz-Bergt – beschrieben.[43]

Einzel- und Gruppenkontakte zwischen jüdischen und anderen Häftlingen

Die vielen Hindernisse bei Kontakten zwischen jüdischen und anderen Häftlingen wurden schon erwähnt. Die Wiener jüdische Überlebende Eva Einberger, die als 16- oder 17-jährige während der dritten Periode nach Ravensbrück kam, berichtet, dass die deutschen und österreichischen politischen Häftlinge in Block 1, die sehr wohl wussten, dass in Block 27 jüdische Wiener Häftlinge waren, nie auf eine von ihnen zukamen. Die einzige Kontaktaufnahme und Hilfe, an die sie sich erinnert, kam von der tschechischen Gefangenen Wanja aus Block 2, die mit ihr sprach und täglich ihren Teller mit Suppe füllte, die Eva dann mit zwei anderen Wienerinnen teilte.[44]

An den meisten Arbeitsstellen arbeiteten die Jüdinnen in separaten Gruppen. Die Siemens-Werke, wo zumindest während der letzten Periode Jüdinnen und andere Frauen zusammen arbeiteten, gemeinsam untergebracht waren und aktive Gruppen von Freundinnen bildeten, waren die Ausnahme.

In welchem Umfang gab es Hilfe und Solidarität zwischen Nicht-Jüdinnen und Jüdinnen? Sowohl die deutschen „Politischen“ (Kommunisten) als auch die polnische Organisation behaupten, sie hätten während der Zeit der Einsperrung und Verweigerung der Essenausgabe an die Jüdinnen im November 1939 Unterstützung für die Frauen im Judenblock organisiert.[45] Die „Politischen“ behaupten auch, sie hätten eine von besonderer Solidarität geprägte Beziehung (Patenschaft) zu den Häftlingen des Judenblocks gehabt. Ein weiteres Beispiel praktischer Hilfe ist, als Paula Lohagen – eine deutsche politische Gefangene – an einem Sonntag im Januar 1941 für frierende jüdische Häftlinge, die mit Essensentzug bestraft wurden, Hilfe organisierte.[46] Wir wissen von einer weiteren Unterstützungsaktion, die viel später stattfand, als im November/Dezember 1944 tausende jüdischer Zugänge in dem berüchtigten Zelt verhungerten und erfroren: Mehrere deutsche politische Häftlinge trugen zwei Kessel vom Abendessen in ihrem eigenen Block übrig gebliebene Rübensuppe in das Zelt, um sie dort an die Frauen zu verteilen.[47]

In mehreren mündlichen und schriftlichen Aussagen deutscher kommunistischer Überlebender finden wir die Geschichte der Weihnachtsfeier, die sie zu Weihnachten 1944 für alle Kinder im Lager organisierten und die sie für die bedeutendste Solidaritätsaktion ihrerseits hielten. Laut Schätzung von Charlotte Müller befanden sich zu dieser Zeit ca. 400 Kinder im Lager.[48] Unseren Berechnungen zufolge waren darunter 280 jüdische Kinder (bis zum Alter von 13 Jahren). Es ist bezeichnend, dass es bei aller Anstrengung und offensichtlich vorhandenem guten Willen keiner der Organisatorinnen einfiel, dass es jüdischen Kindern schwer fallen könnte, an einer Feier zu Ehren der Geburt von Jesus Christus teilzunehmen. Einige der überlebenden Kinder erinnern sich an die Feier und ihre Flucht von ihr, als ihnen jemand sagte, es wäre eine List der SS, um alle jüdischen Kinder zu töten. Charlotte Müller nahm an, dass die meisten der Kinder, die an der Weihnachtsfeier teilgenommen hatten, nach dem Transport nach Bergen-Belsen starben und die Feier sowie die kleinen Geschenke, die sie erhielten, als ein letztes positives Erlebnis in ihrem kurzen Leben betrachteten. Wir wissen, dass die meisten der nach Bergen-Belsen transportierten Kinder überlebten – sowie auch alle der türkischen jüdischen Kinder, die im Februar 1945 nach Schweden evakuiert wurden.

Über einen besonderen Fall humanitärer Hilfe durch die Organisation der polnischen Häftlinge für den jüdischen Familien-Transport aus den Niederlanden während der dritten Periode wurde von Überlebenden berichtet. Eines der Babys schrie unaufhörlich, so dass der Schlaf aller Häftlinge in dem Block gestört wurde. Die Führerin der polnischen Gruppe bot an, die Mutter und ihre Kinder im Block der „Kaninchen“, der sauber und wesentlich weniger überfüllt war, unterzubringen.[49] Viel später – im Februar 1945 –, als Massen Jüdinnen, die den *Auschwitz-Todesmarsch* überlebt hatten, in Neustadt-Glewe ankamen und mehrere Tage lang überhaupt kein Essen erhielten, teilten mehrere nichtjüdische polnische Häftlinge aus dem Flugzeugwerk ihre magere Mahlzeit mit ihnen.[50]

Wir wissen nicht, in welchem Ausmaß den nicht-jüdischen Häftlingen, besonders den gut organisierten unter ihnen wie den deutschen politischen Häftlingen und den polnischen Häftlingen, bewusst war, dass alle jüdischen Häftlinge der ersten Periode nach Bernburg in den Tod, und dass alle jüdischen Häftlinge der zweiten Periode später nach Auschwitz deportiert wurden. Bei der Untersuchung der Beziehungen zwischen den jüdischen und nichtjüdischen polnischen Häftlingen ist zu berücksichtigen, dass die meisten Polen nicht der Auffassung waren, dass die in Polen lebenden Juden ihrem geliebten Vaterland und überhaupt der polnischen Nation angehörten. Diese Situation wurde von Halina Nelken sehr gut beschrieben. Folgendermaßen erklärt sie ihre Erinnerungen an den ersten Kontakt mit nicht-jüdischen polnischen Häftlingen in Hasag-Leipzig:

„Einige polnische Mädchen diskutierten ein literarisches Programm, das zur Feier des Nationalfeiertages zum Anlass der Verfassung vom 3. Mai 1764 organisiert wurde. „Du weißt doch gar nichts darüber", sagte eine von ihnen. „Ach so?", sagte ich und rezitierte das Stück „Koncert Jankiela" aus *Pan Tadeusz* von Mickiewicz und sang das Lied, das in Polen jedes Kind auswendig konnte. „Möchten Sie bei unsrem Programm mitmachen, Fräulein?", (jetzt war es plötzlich „Fräulein"!) fragte die Blockälteste. „Wir organisieren das unter uns, inoffiziell, aber jedes Talent zählt!" Was für eine Veränderung! Plötzlich bin ich eine von ihnen, dachte ich mit bitterer Ironie."[51]

Viele polnische Häftlinge schlossen sich ihren deutschen Kerkermeistern darin an, die Jüdinnen als faul zu bezeichnen. Nach dem Krieg entschuldigte sich eine der polnischen Gefangenen, die in Hasag-Leipzig Halina Nelken als faule Jüdin bezeichnet hatte, als sie sie in Krakau traf, und erklärte, dass sie nie zuvor eine Jüdin persönlich kennen gelernt hätte.[52]

Es gibt mindestens zwei Aussagen über enge Freundschaften zwischen tschechischen und belgischen nicht-jüdischen und jüdischen Häftlingen in der zweiten Periode. Die erste ist von Herta Soswinski (Name während des Krieges: Herta Mehl), die in ihrem Interview beschreibt, welche Unterstützung ihr von ihren tschechischen Freundinnen geleistet wurde, indem ihr in Ravensbrück leichtere Arbeit unter Dach beschafft wurde, und die herzliche Verabschiedung, als sie am 5. Oktober 1942 nach Auschwitz deportiert wurde.[53] Die zweite ist das Gedicht *Die Jüdin* der belgischen nicht-jüdischen Felicie Mertens, das sie für ihre drei jüdischen Freundinnen Fanny (Fayga) Jaquemotte,[54] Rachelle und Regina aus Anlass von deren Deportation nach Auschwitz schrieb. In diesem Gedicht beschreibt sie das besonders grausame Los der jüdischen Häftlinge.[55]

Freundschaftliche Bande zwischen nicht-jüdischen und jüdischen Frauen aus der Tschechei scheinen häufiger gewesen zu sein. Es ist bezeichnend, dass Edita Kornfeld, die tschechische jüdische Blockälteste in Krupp-Neukölln, ihre Schwester und einige andere tschechische jüdische Häftlinge dieses Lagers beschlossen, Ravensbrück nicht mit den Fahrzeugen des schwedischen Roten Kreuzes zu verlassen, sondern auf die Möglichkeit zu warten, mit den Tschechinnen in die Tschechoslowakei zurückkehren zu können. Herta Soswinski berichtete in ihrem Interview auch, dass sie dank der Hilfe tschechischer nichtjüdischer Häftlinge, die ihr dort einen sichereren Arbeitsplatz beschafften, über zwei Jahre in Auschwitz überlebte.[56]

Ein Fall enger Freundschaft und systematischer Hilfe und Unterstützung zwischen einer Gruppe vor allem französischer nicht-jüdischer politischer Häftlinge und einer Gruppe von 16 französischen oder französischsprachigen jüdischen Häftlingen wurde von Eva Tichauer beschrieben. Ende Januar 1943 wurde eine Gruppe französischer weiblicher Häftlinge, die der *Résistance* angehört hatten, nach Auschwitz und nicht wie üblich nach Ravensbrück geschickt. Dort freun-

Judith H. Sherman, geb. Stern, geboren in Kurima, Tschechoslowakei, am 23. Dezember 1930. Autobiographie: *Say the Name: A Survivor's Tale in Prose and Poetry*, Albuquerque NM, University of New Mexico Press, 2005.

deten sie sich mit einer Gruppe Jüdinnen an, die alle Französisch sprachen. Die Überlebenden der französischen Gruppe „Politischer" wurde nach Ravensbrück verlegt. Als die Überlebenden der jüdischen Gruppe mit den Überlebenden des *Auschwitz-Todesmarschs* Ende Januar 1945 ankamen, gaben ihre französischen Freundinnen ihnen Essen und kamen ins Zelt, um sie zu wärmen, und bewahrten sie so vor dem Erfrieren. Diese Freundschaft beruhte nicht nur auf ihrer gemeinsamen Loyalität zu Frankreich und der gemeinsamen Erfahrung von Auschwitz, sondern auch auf gemeinsamen politischen Überzeugungen. Eva Tichauer beschreibt, wie sie in Auschwitz von Kommunistinnen überzeugt wurde und als Mitglied in die Partei aufgenommen wurde.

Zuletzt möchte ich noch einen Fall von individueller Hilfe und Schutz beschreiben. Die deutsche politische Gefangene Erika Buchmann war zu diesem Zeitpunkt Blockälteste des TB-Blocks im Revier. Sie kümmerte sich besonders um die 14-jährige slowakische Jüdin Judith Stern, warnte sie vor der drohenden „Selektion" und half ihr, aus dem Revier zu fliehen und sich ihrer Tante im Siemens-Werk anzuschließen. Diese alte deutsche Kommunistin war nicht dafür bekannt, dass sie Häftlinge respektierte, die nicht ihre politische Überzeugung teilten. Trotzdem erweckte in diesem Fall die jugendliche jüdische Gefangene offensichtlich mütterliche Gefühle in ihr, so dass sie von ihrem üblichen Verhalten abwich, um Judith das Leben zu retten. Etwa 60 Jahre später verlieh die jetzt ältere Frau Judith H. Sherman in ihren Memoiren ihrer tiefen Dankbarkeit für ihre Beschützerin Ausdruck.[57]

Erinnerungen an die Kerkermeister

So wie die übrigen Überlebenden des Holocaust erzählen auch die Frauen von Ravensbrück von der Grausamkeit und dem Sadismus der deutschen SS-Aufseher (Männer und Frauen) und auch einiger ihrer nicht-deutschen Helfer. Einige der Überlebenden berichten, dass sie sich über die Bombardierung deutscher Städte durch die Alliierten und das Leiden der deutschen Zivilbevölkerung freuten und die gesamte deutsche Bevölkerung als böse verurteilten. Überraschenderweise geben mehrere Autorinnen von Memoiren an, dass sie keine Schadenfreude empfanden, als sie zu Kriegsende die Flucht tausender verelendeter deutscher Zivilisten erlebten. Halina Nelken beschreibt, wie sie mit dem Problem der moralischen Berechtigung der Rache rang und erklärt:

> „Tausende Male hatten wir von Rache für all das überragende Böse, das die Deutschen verübt hatten, geträumt und ich war nicht in der Lage, irgendetwas zu rächen. Ich hatte plötzlich erkannt, dass keine Rache angemessen wäre – nicht einmal die Vergeltung von Leben um Leben. Ich konnte es nicht tun, ich konnte es nicht! Ich wollte nicht ihre Richterin sein. Lass sie leben mit ihrem schuldigen Gewissen – ich hatte genug von Blut, Leichen und Hass.“[58]

Es überrascht, dass so viele der jüdischen Ravensbrück-Überlebenden sehr wohl einen Unterschied machen zwischen extrem grausamem, sadistischem Verhalten und etwas weniger gewalttätigem Verhalten, sogar bei den Aufsehern.Viele der Überlebenden erwähnen, dass sie während der späteren Perioden, als es an SS-Aufsehern fehlte – insbesondere in den Arbeitslagern –, von älteren deutschen Wehrmachtssoldaten (scheinbar für den Dienst an der Front untauglichen Invaliden) bewacht wurden. In mehreren Memoiren erscheinen Geschichten von solchen Männern, die mit den hungernden Mädchen Mitleid hatten und ihnen heimlich etwas von ihrem Essen abgaben, mit der Erklärung, dass diese Männer zu Hause Töchter gehabt haben müssen.

Während die meisten Fremdarbeiter und Kriegsgefangenen, die in der Nachbarschaft der Lager untergebracht waren, sehr positiv beschrieben werden, werden in den Beschreibungen Unterschiede gemacht zwischen dem grausamen Verhalten einiger der deutschen Zivilarbeiter, insbesondere denen, die der Hitlerjugend angehörten, einerseits und dem einiger Meister und auch einiger einfacher deutscher Arbeiter andererseits, die scheinbar überhaupt keine Nazis zu sein schienen.

Während in den meisten Memoiren von der deutschen Zivilbevölkerung gesagt wird, dass sie wegsah oder sie sogar anspuckte, wenn sie durch die Straßen nahegelegener Kleinstädte zogen, gibt es auch Beschreibungen davon, dass zu Ostern 1945 Bauern aus der Nachbarschaft des Lagers Türkheim Kartoffeln über den Zaun warfen[59] und dass während des *Auschwitz-Todesmarschs* den Häftlingen Kartoffeln zugesteckt wurden. Während eines grausamen Evakuierungsmarsches aus einem Arbeitslager warfen einige Deutsche mit Steinen nach den Frauen, während andere ihnen Kartoffeln zuwarfen.

Dasselbe gilt für die Differenzierung zwischen grausamen und egoistischen Blockältesten und denen, die anständig waren. Während fast alle SS-Ärzte und Schwestern als Mörder beschrieben werden, wird in den Beschreibungen der Häftlingsärzte und Schwestern, deren Aufgabe extrem schwierig war, ebenfalls differenziert und jede Hilfe wurde als solche geschätzt und im Gedächtnis bewahrt.[60]

Was ist Heldentum? – Tagtägliches moralisches Verhalten

Wenn es um Heldentum in Konzentrationslagern, Arbeitslagern und Vernichtungslagern geht, stellt man es sich in der Regel als bewaffneten oder anderen gewaltsamen Widerstand vor. Es ist klar, dass bewaffneter Widerstand für die Jüdinnen in Ravensbrück nicht in Frage kam, denn sie waren im Lager eine kleine isolierte Minderheit und es fehlte ihnen jegliche größere, gruppenweite Organisation. Uns sind keine Fälle organisierter Sabotage durch jüdische Ravensbrück-Häftlinge in den Fabriken und Einrichtungen, die die deutsche Wehrmacht versorgten, bekannt. Die jüdischen Häftlinge wurden für langsame oder fehlerhafte Arbeit streng bestraft und wussten, dass jede Sabotage mit dem Tode bestraft würde. Drei jüdische Mädchen, die im Union-Werk in Auschwitz arbeiteten, denen vorgeworfen wurde, Schießpulver gestohlen zu haben und es den Männern gegeben zu haben, die geplant hätten, das Krematorium zu sprengen, wurden öffentlich gehängt.

Es sind mehrere kleinere organisierte Sabotage-Aktionen nicht-jüdischer Ravensbrück-Häftlinge bekannt. Drei der jüdischen Häftlinge, die sich mit vorgetäuschten nicht-jüdischen Identitäten im Lager aufhielten, erinnern sich an ihre aktive Teilnahme an diesen Aktionen.[61]

Da 44 % der Jüdinnen von Ravensbrück vorher in Auschwitz waren, hatten schon tausende schwere psychische Traumata erlitten. Gegen Ende der vierten Periode und während der fünften Periode war der Mangel an Nahrung, Unterkunft und Hygiene in Ravensbrück, Malchow und Neustadt-Glewe sogar noch schlimmer als in Auschwitz. Was kann man unter so schrecklichen Bedingungen als „moralisches“ oder sogar „heldenhaftes“ Verhalten betrachten? Viele Überlebende erwähnen, dass es einen Zeitpunkt gab, zu dem sie sich bewusst wurden, dass sie Gefahr liefen, ihr „menschliches Antlitz“ zu verlieren. Dies war in der Regel der Moment, in dem sie erkannten, dass ihr Aussehen, ihre Sauberkeit oder andere Menschen ihnen nicht mehr wichtig waren und dass sie apathisch wurden. Manchmal kam ihnen dies durch ein Zusammentreffen mit einer älteren Freundin zu Bewusstsein.

Es gibt auch die Geschichten von moralischen Skrupeln. Welche Verhaltensweisen sind in einem Lager erlaubt, die im normalen Leben unakzeptabel wären? Beispiele dafür sind Kato Gyulai, die sich ein zweites Mal nach einer Portion Suppe anstellte, ohne deshalb Schuldgefühle zu haben, und das Mädchen in Neustadt-Glewe, die aus einem deutschen Haus einen geblümten Vorhang mitnahm, um sich ein Sommerkleid zu nähen, und der dies keinerlei Gewissenbisse verursachte. Es gibt die bezeichnende Geschichte von Esther Kemeny, die eine Flasche Eau de Cologne, die sie nach der Befreiung mitnehmen wollte, der deutschen Eigentümerin in Neustadt-Glewe zurückgab und diese stattdessen um die Möglichkeit bat, ein heißes Bad nehmen zu können.[62]

Häufig wird auch der Missbilligung für Frauen Ausdruck gegeben, die sich um Essen stritten, durch ihren Streit das Essen vernichteten, sich gegenseitig verletzten – besonders, wenn sie Schwächere verletzten –, weil sie um Essen oder Platz kämpften, die die Brotration Mitgefangener oder lebenswichtige Dinge wie Schuhe, Suppenschüsseln oder Tassen stahlen. Man erinnert sich an Handlungen, die größere moralische Anstrengungen erforderten, wie zum Beispiel das Teilen knapper Essensrationen oder knappen Raumes, nicht nur mit einer Freundin oder einem Mitglied der Kleingruppe, sondern auch mit einer Fremden. Niza Ganor (Name während des Krieges: Anicka Frenkel) erzählt, wie sie kurz nach ihrer Ankunft in Ravensbrück mit dem *Auschwitz-Todesmarsch* ein junges Mädchen mit einem vor Schmutz schwarzen Gesicht neben einem Berg Leichen sitzen sah. Trotzdem glaubte sie, in ihr die blonde Schönheit Sela aus ihrer eigenen kleinen Heimatstadt bei Lwow (Lemberg) zu erkennen. Als Sela ihr sagte, dass sie seit Monaten keine Seife mehr gesehen hätte, gab ihr Anicka ein Stück des Eckchens Seife, das sie in einem kleinen Beutel hatte, den sie an einem Schnürsenkel um den Hals trug.[63] Andere Geschichten handeln davon, dass eine einfache Bekannte wertvollen Zucker verschenkte. Lidia Rosenfeld Vago erzählt zum Beispiel, dass ihr Würfelzucker gegeben wurde, als sie und ihre Schwester während des *Auschwitz-Todesmarsch* am Zusammenbrechen waren, und sie bemerkt dazu: „Dr. Boehms Geste höchster Menschlichkeit war wahrscheinlich eine einzigartige „Mitzvah“ gegenüber Fremden durch jemanden, der am *Todesmarsch* teilnahm.“[64]

Lotte S., die österreichisch-belgische jüdische Auschwitz- und Ravensbrück-Überlebende, liefert in ihren Kurzmemoiren die folgende Definition für Widerstand: „Eigentlich leisteten alle, die danach strebten zu überleben, Widerstand.

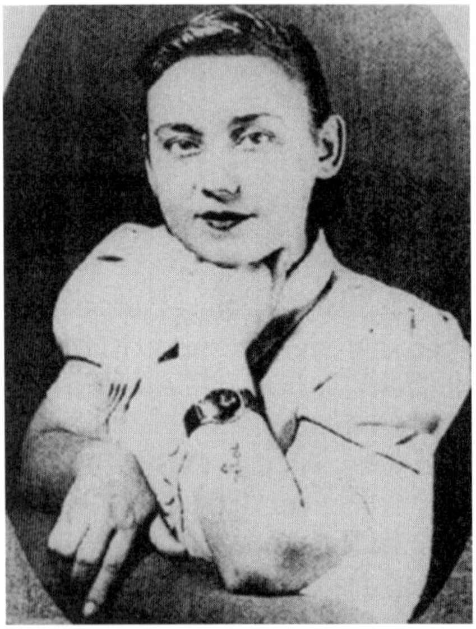

Nitza Ganor, geb. Anna Fränkel, 1925 in Lwow, Poland, jetzt Ukraine. Autobiographie (übersetzt aus dem Hebräischen): *Wer bist du, Anuschka? Die Überlebensgeschichte eines jüdischen Mädchens*, München, C. H. Beck, 1996.

Jeder Akt der Solidarität, jedes kleine Stückchen Brot, jedes freundliche und ermutigende Wort war Widerstand. Jeder Versuch, einem Stockschlag eines Aufsehers auszuweichen, war Widerstand. Aber Widerstand war auch, wenn jemand in den Tod ging mit erhobenem Haupt und Verachtung für seine Peiniger.'[65]

Es gab auch größere moralische Handlungen, die man als heldenhaft bezeichnen kann. Dazu gehörten die Bewahrung einer Mitgefangenen davor, dass sie an dem elektrisch geladenen Stacheldraht Selbstmord beging oder das Stützen beziehungsweise Mitnehmen einer Anderen während eines Appells oder Evakuierungsmarsches, obwohl man selbst beinahe zusammenbrach. Auch die engagierte Betreuung der Kinder durch ihre Mütter trotz der grauenhaften Bedingungen und die fast immer hoffnungslosen Versuche von Müttern, die im Lager Kinder zur Welt brachten, ihre Neugeborenen zu retten, verdienen ebenfalls die Bezeichnung „heldenhaft".

Geschlechtsspezifische Probleme

Bei diesem Forschungsprojekt geht es um eine große Gruppe von Frauen und Mädchen und eine kleinere Gruppe von Kindern beiderlei Geschlechts. Es gab zwar mehrere Konzentrationslager mit Frauenabteilungen, Ravensbrück war jedoch das einzige, das ausschließlich für Frauen eingerichtet wurde. Demzufolge ist anzunehmen und ich hatte darauf gehofft, dass meine Forschungsarbeit zu Schlussfolgerungen bezüglich des besonderen Schicksals und Verhaltens jüdischer Frauen während des Holocaust im Unterschied zum Schicksal und Verhalten jüdischer Männer führen würde.

Ich möchte zuerst die Einschränkungen darlegen. Ein Vergleich ist nicht möglich, da uns keine Gruppe jüdischer Männer bekannt ist, die dieser Gruppe jüdischer Frauen ähnlich ist in Bezug auf Herkunftsländer, Alterszusammensetzung, Bedingungen der Gefangennahme, Ghetto-Gefangenschaft, Deportationen und in Auschwitz oder ähnlichen Vernichtungslagern verbrachte Zeit sowie in Bezug auf Zeit, die in einem Konzentrationslager mit Bedingungen, die denen von Ravensbrück ähnelten, verbracht wurde. Es wäre eventuell möglich, kleinere Gruppen männlicher Überlebender des Holocaust zu finden, deren Schicksal und Wege denen bestimmter Gruppen von Ravensbrück-Häftlingen aller fünf Perioden ähnlich sind, und zu versuchen, das soziale und moralische Verhalten jüdischer Männer und Frauen während des Holocaust – auf Grundlage von Erinnerungen und Aussagen – zu vergleichen, es wäre jedoch eine schwierige und aufwändige Aufgabe.

Wir können aber versuchen, einen Vergleich von verschiedenen Gesichtspunkten aus anzustellen.

Wir beginnen mit den Ähnlichkeiten und Unterschieden in der Politik der deutschen Behörden und ihrer Verbündeten bezüglich der Verhaftung, Deportation und Misshandlung jüdischer Männer und Frauen in unterschiedlichen Ländern und Perioden und den Auswirkungen der Unterschiede in dieser Vorgehensweise auf die Erfahrungen und die Altersstruktur der Häftlingsbevölkerung beider Geschlechter.

Bis Ende 1938 verhafteten die Nazi-Behörden mehr jüdische Männer als Frauen und steckten sie in Konzentrationslager, besonders während der Verfolgungswelle im Zuge des November-Pogroms (1938). Trotzdem war bei der Volkszählung vom 17. Mai 1939 aufgrund der Tatsache, dass im Laufe von mehr als sechs Jahren der sehr schwierigen jüdischen Emigration aus Deutschland der Anteil jüdischer Frauen und Mädchen wesentlich geringer war als der Anteil jüdischer Männer und Jungen, der Anteil der als jüdisch registrierten Frauen an der Bevölkerung des Deutschen Reichs doppelt so hoch wie der Anteil der Männer. Demzufolge waren wesentlich mehr deutsche jüdische Frauen und Mädchen von den systematischen Deportationen in Konzentrationslager und der Einkerkerung dort (ein Prozess, der 1942 richtig in Gang kam) betroffen als Männer und Jungen.

In den speziellen Gruppen der niederländischen und belgischen Juden, die erfolgreich behauptet hatten, die ungarische, rumänische oder türkische Staatsbürgerschaft zu besitzen, wurden Männer und Frauen von den Nazis scheinbar ähnlich behandelt. Diese Juden wurden in Familien-Transporten aus den Niederlanden beziehungsweise Belgien verschickt – die Männer nach Buchenwald, Frauen und Kinder nach Ravensbrück, da alle Kinder ihre Mütter begleiteten. Mit Ausnahme dieses großen Unterschiedes nehme ich an, dass in diesen speziellen Gruppen die jüdischen Männer und Frauen ähnliche Verläufe der Gefangenschaft – zuerst in Internierungslagern, dann in den Konzentrationslagern Buchenwald und Ravensbrück, die auch Vernichtungslager wurden – hatten. Ich kann also versuchen, das, was über ihr Verhalten und Schicksal bekannt ist, zu vergleichen. Auf den ersten Blick scheint es keinen Unterschied zwischen der Sterberate der Mütter und der der Väter von kleinen Kindern in dieser Gruppe zu geben.

In der Slowakei wurden junge jüdische Männer zur Arbeit in militärische Einheiten gesteckt, während ledige junge Jüdinnen schon 1942 nach Auschwitz geschickt wurden. Im Jahr 1944 wurden Familien-Transporte aus der Slowakei nach Auschwitz geschickt und als Auschwitz sie nicht mehr annahm, wurden sie getrennt. Die Männer kamen nach Sachsenhausen und die Frauen und Kinder nach Ravensbrück. Die Ausnahme war ein Transport, dessen Männer und Jungen in das kleine Männerlager von Ravensbrück geschickt wurden.

In Ungarn wurden die jüdischen Männer ebenfalls zur Arbeit für das Militär herangezogen und junge Männer trugen Uniform. Als Ungarn Ende März 1944 seine „Unabhängigkeit“ verlor und im April die jüdischen Familien-Transporte aus den Provinzen (einschließlich der besetzten Gebiete in Rumänien und der Slowakei) begannen, ließ man die jüngeren Männer beim Militär.[66] Im November 1944, als es nicht mehr genügend Züge gab, um die Deportation der Budapester Juden, die am 9. Juli von Admiral Nicholas Horthy unterbrochen worden war, zu vollenden, „wurden 80 000 Personen – die meisten von ihnen Frauen im Alter von 16 bis 60 Jahren – zu Fuß zur deutschen Grenze getrieben“.[67] Wir kennen zwar die Namen von nur 3 086 ungarischen jüdischen Frauen und Mädchen, die im November und Dezember aus Budapest in Ravensbrück ankamen, aber Seren Tuvel Bernstein, die in ihren Memoiren das Schicksal dieser großen Deportation am genauesten beschreibt, behauptet, in ihrem Transport, der aus Budapest abmarschierte, wären es 10 000 gewesen und dass später, bevor sie und ihre Schwester für den Transport per Zug nach Burgau „selektiert“ wurden, nur noch 1 000 von ihnen in Ravensbrück übrig gewesen wären.[68] Es ist klar, dass die Bedingungen und Erfahrungen der ungarischen jüdischen Männer und Frauen im Holocaust sich unterscheiden.

Im Sommer und Herbst 1944 wurden viele tausend jüdische Frauen und Mädchen im arbeitsfähigen Alter aus Auschwitz nach Deutschland geschickt, um in der Kriegsindustrie zu arbeiten, wobei Ravensbrück als zentraler Sklavenmarkt fungierte. Die meisten dieser Jüdinnen kamen in Außenlager. Die größten „nationalen“ Gruppen waren die Ungarinnen und die Polinnen. Es ist schwer zu sagen, ob eine ähnliche Zahl jüdischer Männer von Auschwitz nach Deutschland transportiert wurde, um dort zu arbeiten, und ob die Bedingungen für die Männer ähnlich waren wie die für die Frauen in Ravensbrück. Während der letzten Wochen des Krieges verhungerten viele jüdische Männer oder starben an Epidemien in deutschen Lagern oder auf Evakuierungsmärschen aus den Lagern, während es anderen, denen es gelungen war, Arbeit bei deutschen Bauern zu bekommen (wobei sie in der Regel ihre jüdische Identität verheimlichten), weniger schlecht ging. Zu diesem Zeitpunkt brauchten die deutschen Bauern dringend Arbeitskräfte und gaben ihren Arbeitern Essen, selbst wenn sie sie verdächtigten, Juden zu sein. Die gefangenen Jüdinnen hatten nicht die Möglichkeit, für deutsche Bauern zu arbeiten. Halina Nelken und ihre beiden Freundinnen waren für kurze Zeit Ausnahmen. Sie flohen von dem schrecklichen Evakuierungsmarsch aus Hasag-Leipzig und arbeiteten für einen Bauern, wobei sie vorgaben, polnische Zivilarbeiterinnen zu sein.[69] In ähnlicher Weise gelang es Esther Weiss Grün und zwei ihrer Freundinnen, vom Evakuierungsmarsch aus Meuselwitz zu fliehen und Arbeit, Unterkunft und Essen bei deutschen Bauern zu finden, bis russische Soldaten kamen.[70]

Obwohl ein Vergleich des Bildungsstands und der beruflichen Positionen der jüdischen Frauen mit dem jüdischer Männer in den bedeutendsten Herkunftsländern der jüdischen Ravensbrück-Häftlinge eigentlich nicht möglich ist, können wir zumindest Spekulationen über die eventuellen Auswirkungen von Bildung und Berufserfahrung auf das Verhalten dieser Frauen im Vergleich zu dem jüdischer Männer mit ähnlichem Hintergrund anstellen. Wir haben folgende Informationen über die vorherige berufliche Position von fast 2900 Frauen – alle als Ungarinnen klassifiziert –, deren Namen auf Überstellungslisten erscheinen.

Auf der Zugangsliste des Budapester Transports vom 19. November 1944 hatten von den 270 nach Hasag-Leipzig geschickten Häftlingen 19,5 % im Haushalt gearbeitet und 47,5 % in traditionellen Frauenberufen wie Schneiderin; 23 % hatten in Berufen gearbeitet, die für Frauen ungewöhnlich waren (z.B. Fleischerin und Schuhmacherin), 9,5 % waren als Beamtin oder Fotografin tätig gewesen und es gab eine studierte Chemikerin.

Auf der Überstellungsliste nach Penig mit den Namen von 700 Ungarinnen, die dort am 17. Februar 1945 registriert wurden, waren 13 % Hausfrauen oder Haushaltsangestellte, 60 % hatten in traditionellen Frauenberufen (Schneiderin, Näherin, Weberin und Putzmacherin) gearbeitet, 12 % hatten Berufe ausgeübt, wie sie für Männer typisch waren (wie Automechanikerin und Fabrikarbeiterin), 11 % hatten in Berufen wie medizinische oder Zahnarzthelferin gearbeitet und 1 % hatten Hochschulberufe inne (wie z.B. Apothekerin, Ärztin und Chemikerin).

Diese Berufsstruktur scheint für die fast 2900 Frauen, die offiziell alle als ungarische Jüdinnen registriert waren, typisch gewesen zu sein. Die Schlussfolgerungen aus diesen Daten zu gender-spezifischen Unterschieden legen nahe, dass nur eine Minderheit der Mitglieder der größten „nationalen" Gruppe der jüdischen Ravensbrück-Häftlinge traditionelle Hausfrauen waren, die keinen Beruf hatten und kein eigenes Geld verdienten. Die Mehrheit von ihnen hatte außerhalb ihres Zuhauses gearbeitet, die größte Gruppe unter diesen in traditionellen Frauenberufen in der Textilbranche, aber eine beträchtliche Gruppe – 20 bis 33 % – hatte in Berufen gearbeitet, die als untypisch für Frauen galten, darunter auch Hoch- und Fachschulberufe. Die Berufserfahrungen der meisten dieser Jüdinnen unterschieden sich also nicht wesentlich von denen der Männer aus ihrem Herkunftsland. Andererseits waren die meisten Frauen und Mädchen wahrscheinlich mit den Haushaltstätigkeiten wie der Zubereitung von Essen, Reparatur und Reinigung von Kleidung und Unterkunft – also Fähigkeiten, die für das Überleben unter Lagerbedingungen entscheidend waren – vertrauter als die Männer und Jungen.

Wir haben keine genauen Informationen über den Bildungsstand der meisten in Ravensbrück gefangen gehaltenen Jüdinnen. Die Schulbildung fast aller jungen Mädchen, die einige Zeit in polnischen Ghettos gelebt hatten, war abgebrochen worden. In allen Ländern unter formeller oder de facto deutscher Herrschaft waren junge Jüdinnen und Juden nicht mehr zum Abitur zugelassen und konnten nicht mehr studieren – schon bevor sie in Ghettos eingesperrt wurden und die Deportationen begannen.

Die registrierten Berufe und Arbeitserfahrung der jüdischen Lagerhäftlinge wurden selten berücksichtigt, wenn die SS sie zu Arbeiten einteilte, obwohl jegliche Art von Arbeitserfahrung von Nutzen war, wenn die SS sie dringend brauchte. Im Laufe der fünf Perioden wurden insgesamt 24 Frauen als Ärztinnen, vier als Dr. phil. und zwei als Anwältinnen registriert.[71] Einige der gefangenen Jüdinnen, die Ärztinnen waren, hatten in Auschwitz in diesem Beruf gearbeitet. Die gefangenen Ärztinnen, von denen bekannt war, dass sie Jüdinnen waren, durften in Ravensbrück nicht im Revier arbeiten, einige von ihnen wurden jedoch in Außenlagern als Ärztinnen eingesetzt.[72] Andere behandelten ihre Mitgefangenen heimlich. Ein besonderes Beispiel ist die Operation von Seren Tuvel Bernsteins mit Wundbrand infiziertem Zeh durch eine Ärztin unter den Häftlingen, die nachts auf dem dritten Stock der Etagenbetten durchgeführt wurde.[73]

Unter den in Ravensbrück gefangen gehaltenen Jüdinnen waren überraschend viele Künstlerinnen, Schauspielerinnen und insbesondere Sängerinnen. Man erinnert sich daran, dass mehrere der Sängerinnen vor einer größeren Zahl von Häftlingen sangen und dass sie einen wichtigen Beitrag dazu leisteten, dass die gequälten Frauen etwas Trost fanden. Eine von ihnen war die Schauspielerin Silvia Grohs[74] und eine andere war Louise van de Montel, die auf der Isolierstation des Reviers vor 800 gefangenen Frauen sang.[75] Die dritte war eine Opernsängerin aus Budapest, deren Namen wir leider nicht kennen und die nachts für ihre unglücklichen Mithäftlinge sang und später von einer offensichtlich geistesgestörten sadistischen SS-Frau gezwungen wurde, jeden Tag während der Mittagspause im Kartoffelkeller (ein Keller, in dem Kartoffeln und Gemüse sortiert wurden) zu singen. Jeden Tag befahl die SS-Frau der Sängerin zu singen und während sie zuhörte, schwamm ihr Gesicht in Tränen. Dann prügelte sie die Sängerin. Eines Tages prügelte sie sie zu Tode.[76]

Halina Nelken berichtet, dass „Pani Preger mit ihrer klaren, geschulten Stimme ‚Solvejgs Lied' von Grieg sang." [77]

Dreißig Überlebende schrieben und veröffentlichten später umfassende Memoiren und 67 veröffentlichten Kurzmemoiren in von anderen herausgegebenen Büchern. Dies zeigt die weite Verbreitung erzählerischer und literarischer Talente unter diesen jüdischen Frauen und Mädchen.[78]

Ein wesentlicher gender-spezifischer Unterschied ist die Anzahl und der Prozentsatz weiblicher jüdischer Ravensbrück-Häftlinge, die Kinder und Jugendlliche betreuten, da diese besonders schwierige Situation unter den männlichen jüdischen KZ-Häftlingen selten war. Eine Anzahl slowakischer jüdischer Häftlinge in dem kleinen Männerlager von Ravensbrück, die zusammen mit ihren jungen Söhnen gefangen gehalten wurden, waren Ausnahmen.[79]

Da während der fünf Perioden 349 (2,14 %) Kinder bis 13 und 1 638 (10,03 %) junge Mädchen bis 18 Jahre im Lager waren, müssen mehr als 500 Frauen Kinder und Jugendliche in ihrer Obhut gehabt haben, was es für sie schwer machte, die enorme Arbeitslast, wie sie in Ravensbrück Pflicht war, zu schultern. Während die Mutterpflichten ihnen eine zusätzliche Last aufbürdeten, stärkte die Verantwortung für ihre Kinder aber auch den Übelebenswillen dieser Frauen. In den wenigen uns bekannten Fällen, in denen Väter und Söhne unter ähnlichen Lagerbedingungen lebten, scheinen die gegenseitigen Bindungen der Fürsorge und Verantwortung genauso stark gewesen zu sein.

Wir sollten auch die möglichen Auswirkungen der physiologischen Unterschiede zwischen Frauen und Männern und die traditionellen Unterschiede in der Erziehung – zum Beispiel zu „Anständigkeit" und auch im Bezug auf die persönliche Erscheinung – auf die Möglichkeiten der Kerkermeister, Gefangene zu erniedrigen und den Frauen oder Männern Leiden zuzufügen, berücksichtigen. Die Tatsache, dass im Allgemeinen die Muskelkraft der Frauen nicht so groß ist wie die der Männer, stellte offensichtlich ein besonderes Problem für die Frauen dar. Trotzdem wurden die gefangenen Jüdinnen häufiger als die anderen Gruppen angehörenden Häftlinge für schwere körperliche Arbeit (wie zum Beispiel dem Transportieren von Erde und Steinen, beim Straßenbau und beim Entladen von Zügen und Schiffen, in allen Zweigen der Munitions- und Waffenindustrie, sogar dort, wo die Arbeit am gesundheitsschädlichsten war) eingesetzt, darunter auch bei der Ausbesserung von Militärflugplätzen und beim Ausheben von Panzergräben.

Menstruation und Schwangerschaft machten das Leben von Frauen komplizierter und brachten es sogar in Gefahr. Die meisten waren froh, wenn ihre Menstruation ausblieb. Während in Auschwitz einige schwangere Jüdinnen vergast wurden und viele ihre Babys verloren, wurden Frauen in den Außenlagern von Sachsenhausen oder Buchenwald nach Ravensbrück zurückgeschickt, wenn bei ihnen eine Schwangerschaft festgestellt wurde. So starben fast alle Babys und viele Frauen, die gerade Mutter geworden waren.

Die Tatsache, dass Frauen viel stärker der Gefahr sexueller Angriffe und Vergewaltigung ausgesetzt sind als Männer, erlegte den weiblichen Häftlingen sowohl während ihrer Gefangenschaft als auch nach der Befreiung eine besondere Bürde auf. Es waren nicht nur die psychischen und körperlichen Schäden, sondern die Schande, die damit verbunden war, Opfer einer Vergewaltigung geworden zu sein, unter der die weiblichen Häftlinge litten.

Die Erziehung der Mädchen zu Sittsamkeit machte es der SS wesentlich leichter, Frauen zu erniedrigen als Männer. In fast allen Memoiren wird der Horror beschrieben, den die Frauen empfanden, wenn sie von SS-Männern angefasst und verhöhnt wurden, während sie nackt dastanden. Das Fehlen von Ungestörtheit und die Notwendigkeit, sich unter den höhnischen Blicken ihrer Kerkermeister erleichtern zu müssen, machte den Frauen das Leben besonders schwer.[80]

Ein weiterer gender-spezifischer Unterschied besteht in der besonderen Betonung einer attraktiven Erscheinung und persönlicher Sauberkeit in der üblichen Erziehung von Mädchen. Viele Männer empfanden das erzwungene Rasieren ihrer Köpfe als Erniedrigung – das Abschneiden der Bärte und Schläfenlocken orthodoxer Männer war eine besondere Erniedrigung jüdischer Männer –, aber in vielen Memoiren der weiblichen Überlebenden wird der Verlust des eigenen Haares und das ihrer Freundinnen als eine traumatische Erfahrung, als Verlust der Identität beschrieben – Schwestern erkannten einander nicht mehr.[81] In einigen Fällen führte solch ein Verlust zur völligen Verzweiflung.[82] Die Erziehung, die bei Mädchen soviel Wert auf persönliche Sauberkeit legte, hat jedoch möglicherweise auch viele Leben gerettet.

Man muss auch die Auswirkungen traditioneller Unterschiede in der Erziehung von Mädchen und Jungen in Bezug auf Durchsetzungsvermögen und Selbstständigkeit berücksichtigen. Unterschiede in Bezug auf Berufstätigkeit wurden schon als unter Lagerbedingungen wenig signifikant beschrieben. Sprachkenntnisse – insbesondere der deutschen Sprache –, die bei jüdischen Mädchen und Frauen genauso gut (wenn nicht besser) entwickelt waren wie bei Jungen und Männern, waren manchmal hilfreich, um einen etwas erträglicheren Arbeitsplatz zu bekommen. In Ravensbrück waren im Gegensatz zu Auschwitz für jüdische Häftlinge Fertigkeiten im Bereich weiblicher Büroarbeiten nicht hilfreich, da die SS in Ravensbrück den gefangenen Jüdinnen nicht gestattete, in einem der Büros im Lager zu arbeiten.[83] Eine frühere größere finanzielle Unabhängigkeit machte keinen Unterschied, da bei der Ankunft im Lager sowohl die Männer als auch die

Frauen die Möglichkeit verloren, finanziell aktiv zu werden (mit wenigen Ausnahmen). Fertigkeiten beim Handeln und Tauschen waren unter weiblichen und männlichen jüdischen Häftlingen wahrscheinlich in gleichem Maße vertreten und nützlich für das Überleben. Das früher vorhandene Selbstbewusstsein der männlichen – und auch der weiblichen – Häftlinge wurde durch ständige Prügel, Erniedrigung und Todesdrohung, durch den körperlichen Verfall und die Erschöpfung aufgrund von Hunger, Schlafmangel, Schmutz und Krankheit gebrochen.

Was eventuelle gender-spezifische Unterschiede bezüglich der Mitgliedschaft in politischen Organisationen, insbesondere in Jugendorganisationen, angeht, so haben wir dazu zu wenige Informationen. Jüdische Mädchen waren auf jeden Fall Mitglieder in allen zionistischen Jugendorganisation und auch in nicht-zionistischen linken Organisationen. Es ist jedoch bezeichnend, dass im Gegensatz dazu, dass unter männlichen Häftlingen des Warschauer Ghettos bekanntermaßen hitzige ideologische Debatten stattgefunden haben, unsere Ravensbrück-Häftlinge von engen und freundschaftlichen Beziehungen zwischen den Vertreterinnen zionistischer und nicht-zionistischer oder linker Meinungen im Rahmen ihrer Lagerfamilien berichten und davon, dass diese Frauen sich nach der Befreiung friedlich voneinander trennten und ihrer jeweiligen Wege gingen.[84] Uns wurde auch nicht von Spaltungen unter den Frauen wegen der Einhaltung oder Nicht-Einhaltung der jüdischen Speisevorschriften berichtet.

Zuletzt geht es um die Frage geschlechts-spezifischer Unterschiede in der Fähigkeit, stabile Beziehungen von Hilfe, Sorge und Verantwortung für Jüngere, Schwächere, Kranke und Alte – insbesondere der eigenen Familie – zu entwickeln. Diese Fähigkeiten wurden in den meisten jüdischen Familien von Frauen und Mädchen eher vorausgesetzt und verlangt als von Männern und Jungen. Ich spekuliere, dass diese größeren Erwartungen und besser entwickelten Fähigkeiten die Grundlage für das scheinbar häufigere Auftreten und Bestehen kleiner Gruppen, der „Lagerfamilien", unter den weiblichen jüdischen Ravensbrück-Häftlingen bildeten, im Vergleich zu der Situation unter männlichen jüdischen Häftlingen unter ähnlichen Lagerbedingungen. Dies wiederum führte zu einer leichten Verbesserung der Überlebenschancen.

Anhänger der bio-psychischen Theorien Freuds über unvermeidbare geschlechtsspezifische Unterschiede behaupten, dass von Kindheit an die männlichen Homo-sapiens-Mitglieder die Fähigkeit und Neigung zu Unabhängigkeit oder Selbständigkeit, während die weiblichen Mitglieder die Fähigkeit und Neigung zur Anhänglichkeit zeigen. Vielen Freudianern dient diese Behauptung als die entscheidende Erklärung und Rechtfertigung für den untergeordneten Status der Frau in der Gesellschaft. Oberflächlich betrachtet unterstützt die Geschichte der Jüdinnen von Ravensbrück diese Theorie mit den erstaunlichen Fähigkeiten dieser Frauen, kleine Gruppen (Lagerfamilien) zu bilden und aufrechtzuerhalten. Bedeutet das, dass diese Frauen und Mädchen notwendigerweise weniger zur Selbständigkeit in der Lage waren, als Männer? Wenn Selbständigkeit bedeutet, selbständig zu denken und zu handeln, dann lautet die Antwort definitiv „Nein", da das Funktionieren dieser Kleingruppen ein beträchtliches Maß an Initiative, Erfindungsgeist und mutigen Handelns verlangte – zumindest von den stärksten Mitgliedern. Die Lagerfamilien beweisen, dass es im wahren Leben töricht ist, Anhänglichkeit und Selbständigkeit als sich gegenseitig ausschließend darzustellen.

Meiner Meinung nach bedeutet die größere Tendenz und Fähigkeit jüdischer Frauen, die in Konzentrationslagern gefangen waren, stabile Kleingruppen zu bilden weder, dass sie weniger zu Selbständigkeit fähig waren als männliche jüdische Häftlinge, noch, dass sie seit ihrer Geburt oder Kindheit zur Anhänglichkeit bestimmt waren. Es bedeutet eher, dass dieser geschlechtsspezifische Unterschied im Sozialverhalten unter extremen Bedingungen das Ergebnis der Unterschiede in Erziehung von Mädchen und Jungen in den meisten jüdischen Familien war, gleichgültig, ob diese mehr oder weniger „assimiliert" waren. Mädchen wurden viel stärker als Jungen zu einem hohen Grad an Verantwortung, Loyalität und Opferbereitschaft sowie Bereitschaft, alle schwächeren Mitglieder ihrer Familie zu unterstützen, erzogen.

Schlussfolgerungen

Diese Forschungsarbeit zeigt die Heldenhaftigkeit des Erlebens der Hölle von Ravensbrück und des Überlebens dort an sich. Es ist unmöglich, die Erfahrungen der jüdischen Ravensbrück-Häftlinge getrennt von dem Leidensweg durch die Gefängnisse, Ghettos, Internierungs- und anderen Lager, den die Häftlinge durchliefen, bevor sie nach Ravensbrück geschickt wurden, und getrennt von den Lagern, in die so viele von ihnen von Ravensbrück aus transportiert wurden, zu sehen. Wenn man all dies in seiner Gesamtheit betrachtet, war das reine Überleben unter diesen höllischen Bedingungen – gleichgültig für wie lange – an sich schon heldenhaft. Natürlich zahlten einige der Mutigsten und Anständigsten mit dem Leben für ihr Heldentum, andere erlagen trotz ihres Heldentums Krankheiten und den ständigen „Selektionen" und wieder andere überlebten aufgrund von Zufällen, Zielstrebigkeit und heldenhafter gegenseitiger Unterstützung.

Wir müssen sowohl aus der Verderbtheit und Grausamkeit, zu der menschliche Wesen wie die SS-Kerkermeister und ihre Helfershelfer fähig waren, als auch aus der Fähigkeit ihrer Opfer, ihre Würde und ihr Mitgefühl unter diesen extrem ungünstigen Bedingungen zu bewahren, unsere Lehren ziehen. Die weiblichen jüdischen Ravensbrück-Häftlinge teilten ihr Leid mit vielen anderen nicht-jüdischen Häftlingen, aber zusammen mit den Sinti und Roma standen sie ganz unten in der Häftlingshierarchie. Ob sie die eine oder andere Art von Jüdin waren – die religiösen Vorschriften einhaltend, weltlich, assimiliert oder zionistisch –, ist weniger bedeutend als dass sie verfolgt wurden, weil sie Jüdinnen waren. Der Humanismus und die Forderung, diejenigen zu unterstützen, die schwächer sind als man selbst, die die jüdische Erziehung insbesondere den Mädchen mitgab, half ihnen, die Schrecken ihrer Gefangenschaft zu ertragen und dabei ihre Würde und Menschlichkeit zu bewahren.

Anmerkungen

1 Margarete Buber-Neumann, *Als Gefangene bei Stalin und Hitler*, München, 1949, S. 295.

2 Sie arbeiteten allerdings im Revier – in der Krankenstation für Häftlinge.

3 Wanda Kiedrzyńska, *Ravensbrück, kobiecy obóz koncentracyjny*, Warschau, 1961, deutsche Übersetzung in voller Länge im Archiv von Ravensbrück; und Ursula Wi ńska, *Zwyciezyly wartosci: Wspomneinea z Ravensbrück: Wyd 1*, Gdansk, 1985. Im Archiv von Ravensbrück liegt eine deutsche Übersetzung vor mit dem Titel *Die Werte siegten*.

4 Kiedrzyńska, *Ravensbrück*, S. 233–234.

5 Ebenda, S. 234.

6 Ebenda, S. 150.

7 Ebenda, S. 7–8.

8 Sara Tuvel Bernstein schrieb in *The Seamstress* (New York, 1997, S. 228): „Lily und viele der anderen Frauen im Lager waren Kinder aus Mischehen, in denen man schon vor Generationen aufgehört hatte, die jüdischen Bräuche zu beachten."

9 Halina Nelken, *And Yet I am Here!*, Amherst, MA, 1999, S. 173–174. Kursive Hervorhebungen im Original. Nach Plaszów wurde sie in Auschwitz, Ravensbrück, Malchow und in Hasag-Leipzig gefangen gehalten.

10 Laut Aussage der israelischen Überlebenden Judith Harris (Name während des Krieges: Judith Hirsch), Interview am 26. August 1997 durch A.K.; „Frau Kraus unterrichtete die Kinder auf niederländisch." Anscheinend war dies Rachel Kraus, geb. 1905, die am 7. 2. 1944 aus Westerbork angekommen war.

11 Siehe die von Arthur (Abraham/Buma) Stahl erzählte Geschichte.

12 Siehe Kapitel 6, Anm. 10, zum Interview mit Judith Taube (Name während des Krieges: Jolanta Aufrichtig (Arato)).

13 Memoiren von Eva Einberger in: *Ich geb Dir einen Mantel, daß Du ihn noch in Freiheit tragen kannst: Widerstehen im KZ; Österreichische Frauen erzählen*, Karin

Berger, Elisabeth Holzinger, Lotte Podgornik und Lisbeth N. Trallori (Hrsg.), Wien, 1987, S. 90–91.

14 Charlotte Delbo bezeichnet in ihrem Buch (*Le Convoi du 24 Janvier*, Paris, 1965, S. 17) das Fehlen einer gemeinsamen Sprache als Hauptgrund für das Fehlen einer größeren Gruppenorganisation unter den 1944 in Auschwitz-Birkenau gefangen gehaltenen Jüdinnen.

15 Es ist wichtig, dass von den polnischen Jüdinnen, die vor Ende 1944 angekommen waren, kaum welche von Malchow nach Hasag-Leipzig geschickt wurden.

16 Lidia Vago Rosenfeld, *One Year in the Black Hole of our Planet Earth*, Petah Tikva, Israel, 1995 (S. 119, unveröffentlicht), S. 43, 52.

17 Nelken, *And Yet I am Here!*, S. 249–250.

18 Eva Langley-Dános, *Prison on Wheels: From Ravensbrück to Burgau*, Einsiedeln, Schweiz, 2000, übersetzt von ihr selbst nach ihrem auf Ungarisch geschriebenen Tagebuch 1945, S. 76–79.

19 Interview am 15. Juni 1998 durch J.B.A. mit Judith Becker (Name während des Krieges: Berger).

20 Aussage von Gesane Hajdu, geb. Erzsebet Szilard; 15. November 1945; MAAHDK, 3543, wie zitiert von Linde Apel, *Jüdische Frauen im Konzentrationslager Ravensbrück 1939–1945*, Berlin, 2003, S. 174.

21 Beispiele sind: Edita Kornfeld, die tschechische Anwältin, die in Krupp-Neukölln als Blockälteste eingesetzt war (siehe Kapitel 8, Anm. 91) und Paula Katz-Eisen in Neustadt-Glewe; Anna Szyller-Palarczyk erklärte, dass sie und eine andere Polin (Wanda Marosanyi) das Lager dank Paula Katz-Eisen überlebt hätten (in: *Ein vergessenes Lager?*, II, Karl Heinz Schütt (Hrsg.), Schkeuditz, 1998, S. 28).

22 Dr. Irmgard Seidel, „Jüdinnen in den Außenkommandos des Konzentrationslagers Buchenwald", unveröffentlichter Beitrag zur internationalen Konferenz *Genocide and Gender*, Freie Universität Berlin, Oktober 2003.

23 Mit dem Familien-Transport aus Toulouse kamen 15 Kinder und vier Jugendliche; mit den verschiedenen Transporten aus der Slowakei kamen 32 Kinder und 13 Jugendliche, den italienischen Transporten gehörten sechs Kinder und zwei Jugendliche an. All diesen Transporten gehörten auch ältere Frauen an.

24 Aus dem Ghetto Częstochowa (Ankunft am 3. September 1944): fünf Kinder; aus dem Ghetto Łódź (Ankunft am 22. Oktober 1944): 36 Kinder und zehn Jugendliche, von denen die meisten nach Königs Wusterhausen verlegt wurden; aus dem Ghetto Piotrków (Ankunft 2. Dez. 1944): 55 Kinder und 15 Jugendliche.

25 Interview in: Loretta Walz, *Die Frauen von Ravensbrück*, München 2005, S. 365.

26 Rena Kornreich-Gelissen, in: *Ein vergessenes Lager?*, I, Karl Heinz Schütt (Hrsg.), Schkeuditz, 1997, S. 60–61.

27 Unter den 2 400 bekannten Namen der Zugänge in Ravensbrück, die die endgültige Evakuierung von Auschwitz im Januar/Februar 1945 überlebten, sind uns die Namen von nur 24 Kindern im Alter von 13 Jahren oder jünger bekannt.

28 Ein Beispiel war Judith Berger, später Becker, mit ihrer Mutter Pepi und ihrer Schwester Marlit (siehe Kapitel 8, Anm. 33).

29 Kato Gyulai, *Eine einfache Deportiertengeschichte*, Budapest, 1947; s. Kapitel 7, Anm. 63.

30 Rosenfeld, *One Year in the Black Hole of our Planet Earth*, S. 55.

31 Bernstein, *The Seamstress*, S. 243.

32 Vera Dotan, *Rising from Hell*, 2006, Kapitel 5.

33 Silvia Grohs-Martin, *Silvie*, New York, 2000, S. 316.

34 Gemma La Guardia Glück war im Juni 1944 als Gefangene mit Sonderstatus in Ravensbrück angekommen.

35 Rosi Forsberg, geb. Mauskopf, in: *Ravensbrückerinnen*, Schriftenreihe der Stiftung Brandenburgische Gedenkstätten, Nr. 4, Berlin, 1995, S. 152.

36 E. Kounio Amariglio, *From Thessaloniki to Auschwitz and Back*, London, 2000, S. 120–137.

37 Nelken, *And Yet I am Here!*, S. 251.

38 Bernstein, *The Seamstress*, S. 215–216.

39 Ebenda, S. 210.

40 Israelische/US-Überlebende #425/270011 Klara Landau Bondy, in: Schütt, *Ein vergessenes Lager?*, I, S. 62–63.

41 Aussage von Lea Schwalb-Kirsch, in: Ebenda, S. 114–115.

42 Esther Loewy, später Bejerano, berichtete (Interview durch Bärbel Schindler-Saefkow am 22. Juni 1994), dass sie nach dem Abmarsch des Evakuierungsmarsches aus Ravensbrück sechs Mädchen traf, mit denen sie im Hachschara-Lager Neuendorf war. Sie hatte diese Mädchen nicht mehr gesehen, seit sie im September 1943 als Mischling nach Ravensbrück transportiert worden war. Diese sechs Mädchen waren im Januar 1945 mit dem *Auschwitz-Todesmarsch* nach Ravensbrück gekommen und dann nach Malchow geschickt worden. Es gelang ihnen, zu siebt in den Wald zu fliehen. Sie zogen Zivilkleidung an, um sich als deutsche Flüchtlinge auszugeben und erhielten Essen und Unterkunft von Bauern. In *Ich Grüße Euch als Freier Mensch*, Sigrid Jacobeit and Simone Erpel (Hrsg.), Berlin, 1995, S. 103, 121. Vera Dotan (Name während des Krieges: Gellert) berichtet in ihren Memoiren (*Rising from Hell*, Kapitel 5, 2006), dass sie und ihre Mutter sich nach dem Evakuierungsmarsch aus Ravensbrück einer Gruppe von acht ehemaligen Häftlingen anschlossen, die mehrere Wochen lang durch Deutschland zog und versuchte eine Möglichkeit zur Rückkehr in ihre Heimatorte zu finden.

43 Aussagen von: Margita Schwalbova, in: Schütt, *Ein vergessenes Lager?*, II, S. 24; Lea Gelbgras-Ferstenberg, in: Ebenda, I, S. 48; Jutta Pelz-Bergt, in: Ebenda, S. 75–78; Lidia Vago, in: Ebenda, S. 103; Irene Kluger-Hajos, in: Ebenda, II, S. 57. Eine Gruppe von 20 Personen reiste von Neustadt-Glewe in Richtung Tschechoslowakei ab – in: Ebenda, S. 8, siehe auch Kapitel 8, Anm. 73; Sophie Löwenstein (israelische Überlebende Sohlberg), in: *Auschwitz: The Nazi Civilization*, Studies in the Shoah Series, Bd. 1, Lore Shelley (Hrsg.), Lanham, MD, S. 173.

44 Memoiren von Eva Einberger in: Berger et al.: *Ich geb Dir einen Mantel*, S. 90.

45 Siehe Kapitel 4, Anm. 13.

46 Siehe Kapitel 4, Anm. 15.

47 Aussage von Ilse Hunger in: *Frauen-KZ Ravensbrück – ... und dennoch blühten Blumen*, Helga Schwarz und Gerda Szepansky (Hrsg.), Potsdam, 2000, S. 141–142. Dok.-Zentrum Berlin, KL u. Hafta, Ravensbrück Nr. 17.

48 C. Müller, *Die Klempnerkolonne in Ravensbrück: Erinnerungen des Häftlings Nr. 1078*, Berlin, 1987, S. 167.

49 Aussage von Zali (Sara) Kallus, geborene Eliovits, siehe Kapitel 6, Anm. 15.

50 Aussage der israelischen Überlebenden Halina Birenbaum (Name während des Krieges: Hala Grinstein-Balin) in Schütt: *Ein vergessenes Lager?*, I, S. 25–26.

51 Nelken, *And Yet I am Here!*, S. 254.

52 Ebenda.

53 Siehe Kapitel 4, Anm. 6.

54 Belgische Jüdin, Ravensbrücker Häftlingsnummer 12905.

55 Felicie Mertens, „Die Jüdin“, in: Schwarz und Szepansky, *Frauen-KZ Ravensbrück*, S. 68.

56 Eva Tichauer, *J'étais le numéro 20832 à Auschwitz*, Paris, 1988, S. 106–110, 131–132.

57 Judith H. Sherman, *Say the Name*, Albuquerque, NM, 2005, S. 113, 118, 124, 128, 154.

58 Nelken, *And Yet I am Here!*, S. 262.

59 Bernstein, *The Seamstress*, S. 261.

60 Lidia Vagos Beschreibung einer Operation an der Hand ihrer Schwester Aniko, die im Revier von Ravensbrück unter Vollnarkose unmittelbar nach ihrer Ankunft mit tausenden anderen vom *Auschwitz-Todesmarsch* stattfand, in ihrem Buch *One Year in the Black Hole of our Planet Earth*, S. 51. Vera Dotan beschreibt in Kapitel 5 ihrer Memoiren *Rising from Hell*, wie zum Erstaunen aller ihre Mutter noch am 23. Januar 1945 wegen einer schweren Rückeninfektion erfolgreich im Revier operiert wurde.

61 Kasimira Bergman in zwei Interviews durch A.K. (8. Dezember 1997 und 19. Februar 1998); Galina Matusova (Interview durch J.B.A. und Bärbel Schindler-Saefkow am 10. November 2000 in Safed) und Maria Schneidmesser (Name während des Krieges: Wanda Vatniepka (falsche Identität)) – Interview am 25. Mai 1997 durch A.K. und I.D.K.

62 Esther Kemeny, *On the Shores of Darkness*, Burlingame, CA, 2003, S. 99–100.

63 Niza Ganor, *Who Are You Anouschka?*, auf Hebräisch, Omer, S. 143; auf Deutsch: 2000.

64 Rosenfeld, *One Year in the Black Hole of our Planet Earth*, S. 45.

65 Berger et al., *Ich geb Dir einen Mantel*, S. 228.

66 „Viele tausend jüdischer Männer im Militärdienstalter aus allen Teilen Ungarns wurden durch die Streitkräfte gerettet.“ (Randolph, L. Braham, „The Holocaust in Hungary: a Retrospective Analysis“, S. 43, in: *Genocide and Rescue: the Holocaust in Hungary 1944*, D. Cesarani (Hrsg.), Oxford, 1997, S. 29–46).

67 Asher Cohen, „Resistance and Rescue in Hungary“, S. 130, in: Ebenda, S. 123–134.

68 Bernstein, *The Seamstress*, S. 222.

69 Nelken, *And Yet I am Here!*, S. 259–262.

70 Siehe Kapitel 8, Anm. 210.

71 Uns sind aus der ersten Periode drei Ärztinnen, eine Dr. phil., eine Dr. jur. und eine Anthropologin bekannt; aus der dritten Periode drei Ärztinnen; aus der vierten Periode sechs Ärztinnen und eine Dr. phil. sowie aus der fünften Periode zwölf Ärztinnen, vier Apothekerinnen, eine Zahnärztin, eine Chemikerin und eine Anwältin.

72 Die israelische Überlebende #410 Dr. Miriam (Mina) Litwin, Ärztin, und die israelische Überlebende #550 Dr. Estera Frankel, Ärztin, behandelten beide die Jüdinnen in Wittenberg; Dr. Slavka/Dorotha Klein-Lorska (Dobroszawa), geb. Goldstein, arbeitete im Revier von Neustadt-Glewe (erwähnt in Schütt, *Ein vergessenes Lager?*, II, S. 36, als eine Ärztin, die alles in ihren Kräften stehende tat, um den Kranken dort zu helfen).

73 Bernstein, *The Seamstress*, S. 234–237.

74 Grohs-Martin, *Silvie*, S. 274.

75 Claus Füllberg-Stolberg et al. (Hrsg.), *Frauen in Konzentrationslagern: Bergen-Belsen, Ravensbrück*, Bremen, 1994, S. 318–319.

76 Bernstein, *The Seamstress*, S. 224–226.

77 Nelken, *And Yet I am Here!*, S. 249.

78 Siehe Liste der Memoiren von jüdischen Ravensbrück-Häftlingen am Ende dieses Bandes.

79 Informationen von Walter Morgenbesser, Interviews am 19. und 26. Februar 1998 durch J.B.A. und Nathan B.

80 Bernstein, *The Seamstress*, S. 178. Siehe auch: Françoise Maffre Castellani, *Femmes déportées: Histoires de résilience*, Paris, 2005, S. 29–74, bezüglich einer Beschreibung der besonderen Leiden weiblicher KZ-Häftlinge wegen des völligen Mangels an Ungestörtheit und des ständigen Schmutzes und Gestanks.

81 Bernstein: „Das Scheren unserer Köpfe und Scham ... brachte uns um die letzten Spuren unserer Identität“ (*The Seamstress*, S. 196–199).

82 Langley-Dános: „Was soll aus mir werden? Mein Haar wurde abgeschnitten. Ich werde nie heimkehren ... Etwas war in Hannah zerbrochen.“ in: *Prison on Wheels*, S. 36; auch: Erna Musik, in: Berger et al., *Ich geb Dir einen Mantel*, S. 167, Anm. 57.

83 Eine Ausnahme waren die beiden Jüdinnen, die zu Beginn der dritten Periode im Block der deutschen politischen Häftlinge lebten und scheinbar als Sekretärin und Büroangestellte arbeiteten: Irene Rumler u. Ilse Heinemann, Ravensbrück-Häftlingsnummern 19542 und 21816, Blockbuch 1.

84 Ganor, *Who Are You Anouschka?*, S. 150; auch in: Amariglio, *From Thessaloniki to Auschwitz and Back*, S. 136–137.

XI Diagramme

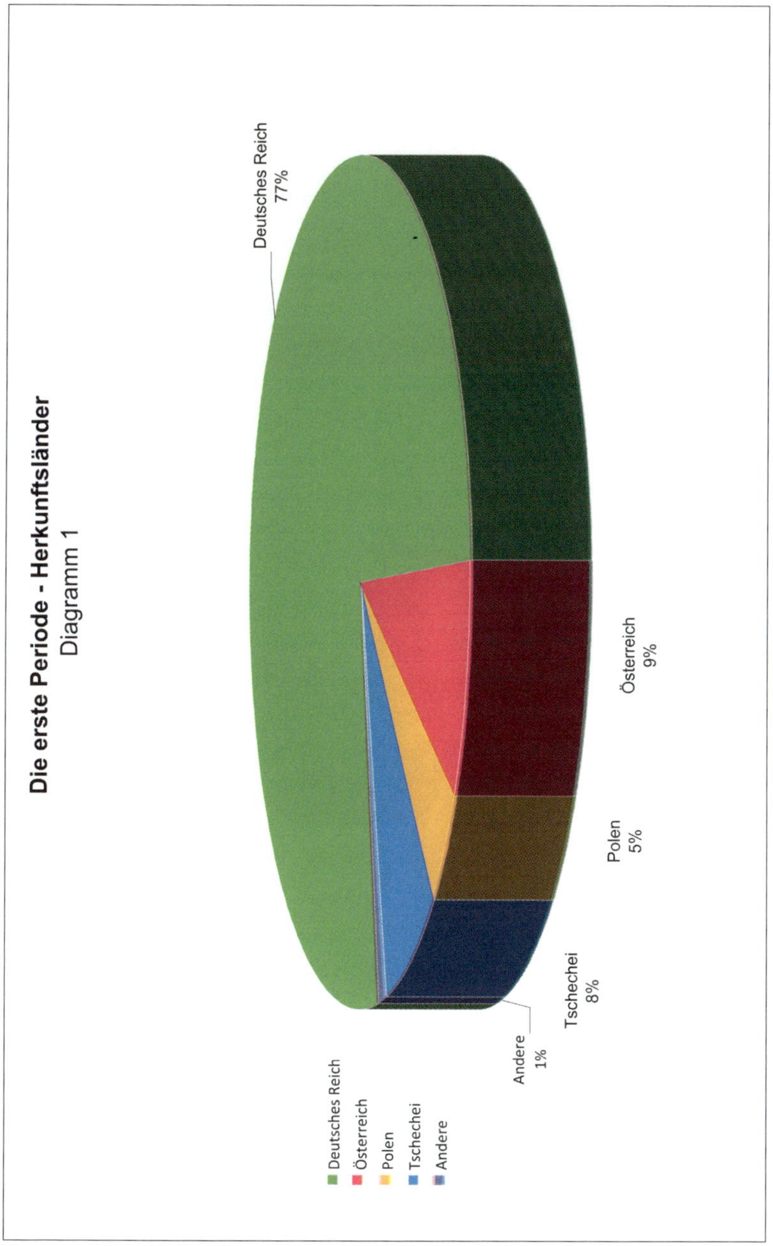

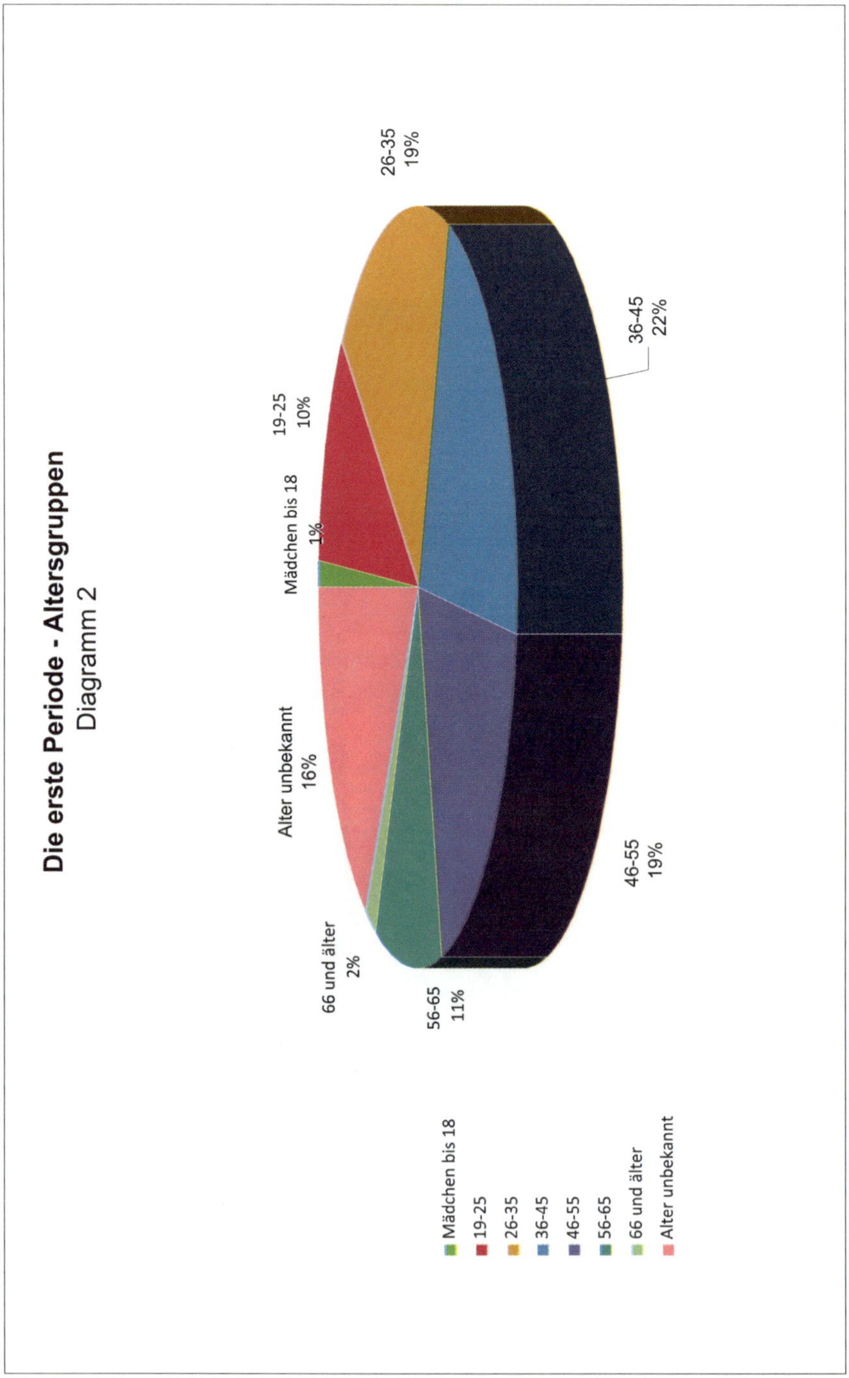
Die erste Periode - Altersgruppen
Diagramm 2
26-35
19%
19-25
10%
Mädchen bis 18
1%
Alter unbekannt
16%
66 und älter
2%
56-65
11%
46-55
19%
36-45
22%
Mädchen bis 18
19-25
26-35
36-45
46-55
56-65
66 und älter
Alter unbekannt

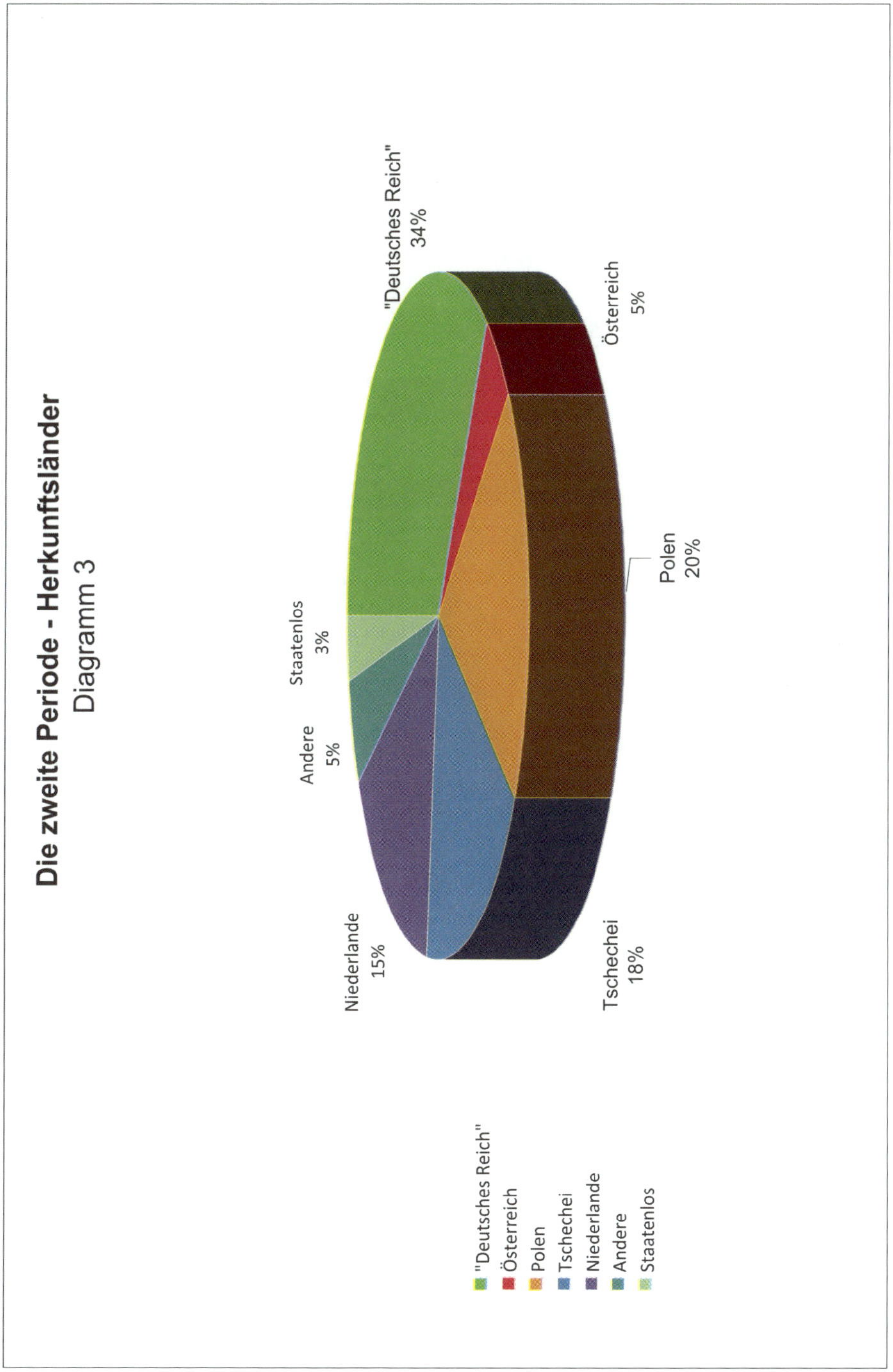
Die zweite Periode - Herkunftsländer
Diagramm 3
"Deutsches Reich" 34%
Österreich 5%
Polen 20%
Tschechei 18%
Niederlande 15%
Andere 5%
Staatenlos 3%
"Deutsches Reich"
Österreich
Polen
Tschechei
Niederlande
Andere
Staatenlos

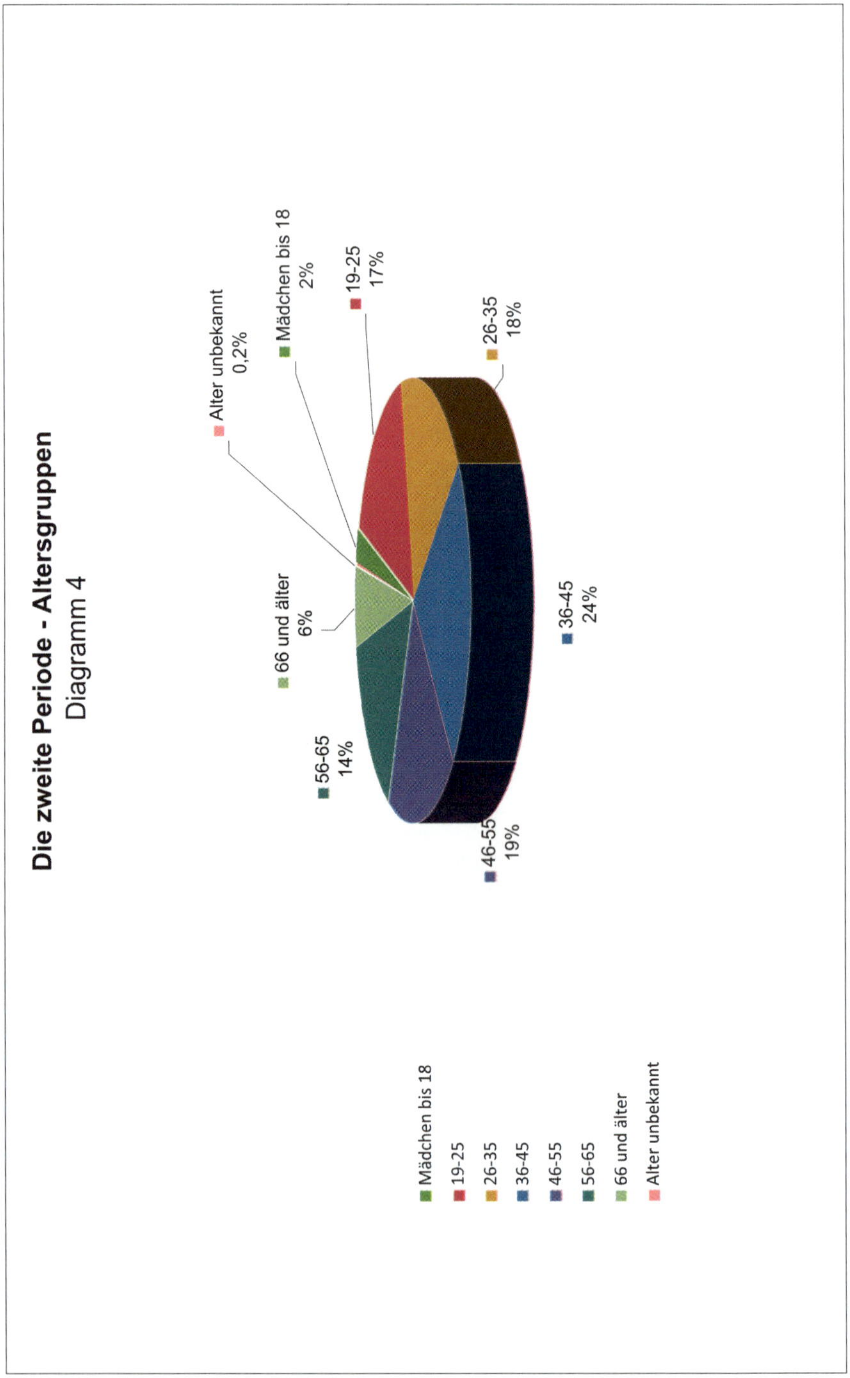
Die zweite Periode - Altersgruppen
Diagramm 4
Alter unbekannt 0,2%
Mädchen bis 18 2%
19-25 17%
26-35 18%
36-45 24%
46-55 19%
56-65 14%
66 und älter 6%
Mädchen bis 18
19-25
26-35
36-45
46-55
56-65
66 und älter
Alter unbekannt

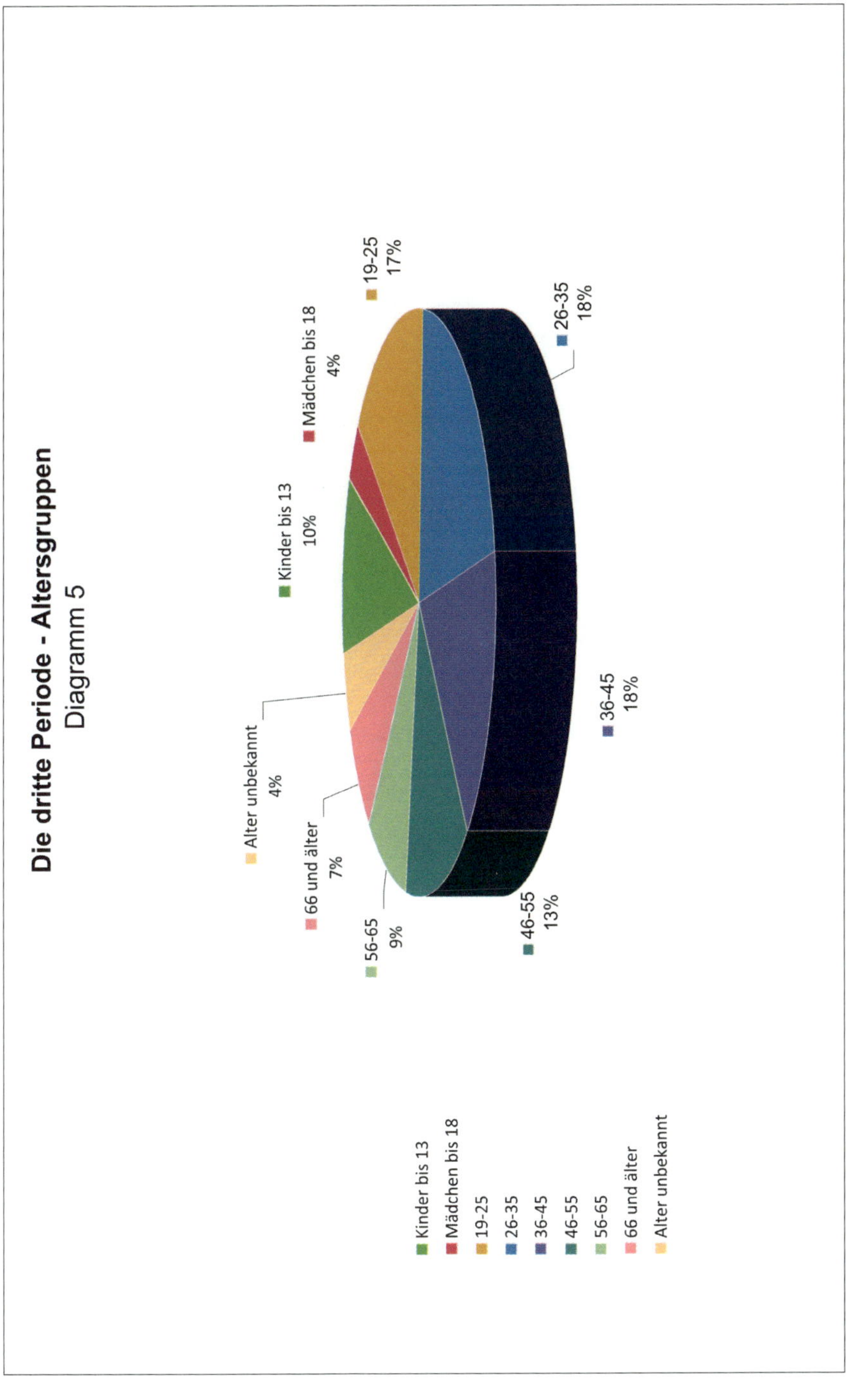
Die dritte Periode - Altersgruppen
Diagramm 5
Kinder bis 13 10%
Mädchen bis 18 4%
19-25 17%
26-35 18%
36-45 18%
46-55 13%
56-65 9%
66 und älter 7%
Alter unbekannt 4%
Kinder bis 13
Mädchen bis 18
19-25
26-35
36-45
46-55
56-65
66 und älter
Alter unbekannt

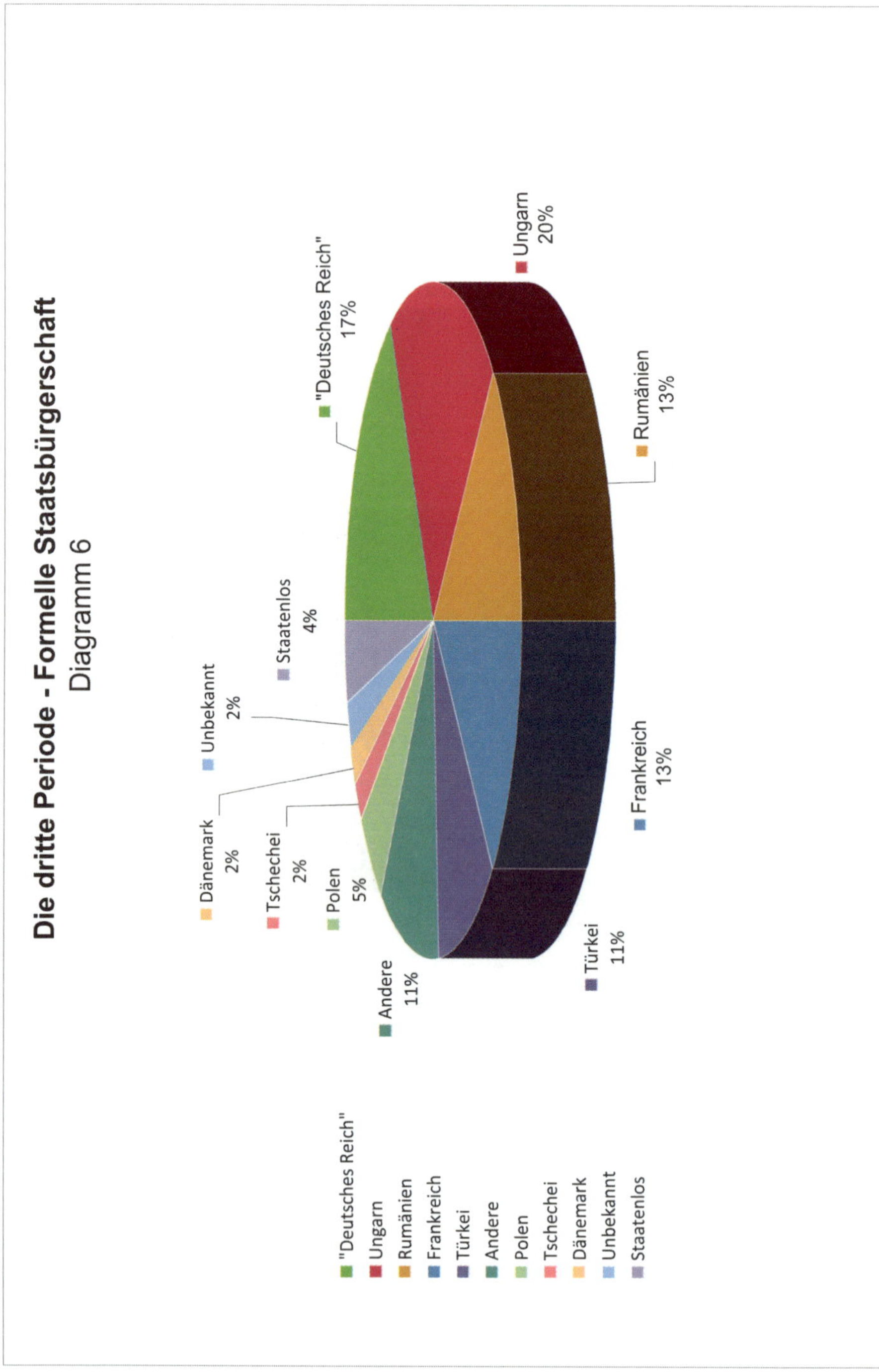
Die dritte Periode - Formelle Staatsbürgerschaft
Diagramm 6
"Deutsches Reich" 17%
Ungarn 20%
Rumänien 13%
Frankreich 13%
Türkei 11%
Andere 11%
Polen 5%
Tschechei 2%
Dänemark 2%
Unbekannt 2%
Staatenlos 4%
"Deutsches Reich"
Ungarn
Rumänien
Frankreich
Türkei
Andere
Polen
Tschechei
Dänemark
Unbekannt
Staatenlos

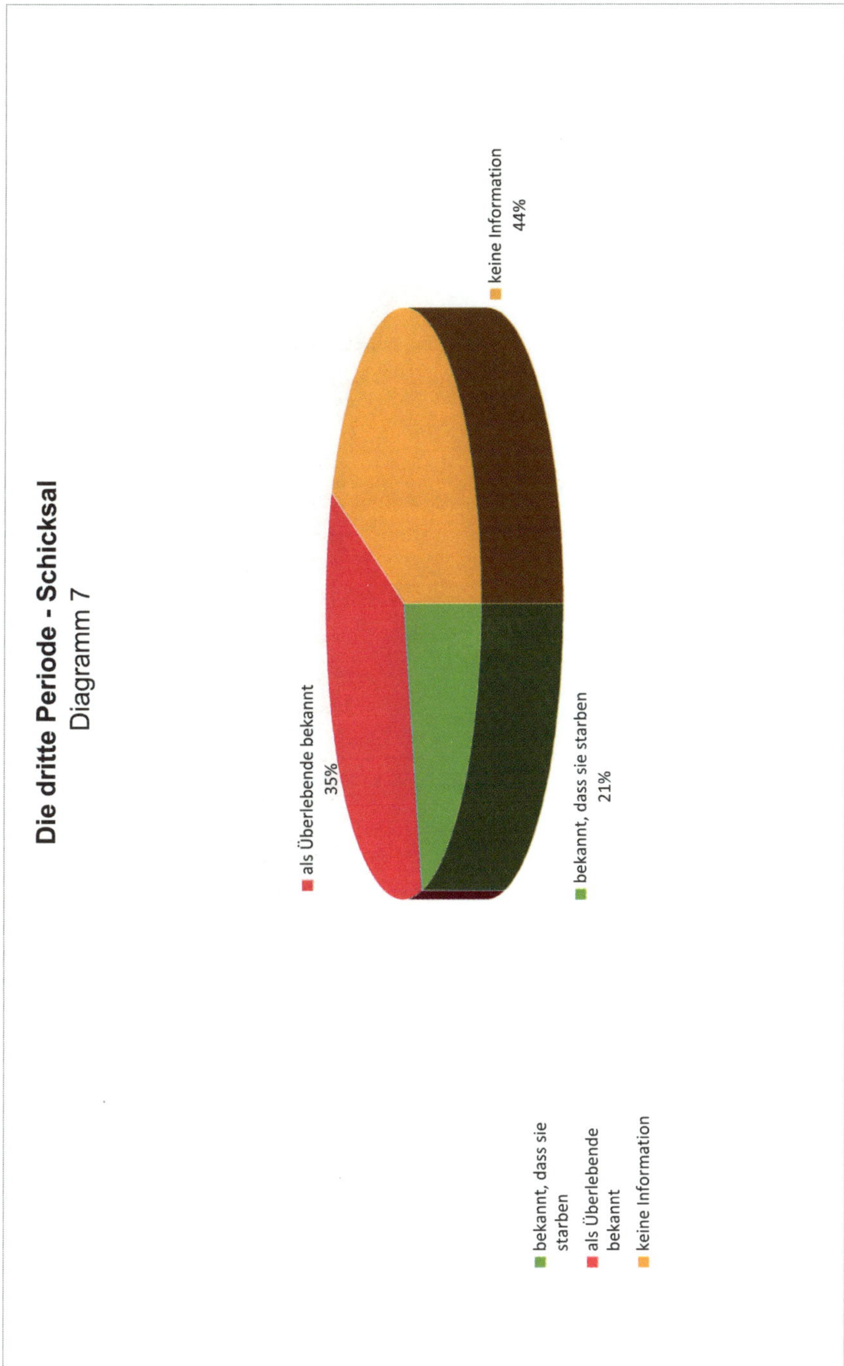
Die dritte Periode - Schicksal
Diagramm 7
als Überlebende bekannt
35%
keine Information
44%
bekannt, dass sie starben
21%
bekannt, dass sie starben
als Überlebende bekannt
keine Information

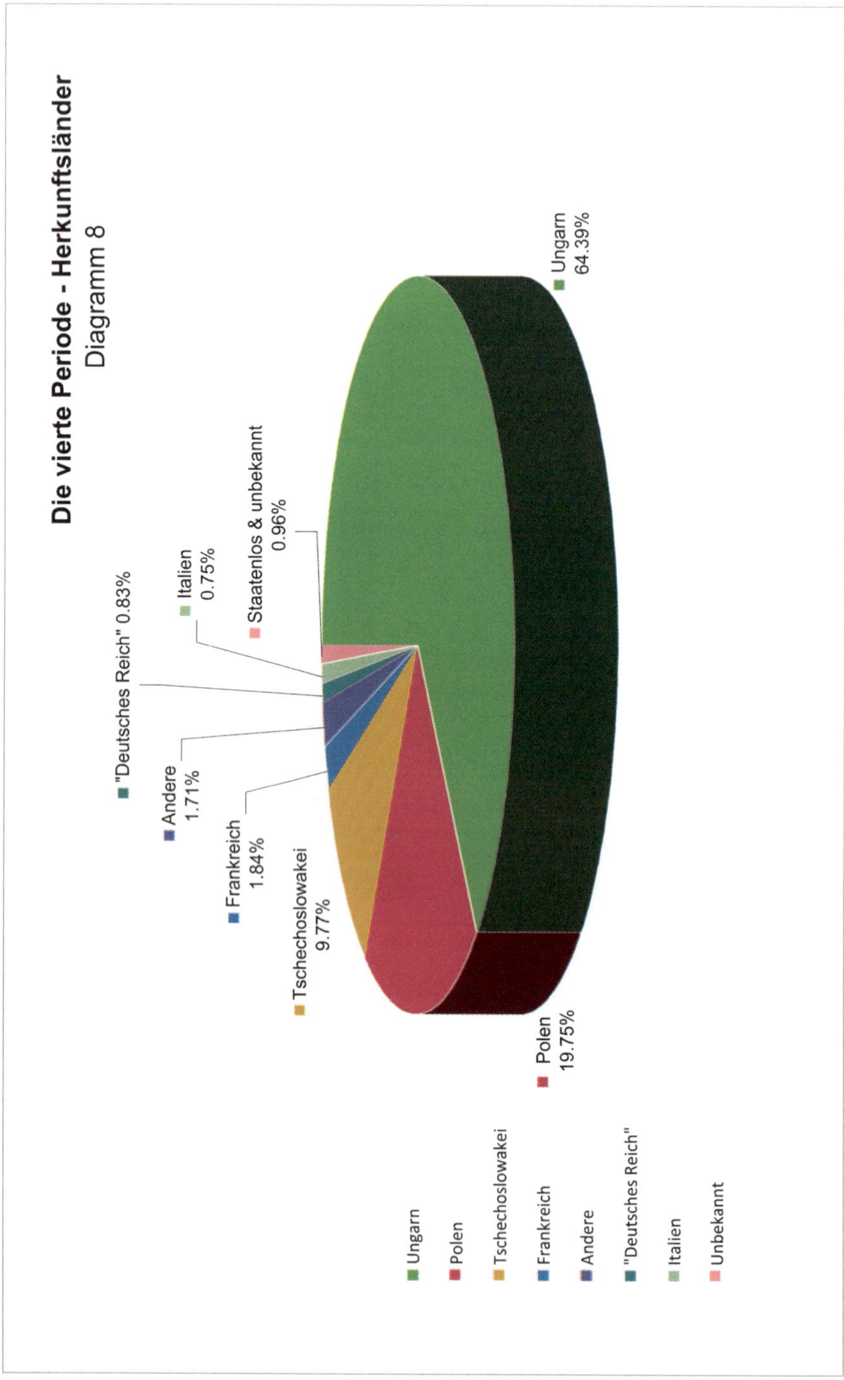
Die vierte Periode - Herkunftsländer
Diagramm 8
"Deutsches Reich" 0.83%
Italien 0.75%
Staatenlos & unbekannt 0.96%
Andere 1.71%
Frankreich 1.84%
Tschechoslowakei 9.77%
Polen 19.75%
Ungarn 64.39%
Ungarn
Polen
Tschechoslowakei
Frankreich
Andere
"Deutsches Reich"
Italien
Unbekannt

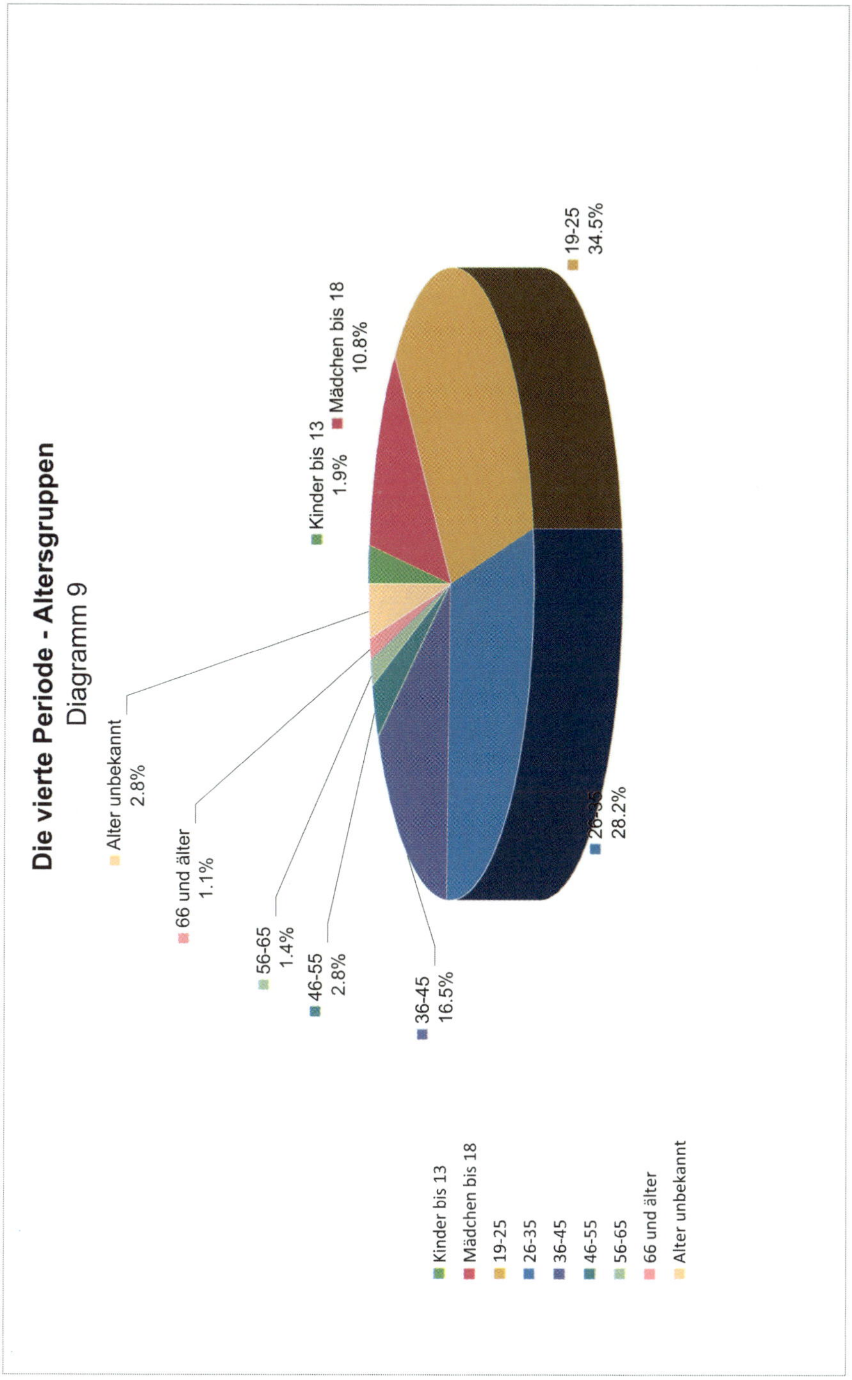
Die vierte Periode - Altersgruppen
Diagramm 9
Alter unbekannt 2.8%
66 und älter 1.1%
56-65 1.4%
46-55 2.8%
36-45 16.5%
Kinder bis 13 1.9%
Mädchen bis 18 10.8%
19-25 34.5%
26-35 28.2%
Kinder bis 13
Mädchen bis 18
19-25
26-35
36-45
46-55
56-65
66 und älter
Alter unbekannt

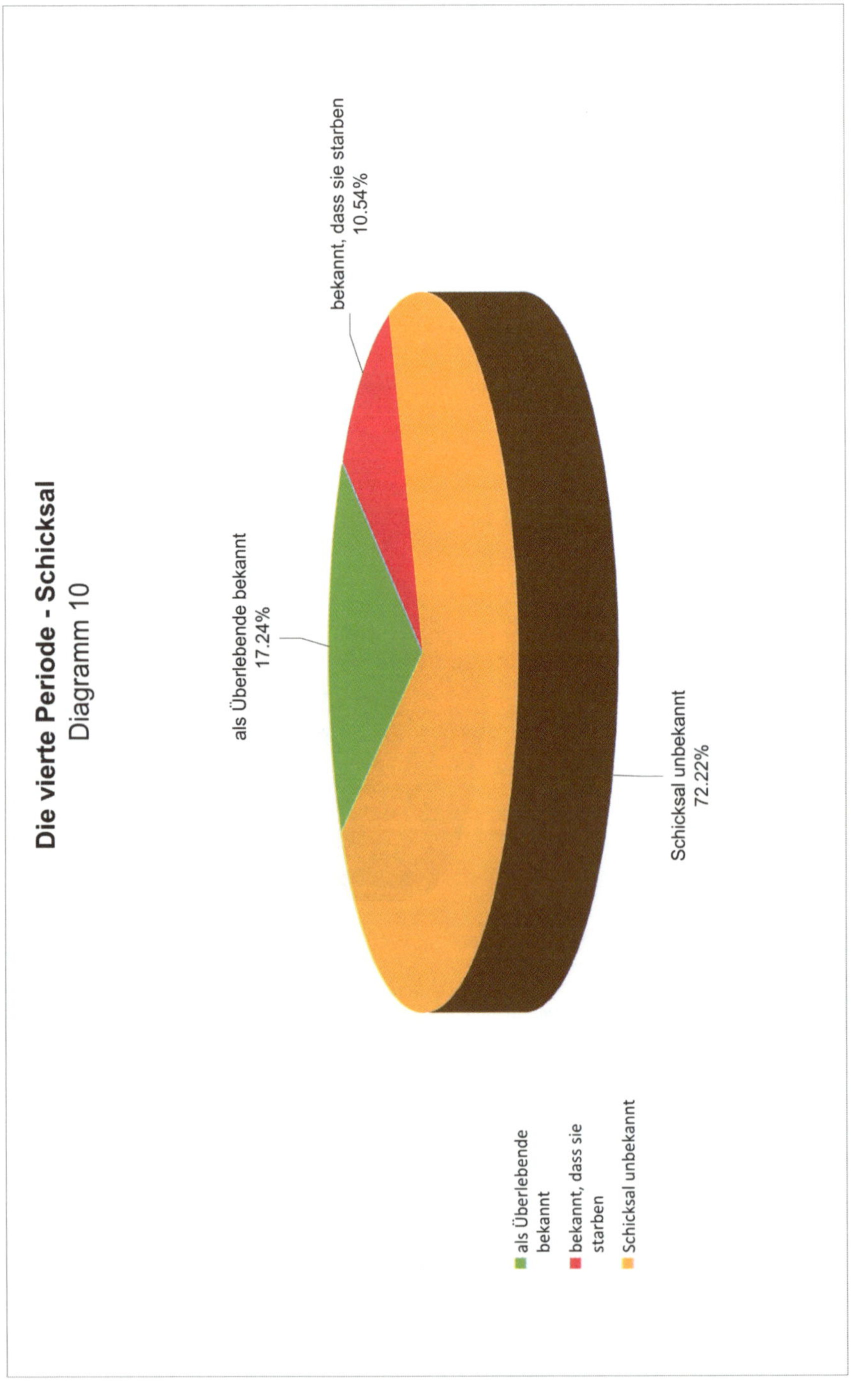
Die vierte Periode - Schicksal
Diagramm 10
als Überlebende bekannt
17.24%
bekannt, dass sie starben
10.54%
Schicksal unbekannt
72.22%
als Überlebende bekannt
bekannt, dass sie starben
Schicksal unbekannt

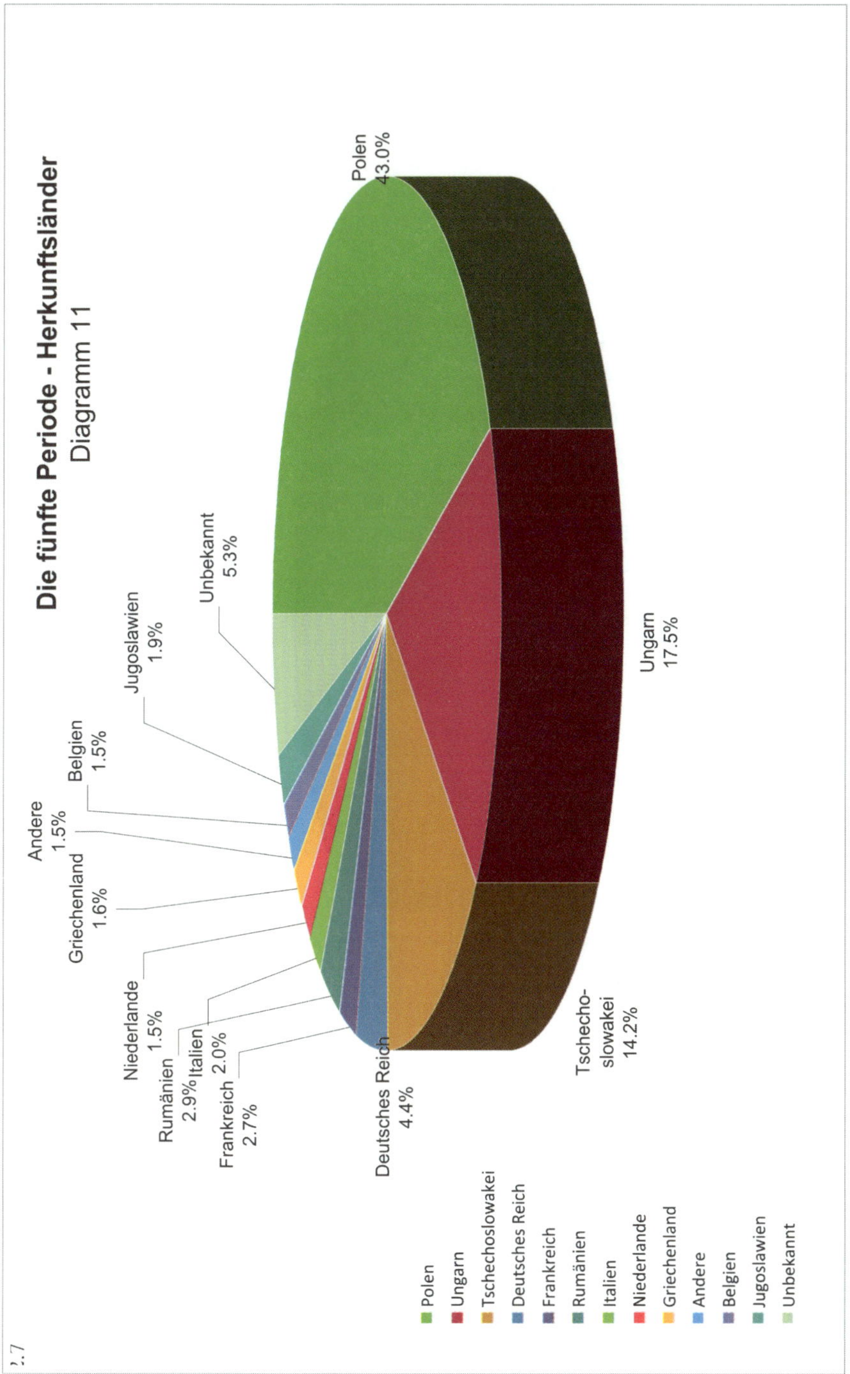
Die fünfte Periode - Herkunftsländer
Diagramm 11
Polen 43.0%
Ungarn 17.5%
Tschecho-slowakei 14.2%
Deutsches Reich 4.4%
Frankreich 2.7%
Rumänien 2.9%
Italien 2.0%
Niederlande 1.5%
Griechenland 1.6%
Andere 1.5%
Belgien 1.5%
Jugoslawien 1.9%
Unbekannt 5.3%
Polen
Ungarn
Tschechoslowakei
Deutsches Reich
Frankreich
Rumänien
Italien
Niederlande
Griechenland
Andere
Belgien
Jugoslawien
Unbekannt

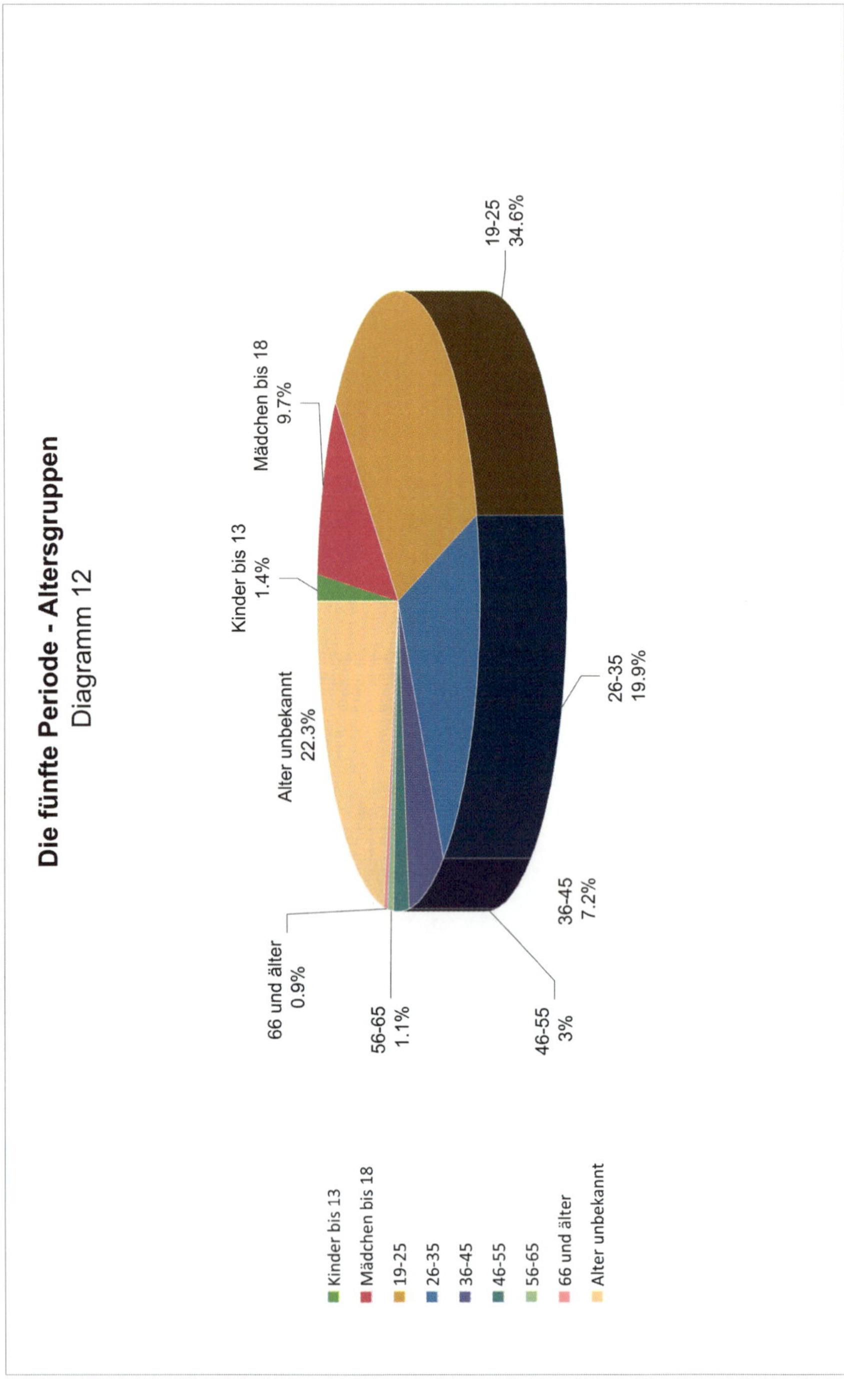
Die fünfte Periode - Altersgruppen
Diagramm 12
19-25
34.6%
Mädchen bis 18
9.7%
Kinder bis 13
1.4%
Alter unbekannt
22.3%
26-35
19.9%
66 und älter
0.9%
56-65
1.1%
46-55
3%
36-45
7.2%
Kinder bis 13
Mädchen bis 18
19-25
26-35
36-45
46-55
56-65
66 und älter
Alter unbekannt

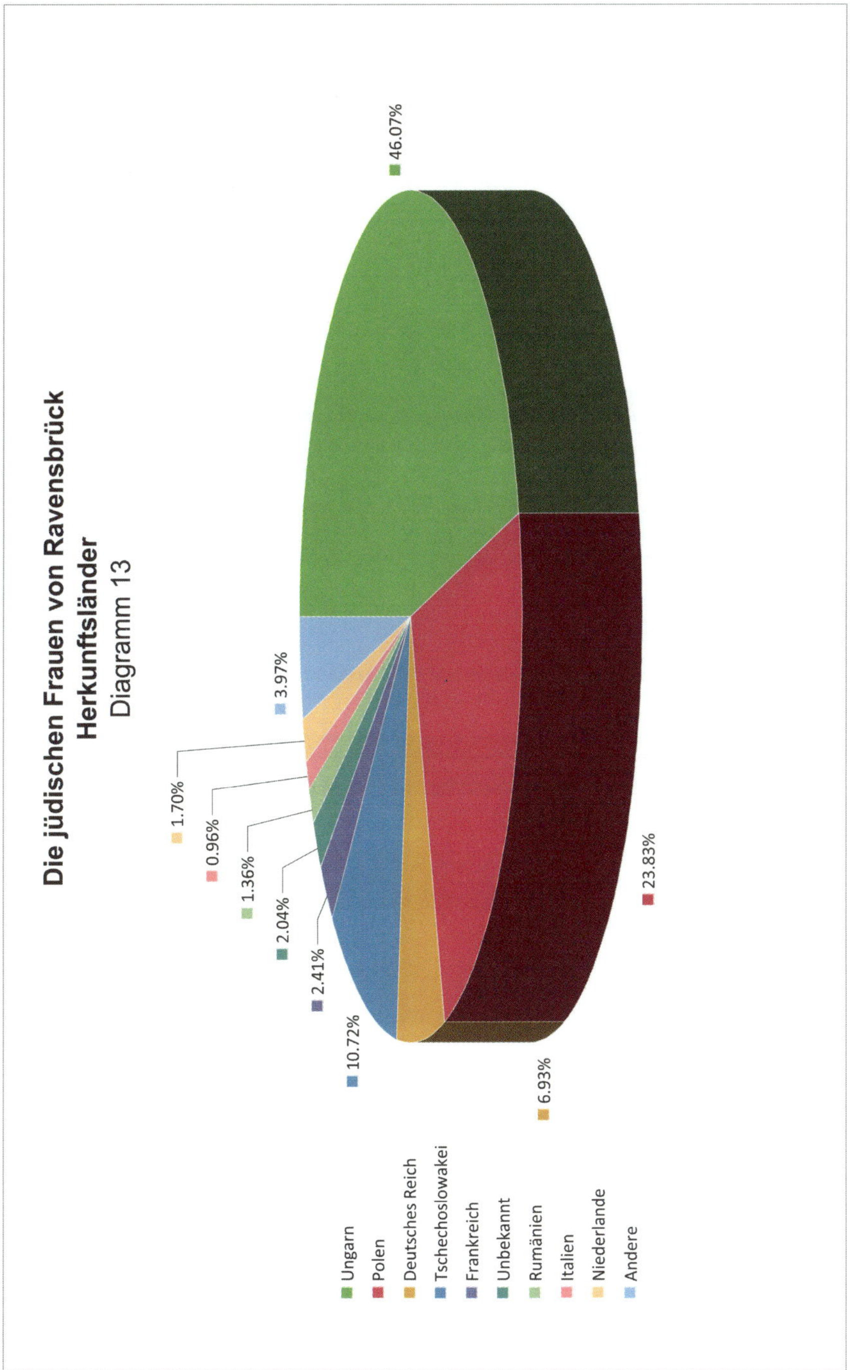
Die jüdischen Frauen von Ravensbrück
Herkunftsländer
Diagramm 13
46.07%
23.83%
6.93%
10.72%
2.41%
2.04%
1.36%
0.96%
1.70%
3.97%
Ungarn
Polen
Deutsches Reich
Tschechoslowakei
Frankreich
Unbekannt
Rumänien
Italien
Niederlande
Andere

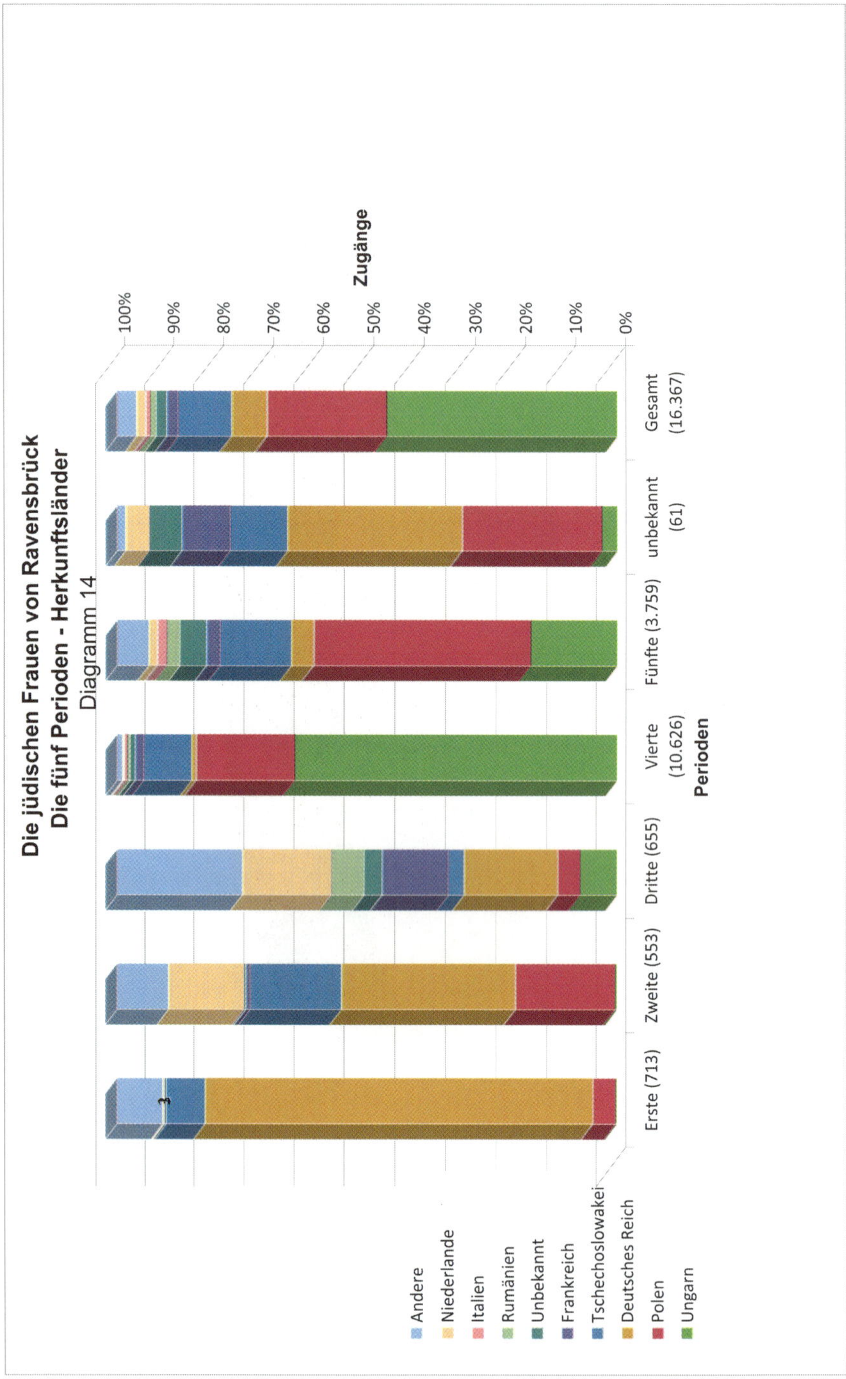
Die jüdischen Frauen von Ravensbrück
Die fünf Perioden - Herkunftsländer
Diagramm 14
Zugänge
100%
90%
80%
70%
60%
50%
40%
30%
20%
10%
0%
Erste (713)
Zweite (553)
Dritte (655)
Vierte (10.626)
Fünfte (3.759)
unbekannt (61)
Gesamt (16.367)
Perioden
3
Andere
Niederlande
Italien
Rumänien
Unbekannt
Frankreich
Tschechoslowakei
Deutsches Reich
Polen
Ungarn

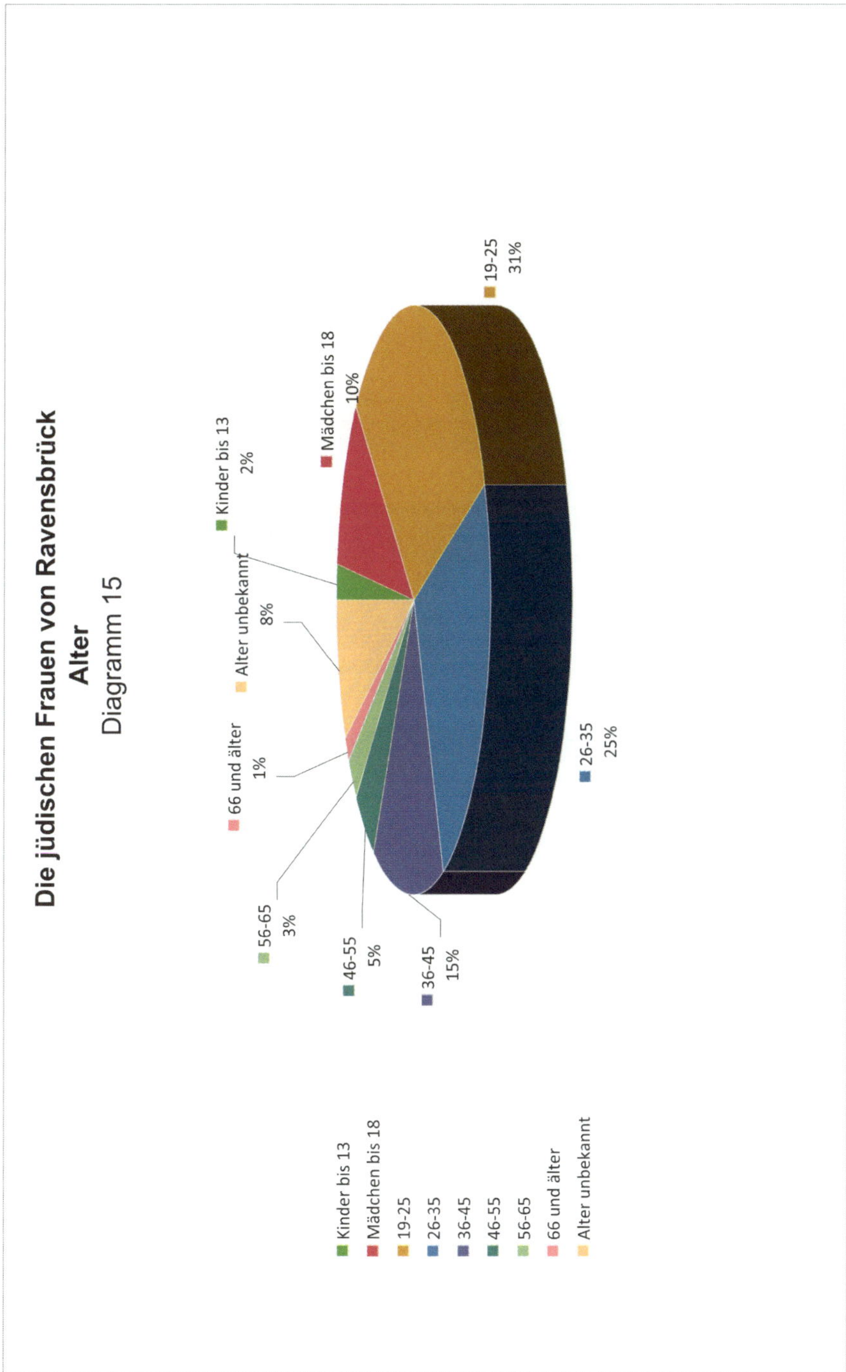
Die jüdischen Frauen von Ravensbrück
Alter
Diagramm 15
Kinder bis 13
2%
Mädchen bis 18
10%
19-25
31%
26-35
25%
36-45
15%
46-55
5%
56-65
3%
66 und älter
1%
Alter unbekannt
8%
Kinder bis 13
Mädchen bis 18
19-25
26-35
36-45
46-55
56-65
66 und älter
Alter unbekannt

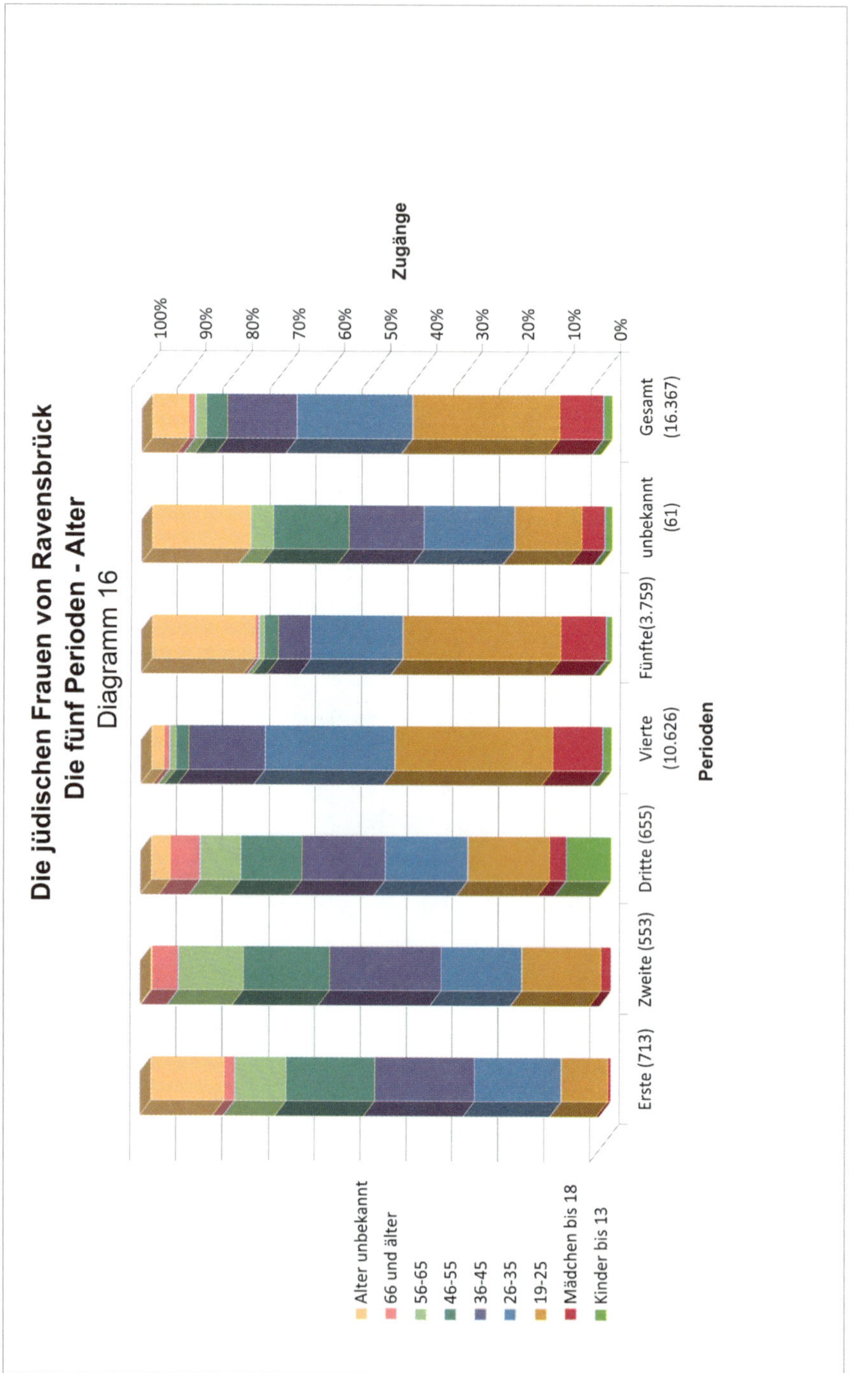
Die jüdischen Frauen von Ravensbrück
Die fünf Perioden - Alter
Diagramm 16
Zugänge
100%
90%
80%
70%
60%
50%
40%
30%
20%
10%
0%
Erste (713)
Zweite (553)
Dritte (655)
Vierte (10.626)
Fünfte(3.759)
unbekannt (61)
Gesamt (16.367)
Perioden
Alter unbekannt
66 und älter
56-65
46-55
36-45
26-35
19-25
Mädchen bis 18
Kinder bis 13

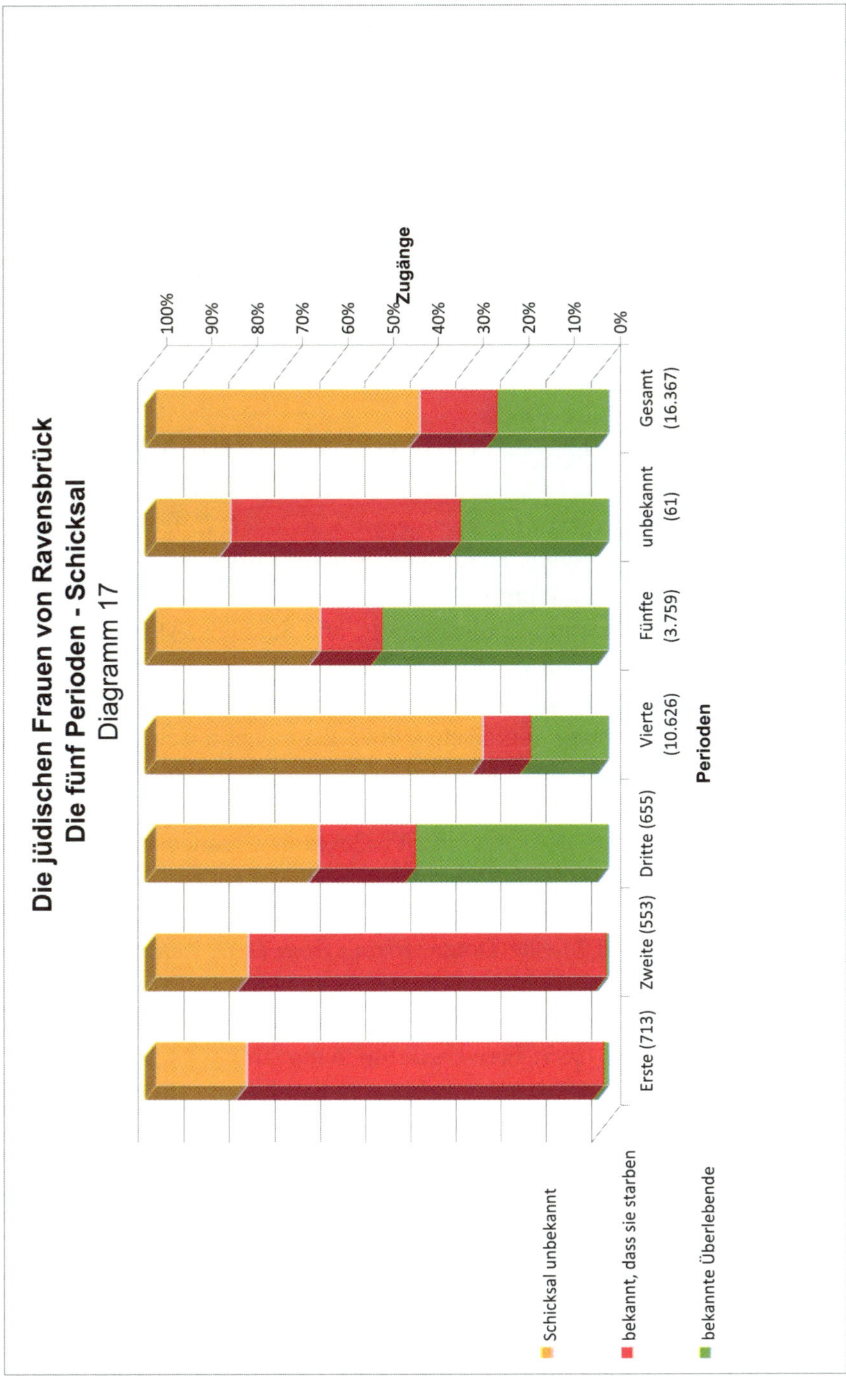

Die jüdischen Frauen von Ravensbrück
Die fünf Perioden - Schicksal
Diagramm 17
Zugänge
100%
90%
80%
70%
60%
50%
40%
30%
20%
10%
0%
Erste (713)
Zweite (553)
Dritte (655)
Vierte (10.626)
Fünfte (3.759)
unbekannt (61)
Gesamt (16.367)
Perioden
Schicksal unbekannt
bekannt, dass sie starben
bekannte Überlebende

XII

Literatur, die jüdischen Gefangenen von Ravensbrück betreffend

Veröffentlichte autobiographische Memoiren

Bejerano Esther, geb. Loewy, *Man nannte mich Krümel. Eine jüdische Jugend in den Zeiten der Verfolgung.* Herausgegeben vom Auschwitz-Komitee in der Bundesrepublik e.V., Hamburg, 1991.

Bernstein, Sara Tuvel, Thornton, Louise Loots, and Samuels, Marlene Bernstein, *The Seamstress – a Memoir of Survival*, Berkley, New York, 1999.

Birenbaum, Halina, *Hope is the Last to Die – a Coming of Age Under Nazi Terror*, (Erstveröffentlichung: polnisch, 1967; dann: hebräisch, 1981; deutsch, 1989), New York, 1996; und „Rückkehr einer Kind-Greisin aus Auschwitz", in: *Dachauer Hefte* Nr. 9, Dachau, 1993.

Buchman, Salusia: *Un livre pour mon fils*, Productions Chanteclair, Paris, 1987.

Dagan, Batsheva, *Gesegnet sei die Phantasie – verflucht sei sie! Überlebenszeugnisse*, Metropol, Berlin, 2005.

Dotan, Vera (Miriam) and Moshe Dotan, *Rising from Hell*, Raanana, Docostory, 2005, hebräisch und englisch.

Fabius, Odette, *Sonnenaufgang über der Hölle – von Paris in das KZ Ravensbrück* Erinnerungen, Berlin, 1997; Erstveröffentlichung: französisch, 1986.

Ganor, Niza, *Who Are You Anuschka?*, hebräisch: Sarah Batz, Omer; deutsch: *Wer bist du, Anuschka?*, C. H. Beck, 2000.

Glas-Larsson, Margareta, *I Want to Speak*, Ariadne Press, CA, Jan. 1991.

Greenfield, Hanna, *Von Kolin nach Jerusalem. Bruchstücke aus meinen Erinnerungen*, Jerusalem/New York, 1993.

Grohs-Martin, Silvia, *Silvie*, New York, 2000.

Gyulai, Kato, *Zwei Schwestern. Geschichte einer Deportation*, geschrieben: Budapest, 1947, veröffentlicht: Freie Universität Berlin, 2000.

Heftler, Nadine, *Si tu t'en sors . . . : Auschwitz, 1944–1945*. Découverte, Paris, 1992.

Kallus, Menachem, *Als Junge im KZ Ravensbrück*, Metropol, Berlin, 2005; hebräische Ausgabe: Privatveröffentlichung.

Kemeny, Esther, *On the Shores of Darkness*, Haller CA, USA, 2003. Kopecky, Lilli, *Im Schatten der Flammen (Sechs Vorlesungen über den Holocaust)*, Düsseldorf, 1992.

Kornreich-Gelissen, Rena, *Renas Versprechen*, Knesebeck-Verlag, München, 1996.

Kounio-Amariglio, Erika (Myriam), *From Thessaloniki to Auschwitz and back*, Thessaloniki, 1998.

Langley-Dános, Eva, *Prison on Wheels – From Ravensbrück to Burgau*, geschrieben: St. Ottilien, 1945, veröffentlicht: Kanada, 2000; deutsche Ausgabe: Einsiedeln: Daimon Verlag, 2000.

Lundholm, Anja, *Das Höllentor – Bericht einer Überlebenden*, Reinbek bei Hamburg, (1988) 1996 (nicht ganz autobiographisch).

Morgenbesser, Walter, *Cena Źevota (Der Preis des Lebens)*, (auf Slowakisch) aufgeschrieben von: Ruźena Kormośova, Spiśska Nova Ves, 2007.

Nelken, Halina, *And Yet I Am Here!*, Amherst, MA, 1999.

Pelz-Bergt, Jutta, *Die ersten Jahre nach dem Holocaust*, Berlin, 1997.

Schmidt-Fels, Lucia, *Deportiert nach Ravensbrück. Bericht einer Zeugin 1943–1945*, Düsseldorf, 1981.

Shelley, Dr. Lore, (Hrsg.), *The Secretaries of Death*, Shengold Publishers. Inc., New York, 1986, (hauptsächlich Auschwitz).

Shelley, Dr. Lore, (Hrsg.), *Auschwitz, The Nazi Civilization*, Studies in the Shoah Series, Vol. 1, University Press of America, USA, 1992, (hauptsächlich Auschwitz).

Sherman, Judith H., *Say the Name, A Survivor's Tale in Prose and Poetry*, University of New Mexico Press, Albuquerque, 2005.

Sommer-Lefkovits, Elisabeth, *Ihr seid auch in dieser Hölle? Erinnerungen an die unheilvollen Zeiten 1944–1945*, Chronos Verlag, Zürich, 1994.

Tichauer, Eva, *J'étais le numéro 20832 à Auschwitz*, Editions L'Harmattan, Paris, 1988.

Wajsbrot, Inka, *Together and Alone Facing Terror*, hebräisch, übersetzt aus dem Polnischen, Tel Aviv, 1992.

KURZE MEMOIREN, VON ANDEREN HERAUSGEGEBEN

Die folgenden Memoiren wurden veröffentlicht in:

- **Schütt, Karl Heinz, *Ein vergessenes Lager? Über das Außenlager Neustadt-Glewe des Frauen-KZ Ravensbrück*, Schkeuditz, 1997; oder in: Schütt, Karl Heinz, *Ein vergessenes Lager?* (II), Schkeuditz, 1998.:**

Atlas-Solar, Edith, in: Schütt (1998), S. 7–8.
Badour-Esrael, Liane, in: Schütt (1997), S. 34.
Berger (Maityn)-Weiss, Irene, in: Schütt (1997), S. 33.
Bindiger-Cige, Marta, in: Schütt (1998), S. 9–10.
Buchman, Salusia, in: Schütt (1997), S. 40–42.
Celogh-Segal, Fanny, in: Schütt (1997), S. 34–35.
Czarna-Welcman, Ida, in: Schütt (1997), S. 35.
Fensterszab-Grinspan, Ida, in: Schütt (1997), S. 36.
Friedman-Olomucki, Halina, in: Schütt (1997), S. 46.
Geiger-Zimmermann, Lea, in: Schütt (1997), S. 46–47.
Gelbard-Jisraeli, Shulamit, in: Schütt (1998), S. 11–13.
Gelbgras-Ferstenberg, Lea, in: Schütt (1997), S. 47–48.
Goldberg-Blumen, Regina, in: Schütt (1997), S. 37.
Goldring-Gold, Hanna, in: Schütt (1997), S. 38.
Gross-Koth, Gertrude, in: Schütt (1998), S. 14–17.
Grünapfel-Meth, Rose, in: Schütt (1997), S. 48–50.
Heinovits-Paskus, Regina, in: Schütt (1997), S. 51.
Ickovics-Lebowics, Etelka, in: Schütt (1998), S. 18–20.
Jarzcun, Estera, in: Schütt (1998), S. 21.
K., Fela, in: Schütt (1997), S. 51–53.
Karliner-Bulder, Edith, in: Schütt (1997), S. 53–55.
Kotliarevsky-Korb, Caterine, in: Schütt (1997), S. 38–39.
Kluger-Hajos, Irene, in: Schütt (1997), S. 56–59.
Kornreich-Gelissen, Rena, in: Schütt (1997), S. 60–61.
Landau-Bondy, Klara, in: Schütt (1997), S. 62–64.
Lang-Müller, Lilli, in: Schütt (1997), S. 65–67.
Libman-Weill, Ruth, in: Schütt (1998), S. 21–22.
Liebermann-Shiber, Ella, in: Schütt (1997), S. 67.
Mankowska-Bruk, Selena, in: Schütt (1997), S. 69.
Neumann-Votavova, Eva, in: Schütt (1998), S. 35–38.
Pelz-Bergt, Jutta, in: Schütt (1997), S. 73–78.
Piatkowska, Antonina, in: Schütt (1997), S. 79–84.
Polak-Kupferschmidt, Anna S., in: Schütt (1997), S. 85–87.

Rosenberg-Weber, Serena, in: Schütt (1997), S. 88–90.
Rosenfeld-Vago, Lidia, in: Schütt (1997), S. 91–107.
Saady-Tabb, Elvira, in: Schütt (1997), S. 109.
Schmelz, Margot, in: Schütt (1997), S. 109–110.
Schwalb-Horn, Lea, in: Schütt (1997), S. 113–114.
Schwalb-Kisch, Lea, in: Schütt (1997), S. 114–115.
Schwalbova, Margita, Dr., in: Schütt (1998), S. 22–24.
Schwartz-Fried, Elisabeth, in: Schütt (1998), S. 25–27.
Svoboda-Kopecky, Lilli, in: Schütt (1997), S. 118–121.
Telner-Baum, Salomea, in: Schütt (1997), S. 122–125.
Treibich (Huppert), Christina (Rina), in: Schütt (1998), S. 31–32.
Wynschenk-Lissing, Rebecca, in: Schütt (1997), S. 130–131.
Zimmerspitz-Neumann, Eta, in: Schütt (1998), S. 39–41.

– **Shelley, Lore, *The Secretaries of Death*, Shengold Publishers. Inc., New York, 1986:**

Duschinsky, Lili, S. 197–203.
Duschinsky-Rothova, Grete, S. 224–232.
Friedman (Name während des Krieges: Spandau), Elizabeth (Elfi), S. 159–166.
Glueck, Renee, geb. Vesely, S. 70–73.
Grossman, Helene, geb. Brody, S. 184–196.
Grün-Kellner, Else, S. 85–56.
Grünwald-Frenkel (Löwinger), Irene, S. 211–223.
Hönig, Lily, geb. Reiner, S. 86–91.
Kopecky (Lilli, Name während des Krieges: Sonnenfeld-Svoboda), S. 233–247.
Kounio, Hella, geb. Loewy, S. 52–54.
Kounio Amariglio, Erika Myriam, S. 42–51.
Majerczyk, Lili, geb. Stark, S. 144–147.
Markowitz, Herma, geb. Hirschler, S. 116–130.
Ostermann, Dagmar, geb. Bock, S. 170–183.
Paskus, Rivka, geb. Heinovitz, S. 204–210.
Pollak, Aurelia, geb. Klein, S. 150–158.
Rosenthal, Maryla, geb. Obstfelt, S. 148–149.
Schwarz, Irene, geb. Anis, S. 11–20.
Sender, Frieda, geb. Adler, S. 78–80.
Shelley, Dr. Lore, geb. Weinberg, S. 92–104.
Spatz Susan Cernyak, geb. Eckstein, S. 107–115.
Steinberg (Name während des Krieges: Lebensfeld), Regina, S. 131–143.
Turteltaub, Elsa, geb. Waldner, S. 257–260.
Weiss, Berta, S. 74–76.
Weiss, Irene, geb. Berger, S. 55–69.

– Shelley, Lore, *Auschwitz, The Nazi Civilization, Studies in the Shoah Series*, Vol. 1, University Press of America, USA, 1992:

Aloni, Ora, geb. Borinski, S. 179–192.
Atlas, Esther, geb. Kassvan, S. 102–114.
Bergt, Jutta, geb. Pelz, S. 201–212.
Grunstein, Katarina, geb. Feldbauer, S. 229–240.
Heymann, Shoshana, geb. Rosenthal, S. 8–12.
Maliarova, Edith, S. 62–72.
Moses, Rachel, geb. Petzal, Inge, S. 192–201.
Müller, Irmgard, S. 38–42.
Rosenhain (West), Anny, geb. Neumann, S. 34–37.
Rotstein, Helena, geb. Gutman, S. 14–18.
Sohlberg, Sophie, geb. Löwenstein, S. 164–177.
Soswinski, Herta, geb. Mehl, S. 125–144.

– Berger, Karin, Elisabeth Holzinger, Lotte Podgornik, Lisbeth N. Trallori, (Hrsg.), *Ich geb Dir einen Mantel, daß Du ihn noch in Freiheit tragen kannst: Widerstehen im KZ: Österreichische Frauen erzählen*, Promedia, Wien, 1987:

Einberger, Eva, S. 89–91.
Fritz, Mali, S. 253–258.
Lehr, Antonie, S. 194–197.
Musik, Erna, S. 165–174.
S. Lotte, S. 225–234.
Schindel, Gerti. S. 282–284.
Soswinski, Herta, S. 239–246.
Tencer, Ester, S. 235–238.

Die folgenden Memoiren wurden von anderen herausgegeben:

Fuchs, Herta, geb. Ligeti, „Camp Love with a capital L“, in: Lore, Shelley, *The Union Commando in Auschwitz, Studies in the Shoah Series*, Vol. 13, UP of America, 1996, S. 58–76, 354–357.

Kraskin, Rysia, „The Story of a Survivor“, in: *Generation to Generation*, erstellt von Gillian Levy, 1996, Jewish Community in Victoria, British Columbia, Kanada.

Litwin, Mina Miriam, Dr., veröffentlichte Zeugenaussage in: Gruber-Lieblich, Renate, *„... und morgen war Krieg!“ – Arado Flugzeugwerke GmbH Wittenberg 1936–1945*, Wittenberg, 1995, S. 78–88.

Lyon, Gloria Hollander, in: „Die Odyssee einer ungarischen Jüdin“, in: Füllberg-

Stolberg, Claus, (Hrsg.), *Frauen in Konzentrationslagern – Bergen-Belsen, Ravensbrück*, Bremen, 1994, S. 279–290.

Menzer, Rosa, „Die rote Rosa von Striesen“, in: Jacobeit, Sigrid und Thoms-Heirich, Lieselotte, *Kreuzweg Ravensbrück*, Verlag für die Frau, Leipzig, 1987, S. 125–137.

Rosenfeld-Vago, Lidia, „One year in The Black Hole of our Planet Earth – a personal narrative“, Kapitel 15, in: Ofer, Dalia und Weitzman, Leonore J., (Hrsg.), *Women in the Holocaust*, New York, 1998, S. 273–284.

Schwartz-Fried, Elisabeth, „I worked for Mengele“, in: *Survivors' Chronicle*, Vol. 4, Heft 1, New York, Frühling 1998.

Silbermann, Lotte, „In der SS-Kantine in Ravensbrück“, in: *Frauen-KZ Ravensbrück – ... und dennoch blühten Blumen – Dokumente, Berichte, Gedichte und Zeichnungen vom Lageralltag 1939–1945*, Potsdam, 2000, S. 52 – 55.

Sonntag, Lotte-Brainin, in: Lore Shelley, *The Union Commando in Auschwitz. Studies in the Shoah Series*, Vol. 13, UP of America, 1996, S. 88–96, 361 – 364.

van de Montel, Louise, „„... der Zukunft optimistisch entgegensehen“, in: *Frauen in Konzentrationslagern – Bergen-Belsen, Ravensbrück*, Pflock, Andreas (Hrsg.), Bremen, 1994, S. 313–320.

Kurz-Biographien in Ravensbrück-Kalendern veröffentlicht:

– Frauen aus Ravensbrück 1995, Edition Hentrich, 1994:
Benario-Prestes, Olga;
Kiss, Edith, geb. Rott;
Leichter, Marianne-Katharina (Käthe), geb. Pick.
– Frauen-Konzentrationslager Ravensbrück, Kalender 2000, Berlin, 1999:
Bejerano, Esther, geb. Loewy;
Hazai, Rozsi, geb. Traijar;
Konrad, Irmgard, geb. Adam;
Nikifora, Stella, geb. Kugelman;
Tettenborn, Elisabeth, geb. Witzig;
Timar, Eva.

Autobiographische und biographische Dokumente

Benario-Prestes, Olga, „Brief an Dona Leocadia Prestes in Mexiko", in: Schwarz, Helga und Szepansky, Gerda, (Hrsg.), *Frauen-KZ Ravensbrück – ... und dennoch blühten Blumen – Dokumente, Berichte, Gedichte und Zeichnungen vom Lageralltag 1939–1945*, Potsdam, 2000, S. 63–65.

Eckler, Irene, *Die Vormundschaftsakte 1935–1958*, Horneburg Verlag, 1996.

Kugelmann, Stella, „Erinnerungen an das Lager" (Brief an Erika Buchmann, 1963; Brief an Antonina Nikoforowa, 1960), in: *Frauen-KZ Ravensbrück – ... und dennoch blühten Blumen – Dokumente, Berichte, Gedichte und Zeichnungen vom Lageralltag 1939–1945*, Potsdam, 2000, S. 125–126.

Murr, Emma und Fiedler, Selma, Briefe und Dokumente, gesammelt in: Schramm, Reinhard, *Ich will leben*, Weißenfels, 1990.

Unveröffentlichte Memoiren

Katz, Rosa, geb. Goldberg, 1974 Interview für die *Madison Historical Society*, S. 63,

Neumann, Irma, unbetiteltes und unveröffentlichtes Memoir, *Berlin, Auschwitz, Ravensbrück*, 1948.

Shragay, Mania, *Von Piotrkow nach Ravensbrück* (auf Hebräisch), 18. 12. 1997.

Teitelbaum, Margit, geb. Schwartz, *Kurze Beschreibung der Erlebnisse in Auschwitz von Häftling 4826*, Yad Vashem Archiv 12414.

Vago, Lidia Rosenfeld, *One year in the Black Hole of our Planet Earth*, Petah-Tikva, Israel, 1995, S. 119.

Bücher über Ravensbrück, geschrieben von nicht-jüdischen Gefangenen, die die Lage der jüdischen Gefangenen beschreiben

Buber-Neumann, Margarete, *Als Gefangene bei Stalin und Hitler*, 1949, jüngste Auflage: Ullstein, 2002. Auf Englisch: *Under Two Dictators*, U.K., 1949, USA, 1950; jüngste Auflage: London, Pimlico, 2008.

Buber-Neumann, Margarete, *Milena, Kafkas Freundin*, auf Deutsch: München, 1977; auf Englisch: *Milena*, U.K., 1977.

Katzenmaier, Katharina (Schwester Theodolinde), *Vom KZ ins Kloster*, St. Ottilien, EOS-Verlag, 1996.

Kiedrzyńska, Wanda, *Ravensbrück Frauenkonzentrationslager*, Polnisch: Warschau, 1961, S. 379 (Deutsche Übersetzung im Ravensbrück Archiv).

Tillion, Germaine, *Frauenkonzentrationslager Ravensbrück*, Lüneburg, 1998 (auf Französich: Paris, 1973, 1988, 1997).

Wińska, Urzula, *Die Werte siegten – Erinnerungen an Ravensbrück*, auf Polnisch: *Morskie*, 1985, S. 418, deutsche Übersetzung im Ravensbrück Archiv.

Maffre Castellani, Françoise, *Femmes déportées – Histoires de résilience*, Editions des femmes: Antoinette Fouque, Paris, 2005.

Forschung, die jüdische Ravensbrück-Gefangene betrifft

Apel, Linde, *Jüdische Frauen im Konzentrationslager Ravensbrück 1939–1945*, Metropol Verlag, Berlin, 2003.

Bock, Gisela (Hrsg.), *Genozid und Geschlecht: Jüdische Frauen im nationalsozialistischen Lagersystem*. Frankfurt/M. und New York: Campus, 2005.

Dublon-Knebel, Irith (Hrsg.), *Schnittpunkt des Holocaust: Jüdische Frauen und Kinder im Konzentrationslager Ravensbrück: Wissenschaftlicher Begleitband zur Ausstellung*, Metropol Verlag/BURGIM, 2009.

Erpel, Simone, „Ravensbrücker Todesmärsche 1945“, in: Röhr, Werner und Berlekamp, Brigitte (Hrsg.), *Bulletin für Faschismus und Weltkriegsforschung*, Beiheft 1, Edition Organon, Berlin, 2001.

Kittel, Sabine, *„Places for the Displaced“: Biographische Bewältigungsmuster von weiblichen jüdischen Konzentrationslager-Überlebenden in den USA*. Hildesheim: Georg Olms Verlag – Weidmannsche Verlagsbuchhandlung, 2006.

Massariello Merzagora, Giovanna und Massariello, Paolo, *La Lista delle donne di Ravensbrück: 600 nomi per ricordare, Bolletino della Societa Letteraria*, 9bis, Verona, Dezember 1945, S. 31–54.

Massariello Merzagora, Giovanna, *Ecologia della memoria: la conservazione dei lager sul territorio della Germania*, ebenda, S. 59–65.

Saidel, Rochelle G., *The Jewish Women of Ravensbrück Concentration Camp*, The University of Wisconsin Press, Madison Wisconsin, 2004. Hebräische Ausgabe: 2008.

Seidel, Irmgard, „Jüdinnen in den Außenkommandos des Konzentrationslagers Buchenwald", Aufsatz für die Internationale Konferenz *Genocide and Gender*, FU Berlin, Oktober, 2003.

Schindler-Saefkow, Bärbel, „Todestransporte aus Ravensbrück" und: *„Ein Gedenkbuch für die Opfer von Ravensbrück"*, in: Röhr, Werner und Berlekamp, Brigitte (Hrsg.), *Bulletin für Faschismus und Weltkriegsforschung*, Beiheft 1, Edition Organon, Berlin, 2001, S. 123–145 und S. 169–192.

Walz, Loretta, *„Und dann kommst du dahin an einem schönen Sommertag": Die Frauen von Ravensbrück*, Kunstmann, München, 2005.

XIII

Liste der Interviews

Tabelle 13.1

Liste aller (138) Interviews mit Überlebenden einschließlich der von den Mitgliedern der Forschungsgruppe auf Band aufgenommenen Interviews, der von J.B.A. aufgenommenen Telefoninterviews, der in Schweden und Belgien kurz nach dem Krieg geführten Interviews (aufgezeichnet und übersetzt) und der von J.B.A. per Post und Telefon geführten Interviews.

* Interviews mit polnischen jüdischen Überlebenden von Ravensbrück, geführt in Schweden nach dem Krieg durch das *Polish Institute of Sources* (Lund). Alle Interviews wurden von Fr. Wanda Wasserman, Freiwillige der Wiener Library, 1998–99 übersetzt.

** Neunzehn weitere Interviews, vor allem mit US-Überlebenden, wurden von Sabine Kittel durchgeführt.

Tabelle 13.1

Name während des Krieges	*Jetziger Name*	*Ankunft in Ravensbrück*	*Ravensbrück-Nr.*	*Datum des Interviews*	*Ort des Interviews*	*Interviewer*	*Zusätzliche Informationen*		*Nr. auf US oder israeli. Liste*	*Zitiert: Kapitel, Anmerkung*
Adler, Roszi	Ross, Rose	22. 11. 44	88778	2. 5. 01		J.B.A.	detailliertes Schreiben	US-Überlebende	35841	
Adler, Eva	Efrat, Eva	Aug. 1944		21. 5. 03		J.B.A.	Telefon-interview	Israelische Überleben-de	#52	Kap.7,Anm. 8 Kap. 8, Anm. 194
Ajlman, Estera	Wasserman, Esther	24. 12. 44			USA		Video-Interv. für die Shoah Foundation	US-Überlebende	61001	
Arato (Auf-richtig), Jolanta	Taube, Judith	Juni 1944	43420	10. 7. 97	Israel: Rehovot	J.B.A.		Israelische Überleben-de		Kap. 6, Anm. 10
Bart-Nomberg, Helena	Bart-Nomberg, Helena	Jan. 1945		22. 5. 46	Schweden: Trelleborg #311	Luba Melchior	*			
Bartha, Agnes	Galambos, Agnes	22. 11. 44	86242	Sept. 2005	Post und Telefon	J.B.A.	Tel: 36–1-2513897	Ungarische Überleben-de		
Bawer, Zsuzsanna	Herczog, Zsuzsanna (Imrene)	8. 12. 1944	92416	19. 7. 05	per Post Budapest	J.B.A.	nach Freiburg, dann nach Szvodav	Ungarische Überleben-de		

Name während des Krieges	*Jetziger Name*	*Ankunft in Ravensbrück*	*Ravensbrück-Nr.*	*Datum des Interviews*	*Ort des Interviews*	*Interviewer*	*Zusätzliche Informationen*		*Nr. auf US oder israeli. Liste*	*Zitiert: Kapitel, Anmerkung*
Bennerowa, Agota	Fürst, Neomi	Nov. 1944		12. 11. 03		J.B.A.	Telefoninterv. Besonders über Retzow	Israelische Überlebende	#527	
Berger, Irmgard Judith	Becker, Irmgard Judith	23. 01. 45		15. 6. 98	Israel: Jerusalem	J.B.A.		US-Überlebende, israelische Überlebende	1866/ #118	Kap. 8, Anm. 33
Berger, Magda, geb. Wollstein	Berger, Esther	24. 12. 44		2003		J.B.A.	Telefon-interview	Israelische Überlebende		Kap. 8, Anm. 126
Bienstock, Dwojra, verheiratete Roth	Bienstock, Dwojra	Jan. 1945		April 1956	Belgien		Material in Yad Vashem, übersetzt von J.B.A. aus Französischem ins Englische	Belgische Überlebende		

Name während des Krieges	*Jetziger Name*	*Ankunft in Ravensbrück*	*Ravensbrück-Nr.*	*Datum des Interviews*	*Ort des Interviews*	*Interviewer*	*Zusätzliche Informationen*		*Nr. auf US oder israeli. Liste*	*Zitiert: Kapitel, Anmerkung*
Bindel, Tauba, geb. Edelman	Bindel, Tauba	Jan. 1945		April 1956	Belgien #1047		Material in Yad. Vashem, übersetzt von J.B.A. aus dem Franz. ins Englische	Belgische Überlebende		Kap. 8, Anm. 29
Biwas, Estera	Alalouf, Ester		99447	25. 8. 97	Israel	A.K.		Israelische Überlebende	#36	
Blavat, Marilka	Serna, Miriam	Jan. 1945		2003		J.B.A.	Telefoninterview	Israelische Überlebende		
Cattan, Aimée	Weissberg, Aimée	Jan. 45		16. 7. 03			Brief von ihrem Sohn George Weissberg	US-Überlebende		
Coperbac, Rauchla	Coperbac, Rauchla	Juli 1944		April 1956	Belgien #466		Material in Yad. Vashem, übers. von J.B.A. aus dem Franz. ins Engl.	US-Überlebende	259883	

Name während des Krieges	*Jetziger Name*	*Ankunft in Ravensbrück*	*Ravensbrück-Nr.*	*Datum des Interviews*	*Ort des Interviews*	*Interviewer*	*Zusätzliche Informationen*		*Nr. auf US oder israeli. Liste*	*Zitiert: Kapitel, Anmerkung*
Cukierman, Blima	Goldberg, Bluma	24. 12. 44	96130	Feb. 2003		J.B.A.	Antwort auf spezielle Anfragen	Israelische Überlebende	#164	Kap. 8, Anm. 142
Davidovitz, Feige	Schulzer, Zipora	Okt.-Nov. 1944		16. 12. 1997	Israel: Herzliya	I.D.K.		Israelische Überlebende	#675	
Davidovitz, Zirel	Hartuv, Zipora	behauptet, dass sie im Sept. 44 ankam			Israel: Kfar Hasidim	I.D.K.		Israelische Überlebende	#257	
Deutsch, Rosa	Deutsch, Rosa	06–09. 12. 44	93000	5. 12. 05	Telefon und Briefe, Budapest	J.B.A.	Sagte aus, dass drei Frauen in Penig gestorben seien	Ungarische Überlebende		Evakuation aus Penig
Esses, Adela	Taublib, Adela	24. 12. 44				J.B.A.	Antwort auf spezielle Anfragen	US-Überlebende	202514	
Farkas, Mathilda, geb. Kahan	Farkas, Mathilda	Dez. 1944		Nov. 2000		J.B.A.	Starb 1991; Brief von Schwiegertochter und Telefoninterv. mit Sohn	Israelische Überlebende		

Name während des Krieges	*Jetziger Name*	*Ankunft in Ravensbrück*	*Ravensbrück-Nr.*	*Datum des Interviews*	*Ort des Interviews*	*Interviewer*	*Zusätzliche Informationen*		*Nr. auf US oder israeli. Liste*	*Zitiert: Kapitel, Anmerkung*
Fenyö, Rozália	Kovács, Rozália (Mukloskne)	Dez. 1944			per Post, Budapest	J.B.A.	nach Venusberg und Mauthausen geschickt	Ungarische Überlebende		
Filusch, Sara	Zvi, Sara	Jan. 1945		1. 09. 98	Israel	A.K.		Israelische Überlebende		
Frenkel, Anicka	Ganor, Niza	Jan. 1945		13. 3. 97	Israel: Jerusalem	J.B.A.,A.K.,und I.D.K.		Israelische Überlebende	#191	Kap. 8, Anm. 27, 143, 200, 202, 248–9
Gellert, Kato	Weisner, Sara	Nov. 1944		4. 8. 97	Israel: Petach Tikwa	A.K.		Israelische Überlebende	#281	
Goldband Mordowicz, Rosalia	Goldband, Rosalia	Nov. 1944	82072	20. 3. 46	Schweden: Malmö #240	Krystyna Karier	*			
Goldberger, Rozsi	Schaeffer, Rose	22. 11. 44	88938	1. 5. 01		J.B.A.	detaillierter Brief	US-Überlebende	91424	
Goldblatt, Faige (Fanny)	Olshinzky, Shulamit			30. 11. 2003		J.B.A.	Telefoninterview			

Name während des Krieges	*Jetziger Name*	*Ankunft in Ravensbrück*	*Ravensbrück-Nr.*	*Datum des Interviews*	*Ort des Interviews*	*Interviewer*	*Zusätzliche Informationen*		*Nr. auf US oder israeli. Liste*	*Zitiert: Kapitel, Anmerkung*
Gombus, Edith	Peer, Edith						Fotokopie der Aussage von Judith Taube	Australische Überlebende		Kap. 6, Anm. 10
Gottfried/ Teitelbaum, Rachela	Gottfried, Rachela	Nov. 1944	82285	13. 1. 47	Schweden: Doverstorp #115	Helena Driedricka	*			
Grünberger, Szari	Selman, Sara	24. 12. 44	86055			J.B.A.	Antwort auf spezielle Anfragen	US-Überlebende	110002	Kap. 8, Anm. 130
Gruta, Bella	Gruta, Bella	Jan. 1945		1. 9. 97	Israel	A.K.		Israelische Überlebende	#194	
Gutman, Vera	Engel, Vera	28. 11. 44	88973	Feb. 2003		J.B.A.	Antwort auf spezielle Anfragen	Israelische Überlebende	#48	
Gyulai, Kato	Gyulai, Kato	28. 11. 44	88927	27. 7. 98	Budapest	J.B.A.		Ungarische Überlebende		Kap. 7, Anm. 91 Kap. 8, Anm. 200, Anm. 201
Haberfeld, Johanna	Zemer, Chana	20. 11. 44		24. 9. 98	Israel: Tel Aviv	J.B.A. und A.K.		Israelische Überlebende	#330	

Name während des Krieges	*Jetziger Name*	*Ankunft in Ravensbrück*	*Ravensbrück-Nr.*	*Datum des Interviews*	*Ort des Interviews*	*Interviewer*	*Zusätzliche Informationen*		*Nr. auf US oder israeli. Liste*	*Zitiert: Kapitel, Anmerkung*
Handelsmann, Hanka	Hadley, Anna	24. 12. 44				J.B.A.	Antwort auf spezielle Anfragen	US-Überlebende	16862	Kap. 8, Anm. 130
Hauptman, Felicija	Hauptman, Felicija	25. 01. 45		3. 10. 46	Schweden: Trelleborg #487	Luba Melchior	*			
Hetenyi, Klara	Christof, Klara	Nov. 1944	87113	13. 8. 97	Israel: Netanya	A.K.		Israelische Überlebende	#625	Kap. 8, Anm. 209
Hirsch, Judith	Harris, Judith	07. 02. 44	28044	26. 8. 97	Israel: Ra'anana	A.K.		Israelische Überlebende	#235	Kap. 10, Anm. 10
Holcer, Lida	Holcer, Lida	Feb. 1945		13. 1. 46	Schweden Doverstorp#113	Helena Driedricka	*			Kap. 8, Anm. 179
Hufert, Rivka	Treibich,Reina (Christina)		104455	13. 5. 97	Israel: Ramat Aviv	A.K. und I.D.K.		Israelische Überlebende	#346	
Jakubovics, Regina-Rivka	Feig, Rivka	Nov. 1944		19. 11. 1997	Israel: Kiryat Haim	I.D.K.		Israelische Überlebende	#521	

Name während des Krieges	*Jetziger Name*	*Ankunft in Ravensbrück*	*Ravensbrück-Nr.*	*Datum des Interviews*	*Ort des Interviews*	*Interviewer*	*Zusätzliche Informationen*		*Nr. auf US oder israeli. Liste*	*Zitiert: Kapitel, Anmerkung*
Joffe, Chaika verh. Gruma	Joffe, Chaika	06. 06. 44		April 1956 #273	Belgien		Material in Yad Vashem übersetzt aus dem Franz. ins Engl. von J.B.A.	belgisch		
Kallus, Emma	Arbel, Amira (Emi)	07. 02. 44	28052	14. 7. 97	Israel: Kiryat Tivon	A.K. und I.D.K.		Israelische Überlebende	#57	
Kallus, Menachem (Otto)	Kallus, Menachem	07. 02. 44	28053	14. 7. 98	Israel: Kiryat Tivon	A.K. und I.D.K.		Israelischer Überlebender	#596	Kap. 6, Anm. 21
Kallus, Zali, geb. Eliovits	Kallus, Zali (Sara)	07. 02. 44	28027	17. 7. 97	Israel: Beit Itzhak	A.K.		Israelische Überlebende	#597	Kap. 6, Anm. 15
Kanitz, Margit	Senator, Margaret	Nov. 1944	81384	2003		S.K und J.B.A.	In Israel bis 1968, Interview von S.K.; Telefoninterview 2003 durch J.B.A.	US-Überlebende	281187	
Kaplan, Gustawa	Kaplan, Gustawa	03. 11. 44	82297	12. 1. 46	Schweden: Doverstorp #102	Krystyna Karier	*			

Name während des Krieges	*Jetziger Name*	*Ankunft in Ravensbrück*	*Ravensbrück-Nr.*	*Datum des Interviews*	*Ort des Interviews*	*Interviewer*	*Zusätzliche Informationen*		*Nr. auf US oder israeli. Liste*	*Zitiert: Kapitel, Anmerkung*
Kawenoki, Sally	Lifschitz, Sally	21. 08. 44	60879	19. 2. 02		J.B.A.	Antwort auf spezielle Anfragen zu Zugängen im August 1944	US-Überlebende	16185	Kap. 7, Anm. 27
Kempel, Hanna	Shlomi, Hanna	Jan. 1945		7. 2. 01	Israel: Tel Aviv	J.B.A.		Israelische Überlebende		
Kimchi (Kamchi), Yvonne	Razon, Yvonne	Ausch. Todesmarsch		3. 9. 97	Israel	A.K.			#658	
Kiss, Judit	Kiss, Judit	1. 12. 44		Aug. 2005	Post und Telefon,Budapest	J.B.A.	Nach Spandau und Oranienburg geschickt; lieferte Informationen über zwei weitere Überlebende	Ungarische Überlebende		
Klein, Eta	Benet, Eta	Nov. 1944		9. 11. 97	Israel: Herzliya	I.D.K.		Israelische Überlebende	#115	

Name während des Krieges	*Jetziger Name*	*Ankunft in Ravensbrück*	*Ravensbrück-Nr.*	*Datum des Interviews*	*Ort des Interviews*	*Interviewer*	*Zusätzliche Informationen*		*Nr. auf US oder israeli. Liste*	*Zitiert: Kapitel, Anmerkung*
Klein, Irene	Loeb, Irene	Aug. 1944		2003		J.B.A.	Schreiben	US-Überlebende	311001	
Klein, Schari	Trattner, Sara	22. 11. 44	89061	April 2001		J.B.A.	detailliertes Schreiben	US-Überlebende	208886	
Kohn, Alice	Mor, Aliza	Nov. 1944		Feb. 1998		J.B.A.	Fragebogen und Telefon-interview	Israelische Überleben-de	#443	
Kokocinska, Priemeta	Krakowski Dr., Fruma	22. 10. 44	79546	15. 12. 1998	Israel: Ramat Gan	J.B.A.		Israelische Überleben-de		
Königsberg, Renata	Königsberg, Renata	Nov. 1944	82226	20. 12. 1945	Schweden: Lund #137	Luba Melchior	*			
Korn, Erna	De Vries, Erna	16. 09. 43		14. 5. 99	Israel	J.B.A.	auf „sheelon sofi“, auch Schreiben	Deutsche Überleben-de	#217	Kap. 6, Anm. 8, 27
Krajanek, Estera, geb. Gruk	Krajanek, Estera	Nov. 1944	82397	15. 6. 46	Schweden: Ystad #360	Helena Miklos zewska	*			

Name während des Krieges	*Jetziger Name*	*Ankunft in Ravensbrück*	*Ravensbrück-Nr.*	*Datum des Interviews*	*Ort des Interviews*	*Interviewer*	*Zusätzliche Informationen*		*Nr. auf US oder israeli. Liste*	*Zitiert: Kapitel, Anmerkung*
Landskroner, Bertha, verh. Rieg	Landskroner, Bertha	Jan. 1945		8. 6. 56	Belgien: #270		Material in Yad Vashem, übersetzt aus dem Französischen ins Englische von J.B.A.	Belgische Überlebende		Kap. 3, Anm. 73
Laufer, Elisabet	Siliagi, Elisabet	22. 11. 44	85688	5. 6. 97	Israel: Yavne	I.D.K.		Israelische Überlebende	#498	Kap. 8, Anm. 6
Laufer, Alfrieda	Laufer, Alfreda	Krupp		28. 4. 46	Schweden: Malmö #283	Luba Melchior				Kap. 8, Anm. 111
Lax, Frieda	Petrower, Zipora	Aug. 1944	53600	9. 11. 97	Israel: Ramat Gan	J.B.A.		Israelische Überlebende	#159	Kap. 7, Anm. 7
Lengyel, Janka, geb. Stern		21–22. 11. 44	85721	Nov. 2003		J.B.A.	Korrespondenz mit ihrem Sohn Gabor Lengyel			
Lieberman, Edith	Rieder, Edith	Anfang Nov. 1944		30. 11. 2003		J.B.A.	Schreiben	US-Überlebende	62797	
Lis, Halina	Lis, Halina	April 1945			Israel: Rehovot	J.B.A.		Israelische Überlebende		Kap. 8, Anm. 87, 89, 90, 93

Name während des Krieges	*Jetziger Name*	*Ankunft in Ravensbrück*	*Ravensbrück-Nr.*	*Datum des Interviews*	*Ort des Interviews*	*Interviewer*	*Zusätzliche Informationen*		*Nr. auf US oder israeli. Liste*	*Zitiert: Kapitel, Anmerkung*
Litwin Dr., Miriam Mina Maria	Litwin, Mina	22. 10. 44	79364	27. 1. 98	Israel: Tel Aviv	J.B.A.	auch interviewt durch Renate Gruber-Lieblich	Israelische Überlebende	#410	Kap. 7, Anm. 39
Lorentz, Yalnka (Lenka)	Rot, Tova	19. 11. 44	84734	28. 3. 03		J.B.A.	Telefon-interview, Schreiben	Israelische Überlebende	#648	
Mandelkern, Lajka	Mandelkern, Lajka	Feb. 1944	27223	16. 5. 46	Schweden: Trelleborg #304	Luba Melchior	*			
Markowska (Cukierman), Fela	Lamhut, Malka	24. 12. 44	95925	Feb. 2003		J.B.A.	Antwort auf spezielle Anfragen	Israelische Überlebende	#418	Kap. 8, Anm. 142
Marosi, Olga	Kallus, Tova	Sept. 1944	53719	21. 12. 1997	Israel: Kiryat Tivon	I.D.K.		Israelische Überlebende	#571	
Mayzel, Sara	Mayzel, Sara	Jan. 1945		4. 9. 46	Brüssel: #492	Luba Melchior	*			
Medina, Frieda	Kobo (Kovo),Frieda		101827	19. 9. 97	Israel	A.K.		Israelische Überlebende	#574	

Name während des Krieges	*Jetziger Name*	*Ankunft in Ravensbrück*	*Ravensbrück-Nr.*	*Datum des Interviews*	*Ort des Interviews*	*Interviewer*	*Zusätzliche Informationen*		*Nr. auf US oder israeli. Liste*	*Zitiert: Kapitel, Anmerkung*
Mehl, Herta	Soswinski, Herta	Jan. 1942		15. 4. 97	Wien	S.K.	gab J.B.A. Bericht	Tschechische /österreichische Überlebende		Kap. 4, Anm. 6, 33, 39
Melchior, Estera	Schwartz, Ester	Nov. 1944	82103	25. 4. 46	Schweden: Trelleborg #277	Luba Melchior	*	US-Überlebende	38689	
Miodownik, Maria	Miodownik, Maria	Nov. 1944	82006	20. 3. 47	Schweden: Malmö #242	Luba Melchior	*			
Misrachi, Rebecca	Gottfried, Lilli	16. 12. 43	25584	21. 9. 97	Israel: Rishon Letzion	J.B.A. und A.K.		Israelische Überlebende	#161	Kap. 6, Anm. 16, 23
Modrzewiecka Rysia	Kraskin, Rysia	24. 12. 44				J.B.A.	Antwort auf spezielle Anfragen	Kanadische Überlebende		
Morgenbesser, Walter	Morgenbesser, Walter	10. 11. 44	11707	19. 2. 98 26. 2. 98	Israel: Tel Aviv	J.B.A.	Video-Interview	Israelischer Überlebender		Kap. 7, Anm. 97
Moskovits, Neomi	Friedman, Neomi	06. 04. 44	34253	23. 6. 97	Israel: Netanya	A.K. und I.D.K.		Israelische Überlebende	#545	Kap. 6, Anm. 22
Moskovits, Frieda, geb. Heinovits	Moskovits, Neomi	06. 04. 44	34252	2. 7. 97	Israel: Netanya	J.B.A. und I.D.K.		Israelische Überlebende	#445	

Name während des Krieges	*Jetziger Name*	*Ankunft in Ravensbrück*	*Ravensbrück-Nr.*	*Datum des Interviews*	*Ort des Interviews*	*Interviewer*	*Zusätzliche Informationen*		*Nr. auf US oder israeli. Liste*	*Zitiert: Kapitel, Anmerkung*
Munk, Magdolna	Békés, Magdolna (Tamasné)	03–04. 12. 44		19. 7. 05		J.B.A.	nach Venusberg geschickt; berichtet über medizinische Experimente	Ungarische Überlebende		
Nagy, Rózsa	Dr. Szilágyi, Rózsa (Dezsöné)	Dez. 1944		Juli 2005	Post und Telefon, Budapest	J.B.A.	Nach Venusberg und Mauthausen geschickt	Ungarische Überlebende 3613120096		
Nirenberg (Nierenberg), Rifka	Kimelman, Gina	24. 08. 44	60925	Dez. 2001		J.B.A.	Korrespondenz mit ihrem Sohn Mikael Kimelman (Info. zu Mühlhausen)	US-Überlebende	21879	
Nirenberg (Nierenberg), Cipora (Tzipora)	Abram, Pola	24. 08. 45	60926	Dez. 2001		J.B.A.	Korrespondenz mit ihrem Neffen Mikael Kimelman (Info. zu Mühlhausen)	US-Überlebende	119	

Name während des Krieges	*Jetziger Name*	*Ankunft in Ravensbrück*	*Ravensbrück-Nr.*	*Datum des Interviews*	*Ort des Interviews*	*Interviewer*	*Zusätzliche Informationen*		*Nr. auf US oder israeli. Liste*	*Zitiert: Kapitel, Anmerkung*
Numberg, Malka	Weissrosen, Malka	Jan. 1945	102275	17.12. und 21. 12. 1997	Israel: Tel Aviv	I.D.K.		Israelische Überlebende	#478	
Pawovska, Anna Kazimira	Bergman, Kazimira	Aug. 1943		Dez. 1997 bis Feb. 1998	Israel: Tel Aviv	A.K. und A.T.	Sechs Video-Interviews	Israelische Überlebende	#125	Kap.10, Anm. 61
Perelmuter, Sala	Flutzer, Sara	24. 12. 44		Feb. 2003		J.B.A.	Antwort auf spezielle Anfragen	Israelische Überlebende	#535	
Petrover, Zipora	Lax, Frieda	Aug. 1944	53600	9. 11. 97	Israel: Ramat Gan	J.B.A.		Israelische Überlebende	#519	
Pfeffer, Sonja	Strochlitz, Sonia	Jan. 1945		Juni und Juli 2003		J.B.A.	Telefoninterviews und Korrespondenz mit Louise Palanker	Israelische Überlebende	#691	Kap. 8, Anm. 211
Pszczol (Widawska), Masza	Pszczol, Masza	Krupp		16. 5. 47	Schweden: Trelleborg #308	Luba Melchior	*			
Raskin, Mania	Birencwaig, Mania	Weihnachten 1944		23. 6. 03		J.B.A.	Schreiben von Tochter Hudes Birencwaig McCartny	US-Überlebende	295494	

Name während des Krieges	*Jetziger Name*	*Ankunft in Ravensbrück*	*Ravensbrück-Nr.*	*Datum des Interviews*	*Ort des Interviews*	*Interviewer*	*Zusätzliche Informationen*		*Nr. auf US oder israeli. Liste*	*Zitiert: Kapitel, Anmerkung*
Reiser, Katalin (Karolin)	Ferenczi, Katalin (Pálné)	21–22. 11. 44			Post-Interview	J.B.A.	befreit aus Ravensbrück, Informationen zu vier weiteren Häftlingen	Ungarische Überlebende		
Ritterman, Hanna	Ritterman, Hanna	24. 12. 44		Feb. 2003		J.B.A.	Antwort auf spezielle Anfragen	Israelische/polnische-Überlebende	#661	Kap. 8, Anm. 127
Rosenbaum, Zvia	Gross, Ziva			2000		J.B.A.	Telefoninterview	Israelische Überlebende		
Rosenberg, Szidonia	Lowy, Silvia	23. 11. 44		Feb. 2001		J.B.A.	Korrespondenz	US-Überlebende		
Rosenblum, Sabine	Kaiser, Sabine (Sprinza), geb. Eissrosen	Jan. 1945	102292	17.12. und 21. 12. 1997	Israel: Tel Aviv	I.D.K.		Israelische Überlebende	#643	
Rosental, Aranka, geb. Elster	Rosenthal, Aranka	22. 11. 44	89211	7. 5. 01		J.B.A.	detailliertes Schreiben	US-Überlebende	35586	
Rubinsztajn, Isabella	Dagan, Bat-Sheva	Jan. 1945		25. 2. 00		J.B.A.	Fragebogen und Telefoninterview	Israelische Überlebende	#215	

Name während des Krieges	*Jetziger Name*	*Ankunft in Ravensbrück*	*Ravensbrück-Nr.*	*Datum des Interviews*	*Ort des Interviews*	*Interviewer*	*Zusätzliche Informationen*		*Nr. auf US oder israeli. Liste*	*Zitiert: Kapitel, Anmerkung*
Schaffer, Asia	Doliner, Beatrice	16. 09. 44	70101	2001		J.B.A.	Schreiben von ihrem Sohn George Schaeffer	US-Überlebende	7596	Kap. 8, Anm. 199
Schlipke, Rosa	Gamburg, Shoshana	Nov. und Dez. 1944		9. 6. 98	Israel: Givatayim	J.B.A.		Israelische Überlebende	#190	Kap. 7, Anm. 58
Schreiber, Lili	Jodelsohn, Lili	23. 11. 44		11. 4. 01		J.B.A.	Korrespondenz			
Schwarcz, Katalin	Gábor, Katalin (Fenöné)	Dez. 1944	92709		Post u. Telefoninterview, Budapest	J.B.A.	Nach Venusberg und Mauthausen geschickt; Informationen zu Mutter und drei weiteren weiblichen Häftlingen	Ungarische Überlebende		
Schwarcz, Mártha	Kádár, Mártha (Lajosné)	Dez. 1944		16. 8. 05	per e-mail, Budapest	J.B.A.	Nach Venusberg und Mauthausen geschickt	Ungarische Überlebende		

Name während des Krieges	*Jetziger Name*	*Ankunft in Ravensbrück*	*Ravensbrück-Nr.*	*Datum des Interviews*	*Ort des Interviews*	*Interviewer*	*Zusätzliche Informationen*		*Nr. auf US oder israeli. Liste*	*Zitiert: Kapitel, Anmerkung*
Sepsz, Helen	Klein, Helena	Nov. 1944	85781			J.B.A.	Antwort auf spezielle Anfragen	US-Überlebende	212910	Kap. 8, Anm. 130
Skorecka, Cecylia	Skorecka, Cecylia	Nov. 1944	82256	30. 1. 46	Schweden: Lund #174	Luba Melchior	*			
Solewicz, Erna	Solewicz, Erna	Feb. 1945		12. 1. 46	Schweden: Doverstorp #111	KrystynaKarier*				
Stahl, Charlotte	Ge'alel, Zehava	06. 04. 44	34266	14. 9. 98	Israel: Ramat Chen	J.B.A.		Israelische Überlebende	#152	Kap. 6, Anm. 14
Stahl, Arthur Avraham	Stahl, Buma	06. 04. 44	34265	16. 3. 98	Israel: Jerusalem	J.B.A.		Israelischer Überlebender	#682	Kap. 6, Anm. 20
Stark, Nora	Nátè, Nora			27. 7. 99	Budapest	J.B.A.		Ungarische Überlebende		Kap. 7, Anm. 64
Steiner, Piroska	Dome, Piroska	28. 11. 44	89260	27. 7. 00	Budapest	J.B.A.		Ungarische Überlebende		Kap. 8, Anm. 203
Stern, Erzsébeth	Nádas, Erzsébeth (Györgyné)	08–09. 12. 44		5. 9. 05	Budapest, per Post	J.B.A.	1945 nach Penig	Ungarische Überlebende		

Name während des Krieges	*Jetziger Name*	*Ankunft in Ravensbrück*	*Ravensbrück-Nr.*	*Datum des Interviews*	*Ort des Interviews*	*Interviewer*	*Zusätzliche Informationen*		*Nr. auf US oder israeli. Liste*	*Zitiert: Kapitel, Anmerkung*
Sternbach, Irena	Brener, Chaja	Jan. 1945	100623	14. 1. 04		J.B.A.	Telefon-interview	Israelische Überleben-de	#142	
Strasberg, Bella	Schepsman Bella	24. 12. 44			per Post, Budapest	J.B.A.	Antwort auf spez. Anfragen	US-Überlebende	66086	Kap. 8, Anm. 129
Szabo, Klara,	Rosenbaum Clara			16. 7. 2005		J.B.A.	Telefon-interview			
Szczupack, Sara, verwitwete Goldstejn	Szczupack, Sara	Jan. 1945		April 1956	Belgien #1054		Material in Yad Vashem, übersetzt aus dem Französischen ins Englische von J.B.A.	Belgische Überleben-de		Kap. 8, Anm. 29
Szuldman-Diamant, Gwendla (Genendla)	Szuldman, Gwendla	Nov. 1944	82148	2. 9. 46	Schweden: Trelleborg #462	Ho-china Strelecka	*			
Szustak, Liba	Jay, Luba	24. 12. 44			USA		Video-Interview	US-Überlebende	19794	
Szykman, Helena	Szykman, Helena	01. 11. 44		17. 10. 1946	Schweden: Trelleborg #491	Luba Melchior	*			

Name während des Krieges	*Jetziger Name*	*Ankunft in Ravensbrück*	*Ravensbrück-Nr.*	*Datum des Interviews*	*Ort des Interviews*	*Interviewer*	*Zusätzliche Informationen*		*Nr. auf US oder israeli. Liste*	*Zitiert: Kapitel, Anmerkung*
Trödl, Adél	Troedel, Adele	Okt.-Nov. 1944		Mai 2003		J.B.A.	Antwort auf spezielle Anfragen		80526	Kap. 7, Anm. 13
Vatniepka, Wanda	Schneidmesser, Maria	Sep. 1942		25. 5. 97	Israel: Holon	A.K. und I.D.K.		Israelische Überlebende	#707	Kap.10, Anm. 61
Weltner, Erzsébet	Groszman, Erzsébet (Józsefné)	Nov. 1944	88528		Post, Budapest	J.B.A.	aus Frankfurt/Walldorf	Ungarische Überlebende		
Weiss(z), Esther Elise	Grün, Esther	Dez. 1944	95494			S.K.	auch Korrespondenz mit J.B.A., Jan. 2004	US-Überlebende	16270	Kap. 7, Anm. 126, 127
Wertheimer, Edit	Dr. Hegedüs, Edit	28. 11. 44			Budapest	J.B.A.	auf der Gomaron-Liste; nach Spandau geschickt	Ungarische Überlebende		
Zajserkovska-Rubinstein, Basia	Rubinstein, Betty	Okt.-Nov. 1944	72316	12. 12. 1945	Schweden: Malmö #50	Luba Melchior	*	US-Überlebende	36521	
Zeidner, Bella	Gonen, Bella	Sep. 1944	90318		Israel: Tel Aviv			Israelische Überlebende	#179	
Zeidner, Pola	Abiram, Pnina	Sep. 1944	90316		Israel: Givatayim			Israelische Überlebende	#7	

TABELLE 13.2

Spezielle Informationen, geliefert von zehn Männern, die Zeiträume von wenigen Tagen bis zu sechs Wochen im März/April 1945 im Frauenlager Ravensbrück verbrachten.

Name während des Krieges	*Jetziger Name*	*Ankunft in Ravensbrück*	*Datum des Interviews*	*Interviewer*	*Zusätzliche Informationen*		*Nr. auf US Liste*
Ferleger, Abram	Ferleger, Arthur	April 1945	25.07.00	J.B.A.	Antwort auf spezielle Anfragen	US-Überlebender	73584
Fishman, Michael	Fishman, Michael	März 1945	10.08.00	J.B.A.	detailliertes Schreiben	US-Überlebender	292036
Geclewicz, Gedalia	Geclewicz, Daniel	April 1945	21.08.00	J.B.A.	Antwort auf spezielle Anfragen	US-Überlebender	60204
Gottesman, Simon	Gottesman, Simon	April 1945	29.06.00	J.B.A.	Schreiben	US-Überlebender	15195
Gniazdo, Fajwash	Green, Philip	April 1945	17.07.00	J.B.A.	Schreiben	US-Überlebender	15451
Litwin, Mendel	Litwin, Michael	April 1945	2000	J.B.A.	Antwort auf spezielle Anfragen	US-Überlebender	27176
Orlowski, Joseph	Orlowski, Max	Feb. 1945	11.03.01	J.B.A.	Fragebogen und Schreiben	US-Überlebender	300750
Rabinek, Gryoray	Rabinek, George	April 1945	02.01.01	J.B.A.	Fragebogen und Schreiben	US-Überlebender	33593
Shnurman, Jacob	Sznurman, Majer	April 1945	09.07.00	J.B.A.	Antwort auf spezielle Anfragen	US-Überlebender	39644
Zylbersztajn, Samuel	Silberstein, Sam	April 1945	23.07.00	J.B.A.	Fragebogen und Schreiben	US-Überlebender	67789

XIV

Anhang

Liste der wichtigeren Lager und Ghettos, aus denen jüdische Ravensbrück-Häftlinge kamen

Erste Periode: 1939 bis Ende Januar 1942

Frauen-Konzentrationslager Lichtenburg und Polizeigefängnisse überall in Deutschland, Österreich und der Tschechoslowakei;

Zweite Periode: Februar 1942 bis Ende Februar 1943

Polizeigefängnisse überall in Deutschland, Österreich und der Tschechoslowakei, sowie aus Warschau; erste Häftlinge kamen aus dem *Jugendschutzlager* („Schonlager“) Uckermark;

Dritte Periode: März 1943 bis Ende Juli 1944

Ein Kriegsgefangenen-Lager in Sowjetrussland, anscheinend bei Odessa; Auschwitz, Internierungslager Malines bei Brüssel, Paris, Compiègne, Internierungslager Westerbork (Niederlande), Warschau, Lublin, Krakau und Białystok in Polen und aus den Polizei-Gefängnissen in Berlin und Leipzig;

Vierte Periode: August 1944 bis Ende Dezember 1944

Verona, Trieste und Bolzano in Italien, Toulouse und Paris in Frankreich, mit vielen großen Transporten aus Auschwitz, aus den Ghettos von Częstochowa, Łódź und Piotrków in Polen, direkt aus Ungarn (Budapest oder über Gomarom), direkt aus der Slowakei (Sered oder Prešov), Agram in Kroatien und Frankfurt/Walldorf (Außenlager von Natzweiler).

Fünfte Periode: Januar 1945 bis Ende April 1945

Die Direkt-Transporte aus der Slowakei, Frankreich und Italien gingen weiter, aber die überwiegende Mehrheit der Zugänge kam von der Auflösung von Auschwitz und Gleiwitz mit dem *Auschwitz-Todesmarsch*. Kleine Transporte kamen von der Auflösung der Arbeitslager Gundelsdorf, Graslitz und Krupp-Neukölln. Viele Häftlinge kehrten aus den Außenlagern zurück, in die sie vorher geschickt worden waren.

Liste der wichtigeren Lager, in die jüdische Ravensbrück-Häftlinge geschickt wurden

Erste Periode: 1939 bis Ende Januar 1942

Fast alle wurden in die Gaskammer der Bernburger Nervenheilanstalt geschickt. Einige wurden später zusammen mit den jüdischen Häftlingen der zweiten Periode nach Auschwitz geschickt.

Zweite Periode: Februar 1942 bis Ende Februar 1943

Im Oktober 1942 wurden fast alle nach Auschwitz geschickt.

Dritte Periode: März 1943 bis Ende Juli 1944

Einige der älteren Häftlinge wurden nach Auschwitz geschickt. Erst 1945 wurde eine Gruppe über Schweden in die Türkei evakuiert, eine größere Gruppe wurde nach Bergen-Belsen geschickt und eine kleinere nach Theresienstadt.

Vierte Periode: August 1944 bis Ende Dezember 1944

Es begannen die systematischen Transporte von Ravensbrück-Häftlingen in die folgenden Außenlager von Buchenwald, Sachsenhausen und Ravensbrück: Schönholz, Altenburg, Neustadt bei Coburg, Mühlhausen (Thüringen), Spandau, Genshagen, Lippstadt, Wittenberg, Barth, Rechlin-Retzow, Malchow und Beendorf.

Fünfte Periode: Januar 1945 bis Ende April 1945

Es gab Transporte in die folgenden Außenlager: Malchow, Neustadt-Glewe, Penig, Meuselwitz, Burgau, Venusberg, Hasag-Leipzig (aus Malchow), Leitmeritz, Wöbbelin, Königs Wusterhausen und auch nach Theresienstadt. Schließlich wurden die Häftlinge in großer Zahl in die Vernichtungslager Bergen-Belsen und Mauthausen transportiert.

KARTEN

WOHER SIE KAMEN

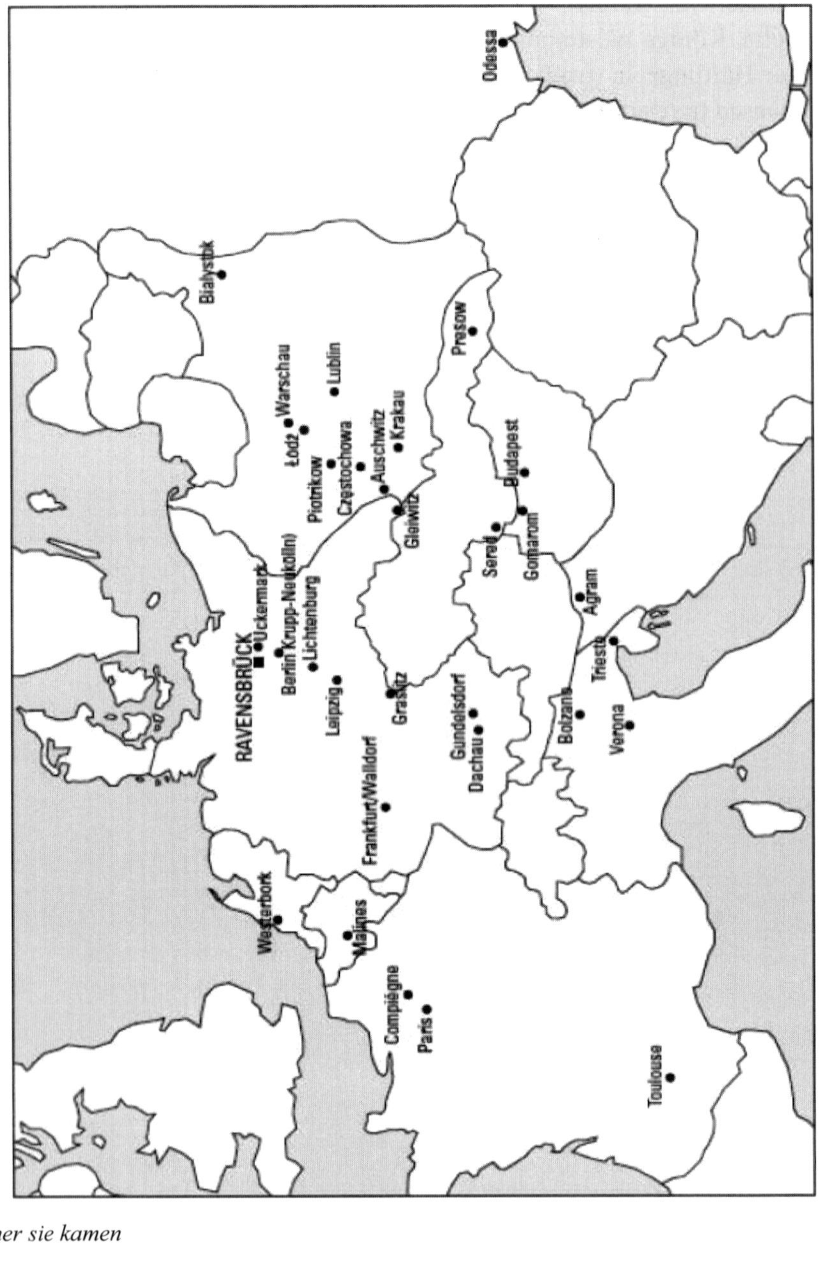

I.a) Woher sie kamen

WOHIN SIE GESCHICKT WURDEN

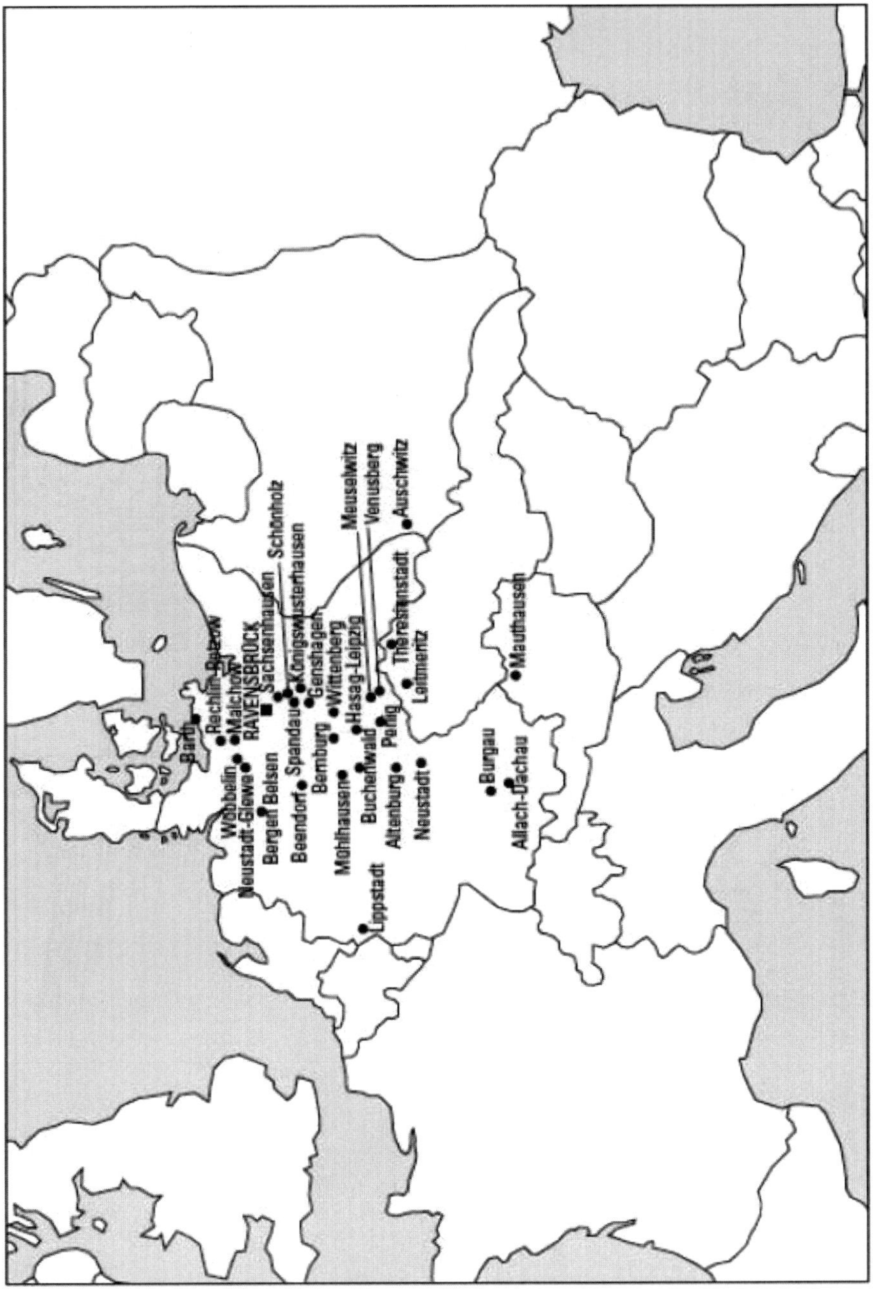

I.b) Wohin sie geschickt wurden

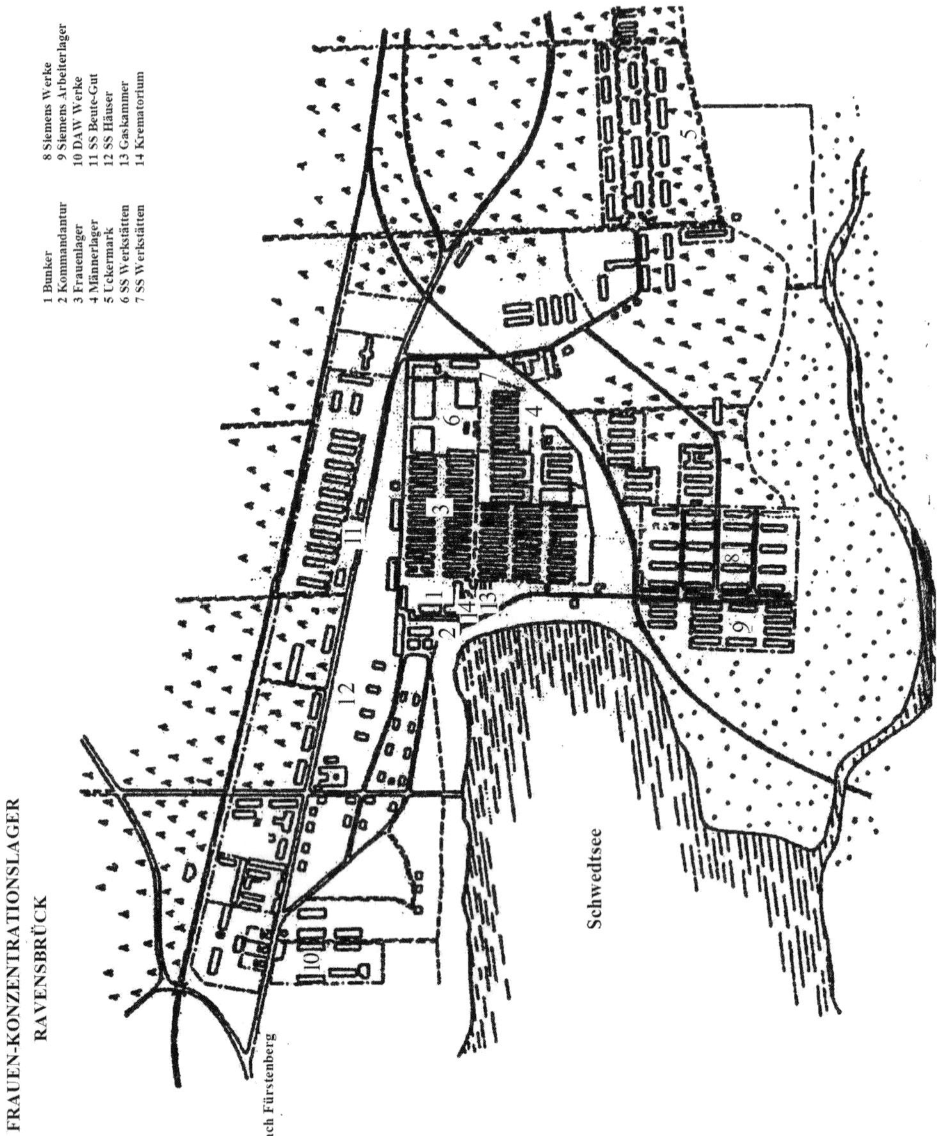

II. Karte des Frauen-KZ Ravensbrück

III. Photo des Frauen-KZ Ravensbrück

Liste der Illustrationen

Liste der Illustrationen

Anmerkung: Die drei farbigen Gemälde von Edith Kiss erscheinen hier mit der Erlaubnis von Dr. Helmut Bauer und dem Metropol Verlag, Berlin. Sie sind ein Teil des Albums *Deportation,* ein Zyklus von 30 Gouaches, die die Deportation der jüdischen ungarischen Frauen im Jahre 1944 in das Konzentrationslager Ravensbrück und von dort in das Außenlager Daimler Benz-Genshagen schildern. Edith Kiss malte sie gleich nach ihrer Rückkehr im Juli und August 1945 und stellte sie im September desselben Jahres in Budapest aus. In Buchform sind sie zum ersten Mal veröffentlicht in: Dr. Helmut Bauer, *Das Album Deportation von Edith Kiss und die Frauen im KZ-Außenlager Daimler Benz-Genshagen*, Metropol Verlag, Berlin, Winter 2006/07. Die Wiedergabe der farbigen Bilder in diesem Buch wurde durch die Unterstützung des *Remember the Women Institute*, New York, USA, ermöglicht.

Register der Archive und Dokumente

Register der Konzentrationslager, Arbeitslager und zugehöriger Industrieanlagen

Anm.: Die Zugehörigkeit mehrerer Arbeitslager wechselte zwischen Buchenwald, Sachsenhausen und Ravensbrück.

Register der erwähnten Namen von Personen, die nicht Opfer von Nazi-Lagern waren

Register der Namen von erwähnten Opfern und Überlebenden von Nazi-Lagern

REGISTER DER ORTSBEZEICHNUNGEN

Themenregister

Widerstand, 13–14, 17, 20, 23, 25–6, 54, 65–6, 171, 242, 244, 260–2

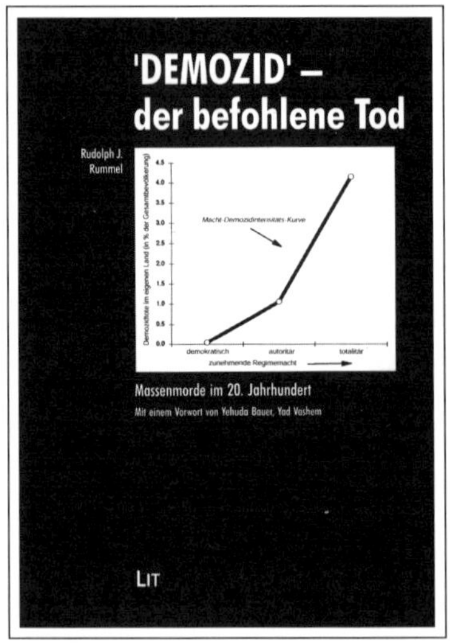

Artur Schneider
Gejagt, versteckt, vereinigt
Das Schicksal von Artek und Buzia in Polen 1939 – 1945
2. Aufl. 2009, 320 S., 19,90 €, br.,
ISBN 978-3-8258-7248-9

Paula Kienzle
Spuren sichern für alle Generationen
Die Juden in Rottenburg im 19. und 20. Jahrhundert
2008, 504 S., 39,90 €, br., ISBN 978-3-8258-1156-3

Lilian S. Barber
Meine Mutter lehrte mich keine Lieder mehr
Vom Heranwachsen in einer vom Nazi-Regime zerstörten Welt. Übersetzung aus dem Amerikanischen von Anette Stuber-Rousselle. Herausgegeben von Paula Kienzle
2009, 240 S., 19,90 €, br., ISBN 978-3-643-10151-8

Rudolph J. Rummel
'DEMOZID' – der befohlene Tod
Massenmorde im 20. Jahrhundert. Mit einem Vorwort von Yehuda Bauer, Yad Vashem (Übersetzung aus dem Amerikanischen)
Mit diesem Buch liegt die erste wissenschaftliche Abhandlung zu Massenmorden im 20. Jahrhundert vor. Sie stützt sich auf Datenmaterial, das der Autor in zahlreichen Untersuchungen erhoben hat. Aber Rummel bietet mehr als reine Empirie: "Macht tötet, uneingeschränkte Macht tötet uneingeschränkt." Dieses neue Macht-Prinzip ist die Kernaussage, die sich aus diesem Buch über Völkermord und regierungsamtlichen Massenmord – für den er den Begriff *'Demozid'* verwendet – herausbildet. Je mehr Macht eine Regierung besitzt, desto eher kann sie willkürlich, entsprechend den Launen und Wünschen ihrer Elite, handeln. Desto eher wird sie Krieg gegen andere Regierungen führen und ihre aus- und inländischen Bürger töten. Je eingeschränkter die Macht einer Regierung ist und je stärker ihre Macht verteilt, kontrolliert und ausgewogen ist, desto seltener wird sie andere Regierungen bedrohen und Demozid verüben. Totalitäre kommunistische Regime, im Besitz uneingeschränkter Macht, vernichteten mehrere zehn Millionen ihrer Staatsbürger. Im Gegensatz dazu können sich viele Demokratien nicht einmal dazu "durchringen", ihre Serienmörder hinzurichten.
2. Aufl. 2006, 416 S., 39,80 €, br., ISBN 3-8258-3469-7

LIT Verlag Berlin – Münster – Wien – Zürich – London
Auslieferung Deutschland / Österreich / Schweiz: siehe Impressumsseite